Jahrbuch für Sozialökonomie und Gesellschaftstheorie

Arbeitsmarktpolitik

Jahrbuch für Sozialökonomie
und Gesellschaftstheorie

Arbeitsmarktpolitik

Veröffentlichung der Hochschule für
Wirtschaft und Politik Hamburg

Springer Fachmedien Wiesbaden GmbH

Ursprünglich erschienin bei Westdeutscher Verlag GmbH, Opladen in 1978

Umschlaggestaltung: Dieter Gielnik, Wiesbaden
Satz: Vieweg, Braunschweig

ISBN 978-3-531-11482-8 ISBN 978-3-663-09287-2 (eBook)
DOI 10.1007/978-3-663-09287-2

Vorwort des Herausgebers

Die Hochschule für Wirtschaft und Politik hat als Institution des Zweiten Bildungsweges den gesetzlichen Auftrag, als Lehr- und Forschungsstätte das wirtschaftliche und politische Leben zu fördern und dabei ihre besonderen didaktischen Erfahrungen in der Erwachsenenbildung nutzbar zu machen. Ergebnisse der Lehre und Forschung sollen nunmehr in einem Periodikum einer interessierten Öffentlichkeit vorgestellt werden.
Aufgrund ihres Zieles und ihrer historischen Entwicklung fühlt sich die HWP den besonderen Bedürfnissen der arbeitenden Menschen verpflichtet. Das hat Einfluß auf die Forschungsgegenstände, in denen überwiegend anwendungsorientierte aktuelle gesellschafts- und wirtschaftspolitische Fragen mit interdisziplinärem Ansatz in wissenschaftlicher Weise analysiert werden. Es ist sinnvoll, diese Forschungsergebnisse in einem jährlich erscheinendem Periodikum einer breiten Öffentlichkeit zugänglich zu machen, wobei jedem Band ein Schwerpunktthema von besonderer gesellschafts- und wirtschaftspolitischer Bedeutung zugrunde liegt. Neben Mitgliedern der HWP sollen auch Wissenschaftler anderer Hochschulen und Autoren aus Verbänden, insbesondere den Gewerkschaften, Beiträge veröffentlichen können.
Der diesjährige Band ist dem Schwerpunktthema „Arbeitsmarktpolitik" gewidmet. Seit mehreren Jahren übersteigt die Zahl der bei den Arbeitsämtern registrierten Arbeitslosen die Millionengrenze, ohne daß spürbare Veränderungen eingetreten sind. Vorschläge zur Beendigung dieser Massenarbeitslosigkeit sind mehrfach gemacht worden. Die Aufgabe auch dieses Bandes ist es, Ziele, Maßnahmen und Konsequenzen derzeitiger Arbeitsmarktpolitik auf ihre Funktionsfähigkeit hin zu untersuchen und möglicherweise Wege und Maßnahmen ihrer effektiveren Ausgestaltung aufzuzeigen.

Der Aufsatz von *Priewe* analysiert und kritisiert die neoklassischen Arbeitsmarkttheorien, denen zufolge aus dem einzelwirtschaftlichen Zusammenhang von Lohnsatz und Beschäftigung gesamtwirtschaftliche Analogien gebildet werden. *Mattfeldt* überprüft, ob der Sachverständigenrat seinem Auftrag, mit einer Vorstellung und Diskussion alternativer wirtschaftstheoretischer und -politischer Konzeptionen zur Versachlichung der wirtschaftswissenschaftlichen Diskussion gegenüber einer interessierten Öffentlichkeit beizutragen, gerecht wird. *Saß* behandelt den Einfluß eines monopolistischen Profitratengefälles auf das Beschäftigungsniveau und geht dem Zusammenhang zwischen der unterschiedlichen Konkurrenzintensität in den einzelnen Sektoren einer Volkswirtschaft und dem gesamtwirtschaftlichen Beschäftigungsniveau nach. *Krugler* und *Paura* untersuchen mögliche Arbeitsmarktwirkungen der Unternehmenskonzentration im Hinblick auf die Entwicklung innerbetrieblicher Teilarbeitsmärkte und ihren Einfluß auf die Wirksamkeit globaler arbeitsmarktpolitischer Maßnahmen einerseits und die wachsende Bedeutung von Auslandsinvestitionen andererseits. Im Rahmen seines Beitrags beschäftigt sich *Bieback* mit dem Konzept der staatlichen Arbeitsmarktpolitik, den Arbeitsmarkt durch Arbeitsvermittlung im Gleichgewicht zu halten und analysiert die zugrundeliegenden Bedingungen im Hinblick auf ihre Funktionsfähigkeit. Im Beitrag von *Schilling* geht es um die Massenarbeitslosigkeit und ihre Beseitigung durch eine regionale Wirtschaftspolitik. Es wird untersucht, ob die Raumordnungspolitik des Bundes in Verbindung mit einer regionalen Arbeitsmarktpolitik die Sicherung und Schaffung von Arbeitsplätzen gewährleisten kann. *Mayer* nimmt zum Recht auf Arbeit und seine mögliche Konkretisierung in einer Erweiterung des Bestandsschutzes von Arbeitsverhältnissen Stellung, analysiert die Sicherungen des bestehenden Kündigungsschutzes und nennt rechtspolitische Vorstellungen zur Ausweitung des Beschäftigungsschutzes. Akademikerarbeitslosigkeit und staatliche Hochschulpolitik ist der Gegenstand der Untersuchungen von *Koch* und *Laatz*. Ausgehend von der aktuellen Situation auf dem Arbeitsmarkt werden die Anforderungen an die Ausbildung und ihre Realisierung durch die staatliche Bildungspolitik untersucht und kritisiert. *Epskamp* befaßt sich mit der gesellschaftlichen Qualifikation des Arbeiters, seinen Identifikationsproblemen in Krisen und dem Zusammenhang von Arbeitsplatzstruktur und Qualifikation. Die gewerkschaftliche Strategie als Antwort auf die Rationalisierungsmaßnahmen der Druckindustrie ist das Thema des Aufsatzes von *Milz* u.a., in dem die Rationalisierungsproblematik am Exempel der grafischen Industrie und der gewerkschaftlichen Strategie zur Bewältigung dieser Problematik abgehandelt wird. Eine Bibliographie zum besonders aktuellen Problem der Arbeitszeitverkürzung schließt den diesjährigen Band des Jahrbuches ab.

Hamburg im Herbst 1978 Norbert Aust, Rektor der Hochschule

Inhalt

Autorenverzeichnis

Bieback, Karl-Jürgen, Dr. jur. geb. 1944, Dozent für Arbeitsrecht an der HWP, Veröffentlichungen auf dem Gebiet des Öffentlichen Rechts, Arbeits- und Sozialrechts.

Epskamp, Heinrich, geb. 1942, Dozent für Soziologie an der HWP. Veröffentlichungen zur Stellung von Lehrlingen.

Koch, Dieter, geb. 1939, Wissenschaftlicher Mitarbeiter an der HWP. Veröffentlichungen zur Geld- und Bankpolitik, Bildungspolitik

Krugler, Karin, grad. Volkswirt, geb. 1953, Studium an der HWP

Laatz, Wilfried, geb. 1945, Wissenschaftlicher Angestellter an der HWP. Veröffentlichungen: Einfluß des Wehrdienstes auf das gesellschaftliche Bewußtsein; Reformversuch bei der Juristenausbildung; Berufswahl und Berufszufriedenheit; Technische Itelligenz; Angestellte und Gewerkschaften.

Mattfeldt, Harald, geb. 1943, Professor für Volkswirtschaftslehre an der HWP, Veröffentlichungen aus den Bereichen der Geldtheorie, Wirtschaftspolitik und Neuen Politischen Ökonomie.

Mayer, Udo, Dr. jur., geb. 1944, Wissenschaftlicher Angestellter an der HWP. Veröffentlichungen zur Paritätischen Mitbestimmung, zur Entstehung des Grundgesetzes und zur Verfassungsentwicklung.

Milz, Helga, geb. 1945, Wissenschaftliche Mitarbeiterin an der HWP. Veröffentlichungen: Zur Arbeitsorientierten Einzelwirtschaftslehre.

Paura, Horst, grad Volkswirt, geb. 1950, Studium an der HWP.

Priewe, Jan, geb. 1949, Stadt- und Regionalplaner, Mülheim/Ruhr, Veröffentlichungen über Wirtschaftspolitik.

Saß, Peter, Dr. rer. pol., geb. 1936, Dozent für Volkswirtschaftslehre an der HWP. Zahlreiche Veröffentlichungen auf dem Gebiet der Ökonomie.

Schilling, Reiner, Dr. geb. 1945, Dozent für Volkswirtschaftslehre an der HWP. Veröffentlichungen über Wirtschaftspolitik, Agrarpolitik, Regionalpolitik, Hochschuldidaktische Fragen.

Jan Priewe

Zur Kritik neoklassischer Arbeitsmarkttheorien

1. Vorbemerkung

In der offiziellen arbeitsmarktpolitischen Diskussion herrscht noch immer die traditionelle neoklassische Betrachtungsweise vor. So wird vorgegeben, durch eine mehr oder minder ausgeprägte Lohnpause, durch weitere beharrliche Senkung der Lohnquote, durch großzügige Kostenentlastungen der Unternehmen über Steuersenkungen und Subventionen, durch allgemeine Gewinnstimulierung und globale Wachstumsförderung ließe sich das Desaster auf dem Arbeitsmarkt lindern. Neue Wege der Arbeitsmarktpolitik seien nicht erforderlich. In dieser einfachen Logik kommt der Lohn- und Produktivitätsentwicklung eine Schlüsselfunktion zu. In monotoner Regelmäßigkeit warnen die Wirtschaftsinstitute[1] vor zu hohen Lohnsteigerungen, unterstützt vom Sachverständigenrat zur Begutachtung der gesamtwirtschaftlichen Entwicklung und neuerdings auch von der Bundesbank. Letztere führte im Geschäftsbericht für das Jahr 1976 das hohe Niveau der Arbeitslosigkeit im wesentlichen auf die „Spätfolgen früherer inflationärer Übersteigerungen", auf ein überhöhtes Lohn- und Rohstoffkostenniveau, auf einkommensnivellierende Tarifverträge (z. B. Vereinbarungen über Sockelbeträge) sowie „unerwünschte Nebenwirkungen sozialpolitischer Fortschritte" zurück. Das Argumentationsmuster ist neoklassisch. So wird die Lösung der Arbeitsmarktkrise auch in der „Korrektur der Verteilungsrelationen" und der Zunahme der Investitionstätigkeit gesehen.
Noch viel prägnanter als in früheren Jahresgutachten rekurriert der Sachverständigenrat im Jahresgutachten 1977/78 auf neoklassisches Gedankengut;[2] die theoretischen Grundlagen werden A. Smith, J.B. Say und vor allem A.C. Pigou entlehnt, Keynes und die Kreislauftheorie gelten fast als verpönt. Deutlicher als je zuvor werden die Gewerkschaften als Hauptschuldige der Unterbeschäftigung attackiert, freilich unter dem Mantel der Wertfreiheit. In der Stabilisierung des Kostenniveaus, namentlich des Lohnkostenniveaus, wird die einzige Perspektive für den Weg aus der Krise gesehen. Die sich auf der Nachfrageseite zeigenden Probleme werden als vordergründig abgetan und systematisch als Ausfluß von Angebotsproblemen, d.h. unzureichender Kapitalrentabilität dargestellt. Auf fatale Weise ähneln derartige Deutungsmuster und Therapievorschläge der deflatorischen Politik der 20er Jahre. Daß sie sich heute zu wiederholen scheinen, entspricht wohl weniger dem wissenschaftlichen Erkenntnisstand, als bestimmten gesellschaftlichen Interessen. Denn mehr Fragen bleiben offen als geklärt werden: wie kann eine Kostenstabilisierung ohne Nachfrageeinbußen erfolgen? Wie kann die Nachfragelücke durch einen gewaltigen Investi-

tionsschub geschlossen werden, ohne daß die neugeschaffenen Kapazitäten auch durch eine gestiegene Endnachfrage auslastbar wären? Wie kann sich getreu dem Sayschen Theorem ein zusätzliches Angebot stets die ausreichende Nachfrage sichern? Wie kann der Marktmechanismus erreichen, daß die Schere zwischen Produktivitätsentwicklung und Wachstum der Nachfrage automatisch geschlossen wird?
Die empirische Wirtschaftsforschung nährt eine Fülle von Zweifeln an der neoklassischen Theorie, gegen die diese sich nur durch Immunisierungsstrategien abschotten kann. Im folgenden sollen einige wesentliche methodologische und inhaltliche Mängel dieser Theorien herausgearbeitet werden. Im Zentrum steht dabei die Frage nach dem Erkenntniswert der Grenzproduktivitätstheorie – die für die Neoklassik relevante Lohntheorie – und die neoklassische Interpretation der Bedeutung des technischen Fortschritts für den Beschäftigungsgrad.

2. Die neoklassische Doktrin

2.1 Mindestlohn-Arbeitslosigkeit

Im System der neoklassischen Ökonomie nehmen der Arbeitsmarkt und die ihn regulierenden Gesetzmäßigkeiten keine Sonderstellung gegenüber der allgemeinen Preistheorie ein. Auf dem Arbeitsmarkt wie auf den Gütermärkten wird das Gleichgewicht von Angebot und Nachfrage durch den Gleichgewichtspreis bzw. -Lohn hergestellt. Abweichungen vom Gleichgewicht in Form von Unter- oder Überbeschäftigung werden durch Flexibilität der Reallohnsätze stets ausgeglichen, so daß bei Abwesenheit von Marktunvollkommenheiten eine permanente Tendenz zur Abwesenheit von Unterbeschäftigung, also „unfreiwilliger" Arbeitslosigkeit vorhanden ist. Natürlich setzt Vollbeschäftigung auch eine Gleichgewichtslage auf den Gütermärkten voraus. Die Herausbildung des Gleichgewichtslohnes erfolgt in der neoklassischen Doktrin entsprechend der Grenzproduktivitätstheorie, durch welche die Beschäftigungsmenge eines Unternehmens bei gegebenem Lohnsatz und gegebener Produktivität bestimmt werden kann. Ein Betrieb wird soviel Arbeitskräfte auf den Arbeitsmärkten nachfragen, bis die Grenzkosten dem Preis bzw. Grenzerlös gleich sind. Demnach entsprechen die relativen Löhne stets den relativen Grenzproduktivitäten der Arbeit. Schließlich wird – so die Argumentation – kein Betrieb mehr Arbeitskräfte einstellen, wenn die Grenzkosten größer als die Grenzproduktivität sind, freilich auch nicht weniger, weil das Gewinnmaximum dann noch nicht erreicht ist. So ist der Beschäftigungsstand der Grenzproduktivitätstheorie zufolge Resultat der Gewinnmaximierungsregel.
Das Einsatzverhältnis von Arbeit und Realkapital wird durch deren relative Preise und Produktivitäten bestimmt. Sinkt der Preis von Realkapital oder steigt dessen Produktivität, so wird Arbeit durch Kapital ersetzt, so daß es zunächst zu Freisetzungen von Arbeitskräften kommt. Die so erhöhte Produktivität der Produktion ermöglicht jedoch, daß insgesamt die Nachfrage nach Arbeitskräften wieder steigt, sei es, daß das rationalisierende Unternehmen die nun produktivere Produktion so

stark erweitert, daß die freigesetzten Arbeitskräfte wieder eingestellt werden können, sei es, daß andere Unternehmen, die die produktiver hergestellten und nun billigeren Produkte kaufen, ihrerseits ihre Produktion ausdehnen können und die zuvor freigesetzten Arbeitskräfte einstellen können. Natürlich wird dabei vorausgesetzt, daß der Lohnsatz der Grenzproduktivität der Arbeit entspricht. In der Wirtschaft insgesamt werden stets soviele Arbeitskräfte nachgefragt werden, daß sämtliche freigesetzten Arbeitskräfte wieder absorbiert werden können. Wenden jedoch alle Unternehmen arbeitssparenden technischen Fortschritt an, so daß in allen Unternehmen Arbeitskräfte freigesetzt werden, dann muß nicht zwingend die Masse des freigesetzten, also eingesparten Geldkapitals gerade ausreichen, um die freigesetzten Arbeitskräfte beim herrschenden Lohnsatz zu absorbieren. In diesem Fall muß aufgrund gesunkener Nachfrage nach Arbeitskräften der Lohnsatz so weit sinken, bis die Nachfrage dem Angebot an Arbeitskräften entspricht.

Bei dynamischer Betrachtung entscheidet also auch das Verhältnis der Grenzproduktivität von Arbeit und Realkapital über die unternehmerische Nachfrage nach Arbeitskräften: Ist die Grenzproduktivität des Kapitals größer als die der Arbeit, so werden solange Arbeitskräfte durch Kapital substituiert, bis sich die Grenzproduktivitäten angeglichen haben. Dies kann auch über eine Lohnsatzsenkung geschehen.

In dieser Perspektive wird sich Vollbeschäftigung immer dann einstellen, wenn volle Lohn- und Preisflexibilität, hohe Nachfrageelastizitäten auf Faktor- und Produktmärkten, vollständige Substituierbarkeit der Faktoren, Ausgleich von Sparen und Investieren über den Zinsmechanismus, kurz, alle Voraussetzungen der allgemeinen Gleichgewichtstheorie gegeben sind. So wird die im wesentlichen statische Grenzproduktivitätstheorie eingeordnet in die allgemeine neoklassische Wachstumstheorie, welche die Dynamisierung der alten klassischen Sayschen Theorien anstrebt und ein dynamisches harmonisches Bild der kapitalistischen Entwicklung zeichnet, in dem Zustände der krisenhaften Unterbeschäftigung oder Überproduktion nur als kurzfristige, entwicklungsbedingte Friktionen möglich sind.

Wird diese Doktrin akzeptiert, so folgt daraus eine spezifische Erklärung und Begriffsbestimmung von Arbeitslosigkeit in ihren unterschiedlichen Formen, die zugleich eine spezifische arbeitsmarktpolitische Strategie präjudiziert. Arbeitslosigkeit wird nicht als zyklischer Mangel der Gesamtnachfrage diagnostiziert, als zyklische Verengung des gesamtwirtschaftlichen Kreislaufes. So ist A.C. Pigons Feststellung charakteristisch, daß Veränderungen der gesamtwirtschaftlichen Nachfrage – mit Ausnahme der kurzfristigen Wirkungen – keinen Einfluß auf die Beschäftigung haben, da lediglich nominale Veränderungen bewirkt werden, nicht aber die Grenzproduktivität der Arbeit tangiert werde.[3] „Unfreiwillige" Arbeitslosigkeit schlechthin wird als Ausdruck von Disproportionen zwischen Lohnsatz und Produktivität bzw. Resultat allgemeiner Marktunvollkommenheiten gewertet.[4]

So sind aus der Sicht der Neoklassik über der Grenzproduktivität liegende Reallohnsätze die letztlich entscheidende Ursache von „unfreiwilliger" Arbeitslosigkeit, weil so die Arbeitskräftenachfrage der Unternehmen eingeschränkt wird. Dies gelte insbesondere für produktivitätsschwache, meist geringer qualifizierte Beschäftigtengruppen, sofern diese machtbedingt „zu hohe" Lohnsätze durchsetzen können. Daher würden Unternehmen gerade in diesem Bereich verstärkt arbeitskräftesparenden technischen Fortschritt durchsetzen, so daß eine „Mindestlohn-Arbeitslosigkeit" entsteht. H. Giersch ordnet gar pauschal „technologische" Arbeitslosigkeit der Mindestlohn-Arbeitslosigkeit zu[5]. So wird in der neueren Diskussion das Konzept der lohnbedingten Arbeitslosigkeit auf folgende Unterbeschäftigungsprobleme angewendet:

(a) *Ein allgemein überhöhtes Lohnniveau* fördere die Entstehung allgemeiner Arbeitslosigkeit, die freilich vornehmlich den Abbau marginaler Arbeitsplätze mit geringem Produktivitätseffekt treffe, so daß auf diese Weise Niveau und Struktur der Arbeitslosigkeit (Unqualifizierte, Ausländer, Frauen, wettbewerbsschwache Gruppen, produktivitätsschwache Regionen, Länder etc.) zugleich erklärt werden. Somit steht dieser Erklärungsansatz in diametralem Gegensatz zum „deficient demand"-Ansatz keynesianischen Gepräges. Selbst oder auch gerade bei einer allgemeinen Übernachfrage käme der neoklassische Ansatz zur Geltung.

(b) *Verzerrungen der Lohnstruktur*, insbesondere im Hinblick auf die Verminderung der Lohndifferenzen zwischen den einzelnen Lohngruppen, würden – ebenfalls unabhängig von der Gesamtnachfrage – die Entstehung marginaler Arbeitslosigkeit bei den Angehörigen unterer Einkommensgruppen zur Folge haben. Diese These wird bezogen auf die häufiger praktizierte Tarifpolitik der Sockelbeträge anstelle von proportionalen Erhöhungen, auf Versuche zur Abschaffung der sog. „Leichtlohngruppen", auf gesetzlich garantierte Mindestlöhne, zu hohe Akademiker-Gehälter vor allem in den Eingangsphasen, Anhebung der Frauenlöhne und -Gehälter, die Durchsetzung des Prinzips „gleicher Lohn für gleiche Arbeit" in allen Betrieben, Branchen und Regionen bis hin zu Fragen der allgemeinen Durchsetzung sozialpolitischer Normen, die eine Erhöhung der Arbeitskosten bewirken. So wird der „Bumerang-Effekt" sozialpolitischer Normen beschworen.[6] Durch zunehmende, im Rahmen der Sozialpolitik durchgesetzte institutionelle und gesetzliche Regiditäten im Beschäftigungssystem würde der flexible Zusammenhang von Lohnsatz und Beschäftigungsvolumen zerrissen; sobald die Lohnsätze starr geworden sind, würden zunehmend Mengenreaktionen einsetzen.

Theoriegeschichtlich war die Abgrenzung von freiwilliger und unfreiwilliger Arbeitslosigkeit stets umstritten. Ist etwa jene Arbeitslosigkeit, bei der den Betroffenen eine deutliche Lohnansatzsenkung oder wesentlich erhöhte räumliche Mobilität zugemutet wird, freiwillig oder unfreiwillig? Zu Recht betont H. Giersch, daß die Grenzlinie gesellschaftspolitisch-normativ bestimmt sei. Gleichwohl bleibt die neoklassische These, daß in marktwirtschaftlichen Systemen nur freiwillige Arbeitslosigkeit existiere, zudem diejenige unfreiwillige, aber politisch gewollte, die durch staatliche oder sonstige institutionelle Intervention entsteht (Mindestlohngesetzgebung, gleicher Lohn für gleiche Arbeit etc.). Läßt man die Voraussetzung der vollständigen Information und unendlichen Reaktionsgeschwindigkeit im allgemeinen Preissystem fallen, dann ist die freiwillige oder auch natürliche Arbeitslosigkeit bestimmt durch die normalen Friktionen des Arbeitsplatzwechsels. Sie ist Sucharbeitslosigkeit.[7] „Strukturelle" Arbeitslosigkeit im Sinne einer der Nachfrage nicht angepaßten Angebotsstruktur wäre ebenfalls als friktionelle „natürliche" Arbeitslosigkeit einzustufen. Strukturelle Arbeitslosigkeit im Sinne einer anhaltenden Dauerarbeitslosigkeit existiert nicht, es sei denn sie ist lohnbedingt. Das Gleiche gilt für „technologische" Arbeitslosigkeit: sie ist entweder friktionell oder durch verzerrte Faktorpreise verursacht. Ebensowenig existiert nachfragebedingte Arbeitslosigkeit („deficient demand unemployment"), da Bewegungen der gesamtwirtschaftlichen Nachfrage nur kurzfristig und nur bei Wirksamkeit von Geldillusion die Beschäftigung tangieren.[8] Dem makroökonomischen, gegen die neoklassische Arbeitsmarkttheorie gewendeten Argument, daß Lohnminderungen Nachfrageverfall und weitere Unterbeschäftigung förderten, wird entgegnet, daß Lohnsatzsenkungen vermittels des Zinsmechanismus zu Steigerungen der Investitionen, also zur Ausweitung der gesamtwirtschaftlichen Nachfrage und Beschäftigung führen. Dahinter steht die klassische Vorstellung eines funktionierenden Ausgleichs zwischen Sparen und Investieren: muß das Unternehmen geringere Mittel für Lohnzahlungen ausgeben, so wird unmittelbar mehr investiert oder aber mehr gespart; das erhöhte Sparvolumen senkt den Zinssatz, so daß die Investitionen steigen.

Zusätzliche Investitionen aber werden dieser Vorstellung gemäß beschäftigungsstimulierend wirken, da ein Nachfragemangel beim privaten Konsum durch einen Nachfrageschub bei Investitionen kompensiert werden kann. Der Sachverständigenrat beschreibt diesen Substitutionsvorgang von Konsum und Investitionen in folgender Weise: „Aber selbst wenn die Konsumneigung in Zukunft stärker sinken sollte, brauchen daraus keine dauerhaften Beschäftigungsprobleme zu erwachsen. Wenn die Konsumneigung abnimmt, hat man eine geringere Vorliebe für Gegenwartsgüter zu konstatieren, oder, was dasselbe ist, eine größere Vorliebe für Zukunftsgüter." (Jahresgutachten 1977/78, Ziffer 256). Indem Konsumgüter und Produktionsmittel gleichermaßen als Waren aufgefaßt werden, deren stoffliche Struktur ökonomisch irrelevant ist, erscheinen sie beliebig substituierbar; die Vorstellung einer proportionalen Entwicklung von Konsum und Investitionen, welche letztlich ja immer nur auf Konsum gerichtet sein können, verschwindet vollends – logische Folge einer radikal einzelwirtschaftlichen Sichtweise.

Überdies argumentiert der Sachverständigenrat in seinem Jahresgutachten 1977/78, daß selbst bei einer Lohnpause oder sehr geringen Lohnsteigerungen ein allgemeiner Nachfrageverfall nicht zu befürchten sei. Vielmehr rechnet er mit einer geringeren Preissteigerung und erhöhtem Realwert des privaten Konsums, zumal der Realwerteffekt insbesondere bei den nicht an die Inflation gekoppelten Vermögens- und Sozialeinkommen, die einen hohen Teil des verfügbaren Einkommens ausmachen, zu Buche schlägt. Daß die Preissteigerung tatsächlich nachläßt, folgt zwar aus der Annahme einer monokausalen Lohn-Preis-Spirale, kaum aber aus einer gehaltvolleren Inflationserklärung. Im übrigen müßten auch die Sozialeinkommen und die Staatsausgaben letztlich der geringeren Lohnsteigerung angepaßt werden, so daß der Nachfrageschwund unvermeidbar würde. Auch Modellrechnungen können kaum darüber hinauswegtäuschen, daß Lohnsenkungen und Kaufkraftsteigerungen nicht zueinander passen. Kaufkraftschwäche wäre freilich für zusätzliche Investitionen nur dann kein Hemmnis, wenn sich ein zusätzliches Angebot die erforderliche Nachfrage selbständig schaffen könnte, also das Saysche Theorem gültig wäre.

Jegliche Form von Arbeitslosigkeit kann die Neoklassik ex definitione auf lohnbedingte Unterbeschäftigung zurückführen, sei es „strukturelle", „technologische" oder „deficient demand unemployment". Das Nachfrageproblem ist durch die Prämissen des Sayschen Theorems eskamortiert, die Vorstellung zyklisch wiederkehrender Unterbeschäftigung verdrängt. Schwankungen auf dem Arbeitsmarkt im Verlauf der konjunkturellen Entwicklung sind in der Konstruktion der gleichgewichtigen Entwicklung nicht vorgesehen. Erfolgen sie dennoch, so sind sie außerökonomisch, exogen verursacht.

2.2 Arbeitsmarktpolitische Schlußfolgerungen

Im Zentrum neoklassischer arbeitsmarktpolitischer Überlegungen steht das Ziel, Verzerrungen zwischen Lohnsatz und Grenzproduktivität zu beseitigen. So betont H. Giersch zur gegenwärtigen Arbeitslosigkeit: „Der Schlüssel zum Abbau der Arbeitslosigkeit durch Kapitalakkumulation liegt – wie in der Wiederaufbauzeit – in einem bewußten Zurückbleiben der Reallohnzuwächse hinter dem Anstieg der Arbeitsproduktivität."[9] Dies kann geschehen durch Senkung des Reallohnniveaus, Entzerrung des Lohngefüges vornehmlich durch relative oder absolute Lohnsenkung in produktivitätsschwachen Branchen, Regionen und Berufen, oder durch generelle oder partielle Reallohnstagnation ohne Teilhabe am Produktivitätsfortschritt. Erweist sich die Manipulation der Löhne als schwierig, so wird die forcierte Produktivitätssteigerung den gleichen Effekt haben, da sie die Grenzproduktivität der eingesetzten Arbeit erhöht, mithin die Rentabilität der Arbeitsplätze verbessert. Natürlich wird die Strategie der Produktivitätssteigerung nur attraktiv sein, wenn die Löhne nicht in entsprechendem Tempo mitziehen, so daß ein genügender Verteilungsvorsprung der Unternehmerseite entstehen kann. Freilich führt die Produktivitätssteigerung bei konstanter Nachfrage zu weiteren Freisetzungen von Arbeitskräften, insbesondere werden marginalen Arbeitsplätze liquidiert. Aber auch dies sind in der neoklassischen Vorstellungswelt nur notwendige und unvermeidliche Friktionen, denn durch Produktivitätssteigerungen wird auch genügend Kapital freigesetzt, so daß neue Arbeitsplätze geschaffen werden.

Zur Minderung der Friktionen ist nun ein Maximum an regionaler und beruflicher Mobilität notwendig, gegebenenfalls kann sie staatlich subventioniert werden. Zugleich muß das Bildungs- und Berufssystem ein hohes Maß an Flexibilität gewährleisten, um Quantität und Qualität des Arbeitskräfteangebotes der gewandelten Nachfrage anzupassen.[10] Aber diese Politik der Mobilitätsförderung ist stets Förderung der Anpassung, nicht selbst schon Aktivität im Sinne der Einflußnahme auf die Arbeitskräftenachfrage der Unternehmer.

Zur neoklassischen arbeitsmarktpolitischen Strategie gehört selbstredend der Versuch, die Lohnrelationen möglichst flexibel zu gestalten, evtl. Rigiditäten abzubauen. So ist die Verminderung der Arbeitslosenunterstützung ein wirksames Instrument zur Reduzierung der Lohnansprüche.[11] Wichtig ist darüber hinaus die Existenz ausreichender Lohndifferenzen zwischen den Regionen; so stellte Giersch

fest, daß offenbar das Lohnniveau in peripheren Regionen zu hoch sei, um Kapitalströme zu induzieren.[12] Gleiches gelte insbesondere für die marginalen arbeitsmarktpolitischen Problemgruppen, die wegen geringerer Wettbewerbsfähigkeit einem erhöhten Arbeitsplatzrisiko unterlägen.
Wenn auch meist aus der Betrachtung ausgeklammert, so gehört doch die allgemeine Wettbewerbspolitik ebenfalls zum Arsenal neoklassischer Arbeitsmarktpolitik im weiteren Sinne. Geldpolitisch wird eine Politik der Verstetigung der Geldmengenentwicklung angestebt. Auf diese Weise soll geldpolitisch verhindert werden, daß marktinkonforme Lohn- und Preissteigerungen durchgesetzt werden, die auf Geldillusion basieren. Dadurch soll das Beschäftigungsrisiko vollständig der Lohnpolitik zugewiesen werden, damit Staat und Notenbank sich jeglicher Beschäftigungsgarantien, die nur zu Verzerrungen des Lohn- und Preisgefüges führen könnten, enthalten. „Während das Ziel des außenwirtschaftlichen Gleichgewichts durch den freien Wechselkurs gesichert ist und die Verantwortung für die Stabilisierung der Preisentwicklung nunmehr bei der Bundesbank liegt, fällt die Verantwortung für die Kapazitätsauslastung auf die Unternehmer und die Verantwortung für die Sicherheit der Arbeitsplätze auf die Gewerkschaften ... Gewerkschaften tragen bei eindeutiger Geldpolitik alleinige Verantwortung für Beschäftigung."[13]
Bei derartiger Enthaltsamkeit des Staates ist es nur konsequent, wenn der Fiskalpolitik keine beschäftigungspolitische Funktion zukommt. Der Staat ist in dieser Konzeption nicht mehr als die Versorgungsinstanz für öffentliche Güter, gesamtwirtschaftliche arbeitsmarktpolitische Funktionen – über die bereits erwähnten hinaus – fallen ihm nicht zu. So gesehen kann sich der Staat hinsichtlich seiner eigenen direkten Arbeitskräftenachfrage nicht anders als private Arbeitgeber verhalten.
So konzentriert sich die neoklassische Arbeitsmarktpolitik angesichts hoher Arbeitslosigkeit auf die volle Durchsetzung marktwirtschaftlicher Selbstheilungskräfte, in deren Einschränkung auch die Ursachen der Unterbeschäftigung gesehen werden.
So sehen die Neoklassiker Diagnose und Therapie der gegenwärtigen Arbeitslosigkeit in erster Linie in erhöhten und verzerrten Löhnen, lohnbedingt zu niedrigeren Investitionsvolumen und lohnbedingt zu niedrigem Produktivitätsniveau. Und die daraus resultierende Strategie ist die der Öffnung der Lohn-/Produktivitätsschere, die Förderung der primären und sekundären Umverteilung zugunsten der Gewinneinkommen zwecks Investititionsstimulierung, die Förderung von Innovationen und Forschung zur Forcierung der Rationalisierung, der Versuch zur angebotsorientierten Wachstumsförderung, in dessen Gefolge vermeintlich auch die Beschäftigung wieder automatisch auf ihren Gleichgewichtswert zustrebe.
Charakteristisch für die neoklassische Handhabung arbeitsmarktpolitischer Empfehlungen ist die Normativierung analytischer Aussagen, die nur im Rahmen modellhafter Denkkonstruktionen Gültigkeit beanspruchen können. Allzu häufig werden die Voraussetzungen, unter denen bestimmte Wirkungszusammenhänge logisch konsistent sind, ad acta gelegt, als würde das Modell bereits reale Tatbestände abbilden. Insbesondere wird mitunter der Arbeitsmarkt als im Ungleichgewicht befindliches Teilsystem isoliert analysiert, als wären ansonsten die Bedingungen des allgemeinen Gleichgewichts erfüllt. So wird beispielsweise die im Rahmen des allgemeinen Gleich-

gewichtssystems entwickelte These, durch relative Lohnsenkungen ließe sich Mehrbeschäftigung erreichen, unbesehen auf eine Realität übertragen, für die entscheidende Modellprämissen nicht zutreffen.
Typische für derartige Argumentationsfiguren ist etwa folgende normativierende Schlußfolgerung des Sachverständigenrates in seinem Jahresgutachten 1977/78: „Wer Güter kaufen will und dafür zu arbeiten bereit ist, muß einen Arbeitsplatz haben. Den findet er in einer arbeitsteiligen Wirtschaft aber nur dann, wenn er nicht mehr an Lohn verlangt, als anderen das Ergebnis seiner Arbeit wert ist. Ein mehr als nur zeitweiliges Überangebot am Arbeitsmarkt muß also mit einem zu hohen Lohn zu tun haben. Es fehlt an Beschäftigung, an Einkommen, an Nachfrage. Der Nachfragemangel ist Ausfluß zu hoher Löhne ..“ (Ziffer 297) Die Schlußfolgerung erfolgt ohne vorherige Analyse, ob denn alle sonstigen Bedingungen des allgemeinen Gleichgewichts erfüllt sind. Der Arbeitsmarkt, speziell der Loh, wird aus dem Systemzusammenhang des allgemeinen Gleichgewichtsmodells isoliert, und die analytische Schlußfolgerung aus dem Modell dann umstandslos auf die Realität übertragen.

3. Der Erklärungswert der Grenzproduktivitätstheorie für die Bestimmung der Beschäftigung

3.1 Zusammenhang und Voraussetzungen der Grenzproduktivitätstheorie

Die Grenzproduktivitätstheorie ist der Kern der neoklassischen Theorie des Arbeitsmarktes. Wegen des engen Zusammenhangs von Lohn und Beschäftigung ist sie ihrem historischen Ursprung und theoretischem Anspruch gemäß Lohntheorie bzw. universelle Verteilungstheorie, die zugleich die Beschäftigung zu erklären vorgibt. Theoriegeschichtlich entstand sie aus der Kritik der klassischen Lohntheorien, speziell der marxistischen Mehrwerttheorie; so war ihr historischer Ursprung die Apologie der bestehenden Einkommensverteilung, die Fundierung der These, daß jeder Produktionsfaktor je nach seinem spezifischen Beitrag zur Produktion entgolten wird,[14] also Arbeit wie Kapital und Boden gleichermaßen.
J.B. Clark entwickelte die Theorie unter den Bedingungen des statischen Gleichgewichts. Bei vollkommener Konkurrenz wird jeder Betrieb soviel Arbeitskräfte nachfragen, bis der Grenzerlös – bei vollständigem Wettbewerb der Preis einer zusätzlichen Produkteinheit – dem Lohn gleich geworden ist. In dieser „mikroökonomischen Version“ der Theorie (E. Preiser) wird zunächst lediglich aus dem Prinzip der Gewinnmaximierung die Einsatz*menge* der Produktionsfaktoren, hier der Arbeit bestimmt, während Produktpreise, die ja den Grenzerlös bestimmen, wie Löhne als gegeben unterstellt werden. Dagegen kann die Lohnhöhe in der „makroökonomischen Version“ aus dem Schnittpunkt des gesamtwirtschaftlichen Angebots und der gesamtwirtschaftlichen Nachfrage nach Arbeitskräften erklärt werden, wobei die Nachfragekurve mit der Kurve der Grenzproduktivitäten bei alternativer Beschäftigung identisch ist. Der so ermittelte Lohnsatz ist Datum für den Einzelbetrieb.

Diese simple Grundkonstruktion der Theorie ist in den Grenzen der unterstellten Voraussetzungen nicht anfechtbar. In Zweifel zu ziehen ist indes, ob die gesetzten Prämissen die Wirklichkeit adäquat abbilden. So ist eine der immanenten Grundvoraussetzungen der Theorie, daß die betrieblichen Kostenverläufe ertragsgesetzlichen Kostenverläufen, wie sie in der Landwirtschaft beobachtet wurden, entsprechen, mithin also mit steigendem Ausstoß bei vermehrtem Einsatz eines Produktionsfaktors zunächst die Grenzkosten sinken, dann aber steigen. Nur der Abschnitt des steigenden Grenzkostenverlaufs ist für die Grenzproduktivitätstheorie relevant[15]. Dabei wird meist unbesehen unterstellt, daß dies auch für die tatsächlichen Kostenverläufe in der Realität gelte. Zudem wird Substituierbarkeit der Produktionsfaktoren angenommen, ferner eine Lösung des Problems der Zurechnung des Produktionsergebnisses auf die Faktoren. In der Wirklichkeit haben wir es währenddessen in der Regel eher mit limitationalen Faktoreinsatzverhältnissen zu tun, so daß die Komplementarität der Faktoren, nicht aber deren Substitutionalität bestimmend ist.[16] Natürlich wird sich dieser Sachverhalt langfristig unter Einbeziehung des technischen Fortschritts ändern; jedoch wurde gerade eine gegebene Technik unterstellt. So ist der der Grenzproduktivitätstheorie unterstellte Kostenverlauf zunehmender Grenzkosten bei Erhöhung der Einsatzmengen zwar denkmöglich, aber doch unrealistisch.
Im einzelwirtschaftlichen Beschäftigungsgleichgewicht bei Gleichheit von Grenzerlös und Lohnsatz existieren keine Unternehmergewinne, lediglich intramarginale Gewinne, die die interne Verzinsung des Kapitals darstellen, also der „produktivitätsgerechte" Entgelt für den Produktionsfaktor Kapital. Damit ist aber die funktionelle Einkommensverteilung technisch, nämlich durch die Grenzproduktivitäten eindeutig bestimmt. Dabei werden ohne Zweifel gesellschaftliche Bestimmungsgründe der Einkommensverteilung zugunsten einer abstrakt natural-ökonomischen Betrachtung vernachlässigt. So sind etwa gewerkschaftliche Umverteilungsaktivitäten in diesem System ebenso wie ein Absinken der Löhne unter das Grenzproduktivitätsniveau nicht denkbar. Auf Lohnerhöhung über die Grenzproduktivität hinaus wird von Seiten der Unternehmer stets mit Einschränkung der Beschäftigung – bei gegebener Produktivität – reagiert.
Zu den Prämissen der Grenzproduktivitätstheorie gehören neben der Vorstellung des ertragsgesetzlichen Kostenverlaufs uneingeschränkte Mobilität von Arbeit und Kapital, vollständige Information, vollständiger Wettbewerb auf den Arbeitsmärkten und Produktmärkten, konstante Technik und eine stationäre Wirtschaft, welche eine hinreichende Zahl von Arbeitsplätzen für alle Arbeitswilligen bereitstellt[17]. Unterbeschäftigung, soweit sie nicht durch überhöhte Löhne bedingt ist, ist also in diesem Gleichgewichtssystem logisch ausgeschlossen, denn Vollbeschäftigungsbedingungen sind vorausgesetzt. Mangelnde Kapitalbildung oder Gesamtnachfrage sind in der statischen Konstruktion nicht vorgesehen, obwohl dies wesentliche Charakteristika von Unterbeschäftigungslagen sind.

3.2 Der mangelnde empirische Bezug

Nun verliert die Grenzproduktivitätstheorie nicht zwangsläufig die ihr immanente Logik, wenn einige ihrer Prämissen aufgehoben werden. So kann sie durchaus auch auf Monopole und Oligopole angewendet werden[18]. Gleichwohl bleibt der Erklärungswert des Satzes: „Jeder Produktionsfaktor wird nach seinem Grenzprodukt entlohnt" gering, da alle Fragen nach der Bestimmung des Grenzproduktes, der Preise und Löhne als bereits gelöst vorausgesetzt werden, so daß der Satz selbst nur noch als formale Implikation der Gewinnmayimierung unter bestimmten Voraussetzungen erscheint. Damit werden jedoch Fragen nach den realen Beschäftigungsdeterminanten nicht gelöst, sondern vorausgesetzt. So kann kaum der modellogische Zusammenhang von Lohnhöhe und Beschäftigung infrage stehen, sondern vielmehr, ob der theoretisch konstruierte Zusammenhang auch der Wirklichkeit entspricht. Gerade aber bei Betrachtung der Empirie der Arbeitsmärkte sind die im Modell isolierten Zusammenhänge meist nicht zu identifizieren. Charakteristisch für das ungelöste und wohl nicht lösbare Problem des Verhältnisses der Grenzproduktivitätstheorie zur empirischen Evidenz realer Arbeitsmärkte ist die berühmt gewordene Kontroverse zwischen Lester und Machlup[19] aus den 40er Jahren. Lester wendet, fundiert mit empirischen Untersuchungen, gegen die Grenzproduktivitätstheorie ein, daß der Arbeitskräfteeinsatz der meisten Unternehmen nicht von der Grenzproduktivität, sondern von der allgemeinen Nachfragesituation abhängig sei. Der Nachfrage kommt hinsichtlich der Beschäftigung eine viel entscheidendere Bedeutung zu als der Lohnhöhe. Überdies seien – zumindest kurzfristig – abnehmende Grenzkosten bis zur Kapazitätsgrenze relevant. Ferner sei die normale Reaktion der Unternehmer auf Lohnerhöhungen nicht die Verminderung der Beschäftigung oder die Umstellung der Technologie, sondern die Verbesserung der Verkaufsanstrengungen, die Erhöhung des Absatzes sowie die Erhöhung der Arbeitsproduktivität. Aufgrund dieser Beobachtungen werde der Geltungsbereich der Grenzproduktivitätsregel eingeschränkt. In der Kontroverse kommt zum Ausdruck, daß Lester die Prämissen, unter denen die Grenzproduktivotätstheorie Gültigkeit beansprucht, aufhebt und so die Theorie mit einer Empirie konfrontiert, auf die sie nicht zugeschnitten ist. Machlup bestreitet, daß Lesters empirische Beobachtungen mit der Grenzproduktivitätstheorie unvereinbar seien. Die unternehmerische Vorstellung, daß die Absatzlage als beschäftigungsbestimmend empfunden werde, müsse nicht zwingend der Beachtung der Lohnhöhe entgegenstehen. Generell könne aber die logische Geltung der Grenzproduktivitätstheorie nicht empirisch widerlegt werden.

Die grenzproduktivitätstheoretischen Kategorien lassen sich in der Tat nicht empirisch fundieren: wie auch sollte die Grenzproduktivität der Arbeit bestimmt und gemessen werden? Können die gänzlich irrealen Modellbedingungen in der Realität entdeckt werden? So droht aus der Theorie eine allgemeine formale Doktrin zu werden, aus der stets bei jeglicher Unterbeschäftigung auf überzogene Lohnsätze geschlossen wird, ohne daß nähere empirische Analyse vonnöten wäre.

Werden schon andere Ursachen von Arbeitslosigkeit von vornherein ausgeschlossen, so bleibt auch unklar, wie durch Lohnsenkung (bei gegebener Produktivität) Mehr-

beschäftigung bewirkt wird. Formal wird das einfache preistheoretische Instrumentarium umstandslos auf den Arbeitsmarkt angewendet. Entspräche der Arbeitsmarkt tatsächlich uneingeschränkt normalen Warenmärkten, so würde unzweifelhaft aus niedrigeren Preisen/Löhnen höhere Nachfrage resultieren. Offenbar ist – wie bei Produktmärkten – eine negative Elastizität der Nachfrage unterstellt. Unberücksichtigt bleibt, daß erhöhte Nachfrage nach Arbeitskräften begleitet sein müßte von erhöhter Produktnachfrage und – bei limitationaler Faktorkombination – vermehrtem Realkapitaleinsatz. Vermehrte Produktnachfrage kann nur bei negativer Elastitizät angenommen werden. Was aber passiert bei unelastischer Produkt- und/oder Arbeitskräftenachfrage?
Bei atomistischer Konkurrenz wird die Lohnreduktion bei einem Betrieb oder einem Industriezweig kaum die Produktnachfrage wesentlich beeinträchtigen. Bei Betrachtung einer gesamtwirtschaftlichen Lohnniveaureduktion jedoch vermindert sich das Niveau der Endnachfrage, konstante Sparquote vorausgesetzt. Soll das Niveau der Produktnachfrage gesamtwirtschaftlich gleich bleiben, so muß unterstellt werden, daß die verminderten Lohneinkommen exakt kompensiert werden durch erhöhten Konsum oder vermehrtes Investieren der Unternehmer. Damit würde sich allenfalls die Struktur der Nachfrage, nicht aber deren Niveau ändern. Nur unter dieser, freilich wenig realistischen, Prämisse könnte unmittelbar von der mikroökonomischen Perspektive der Grenzproduktivitätstheorie auf gleichgerichtete makroökonomische Wirkungen geschlossen werden. Eine eigenständige makroökonomische Beschäftigungsanalyse würde sich erübrigen. So ist die Grenzproduktivitätstheorie durch Dominanz der mikroökonomischen Betrachtung gekennzeichnet: der Lohn hat nur einen beschäftigungsrelevanten Stellenwert als Kostenfaktor, das Nachfrageproblem löst sich im Sinne J.B. Says automatisch von selbst; denn jedem Angebot steht eine gleich hohe Nachfrage gegenüber, sei es ein mit hohen oder niedrigen Löhnen produziertes Angebot. So gesehen wäre Arbeitslosigkeit (mit Ausnahme der friktionellen Arbeitslosigkeit) nie von seiten des Absatzes verursacht, sondern stets von seiten der Produktion.

3.3 Die neoklassische Konstruktion negativer Beschäftigungseffekte durch Sozialpolitik

Nun haben Vertreter der neoklassischen Arbeitsmarkttheorie die gegenwärtige Arbeitslosigkeit, etwa bei marginalen „arbeitsmarktpolitischen Problemgruppen", mithilfe der Grenzproduktivitätstheorie zu erklären versucht, indem sie Disparitäten zwischen Lohnsätzen und Grenzproduktivitäten behaupten. Kaum daß die Problematik der empirischen Evidenz der Behauptung beginnt, so hört schon die Argumentation auf. So bemühen sich z.B. Soltwedel/Spinanger aufzuzeigen, daß die höhere Arbeitslosigkeit von Frauen vornehmlich durch deren „relativ schlechtere Wettbewerbsfähigkeit" erklärt werden müsse[20]. Diese führen sie auf „das Verhalten der Frauen im Erwerbsleben" zurück, auf ihre gesellschaftliche Doppelrolle, die Unternehmer zögern läßt, Investitionen in die Ausbildung von weiblichen Arbeitnehmern vorzunehmen. „Die geschlechtsspezifischen Nachteile führen dazu, daß die Frauen nur zu einem geringeren Lohn als die Männer eingestellt werden oder bei gleichem Lohn ein höheres Bildungsniveau aufweisen müssen. Eine Verringerung der Lohndifferenz zwischen Männern und Frauen verschlechtert ceteris paribus die Wettbewerbspotition der Frauen, ein Ansteigen dieser Differenz erhöht sie." (ebd. S. 283). Wie gelangen die Autoren zu der Erkenntnis, daß die Grenzproduktivität von Frauen niedriger als die von Männern ist? Woher wissen die Autoren, daß es die Doppelrolle der Frau ist, die Unternehmer daran hindert, Investitionen in die Ausbildung von weiblichen Arbeitnehmern vorzunehmen? Wenn die Grenzproduktivitäten nicht bekannt sind, wie kann dann festgestellt werden, daß die Frauenlöhne zu hoch sind? Schließlich: Glauben die Autoren tatsächlich, daß auch nur ein einziger zusätzlicher Arbeitsplatz durch niedrigere Frauenlöhne geschaffen wird? Oder aber werden aufgrund der verbesserten Wettbewerbsfähigkeit der Frauen mit niedrigeren Lohnansprüchen lediglich andere Arbeitssuchende verdrängt mit der Folge, daß ein allgemeines Lohnunterbieten einsetzt, das Anspruchsniveau der Arbeitgeber wächst, die Arbeitslosigkeit allenfalls umverteilt, nicht aber vermindert wird? So wäre eine Politik der Verbesserung der Wettbewerbsfähigkeit der besonders von Arbeitslosigkeit bedrohten Gruppen kaum Beschäftigungspolitik, sondern würde lediglich den Konkurrenzdruck unter den Arbeitnehmern verstärken.

Die grenzproduktivitätstheoretisch behaupteten Thesen, die von Neoklassikern in analoger Weise für andere Problemgruppen oder Problemregionen aufgestellt werden, sind empirisch hinsichtlich des Verhältnisses von Grenzproduktivität und Lohnsatz sowie des unterstellten Beschäftigungseffektes von Lohnsenkungen (oder Produktivitätserhöhungen bei konstantem Lohnsatz) empirisch keineswegs belegt und wohl auch kaum belegbar. An die Stelle der fehlenden empirischen Zusammenhänge wird das altbekannte Dogma gesetzt.

Mitunter bedienen sich Neoklassiker der Grenzproduktivitätstheorie, um einen Zusammenhang zwischen bestimmten sozialpolitischen Maßnahmen zugunsten von „Problemgruppen" des Arbeitsmarktes und einer Zunahme der Arbeitslosigkeit aufzuzeigen. Dabei wird das bekannte neoklassische Argumentationsmuster angewendet, daß nicht der Marktmechanismus selbst zu unerwünschten Ergebnissen führt, sondern die staatliche Intervention in den Arbeitsmarkt, die vermeintlich seinen Funktionsmechanismus negativ beeinträchtigt.

In den Kanon solcher Argumente gehört J. Rueffs These, daß die Arbeitslosenversicherung ein unrealistisch hohes Lohnanspruchsniveau fördere, welches erst Arbeitslosigkeit verursache. Ebenso wird eingewandt, daß die Festlegung von Mindestlöhnen, die Abschaffung der sog. Leichtlohngruppen, die Festlegung interregional einheitlicher Lohntarife, die Anhebung der Qualitätsnormen in der Berufsausbildung, die Verbesserung des Kündigungsschutzes usw. zu den erwähnten Disparitäten zwischen Lohnsätzen und Grenzproduktivitäten führen, so daß negative Beschäftigungsfolgen eintreten. Die aus dieser Diagnose resultierende Arbeitsmarktpolitik kann nur als allgemeine sozialpolitische Demontage gewertet werden.

Zwar kann nicht bezweifelt werden, daß die erwähnten sozialpolitischen Maßnahmen die unternehmerische Kostenrechnung belasten (in ähnlicher Weise wie Arbeitgeberbeiträge zur Sozialversicherung und Arbeitslosenversicherung, auf die Beschäftigung bezogene Steuern, z.B. Lohnsummensteuer etc.). Wer behauptet, daß dies zwangsläufig dazu führt, daß bestimmte marginale Arbeitsplätze unproduktiv werden, muß empirische Aussagen über den Zusammenhang von Grenzproduktivität und Lohnsatz treffen können. Aus der einfachen Beobachtung, daß auf den Arbeitsmarkt weniger wettbewerbsfähige Gruppen eher von Arbeitslosigkeit betroffen werden, obwohl einige sozialpolitische Schutzmaßnahmen getroffen wurden, folgt keineswegs, daß eben diese Maßnahmen für die Arbeitslosigkeit verursachend waren. Z.B. trifft ein allgemeiner zyklischer Nachfrageverfall in erster Linie Arbeitnehmer auf marginalen Arbeitsplätzen (soweit sie nicht dem Kündigungsschutz wirksam unterliegen), deren Produktivitätsniveau niedrig ist. Ursache dieser marginalen Arbeitslosigkeit wäre dann aber nicht der behauptete Bumerang-Effekt der Sozialpolitik, sondern schlicht der Nachfragerückgang.

Die Klage vieler Unternehmer über vermeintlich zu hohe Lohnnebenkosten im Gefolge einer überzogenen Sozialpolitik kann nicht arbeitsmarktpolitisch begründet werden, wie es die Neoklassik nahelegt. So wird etwa die Festlegung von Mindestlöhnen oder die Abschaffung der Leichtlohngruppen keineswegs automatisch zur Entlassung der betroffenen Gruppen führen: die unternehmerische Reaktion wird eher in Arbeitsintensivierung und Preisüberwälzung bestehen. Überhaupt dürften die meisten Lohnnebenkosten im weiteren Sinne wie z.B. Werksärzte, Einstellung Behinderter, Kosten der humaneren Arbeitsplatzgestaltung etc. in den Preisen weitergewälzt werden.[21]

So muß die sozialstaatliche Intervention in den Arbeitsmarkt keineswegs zwingend negative Beschäftigungseffekte hervorrufen; auch wäre eine staatliche Subventionierung der gestiegenen Arbeitskosten keineswegs unbedingt notwendig und allein beschäftigungsneutral, wie Soltwedel/Spinanger behaupten[22].

4. Technischer Fortschritt und Beschäftigung: Freisetzung und Kompensation

Die Grenzproduktivitätstheorie wurde als statische Theorie für die Bedingungen einer stationären Wirtschaft entwickelt. Gilt sie nun auch als dynamische Theorie, unter den Bedingungen technischen Fortschritts?

In der neoklassischen Wachstumstheorie sind die Theorie des allgemeinen statischen Gleichgewichts und damit auch die Grenzproduktivitätstheorie integriert. Demnach entwickelt sich die kapitalistische Wirtschaft auf einem andauernden Gleichgewichtspfad, der auch ein beständiges Vollbeschäftigungsgleichgewicht einschließt. Zwar werden in einzelnen Betrieben oder Branchen ständig Arbeitskräfte aufgrund des technischen Fortschritts, also infolge steigender Arbeitsproduktivität, freigesetzt, jedoch werden die Freisetzungseffekte stets exakt auf volkswirtschaftlicher Ebene kompensiert. Ebenso wie die Überproduktion von Waren (mit Ausnahme friktioneller Ungleichgewichte) im ökonomischen Entwicklungsprozeß in der neoklassischen Doktrin undenkbar ist, so ist auch eine dauerhafte „Überproduktion" von

Arbeitskräften, also Unterbeschäftigung, unmöglich. Dem Marktmechanismus ist offenbar ein Kompensationsmechanismus inhärent, welcher mit Produktivitätszuwächsen und Arbeitskräfte-Freisetzungen zugleich die notwendigen Gegenkräfte, Wirtschaftswachstum mit entsprechenden Beschäftigungseffekten verursacht.

Bei einer Steigerung der Arbeitsproduktivität in einem Betrieb, so wird argumentiert, kann mit weniger Arbeitern das gleiche Produkt in gleicher Menge produziert werden, das nun jedoch billiger geworden ist (bei konstantem Lohnsatz); oder bei konstantem Produktpreis steigen die Löhne im Maßstab der Produktivität. In beiden Fällen wird die Produktnachfrage nach Maßgabe der Preis- oder Einkommenselastizität steigen. Z.B. könnte bei einer Preiselastizität der Nachfrage von 1 gerade soviel mehr produziert werden, daß die freigesetzten Arbeitskräfte wieder eingestellt werden. Das gleiche gilt, wenn im Fall von Lohnsteigerungen sämtliche Zusatzeinkommen gänzlich wieder in Produktnachfrage verwandelt werden, vorausgesetzt, die Zusatzproduktion erfolgt genauso kapitalintensiv wie jene Produktion, deren Produktivität gesteigert wurde, so daß tatsächlich die Zusatznachfrage zur Beschäftigung der freigesetzten Arbeiter führt. So wird meist angenommen, daß einer zusätzlichen Produktnachfrage eine stets gleich große Beschäftigungsmenge gegenübersteht.[23] Dies wäre nur dann denkbar, wenn in allen Betrieben und Branchen die Kapitalintensität gleich wäre, wenn zudem der technische Fortschritt keine Veränderung der Kapitalintensität bewirken würde, also „neutral" wäre[24].

Wie aber verläuft die Kompensation bei arbeitssparendem technischen Fortschritt, der zu einer Erhöhung der Kapitalintensität führt? Schließlich ist dies der vorherrschende Typus des technischen Fortschritts[25]. In diesem Fall würde die bei einer Produktivitätssteigerung freigesetzte Zusatznachfrage zwar ausreichen, um eine hinreichende Produktnachfrage zu mobilisieren, aber dieses Nachfragequantum würde zu einem geringen Beschäftigungseffekt führen. Z.B. könnten starke Produktivitätssteigerungen in einer unterdurchschnittlich kapitalintensiven Branche, etwa der Textilindustrie, zu starken Arbeitskräftefreisetzungen, aber auch zu niedrigeren Produktpreisen oder höherem Einkommen führen; jedoch könnten mit der so mobilisierten realen Mehrnachfrage nicht alle freigesetzten Arbeitskräfte wieder absorbiert werden.

Der unmittelbare Beschäftigungseffekt wird insbesondere dann gering sein, wenn die Zusatznachfrage sich auf die Produkte kapitalintensiver Branchen konzentriert. Aber auch diese werden, sobald ihre Produktionskapazitäten ausgelastet sind, expandieren und kumulative Beschäftigungseffekte in vorgelagerten Industriezweigen induzieren. Dabei kann die Kette von Nachfrageimpulsen auf den jeweils vorgelagerten Gütermärkten letztlich immer wieder in die Nachfrage nach Arbeitskräften aufgelöst werden. Aber werden die durch Kapitalintensivierung bedingten Beschäftigungseffekte gerade ausreichen, um die Freisetzungen zu kompensieren? Zunächst ist erforderlich, daß durch technischen Fortschritt verursachte Einkommenszuwächse bei Lohn- und Gewinneinkommen stets und vollständig wieder verausgabt werden; werden sie indessen gespart, so ist ein funktionierender Sparen-Investieren-Ausgleich erforderlich, mit anderen Worten, die Einkommenszuwächse müssen zu einer Vergrößerung der Kapitalakkumulation führen, die wiederum die Reabsorption eines Teils der freigesetzten Arbeitskräfte ermöglicht. Ferner darf die durch technischen Fortschritt bewirkte Zusatznachfrage nur zu Mengeneffekten führen, andernfalls verpufft sie ganz oder teilweise in Preiseffekten und Gewinnzuwächsen. Schließlich müssen die Voraussetzungen der vollständigen Konkurrenz gelten. Unter diesen, freilich ziemlich restriktiven Bedingungen wird bei arbeitssparendem technischen Fortschritt Freisetzung von Arbeitskräften stets durch Kapitalakkumulation kompensiert, sei es in den rationalisierenden Bereichen selbst, den vorgelagerten Branchen oder in gänzlich anderen Bereichen. Stets aber wird nur eine Umstrukturierung von Produktion und Beschäftigung erfolgen, nie aber Unterbeschäftigung, es sei denn, sie ist durch Mobilitätsverzögerungen oder sonstige Anpassungsfriktionen bedingt. Allerdings muß in dem Maße, in dem der arbeitssparende technische Fortschritt und die Freisetzungen zunehmen, das Akkumulationstempo erhöht werden. Dieser von der Neoklassik idealisierte Prozeß der wechselseitigen Freisetzung und Kompensation erfordert eine „vollbeschäftigungskonforme" Lohnpolitik. Bei neutralem technischen Fortschritt wird sich die Grenzproduktivität der Arbeit im Gleichschritt mit der des Kapitals erhöhen. Hingegen wächst bei arbeitssparendem technischen Fortschritt die Grenzproduktivität des Kapitals schneller als die der Arbeit. Mithin müssen die Lohnzuwächse auch unterhalb der allgemeinen Produktivitätszunahme liegen. Diese These ist auch in dem Konzept der „kostenniveauneutralen Lohnpolitik" angelegt. „Unter dem gesamtwirtschaftlichen Produktivitätszuwachs müßte die Lohnleitlinie bleiben, wenn es andernfalls zu sinkenden Kapitalerträgen und als Folge davon zu einem verringerten Kapitalwachstum oder zu einer Freisetzung von Arbeitskräften kommen würde und beides vermieden werden soll. Dieser Fall kann eintreten, wenn die Kapitalkosten je Produkteinheit steigen, zum Beispiel als Folge eines nicht genügend kapitalsparenden technischen Fortschritts oder einer Substitution von Arbeit durch Kapital ..."[26] Passen sich bei arbeitssparendem technischen Fortschritt die Löhne nicht entsprechend an, so entsteht eine vermeintlich technologische Arbeitslosigkeit, die aber in neoklassischer Deutung nichts anderes als eine besonderer Form von „Mindestlohn-Arbeitslosigkeit" ist[27]. Denn mit dem Verhältnis der Grenzproduktivitäten von Arbeit und Kapital haben sich in neoklassischer Sicht auch die relativen Knappheiten von Arbeit und Kapital verschoben, so daß auf dem Arbeitsmarkt ein erhöhtes Arbeitskräfteangebot einer verringerten Nachfrage gegenübersteht. Das Lohnniveau aber wird schließlich auf das Niveau der Grenzproduktivität absinken, so daß alle freigesetzten Arbeitskräfte wieder absorbiert werden können.

In neoklassischer Perspektive ist es erneut die Flexibilität der Lohnsätze bei Substitutionalität der Produktionsfunktion im Verein mit der durch technischen Fortschritt bedingten Kapitalakkumulation, wodurch stets die Kompensation der Freisetzungen erfolgen wird. Immer wird bei technischem Fortschritt, sei er arbeits- oder kapitalsparend, mit den Arbeitskräften so viel Kapital freigesetzt, daß genügend Beschäftigungsmöglichkeiten vorhanden sind. Die Anpassungslast liegt allein bei der Lohnpolitik. Ist diese „marktgerecht", dann wird eine „invisible hand" des Marktes auch den Ausgleich von Zuwachsraten bei Produktivität und Nachfrage garantieren können.

Mit der Einbeziehung des technischen Fortschritts in die neoklassische Arbeitsmarkttheorie vermindert sich deren Realitätsgehalt zusehends:
(1) Die Produktionsfunktionen sind meist limitational. Zu einer bestimmten Quantität an Realkapital gehört eine weitgehend technisch bestimmte Beschäftigungsmenge, die selbst bei starken Lohnsatzveränderungen nicht beliebig veränderbar ist. Natürlich ist das Faktoreinsatzverhältnis langfristig keineswegs konstant. Aber die schlichte neoklassische Vorstellung, daß es allein und ausschließlich vom Verhältnis der Grenzproduktivitäten von Arbeit und Kapital bestimmt sei, scheitert bereits an der Tatsache, daß die Kapitalkosten – längerfristig – nur aus den Arbeitskosten ableitbar sind, mithin die Grenzproduktivität des Kapitals keine autonome Determinante darstellen kann. So verteuern hohe Löhne langfristig auch das Realkapital, so daß sie – langfristig gesehen – kaum arbeitssparenden technischen Fortschritt induzieren können[28]. Mithin dürfte die Entwicklung der Kapitalintensität hinsichtlich des Lohnniveaus weitgehend unelastisch sein. Schon 1931 schrieb Emil Lederer: „Werden arbeitssparende Maschinen eingeführt, so geschieht das selten deshalb, weil die Löhne zu hoch sind ... Die großen technischen Neuerungen sind nicht unter dem Druck eines gewerkschaftlich überhöhten Lohnniveaus entstanden. Der mechanische Webstuhl verdankt seine Entstehung nicht der Tatsache, daß die Handwerker zu üppig lebten und daß ihre Leistungen zu teuer wurden ... Dasselbe gilt von der mechanischen Spindel, ebenso von der Eisenbahn ..."[29].
(2) Die grundlegende Voraussetzung der neoklassischen Arbeitsmarkttheorie, nämlich die Flexibilität des Reallohnniveaus, ist weder gegeben noch herstellbar. Aber selbst wenn sie hergestellt werden könnte, blieben die „Unvollkommenheiten", also die Abweichungen von den Prämissen der Gleichgewichtstheorie, auf den Güter- und Geld- bzw. Kapitalmärkten, so daß nicht einmal mit der Mobilisierung zusätzlicher Nachfrage in Höhe der durch technischen Fortschritt eingesparten Arbeits- und Kapitalkosten gerechnet werden kann. Aufgrund der Monopolisierungstendenz vermindert sich ohnehin das Beschäftigungsniveau[30]. Zudem resultieren Nachfragezuwächse – auch unter den Bedingungen unelastischen Geldangebotes – mit zunehmender Einschränkung des Preiswettbewerbs in Preiseffekten, während die erforderlichen Mengen- und Beschäftigungseffekte ausbleiben. Ferner ist bekanntlich der von der Neoklassik unterstellte automatische Ausgleich von Sparen und Investieren außerordentlich unsicher.

So sind sämtliche wesentlichen Voraussetzungen der neoklassischen Kompensationstheorie nicht gegeben; zwar ist ein Zusammenhang von Freisetzung und zusätzlicher Beschäftigung in einer theoretischen Konstruktion denkbar, aber unter den gegebenen marktwirtschaftlichen Bedingungen eher zufälliges Resultat glücklicher Umstände. Schon traditionell deuten die Neoklassiker anhaltende Arbeitslosigkeit mit dem Hinweis auf Kapitalmangel, der im wesentlichen lohninduziert sei, in Verbindung mit einem Rückstand an technischem Fortschritt. Es sei nicht die Überakkumulation von Kapital, sondern die mangelnde Kapitalbildung, nicht ein „Zuviel" an technischem Fortschritt, sondern ein „Zuwenig", wodurch andauernde Arbeitslosigkeit entstehen könne. „Es ergibt sich somit das paradoxe Bild, daß durch den Kapitalmangel die Durchführung des technischen Fortschritts verzögert wird und es gerade diese Verzögerung ist, die für die Arbeitslosigkeit verantwortlich ist, oder umgekehrt ausgedrückt, eine beschleunigte Verbreitung des technischen Fortschritts würde eine derartige Arbeitslosigkeit nicht aufkommen lassen."[31] Politisch gewendet wird so unter dem Vorzeichen von Arbeitsmarktpolitik eine Forcierung der Kapitalakkumulation bei verstärkter Durchsetzung des arbeitssparenden technischen Fortschritts das Wort geredet.

5. Das Versagen des Marktmechanismus auf dem Arbeitsmarkt

Die Kritik an neoklassischen Arbeitsmarkttheorien läßt sich in folgender Weise zusammenfassen:

1. Mithilfe der Grenzproduktivitätstheorie und der allgemeinen Gleichgewichtstheorie soll eine dem Marktmechanismus inhärente Vollbeschäftigungstendenz erklärt werden. Dabei wird das, was zu erklären ist, in den Prämissen bereits vorausgesetzt, nämlich Vollbeschäftigung und allgemeines Gleichgewicht. Freilich ist die Grenzproduktivitätstheorie in den Grenzen ihrer Prämissen unanfechtbar, aber das heißt nicht mehr, als daß sie die logische Implikation ihrer Voraussetzungen ist.Fast sämtliche essentiellen Voraussetzungen der Theorie aber sind in der ökonomischen Wirklichkeit nicht wiederzufinden und nicht herstellbar.
2. Die Neoklassiker konstruieren einen einzelwirtschaftlichen Zusammenhang von Lohnsatz und Beschäftigung, den sie dann umstandslos auf die Gesamtwirtschaft übertragen. Die kreislauftheoretische Betrachtung der Arbeitsmärkte unterbleibt, der Lohn wird nur als Kostenfaktor untersucht.
3. Wesentliche Voraussetzungen der neoklassischen Arbeitsmarkttheorien sind ertragsgesetzliche Kostenverläufe und substitutionale Produktionsfunktionen. Währenddessen haben wir es bei Unterbeschäftigung meist mit zunehmenden Grenzerträgen der Arbeit, generell mit meist limitationalen Produktionsfunktionen zu tun. Darüber hinaus ist das Grenzproduktivitätstheorem auf den Dienstleistungsbereich und den öffentlichen Bereich nicht-marktbestimmter Nachfrage nach Arbeitskräften nicht anwendbar.[32]
4. Keineswegs kann unterstellt werden, daß die Arbeitskräftenachfrage – analog zur Wettbewerbsanalyse auf Gütermärkten – lohnelastisch ist, d.h. daß die Nachfrage mit sinkenden Löhnen steigt und mit steigenden Löhnen sinkt. Eher ist eine gewisse Starrheit der Nachfrage zu vermuten, die um so unelastischer ist, je geringer der Lohnkostenanteil an den Gesamtkosten ist, je schwieriger die Substitutionsmöglichkeiten zwischen Arbeit und Kapitalgütern sind und je unelastischer die Produktnachfrage ist.[33] Ebenso dürfte die Entwicklung der Kapitalintensität hinsichtlich der Faktorpreisrelationen relativ unelastisch sein, denn die Durchsetzung des technischen Fortschritts ist ein von den Lohnsätzen weitgehend unabhängig verlaufender Prozeß, der den privaten Unternehmungen durch die Konkurrenz aufgezwungen ist.

So ist der neoklassischen Arbeitsmarkttheorie eine Sichtweise eigen, in deren Zentrum der Reallohnsatz und die Lohnrelationen stehen. Im Rahmen der Prämissen des allgemeinen Gleichgewichts erscheint diese Sichtweise berechtigt, jedoch nicht angesichts der ökonomischen Realität. Das Modell selbst verstellt den Blick für die realen Zusammenhänge. So wird die Bedeutung des Lohnes als Kostenfaktor und entscheidende Determinante der Beschäftigung systematisch überschätzt[34].

5. Die Funktionsweise von Arbeitsmärkten ist hinsichtlich ihrer Struktur und ihrer zyklischen und langfristigen, trendmäßigen Entwicklung grundsätzlich verschieden von der Funktionsweise von Produktmärkten. Zwar ist die Arbeitskraft unter kapitalistischen Bedingungen zweifelsohne eine Ware, aber doch eine Ware besonderer Natur[35].

(1) Arbeitskraft ist nicht beliebig reproduzierbar wie „normale" Waren.

(2) Das Arbeitskräfteangebot ist wesentlich durch seine Heterogenität in personeller, qualifikations- und geschlechtsspezifischer Weise bestimmt. Ferner sind Arbeitsmärkte fast stets räumlich begrenzt, weil Arbeitskräfte relativ immobil sind.

(3) Lohn- und Gehaltsabhängige sind vom lebenslangen Verkauf ihrer Arbeitskraft als Ware in der Regel existenziell abhängig. Lohneinkommen ist daher grundlegend verschieden von Besitzeinkommen, also dem Einkommen aufgrund von Kapitaleigentum. Daher ist der Lohnsatz auch nur eine untergeordnete Determinante des Arbeitskräfteangebotes, im Gegensatz zum Preis auf Produktmärkten.

(4) Arbeitskraft ist die einzige Ware, die jeder Unternehmer zwecks Kapitalverwertung kaufen muß, da ihr allein wertschaffende Potenz innewohnt. Schon dadurch wird die grundsätzliche Interessenidentität der Unternehmer auf den Arbeitsmärkten konstituiert, die auf keinem Produktmarkt vorhanden ist[36].

Der freie, ungehinderte Arbeitsmarktmechanismus führt keineswegs automatisch zu Vollbeschäftigung, im Gegenteil: „The Law of Markets" versagt auf den Arbeitsmärkten, nicht etwa, weil die menschliche Arbeitskraft keine Ware wäre, sondern gerade weil sie es ist. Tatsächlich ist sie, wie E. Arndt betont, nicht „marktfähig". Einer neoklassisch ausgerichtete Arbeitsmarktpolitik, die auf die modellgerechte Herstellung ihres Warencharakters setzt, wird daher auch wenig Erfolg beschieden sein. Aus dieser Einsicht folgt indessen, daß es zur Herstellung dauerhafter Vollbeschäftigung intervenierender Eingriffe der Tarifparteien und des Staates bedarf, die nicht auf eine neoklassische Lohn-Beschäftigungsmechanik spekulieren können. Wenn aber mit der Fixierung von Lohnsätzen durch die Tarifparteien beschäftigungspolitisch noch nichts gewonnen ist, so besteht das unabweisbare Erfordernis, Beschäftigung direkt, nicht als residuale Folge von Verwertungsentscheidungen, sondern als autonome Zielgröße festzulegen. Ansatzpunkte für eine derartige autonome Beschäftigungspolitik liegen in einer beschäftigungsorientierten, selektiven Wachstumsförderung in arbeitsintensiven Bereichen mit hohem Nachholbedarf, namentlich also in der Ausweitung des öffentlichen Sektors; zweitens in der sozialen Beherrschung der Produktivitätsentwicklung, des technischen Fortschritts schlechthin; drittens in der Arbeitszeitpolitik[37].

Anmerkungen

1 Insbesondere das Rheinisch-Westfälische Institut für Wirtschaftsforschung (RWI) betont stets in den „Gemeinschaftsgutachten", daß beschäftigungs- und preisniveauskonforme Lohnzuwächse immer noch unter den Empfehlungen der anderen Institute liegen müßten. Bemerkenswert ist allein, daß solche Thesen, stets ohne auch nur den durchsichtigsten Schleier der Begründung, von der Öffentlichkeit unbeanstandet zur Kenntnis genommen werden.

2 Sachverständigenrat zur Begutachtung der gesamtwirtschaftlichen Entwicklung, Jahresgutachten 1977/78, Bonn 1977.

3 A.C. Pigou, The Theory of Unemployment, London 1933, S. 248 ff.

4 In der aktuellen Diskussion stehen freilich die unmittelbar auf dem Arbeitsmarkt vorherrschenden Unvollkommenheiten, also die Abweichungen vom Gleichgewichtsmodell, im Vordergrund der Betrachtung, obwohl von den Marktunvollkommenheiten in der Produktion, Zirkulation etc. erhebliche indirekte Wirkungen auf den Arbeitsmarkt ausgehen. So wird etwa von den Neoklassikern der Einfluß der Oligopolisierung auf vielen Produktmärkten auf den Arbeitsmarkt gerne übersehen.

5 H. Giersch, Konjunktur- und Wachstumspolitik in der offenen Wirtschaft, Allgemeine Wirtschaftspolitik, Band 2, Wiesbaden 1977, S. 268.

6 S. Nehring, R. Soltwedel, Probleme der Beschäftigungspolitik, in: Konjunkturpolitik, Heft 4/1976, insbesondere S. 211 ff. – R. Soltwedel, Konjunkturelle oder strukturelle Arbeitslosigkeit – ungelöstes Zurechnungsproblem, in: WSI–Miteilungen, Heft 5/1977, S. 304 ff. – Geschäftsbericht der Deutschen Bundesbank für das Jahr 1976, o.O., 21.4.1977, S. 37 ff.

7 Ch.C. Holt, Job Search, Phillips' Wage Relation, and Union Influence: Theory and Evidence. In: A.E. Phelps (Ed.), Economic Foundations of Employment und Inflation Theory, London 1970.

8 Vgl. zu den verschiedenen Begriffen von Arbeitslosigkeit: R.G. Lipsey, Structural and Deficient Demand Unemployment Reconsidered. In: B.J. McCormick, E.O. Smith (Ed.), The Labor Market, Harmondsworth 1968, S. 245 ff.

9 H. Giersch, Konjunkturelle, strukturelle und internationale Aspekte des Arbeitslosenproblems, in: Wege zur Überwindung der Arbeitslosigkeit. Kieler Diskussionsbeiträge Nr. 49, Januar 1977, S. 42.

10 Dies schließt die Einengung innerbetrieblicher Arbeitsmärkte, die Einschränkung der zunehmenden Segmentierung in berufsfachliche Märkte mit wechselseitiger Abschottung ebenso ein wie das Aufbrechen von „closed-shop"-Praktiken im Gefolge der Verbesserung des Kündigungsschutzes.

11 Bezeichnenderweise führte J. Rueff – ausgerechnet im Jahre 1931 – die damalige Arbeitslosigkeit im wesentlichen auf das System der Arbeitslosenversicherung zurück. Vgl. J. Rueff, L'Assurance Chômage Cause du Chômage permanent. In: Revue d'Economic Politique (1931), S. 211.

12 H. Giersch, Konjunktur- und Wachstumspolitik, a.a.O., S. 252. – Ders., Beschäftigungspolitik ohne Geldillusion, in: Die Weltwirtschaft, Heft 2/1972, S. 128.

13 G. Fels, H. Giersch, H. Müller-Groeling, K.D. Schmidt, Neue Rollenverteilung in der Konjunkturpolitik. In: Die Weltwirtschaft 1971, S. 7/8. – „Bei vorgegebener Geldmengenexpansion und einer dem Grundgesetz gehorchenden Budgetpolitik kann niemand anders für Vollbeschäftigung und damit auch für die Rückkehr zur Vollbeschäftigung sorgen als die Tarifpartner. Denn für den Arbeitsmarkt gilt als ökonomisches Gesetz dasselbe wie für andere Märkte. Wo immer zu hohe Entgelte vereinbart und nicht durch Inflation gesenkt werden, gibt es ein Ungleichgewicht in Form eines Angebotsüberhanges. „H. Giersch, Konjunkturelle, strukturelle und internationale Aspekte des Arbeitslosenproblems, a.a.O., S. 43.

14 „Denn wie die klassische Theorie in eine Anklage ausmündet, so neigt die Grenzproduktivitätstheorie zur Apologie ..." E. Preiser, Erkenntniswert und Grenzen der Grenzproduktivitätstheorie. In: ders., Bildung und Verteilung des Volkseinkommens, Göttingen 1973, S. 266.

15 K.W. Rothschild, Lohntheorie, Berlin/Frankfurt/M. 1963, S. 21.

16 Vgl. W. Hofmann, Sozialökonomische Studientexte, Einkommenstheorie, Berlin 1965, S. 232 f.

17 Auf diese Implikation macht P.H. Douglas aufmerksam, P.H. Douglas, The Theory of Wages, New York 1934, S. 70.

18 Vgl. K.W. Rothschild, Lohntheorie, a.a.O., S. 43 ff., – J. Robinson, Theory of Imperfect Competition, London 1954, S. 267 ff.

19 R.A. Lester, Shortcomings of Marginal Analysis for Wage-Employment Problems. In: American Economic Review, Vol. 36, 1946, S. 63 ff. – F. Machlup, Marginal Analysis and Empirical Research. In: American Economic Review, Vol. 36, 1946, S. 519 ff. – R.A. Lester, F. Machlup, G.J. Stigler, Communications, in: American Economic Review, Vol. 37, 1947, S. 135 ff.

20 R. Soltwedel, D. Spinanger, Beschäftigungsprobleme in Industriestaaten, Nürnberg 1976, S. 282 ff.

21 Im übrigen werden Mindestlöhne häufig gerade aufgrund extremer Unterbezahlungen und Diskriminierung (z.B. bei Schwarzen) festgelegt. Darüber hinaus sind bei möglicher Arbeitsintensivierung nach erfolgter Lohnerhöhung sogar positive Beschäftigungseffekte denkbar. Vgl. K.W. Rothschild, Lohntheorie, a.a.O., S. 35.

22 R. Soltwedel, D. Spinanger, Beschäftigungsprobleme in Industriestaaten, a.a.O., S. 295. – Würde tatsächlich im Sinne der Neoklassiker das Verhältnis von Lohnsatz und Grenzproduktivität durch die Sozialpolitik mit negativen Beschäftigungsfolgen verändert, so wäre z.B. zu vermuten, daß die Einführung eines Arbeitslosenversicherungsbetrages der Arbeitgeber (oder eine Erhöhung des Betrages) stets mit negativen Beschäftigungseffekten sanktioniert würde, weil auf den marginalen Arbeitsplätzen die Lohnkosten einschließlich der Lohnnebenkosten über der Grenzproduktivität lägen. Statt dessen ist eher eine Preisüberwälzung zu erwarten, die Maßnahme selbst wäre – obwohl sie die unternehmerische Kostenrechnung tangiert – beschäftigungsneutral.

23 Vgl. E. Heuß, Grundelemente der Wirtschaftstheorie, Göttingen, 1970, S. 188. – Siehe auch die Kritik von H. Neisser: „The Law of Markets does not secure the reabsorption of workers; there is no rigid association between purchasing power and quantity of output nor between output and employment." „Permanent" Technological Unemployment, in: American Economic Review, 1942, S. 57.

24 Zur Begriffserklärung siehe A.E. Ott, Technischer Fortschritt, in: Handwörterbuch der Sozialwissenschaften, Band 10, Tübingen 1959, S. 309.

25 „ ... so liegt es auf der Hand, daß der arbeitsparende technische Fortschritt bei Kapitalmehraufwand ... die für die Entwicklung des Kapitalismus typische Form des technischen Fortschritts darstellt, und zwar seit der industriellen Revolution bis zur gegenwärtigen Zeit der Atomtechnik und Automation." A.E. Ott, Technischer Fortschritt, a.a.O., S. 310.

26 H. Giersch, Konjunktur- und Wachstumspolitik, a.a.O., S. 268.

27 Ebenda.

28 Vgl. R.A. Lester, Economics of Labor, New York, 1949, S. 115.

29 E. Lederer, Wirkungen des Lohnabbaus, Tübingen 1931, S. 13/14. – Ähnlich argumentiert H. Neisser: „Would not a sufficient lowering of wage rates revert the development and bring about the application of older processes requiring much less capital per worker? This argument overlooks that, even at a considerably lower wage rate, the puddling process may be less profitable than the open hearth process. In other words: the transition from one process to another ist not correctly described by moving along a given marginal productivity curve for capital: a shift in the curves was caused by technological progress." H. Neisser, „Permanent" Technological Unemployment, a.a.O., S. 66.

30 Vgl. K.W. Rothschild, Lohntheorie, a.a.O., S. 43 f. – J. Robinson, The Theory of Imperfect Competition, a.a.O.

31 E. Heuß, Grundelemente der Wirtschaftstheorie, a.a.O., S. 216. – Heuß bemüht sich, die gegenwärtige Arbeitslosigkeit als späte Folge der Septemberstreiks 1969 darzustellen: zunächst hatte die allgemeine Nachfragesteigerung zu einer Nachfragesoginflation geführt, die Erweiterungsinvestitionen induziert habe; mit dem Übergang zur Kostendruckinflation seien dann Rationalisierungsinvestitionen in Gang gesetzt worden. Zur Absorption der Arbeitslosen sei ein besonders hohes Investitionswachstum erforderlich. Siehe E. Heuß, Technischer Fortschritt in der Marktwirtschaft, in: Wirtschaftsdienst, Heft 1/1977, S. 226 ff.

32 Vgl. E. Arndt, Theoretische Grundlagen der Lohnpolitik, Tübingen 1957, S. 63. – R.A. Lester, Economics of Labor, a.a.O., S. 1781 f.

33 R.A. Lester, Economics of Labor, a.a.O., S. 115.

34 So wird über die Ergebnisse einer kürzlich durchgeführten Unternehmensbefragung berichtet: „Das Ergebnis zeigt, daß sich 93 % der Firmen im Fall von Lohnzuschüssen nicht zu mehr Einstellungen veranlaßt sehen und daß für Einarbeitungszuschüsse eine ähnliche Quote gilt (91 %). Dieses Ergebnis deutet zugleich darauf hin, daß die Bedeutung des Lohnniveaus als Ursache für die anhaltend schwache Nachfrage nach Arbeitskräften, also für die ,,mangelnde Konkurrenzfähigkeit" der nicht besetzten Arbeitsplätze, offensichtlich überschätzt wird." G. Nerb, L. Reyher, E. Spitznagel, Struktur, Entwicklung und Bestimmungsgrößen der Beschäftigung in Industrie und Bauwirtschaft auf mittlere Sicht, in: IAB-Mitteilungen, H. 1/1977, S. 185.

35 Anders urteilt E. Arndt, Theoretische Grundlagen der Lohnpolitik, a.a.O., S. 64f. „Die grundlegende Ursache für das Versagen der Marktgesetzlichkeit auf dem Arbeitsmarkt ist ohne Zweifel die mangelnde Marktfähigkeit der Arbeit. Die Arbeitskraft ist keine Ware; sie nimmt in dieser Beziehung eine absolute Sonderstellung ein." Ebenda, S. 64.

36 Vgl. R.A. Lester, Economics of Labor, a.a.O., S. 100.

37 Vgl. Vorschläge des DGB zur Wiederherstellung der Vollbeschäftigung, o.O., 1977, S. 6, 7.

Harald Mattfeldt

Determinanten der Arbeitslosigkeit in der BRD. Zur Interpretation des Sachverständigenrates *

1. Sachverständigenrat in der Krise

Die Höhe der Arbeitslosen- und Kurzarbeiterzahlen ist ein wesentlicher Indikator für Länge und Intensität wirtschaftlicher Krisen in der BRD. Danach dauert die gegenwärtige Krise schon fast vier Jahre. Bei der Diskussion um die Diagnose und Therapie dieser Rezession spielen die Ausführungen des Sachverständigenrats zur Begutachtung der gesamtwirtschaftlichen Entwicklung (SVR) eine wichtige Rolle, handelt es sich nach dem Gesetz über den Sachverständigenrat doch um ein unabhängiges Gremium (vgl. § 1 und § 3 Abs. 1 SVRG). Dieser Begriff der Unabhängigkeit schließt zumindest assoziativ die Neutralität im Sinne einer Interessenungebundenheit ein, zumal es um ein Gremium von Wissenschaftlern geht (§ 1 Abs. 2 SVRG). Sowohl Unabhängigkeit als auch Neutralität sind die Voraussetzungen dafür, daß der SVR einem seiner wesentlichen Aufträge, nämlich über die Sachzusammenhänge im Wirtschaftssystem der BRD aufzuklären, nachkommen kann.[1] Dies war die herausragende Begründung für die Installierung des SVR in der durch das Gesetz festgelegten Weise. Von dieser Aufklärung wurde und wird eine Versachlichung der wirtschafts- und sozialpolitischen Diskussion erwartet. Eine Darstellung der wirklichen wirtschaftlichen Zusammenhänge muß dazu führen, so die einhellige Meinung bei der Gründung des SVR, daß viele unnütze, sozial schädliche Streitereien verhindert oder erheblich abgemildert werden können. Aufklärung in diesem Sinne soll also sozial-integrativ wirken.[2] Implizite Voraussetzung für das Gelingen der Aufklärung ist allerdings, daß es sich bei der zugrunde gelegten marktwirtschaftlichen Ordnung, in deren Rahmen der SVR seine Untersuchungen durchführen soll (§ 2 SVRG), um ein grundsätzlich harmonisches Wirtschaftssystem handelt, bei dem also letztendlich alle Konflikte systemkonform aufhebbar sind, da alle „am gleichen Strang ziehen". Daß es überhaupt Konflikte gibt, läßt sich dann auf den Grundtatbestand allen Wirtschaftens, wie jeder Student der Wirtschaftswissenschaften im ersten Semester erfährt, zurückführen: das insgesamt erstellte Produkt ist knapp. Gesamtwirtschaftlich läßt sich also kein erstes Genossensches Gesetz formulieren. Die gesamtwirtschaftlich relevanten Gruppierungen Arbeitnehmer, Arbeitgeber und Staat versuchen nun jeweils, einen möglichst großen Anteil am Gesamtprodukt zu erhalten. Am intensivsten sind diese Bestrebungen bei Arbeitnehmern und Arbeitgebern. Daraus resultiert als Hauptkonflikt der Verteilungskampf. Wird dieser Kampf zu intensiv und nicht mehr nach den Marktregeln ausgetragen[3], so wird das gesamte Produkt beeinträchtigt. Wohlstandsminderung aber geht zu Lasten aller. Konflikte sind damit in diesem Wirtschaftssystem zu vermeiden und auch vermeidbar, wenn nur hinreichend über ihre Konsequenzen aufgeklärt wird.

Handelt es sich dagegen um eine Wirtschaftsordnung, in deren Rahmen grundsätzlich nicht harmonisierbare Konflikte existieren, dann führt wirkliche Aufklärung über ein solches Wirtschaftssystem nicht zu einer Verhinderung oder Abschwächung von Auseinandersetzungen. Vielmehr kann dann Aufklärung im Endeffekt eine sozial-desintegrative Wirkung haben.

Die Position des SVR ist hierüber, wenn sie nicht schon von vornherein oder nach dem ersten Gutachten von 1964 erkennbar war, im Laufe der Ausarbeitung mehrerer Gutachten eindeutig klargestellt worden. Es ist wohl auch nicht gut vorstellbar, daß er, in welcher personellen Zusammenstellung auch immer, eine andere Position eingenommen hätte. Der SVR geht insgesamt von einer harmonistischen ökonomischen Welt für die BRD aus, in der sich Konflikte hinsichtlich der gemeinsamen Zielvorstellung einer Wohlstandsoptimierung nach sachlicher Aufklärung als Scheinkonflikte herausstellen müssen und daher unnötig und, weil wohlstandsmindernd, dysfunktional sind.[4]

Die positiven Stellungnahmen bei der Gründung des SVR zu seiner Aufklärungsfunktion und damit der unausgesprochenen Zustimmung zu diesem harmonistischen Gesellschaftsbild mögen zwar dem Zeitgeist entsprechen. Diese Position ist aber nichtsdestotrotz eine einseitige Sichtweise. Es handelt sich um eine Auffassung, wie sie vor allem hinter der neoklassischen Theorie steckt und von darauf aufbauenden neo- und neoneoliberalistischen wirtschaftspolitischen Konzeptionen vertreten wird. Ein Grundstein für die Favorisierung neoklassischer Theorie und daraus abgeleiteter Wirtschaftspolitik durch den SVR wäre damit gelegt.

Die Aufgabe des SVR, zur Aufklärung über Sachzusammenhänge mit entsprechenden integrativen Effekten beizutragen, kann nur solange gelingen, wie sich bei seiner Analyse und seinen wirtschaftspolitischen Therapievorstellungen keine dauernden Einseitigkeiten hinsichtlich der wesentlichen Interessenpositionen im Verteilungskampf ergeben. Andernfalls ist es ja möglich, die Gutachten tendenziell zu einer Argumentationshilfe für immer die gleiche Seite in dieser Auseinandersetzung zu gebrauchen. Dieser Bias würde sich umso eher zeigen, je intensiver der Verteilungskampf geführt wird bzw. wenn es darum geht, die „Schuldigen" für inflationäre Entwicklungen oder für konjunkturelle und strukturelle Veränderungen zu benennen sowie bei der Unterbreitung von Stabilisierungskonzepten, die solche Entwicklungen beeinflussen sollen. Gibt es solche Einseitigkeiten und sind sie wahrnehmbar, sei es durch die Formulierungen des SVR oder die Benutzung der Gutachten durch ausmachbare Interessengruppierungen bei der Austragung der Konflikte, kann sich die intendierte sozial-integrative Funktion des SVR in ihr Gegenteil verkehren. Gleiches kann eintreten, wenn die Diskrepanzen zwischen der theoretischen Analyse in den Gutachten und der realen Entwicklung sichtbar werden und der SVR zur Rettung seiner Theorie und ihrer Prämissen, etwa vom sich selbst optimierenden, stabilen marktwirtschaftlichen System, die Anpassung

der Realität an die Theorie fordert statt von seiner Theorie abzugehen und zu erklären, warum seine Theorie nicht der Realität entspricht. Diese Vorgehensweise würde ihn nämlich nicht mehr als Aufklärer erscheinen lassen, sondern, da sie typisch für Ideologieproduzenten ist, in Ideologieverdacht bringen.
Die Behauptung ist nun, daß in einem Wirtschaftssystem, daß die Kapitalrentabilität als oberste Zielsetzung der produzierenden Wirtschaftseinheiten besitzt, sich notwendigerweise ein solcher Bias bei der Argumentation der Sachverständigen zugunsten dieser Wirtschaftseinheiten, d.h. zugunsten der Interessenposition der Unternehmen, herausbilden muß. Dies würde sich sowohl im Bereich der Diagnose wie im Bereich darauf aufbauender therapeutischer wirtschaftspolitischer Konzeptionen zur Behebung von Krisen zeigen. Diese These von der notwendigen einseitigen Interessengebundenheit der Sachverständigen, wie sie gerade in der letzten Zeit verstärkt vertreten wird[5], soll im folgenden anhand der Darlegungen des SVR zur Arbeitslosigkeit nachgegangen werden. Dabei versteht es sich von selbst, daß im wesentlichen auf die Positionen des SVR in den letzten Jahresgutachten eingegangen wird, da das Arbeitslosenproblem erst in den vergangenen Jahren wieder in den Mittelpunkt gerückt ist. Im Vordergrund unserer Ausführungen steht also nicht die Untersuchung der „Richtigkeit" der theoretischen Ansätze des SVR, sondern die Frage, ob der SVR einseitige theoretische Begründungen liefert, ob er diese Einseitigkeiten kenntlich macht und begründet und damit die Gegenposition benennt und widerlegt oder ob er, für den Leser der Gutachten nicht leicht durchschaubar, mögliche Alternativen durch „Vor"urteile ausgeschieden hat.
Die vorstehenden Überlegungen deuteten eine logisch mögliche Ableitung von der Einseitigkeit der SVR-Gutachten an. Die Untersuchung der Gutachten selbst muß zeigen, ob der SVR bei der Kommentierung der Krise und der Analyse der Arbeitslosigkeit und ihrer Bewältigung einseitig und vorwiegend bestimmte theoretische Ansätze favorisiert oder ob er, eingedenk des Auftrages des § 2 SVRG, wirkliche Alternativen anbietet. Bleiben wir bei der herkömmlichen Grobeinteilung der neueren Ansätze, so ist also zu prüfen, ob der SVR sowohl neoklassische als auch keynesianische Konzepte anbietet. Sollte dies nicht geschehen, so ist zu untersuchen, ob er seine Position explizit kennzeichnet, da er sonst gegen elementarste Regeln der Wissenschaftlichkeit verstoßen würde. „Gegenaufklärung" wäre dann die Pflicht jedes Wissenschaftlers.
Die Doppelsinnigkeit der Überschrift dieses Abschnittes ist einleuchtend. Sollte sich nämlich die These von der einseitigen Kommentierung der Krise durch den SVR als richtig herausstellen, so ist klar, daß sie den SVR in seine eigene Krise bringt. Diese Krise bezöge sich auf die Erfüllung seiner Aufklärungsfunktion und seine Legitimation als unabhängiges, wissenschaftlich arbeitendes Gremium.

2. Die Interpretation der Arbeitslosigkeit durch den Sachverständigenrat

2.1 Ursachen der Arbeitslosigkeit

Im Abschnitt „Lohnniveau und Beschäftigung" behandelt der SVR in seinem Jahresgutachten vom November 1976 das Problem der Arbeitslosigkeit. Diese Überschrift ist zugleich Programm, denn das Lohnniveau und die Entwicklung der Lohnquote sind die für den SVR entscheidenden Variablen bei der Erklärung der Arbeitslosigkeit und ihre Veränderung wesentliche Mittel zur Wiedererreichung der Vollbeschäftigung. Dies zeigt sich schon bei den Definitionen der verschiedenen Arten der Arbeitslosigkeit, zwischen denen der SVR unterscheidet.
In diesem Jahresgutachten spaltet der SVR die Arbeitslosigkeit auf in eine konjunkturelle und eine nicht-konjunkturelle Komponente.[6] Ursache der konjunkturellen Arbeitslosigkeit ist die ungenügende gesamtwirtschaftliche Nachfrage. Mit einer Nachfrageexpansion im Verlauf eines konjunkturellen Aufschwungs verschwindet diese Art der Arbeitslosigkeit von selbst. Auslöser für die Beseitigung dieser Arbeitslosigkeit sind „spontane Erweiterungsinvestitionen"[7] im Aufschwung, nicht aber in erster Linie Maßnahmen der Globalsteuerung. Die Globalsteuerung hat allenfalls für die Verstetigung der Nachfrageexpansion zu sorgen, hat also nur komplementären Charakter oder aber soll sich schon wieder zum Gegensteuern bereithalten. Dahinter steckt die Furcht vor einer Verstärkung der inflationären Entwicklung, deren Verhinderung vom SVR oberste Priorität beigemessen wird. Wichtig ist für unsere Problemstellung, daß wir feststellen, daß die primären Impulse zur Beseitigung der Arbeitslosigkeit nach Meinung des SVR offenbar aus dem privatwirtschaftlichen Bereich kommen. Der gesamte Tenor nicht nur dieses, sondern auch anderer Gutachten der jetzigen Sachverständigengruppe deutet darauf hin, daß sich in ihr die neoneoklassische-monetaristische Auffassung von der grundsätzlichen Stabilität des privatwirtschaftlichen Sektors in marktwirtschaftlichen Systemen voll durchgesetzt hat[8] und damit auch die „Konjunkturtheorie" dieses Ansatzes. Wir werden darauf zurückkommen.
Die nicht-konjunkturelle Arbeitslosigkeit wird vom SVR in eine Mindestarbeitslosigkeit und eine echte strukturelle Arbeitslosigkeit zerlegt.[9] Die in Ziff. 109 genannte „Sucharbeitslosigkeit" paßt nicht in diese Systematik. Der SVR versucht mit diesem Terminus Verhaltensänderungen der Arbeitssuchenden zu beschreiben, die eine Erhöhung der Arbeitslosenzeit einzelner und damit der Arbeitslosenzahlen insgesamt bewirken. So könnte es sein, daß sich die Arbeitssuchenden wegen ihrer verbesserten finanziellen Versorgung oder aber weil sie „Zweitverdiener" sind mehr Zeit bei der Arbeitssuche lassen.
Zur Mindestarbeitslosigkeit (im weiteren Sinne) kommt es, wenn „der Zuwachs der Lohnkosten (gesamtwirtschaftlich gesehen, also einschließlich der in den Preisen der Vorprodukte enthaltenen Lohnanteile) den Marktwert des dem Faktor Arbeit zurechenbaren Produktanteils zu übersteigen droht, so daß keine zusätzlichen Arbeitskräfte eingestellt werden können oder vorhandene entlassen werden müs-

sen ...".[10] Diese Mindestarbeitslosigkeit entsteht auch, „wenn ein zu hohes Lohnniveau den Strukturwandel forciert, aber eben mit der Wirkung, daß in wachstumsschwachen Bereichen der Schrumpfungsprozeß beschleunigt und in wachstumsstarken Bereichen der Expansionsprozeß gehemmt wird".[11] Von Mindestarbeitslosigkeit im engeren Sinne spricht der SVR, wenn eine zu hohe Lohnuntergrenze für einfache Arbeit existiert, so daß diese Arbeitsplätze unrentabel und die so freigesetzten Arbeitskräfte auch anderswo nicht nachgefragt werden.[12] Strukturelle Arbeitslosigkeit entsteht durch Merkmalsdifferenzen zwischen Angebot und Nachfrage am Arbeitsmarkt und einer nicht ausreichenden Anpassung des Arbeitsangebots an die Struktur der Nachfrage- und Produktionsbedingungen.[13]

In dieser Unterscheidung der verschiedenen Arten der Arbeitslosigkeit ist im wesentlichen neoklassisches Gedankengut verarbeitet. Der arbeitsmarkttheoretische Ansatz des SVR für den Bereich der Mindestarbeitslosigkeit basiert zweifellos auf der Grenzproduktivitätstheorie. Diese Theorie und verwandte Ansätze ziehen sich wie ein roter Faden durch sämtliche Gutachten. Nicht nur der Diagnose und Therapie der Arbeitslosigkeit des SVR liegt dieser Ansatz zugrunde, sondern auch für seine Analyse der Inflation und ihren Eindämmungsmöglichkeiten schon in den ersten Gutachten hat der SVR ein Derivat der Grenzproduktivitätstheorie herangezogen.[14] Das SVR-Konzept der kostenniveauneutralen Lohnpolitik orientiert sich an dieser Theorie.[15] Dieses Konzept geht von den volkswirtschaftlichen Durchschnittskosten aus. Sie bestehen aus den Lohnkosten pro Stück und den Kapitalkosten pro Stück. Bestandteil der letzteren ist der Gewinn. Das Preisniveau hängt von der Entwicklung der volkswirtschaftlichen Durchschnittskosten ab, die wiederum vom Lohnsatz, von der Produktivität und den Gewinnen sowie der Art ihrer Festsetzung bestimmt werden. Der SVR nimmt an, daß die Unternehmer ihre Gewinne durch einen konstanten Aufschlagssatz auf ihre Kosten kalkulieren. Hier kann nicht weiter darauf eingegangen werden. Wesentlich für unsere Betrachtungen ist dabei, daß bei dieser Inflationstheorie das Lohnverhalten der Gewerkschaften die entscheidende Rolle spielt. Das Gewinnverhalten der Unternehmer wird als gegeben vorausgesetzt. Beeinflußbar ist im wesentlichen nur die Lohnpolitik der Gewerkschaften. Aus der kostenniveauneutralen Lohnpolitik wird deshalb eine produktivitätsorientierte Lohnpolitik als Antiinflationspolitik. Ähnliches ergibt sich als Konsequenz aus der Analyse des SVR hinsichtlich der Arbeitslosigkeit.

Im neoklassischen Arbeitsmarktmodell wird das Gleichgewicht auf dem Arbeitsmarkt durch die Übereinstimmung von Grenzprodukt der Arbeit und Reallohn bestimmt. Bei Vorliegen entsprechender Bedingungen (vollständige Information für Anbieter und Nachfrager, keine Informations- und Mobilitätskosten etc.) ist dies Gleichgewicht gleich dem Vollbeschäftigungsgleichgewicht. Auf jeden Fall gibt es ein Lohnniveau, das vollbeschäftigungskonform ist. Ist das Lohnniveau höher und „ist der Weg in die Inflation versperrt oder wird die Inflation von vornherein einkalkuliert"[16], so ist Arbeitslosigkeit die Folge. Ein solches „marktwidriges" Lohnniveau kann von den Arbeitnehmern nur durchgesetzt werden, weil sie, gewerkschaftlich organisiert, Marktmacht ausüben. Versuche der Arbeitnehmer zur Veränderung der Einkommensverteilung über Lohnerhöhung werden somit

durch Arbeitslosigkeit „bestraft". Dieses Bemühen der Gewerkschaften, ihre Gerechtigkeitsvorstellungen bezüglich der Einkommensverteilung durchzusetzen, ist zwar nach Aufassung des SVR legitim. Mittelfristig wird sich Vollbeschäftigung aber nur einstellen, wenn die Arbeitnehmer für ihre Arbeit nicht mehr verlangen, als „das Ergebnis dieser Arbeit ... am Markt wert ist."[17] Ergebnisse einer in diesem Sinne nicht marktgerechten Verhaltensweise werden Inflation und Arbeitslosigkeit sein. Selbst wenn der Weg in die Inflation nämlich nicht versperrt ist, so ist bei Antizipation von Preissteigerungen und entsprechend erhöhten Lohnforderungen eine bestimmte Mindestarbeitslosigkeit nicht zu vermeiden.
Hier hat sich der SVR in seiner Analyse der Argumentation von Friedman und seiner Chicago-Schule bezüglich der „natürlichen Arbeitslosenrate" in ihrer Kritik an der Phillips-Relation angeschlossen.[18] Schon die Termini „Mindestarbeitslosigkeit" und „natürliche Arbeitslosenrate" weisen in die gleiche Richtung. Auf die Kritik der Grenzproduktivitätstheorie kann hier verzichtet werden. Sie ist bekannt und stützt sich im wesentlichen auf die Realitätsinadäquanz ihrer Prämissen. Wiederholt werden soll hier jedoch, daß ihr als Makrotheorie ein einzelwirtschaftliches Kalkül zugrunde liegt, in dessen Mittelpunkt der gewinnmaximierende Unternehmer steht. Unabhängig davon, ob mikroökonomische Untersuchungen erkenntnisträchtig auf die Makroebene übertragen werden können, ist durch diese Übertragung gesichert, daß die aus dem mikroökonomischen Ansatz abgeleitete Betriebspolitik und das darin zum Ausdruck kommende Interesse auch Eingang findet in die aus dem gleichen Ansatz dann abgeleitete und makroökonomisch angesetzte Wirtschaftspolitik.
Aus dem bisher Gesagten ist zu ersehen, daß der SVR im wesentlichen neoklassisch argumentiert. Die Ableitung der konjunkturellen Arbeitslosigkeit aus der zu geringen Gesamtnachfrage scheint jedoch stärker Elemente keynesianischer Theorie zu berücksichtigen. Im Grunde wird hier nichts weiter gesagt, als daß die konjunkturelle Arbeitslosigkeit ihre Ursache in der konjunkturellen Entwicklung habe. Die konjunkturelle Arbeitslosigkeit wird also nicht für sich erklärt. Es werden lediglich zwei Symptome einer Rezession benannt, die aber selbst wieder in bester „Chicago-Manier" abgeleitet wird.

2.2 Zur Krisenerklärung des SVR

Der SVR geht offenbar in seinen letzten Gutachten von der grundsätzlichen (dynamischen) Stabilität des privaten Sektors in kapitalistischen Marktwirtschaften aus. Dies läßt sich auch aus seiner Befürwortung regelgebundener Wirtschaftspolitik schließen. Ganz deutlich ist dies ja spätestens in seinem Gutachten von 1974 geworden. Tendiert ein marktwirtschaftliches System durch seine immanente Dynamik stets zu einem Gleichgewicht, dann müssen sich entwickelnde, länger andauernde Ungleichgewichte ohne feststellbare Tendenz, zum Gleichgewicht zurückkehren, auf störende Einflüsse auf die immanenten Kräfte zurückführen lassen, die von außerhalb des privatwirtschaftlichen Systems kommen oder durch Zufall („Betriebsunfalltheorie") entstehen. Daneben gibt es noch die Möglichkeit, Instabilitäten marktwirtschaftlicher Systeme aus der Struktur dieser Systeme selbst zu erklären oder aus den Unvollkommenheiten der Menschen, etwa ihrer Psyche oder der Begrenztheit ihrer Erkenntnis- und Lernfähigkeit in diesem System (anthropologische Variante). Alle genannten Wege sind in der Wirtschaftstheorie beschritten worden. Der SVR hat sich also für eine exogene Erklärung von Krisen in Marktwirtschaften entschieden, unter Einbeziehung der Variante der mangelnden Erkenntnis der meisten Menschen von den Funktionszusammenhängen, die sie wiederum zu falschen Handlungsweisen veranlassen, was krisenverursachend oder krisenverstärkend wirkt. Der SVR gibt keinerlei Begründungen für seine Wahl unter den möglichen Krisenerklärungen.

Im Mittelpunkt der Erklärungen von Fehlentwicklungen in marktwirtschaftlichen Systemen stehen beim SVR Wirtschaftseinheiten, deren Verhalten sich nicht am Markt orientiert bzw. nicht stabilitätskonform vom Markt verarbeitet werden kann. Der SVR beschreibt diese Einflüsse als Machtfaktoren. Macht zerstört das freie Spiel der Kräfte auf den Märkten. Im Zusammenhang mit der Stabilitätshypothese des SVR hinsichtlich marktwirtschaftlicher Systeme ist die Nennung von Macht als Ursache von Instabilitäten eine Immunisierungsklausel. Treten längerfristige Ungleichgewichte in einer Marktwirtschaft auf, so spricht dies nämlich nicht gegen die Stabilisierungshypothese, wenn Macht Ursache dieser Ungleichgewichte ist. Diese Hypothese wird vielmehr dadurch gestützt. So wird bestätigt, daß ein marktwirtschaftliches System bzw. der privatwirtschaftliche Sektor darin nur durch exogene Anstöße destabilisiert werden kann. Diese Art „wissenschaftlicher" Logik ist, nach welchem erkenntnistheoretischen Standort auch immer, nur schwer nachvollziehbar. Sie bildet allerdings das Grundmuster zahlreicher Rechtfertigungslehren (Ideologien). Das Hervorbringen von Marktmacht ist ja gerade integraler Bestandteil marktwirtschaftlicher Systeme und selbst noch so nachdrückliche Versuche, durch exekutive oder legislative Regelungen dieser augenscheinlichen Tendenz marktwirtschaftlicher Systeme Herr zu werden, sind bisher nicht von nachhaltigem Erfolg gekrönt worden. Dies läßt sich etwa an der zunehmenden Konzentration zeigen.

Wesentliche Ursache der makroökonomischen Instabilitäten der letzten Jahre ist nach Meinung des SVR der mit Marktmacht ausgetragene Verteilungskampf, d.h. die Auseinandersetzung zwischen Arbeitgebern und Arbeitnehmern um die Anteile am Gesamtprodukt. Dieser Kampf ist seit 1969 von den Tarifpartnern intensiver geführt worden. Auch der Staat hat insbesondere seit diesem Zeitpunkt versucht, seinen Anteil am Sozialprodukt zu erhöhen. Sehen wir einmal von der Kritik des SVR an der Reformpolitik der Regierung ab[19], so bleibt der Verteilungskampf zwischen Gewerkschaften und Arbeitgebern als wesentlicher Auslöser der Krise. Bei der Beschreibung dieser Auseinandersetzungen wird die Argumentation des SVR stark asymmetrisch. Wird zunächst noch Verständnis für die Nachholansprüche der Arbeitnehmer für die Zeit der Aufschwungsphase nach 1967 gezeigt, so sind die Gewerkschaften insgesamt über das Ziel hinausgeschossen. Seit 1969 ist die Lohnquote, auch die bereinigte, ständig gestiegen.[20] Da eine wesentliche bestimmende Variable in der makroökonomischen Investitionsfunktion neben dem Marktzins und den Absatzerwartungen die Gewinnquote[21] ist, darf es nicht verwundern, daß die Investitionstätigkeit seit Anfang der 70er Jahre nachläßt. Auch die Preissteigerungen können den Prozeß schrumpfender Gewinnmargen nicht aufhalten.[22]

In der Tat spielt die Lohnquote für ein an der Kapitalrentabilität orientiertes Wirtschaftssystem eine wichtige Rolle. Definieren wir die Kapitalrentabilität als r = G/K (G = Gewinne, K = eingesetzter Kapitalstock), so läßt sich durch einige Umformungen die Kapitalrentabilität auch schreiben als

$$r = \frac{Y/L}{K/L}(1 - l) = \frac{Y/L}{K/L} g$$

mit Y = Volkseinkommen, L = Anzahl der Arbeitsstunden bzw. Arbeitskräfte, l = Lohnquote, g = Gewinnquote. Bei gleichbleibender Arbeitsproduktivität (Y/L) und gleichbleibender Kapitalintensität (K/L) sinkt die Kapitalrentabilität mit sinkender Gewinnquote bzw. steigender Lohnquote. Der Effekt wird bei steigender Kapitalintensität, die nicht durch eine erhöhte Arbeitsproduktivität kompensiert wird, verstärkt.

Das Nachlassen der Investitionstätigkeit muß Auswirkungen auf die Beschäftigung haben, umso stärkere, wenn es sich bei den noch durchgeführten Investitionen vorwiegend um Ersatzinvestitionen, nicht aber um Erweiterungsinvestitionen handelt. Diese Auswirkungen auf die Beschäftigung brauchen nicht sofort spürbar zu sein, da der Verringerung der Nachfrage nach Investitionsgütern nicht sofort eine entsprechende Anpassung in der Beschäftigung folgen muß (Okun-Law[23]). Je länger jedoch der Prozeß der Lohnquotenerhöhung andauert, desto stärker wird dies auf die Beschäftigung durchschlagen, zumal wenn der Ausweg in die Inflation versperrt ist.

Der Kreis schließt sich. Die Versuche der Arbeitnehmer bzw. der Gewerkschaften, die Verteilungsrelationen zu ihren Gunsten zu verändern, führt zu einem Kostendruck bei den Unternehmen, der nicht nur preistreibende Wirkung hat, sondern über eine Gewinnschmälerung im Endeffekt, zusammen mit anderen Faktoren, zur Senkung der Investitionsnachfrage und damit zur konjunkturellen Arbeitslosigkeit führt. Aus der Argumentation des SVR mit seiner Betonung der Löhne als Kostenfaktoren, wie sie in der Neoklassik üblich ist, folgt letztendlich, daß die Arbeitnehmer bzw. ihre Organisationen selbst für die Arbeitslosigkeit verantwortlich sind.

Die vermeintlich „pluralistische" Herleitung der Arbeitslosigkeit der „neoklassischen" Mindestarbeitslosigkeit und der auf den ersten Blick „keynesianischen" konjunkturellen Arbeitslosigkeit stellt sich bei Berücksichtigung der vom SVR angebotenen Krisenableitung doch als einseitig neoklassisch heraus. Eine keynesianisch orientierte Herleitung hätte den Nachfrageaspekt von Lohnerhöhungen stärker einbezogen und damit die „Schuldfrage" nicht so einseitig beantwortet. Die Dominanz des Lohnes als Kostenfaktor wäre durch den Lohn als Nachfragefaktor relativiert worden. Dies hätte seinen Niederschlag auch in der Investitionsfunktion gefunden.[24] Zumindest hätte im Sinne des § 2 SVRG das alternative keynesianische Interpretationsmuster durch den SVR dargestellt und entkräftet („beurteilt" im Sinne des Gesetzes) werden müssen, bevor sich der SVR so einseitig neoklassich „bindet". Wir werden bei den therapeutischen Vorschlägen des SVR auf eine vergleichbare Asymmetrie achten.

Zusammenfassend läßt sich festhalten, daß der SVR sowohl Inflationstheorie als auch Konjunktur- und Beschäftigungstheorie im wesentlichen als Lohntheorie betreibt. Seine Modelle und damit seine Maßstäbe bezieht er aus der neoklassischen Theorie. Marktkonformität (Marktgerechtheit) bzw. ihre Negation ist dabei die Formel, mit der „richtige" und „falsche" Entwicklungen gekennzeichnet werden. Erklärungen für falsche und damit für den SVR schädliche Entwicklungen werden nicht in immanenten Gesetzmäßigkeiten marktwirtschaftlicher Ordnungen gesucht, sondern a priori als aus exogenen Faktoren ableitbar definiert. Neben den erwähnten Immunisierungsklauseln läßt auch der Apriorismus, der für den Leser der Gutachten nicht nachvollziehbar ist, vermuten, daß die Ableitungen des SVR ideologischer Natur sind.

Das Dilemma des SVR mit seinem Aufklärungsbemühen deutet sich an. Nehmen wir an, die Prämissen und Schlußfolgerungen des SVR bei der Analyse der Arbeitslosigkeit seien korrekt. Für die Arbeitnehmer folgt aus seinen Ableitungen, daß sie die Einkommensverteilung in diesem Wirtschaftssystem nur unter Inkaufnahme von Arbeitslosigkeit und Inflation kurzfristig verändern können. Wollen sie Arbeitslosigkeit vermeiden, können sie ihre Einkommensforderungen maximal bis zur Höhe des Produktivitätswachstums ausdehnen. Eine streng produktivitätsorientierte Lohnpolitik aber ist gesamtwirtschaftlich verteilungsneutral, d.h. die Lohnquote bleibt dabei konstant.[25] Die Forderung der Organisationen der Arbeitnehmer nach einer gerechteren Einkommensverteilung und damit einer bleibenden Erhöhung der Lohnquote müßte aufgegeben oder könnte nur unter Tolerierung von Arbeitslosigkeit verwirklicht werden. Kurzfristig als auch längerfristig sind Wohlstandsminderungen die Folge. Kurzfristig werden vorhandene Produktionskapazitäten nicht ausgenutzt und wird die gesamte Nachfrage vermindert. Die geringeren Investitionen bewirken längerfristig ein vermindertes Wachstum. Die vorhandenen Ressourcen werden also nicht optimal genutzt.

Selbst wenn die Möglichkeit besteht, Lohnerhöhungen nach den Spielregeln des Marktes, also bei Überschußnachfrage auf dem Arbeitsmarkt, durchzusetzen, dürften die Arbeitnehmer wegen der daraus resultierenden Instabilitäten diese Möglichkeiten nicht wahrnehmen. Hier wäre also „marktwidriges" Verhalten insgesamt „marktkonformer" als marktgerechtes Verhalten.[26] Dieser widersprüchlichen Konsequenzen war sich der SVR offenbar schon frühzeitig bewußt. Er hat deshalb schon bald nach seiner Gründung auf die Installation eines einkommenspolitischen Instrumentes wie der Konzertierten Aktion gedrängt, um so „marktkonforme" Verhaltensweisen mit destabilisierenden Effekten, die es im Gegensatz zu den eigenen Annahmen doch gibt, durch (zeitlich) vor dem Marktgeschehen liegende ex-ante-Koordinierungen zu verhindern. Die Konzertierte Aktion ist kein marktwirtschaftliches Instrument, sondern ein politischer bzw. durch politische Eingriffe geschaffener „Markt".

Das Dilemma des SVR bezüglich seines Aufklärungsauftrags besteht also darin, daß, kommt seine Botschaft an, dies keineswegs sozial-integrativ wirken muß. Wird nämlich den Arbeitnehmern bei Nachvollzug der Gedankengänge des SVR klar, daß sie im Rahmen des marktwirtschaftlichen Systems grundsätzlich keine nachhaltige Änderung der Einkommensverteilung zu ihren Gunsten ohne Inflation und Arbeitslosigkeit erreichen können, so ist der Schritt zur Kritik an diesem Wirtschaftssystem und seinen wesentlichen Elementen und Strukturen naheliegend. Ein theoretischer Ansatz, der den Arbeitnehmern unter den Bedingungen der Marktwirtschaft eine Verbesserung der Einkommensverteilung zu ihren Gunsten verspricht oder aber eine Sanierung, die nicht allzusehr zu ihren Lasten geht, dürfte da eher integrativ wirken.

2.3 Zur wirtschaftspolitischen Konzeption des SVR zur Minderung der Arbeitslosigkeit

Der Beschäftigungsgrad hängt ab vom Kapitalstock (Anlagevermögen) und von der Kapitalintensität.[27] Da der SVR annimmt, daß die Arbeitslosigkeit noch längere Zeit anhalten könnte, ist „eine über mehrere Jahre andauernde Welle von Investitionen ... nötig, um wieder Vollbeschäftigung zu erreichen".[28] Auf die verschiedenen Vorschläge des SVR zur Erhöhung der Investitionsneigung kann im folgenden nicht detailliert eingegangen werden. Wir wollen jedoch versuchen festzustellen, ob der SVR in seinen wirtschaftspolitischen Vorstellungen zur Beseitigung der Arbeitslosigkeit die in seiner Theorie zu beobachtende Einseitigkeit bei der Diagnose der Arbeitslosigkeit auch bei seinen therapeutischen Vorstellungen fortsetzt.

Die wirtschaftspolitischen Konsequenzen ergeben sich direkt aus dem theoretischen Ansatz des SVR. Da die Nachfrage auf dem Arbeitsmarkt vorwiegend durch die Produktivität der Arbeit bestimmt wird, die Lohnforderungen der Gewerkschaften sich aber nicht allein nach dieser Marktvariablen richten, sondern auch nach Gerechtigkeitsvorstellungen[29], die mit Marktmacht durchgesetzt werden sollen, besteht zur Beseitigung des Ergebnisses eines solchen Marktprozesses in der jetzigen Situation und damit der Arbeitslosigkeit die Notwendigkeit der Verringerung der Lohnansprüche und/oder Steigerung der Produktivität und/oder einer Verringerung der Kapitalintensität, um so das zu hohe Lohnniveau zu kompensieren. In seinen Jahresgutachten von 1974/75 und 1975/76 wird deshalb, wenn auch verklausuliert, die Senkung der Lohnquote vorgeschlagen.[30] Der SVR bestätigt den Arbeitnehmern in seinem Gutachten von 1976, daß sie bei den vergangenen maßvollen Tarifabschlüssen „Solidarität mit den Arbeitssuchenden gezeigt"[31] haben. Dies ist übrigens eine Ausdrucksweise, die mit ihren emotionalen Reizen „maßvoll", „Solidarität" weniger dem wissenschaftlichen Sprachgebrauch als vielmehr dem von Politikern und Verkäufern entspricht. Der Sachzwang als „Verkaufsargument" für bestimmte theoretische und wirtschaftspolitische Konzepte wird durch eine emotional positiv-stimulierende Sprache unterstützt. Die schlichte Tatsache, daß es bei steigenden Arbeitslosenzahlen mit der Marktmacht der Arbeitnehmer

doch nicht so einfach ist, verteilungswirksame Lohnerhöhungen zu erreichen, sondern die Angst um den Arbeitsplatz und die größere Konkurrenz unter den Arbeitnehmern dieser Marktmacht Grenzen setzen, wird durch Form und Inhalt der Ausführungen des SVR verdeckt. Er verharrt weiter im Vokabular von „Weisen", wenn er von der „Hoffnung" spricht, daß die Wende in der Lohnpolitik alsbald durch arbeitsplatzschaffende Investitionen honoriert werde.[32] Der analytischen Schärfe seiner Investitionsfunktion scheint der SVR nicht sehr zu vertrauen, da er keine genaueren Angaben darüber macht, ob mit der schon eingetretenen Veränderung der Lohnpolitik der „Korrekturbedarf gedeckt ist".[33]
Da aber die Veränderung der Lohnquote noch zu keinen makroökonomisch wirksamen arbeitsplatzschaffenden Investitionen geführt hat, war sie, so muß der Leser schließen, noch nicht ausreichend oder aber vom SVR benannte, komplementäre Faktoren wie das „Zukunftsvertrauen" der privaten Investoren haben sich auf Grund der „bitteren Erfahrungen" noch nicht wieder eingestellt.[34] Auch mit Hilfe dieser beiden „analytischen" Instrumente läßt sich jede Aussage und Voraussage immunisieren. Um dieses Vertrauen wieder zu schaffen, ist neben der Erhöhung der Gewinnquote eine mittelfristige, angebotsorientierte Politik erforderlich. Sie soll direkt, nicht über den Umweg nachfragebetonender Lohnpolitik, die Gewinnaussichten der privaten Investoren verbessern.[35]
Die Vernachlässigung der Nachfrageaspekte, also Möglichkeiten der Beeinflussung der Absatzerwartungen, ist hier wieder erkennbar. Da der SVR von einer Stärkung der Nachfrage der Arbeitnehmer eher eine Inflationierung erwartet als einen Mengeneffekt, muß er sich für eine angebotsorientierte Politik entscheiden. Ganz mag der SVR aber die Nachfrageseite nicht vernachlässigen: „Freilich gilt ... nun nicht ohne weiteres durchgehend, daß eine Lohnsteigerungsrate um so besser ist, je niedriger sie ist. Es mag eine optimale Rate geben, bei deren Unterschreiten der günstige Einfluß auf die Investitionen abnimmt, weil die Gewinne, obwohl sie je Produkteinheit steigen, im ganzen doch wieder aus Mangel an kaufbereiter Nachfrage sinken und dies dann auch auf die Gewinnerwartungen durchschlägt".[39] Insgesamt zeigt aber auch diese Passage die Geringschätzung des SVR für nachfragestimulierende Maßnahmen. Sie setzt sich fort unter der Rubrik „Investition und Beschäftigung". Hier werden die Rationalisierungsinvestitionen abgehandelt. Diese Investitionen sollen die Produktivität erhöhen, also die Stückkosten senken und damit einen Beitrag zur Beseitigung der vom SVR als Mindestarbeitslosigkeit bezeichneten Beschäftigungslücke leisten. Ihre Ursache liegt ja nach Meinung des SVR in den zu hohen Lohnkosten. Befürchtungen, daß Rationalisierungsinvestitionen zu einer weiteren Erhöhung der Arbeitslosigkeit führen können, wird interessanterweise mit einem Nachfrageargument entgegengetreten. Neu installierte Maschinen (Rationalisierungsinvestitionen) müssen ebenso wie ihre Vorprodukte unter Einsatz von Arbeitskräften hergestellt werden. „Eine Freisetzung von Arbeitskräften wird ... gesamtwirtschaftlich gesehen nicht bewirkt", wenn Rationalisierungsinvestitionen ihre Ursache in einem zu hohen Lohnanstieg haben, der die Produktion eines Unternehmens unrentabel macht und mit einer Situation verglichen wird, die ohne diese Rationalisierungsinvestitionen eingetreten wäre. Ra-

tionalisierungsinvestitionen helfen also bei einem zu hohen Reallohnniveau, die Unterbeschäftigung geringer zu halten. Von daher ist „für die Volkswirtschaft im ganzen eine erfolgreiche Rationalisierung immer mehr als Chance zu sehen und niemals als Fluch".[37] In der Tat kann, so gesehen, nie etwas gegen Rationalisierungsinvestitionen sprechen. Im Gegenteil; die wirtschaftspolitische Konsequenz müßte eine starke Ankurbelung der Rationalisierungsinvestitionen sein, zumal bei einer Kapazitätsunterauslastung.[38]

Dies sind auf den ersten Blick bestechende Argumente. Investitionen, die erklärtermaßen zur Einsparung von Arbeitskräften vorgenommen werden, sind arbeitsplatzschaffend. Dem Vorwurf von Gewerkschaften vom Wegrationalisieren von Arbeitskräften mit Unterstützung des Staates, etwa bei Investitionszulagen, scheint so die Spitze gebrochen. Aber die Argumente des SVR treffen, wenn überhaupt, nur kurzfristig zu. Für die Periode der Herstellung der Investitionsgüter mögen neue Arbeitsplätze geschaffen werden. Anschließend wird sich aber der arbeitsplatzsparende Effekt der Rationalisierungsinvestitionen bemerkbar machen. Außerdem werden bei unausgelasteten Kapazitäten in der Investitionsgüterbranche nicht notwendigerweise bei Zunahme der Aufträge für Rationalisierungsinvestitionen zusätzliche Arbeitskräfte eingestellt.

Bei der Behandlung des Zusammenhangs zwischen Rationalisierungsinvestitionen und Arbeitslosigkeit geht der SVR also nur bedingt auf den Nachfrageaspekt ein, nämlich um Bedenken gegen Rationalisierungsinvestitionen zu zerstreuen und für wirtschaftspolitische Maßnahmen zu plädieren, die Rationalisierungsinvestitionen begünstigen. Selbst die Rationalisierungsinvestitionen führen nur zu dauernden (wenn auch ingesamt verminderten) Arbeitsplätzen, wenn dem Kapazitätseffekt dieser Investitionen eine entsprechende Nachfrage gegenübertritt. Bleibt die zusätzliche Nachfrage aus, was durch zurückhaltende Lohnpolitik verstärkt werden kann, so wird sich die Arbeitslosigkeit nicht stabilisieren, sondern weiter vergrößern. Dies wird vom SVR verschwiegen.

Die bisher angeführten Beispiele für eine nicht nur einseitige und ausklammernde theoretische, sondern auch wirtschaftspolitische Argumentation des SVR könnten fortgeführt werden, etwa bei der Analyse der vom SVR vorgeschlagenen Verbesserung der Mobilität und Qualifikation der Arbeitslosen oder der sogenannten Gewinnbeteiligung der Arbeitnehmer.[39] Gerade auch bei letzterem Vorschlag wird die ,,Schlag"seite des SVR wieder besonders deutlich. Danach soll das Einkommen der Arbeitnehmer bzw. ein Teil davon mit einem Risiko, vergleichbar dem Investitionsrisiko der Unternehmer, behaftet sein. Die Arbeitnehmereinkommen würden in einen kontraktbestimmten und in einen Residualanteil aufgespalten werden. So ließe sich ein Teil des Arbeitsplatzrisikos der Arbeitnehmer in ein Einkommensrisiko transformieren, so daß ein Teil des Investitionsrisikos der Unternehmen von den Arbeitnehmern mitgetragen würde.[40] Das klingt so, als hätten die Arbeitnehmer bisher kein Risiko hinsichtlich ihres Einkommens zu tragen. Wir können die Untersuchung hier nicht weiter vertiefen.[41] Auch soll, wie schon einleitend gesagt, die Kritik der Analyse von Arbeitsmarktprozessen durch den SVR unter dem Aspekt der ,,Richtigkeit" seiner Arbeitsmarkttheorie unter Einbeziehung der neueren

Entwicklung auf diesem Gebiet nicht geführt werden.[42] Die Behandlung von Arbeitsmarktprozessen etwa unter der Einbeziehung von Segmentierungsansätzen als Interpretationshilfe für die derzeitige Arbeitslosigkeit in der BRD wäre sicherlich fruchtbar gewesen, auch zur Evaluierung arbeitsmarktpolitischer Maßnahmen.[43]
Es wäre nun zu fragen, ob der festgestellte Bias in den letzten Gutachten des SVR zum Arbeitslosenproblem auch erkannt worden ist, insbesondere von den primär betroffenen Arbeitnehmern und ihren Organisationen. Dies ist offenbar der Fall. Darauf weisen die schon zitierten beiden Rezensionen vom wirtschafts- und sozialwissenschaftlichen Institut des Deutschen Gewerkschaftsbundes eindeutig hin. Sowohl in der Besprechung des Gutachtens von 1975/76 als auch in der von 1976/77 wird explizit von Einseitigkeiten gesprochen.[44] In der ersten Besprechung ist dabei von „bewußter Einseitigkeit" die Rede. Dies klingt so, als sei der Verfasser der Meinung, daß die Einseitigkeiten in der Argumentation des SVR auf die in diesem Gremium wirkenden Personen zurückzuführen sind. Bis zu einem gewissen Grade dürfte dies sicherlich der Fall sein. Dafür spricht etwa, daß seit dem Ausscheiden von Claus Köhler aus dem SVR bis zum Gutachten 1977/78 keine Minderheitsvoten mehr (zumindest von außen erkennbar) abgegeben wurden. Es ist aber sehr die Frage, ob bei einer anderen personellen Zusammensetzung nicht auch, bei gleicher Auslegung des Gesetzesauftrags, als Ergebnis der Erörterungen des SVR und einer darauf aufbauenden Wirtschaftspolitik ein Beschäftigungsprogramm mit Umverteilungswirkungen zugunsten der Arbeitnehmer formuliert worden wäre. Auch der Ideologieverdacht wird in der Besprechung des Gutachtens von 1975/76 massiv geäußert und mit der leerformelhaften Sprache des SVR verknüpft.[45] Die Vernachlässigung des Nachfrageaspekts und das Festhalten an der neoklassischen Beschäftigungstheorie sowie die Stabilitätshypothese wird ebenfalls kritisiert.
Die Wissenschaft hat bisher nicht in der Weise reagiert, wie man hätte erwarten können, wenn man bedenkt, daß es zu ihrer Aufgabe gehört, einseitige Argumentationen und Immunisierungsstrategien im Gewande von Wissenschaft aufzudecken. Das Schweigen der Profession, sieht man von Ausnahmen ab[46], dürfte nicht zuletzt darauf zurückzuführen sein, daß die Nationalökonomie in den letzten zehn Jahren die Grenzen der Wirksamkeit keynesianischer Wirtschaftspolitik als Globalsteuerung in der BRD anschaulich vorgeführt bekam. Im Zusammenhang mit der weitgehenden Tabuisierung ordnungspolitischer Alternativkonzepte, es sei nur an die Investitionslenkungsdebatte erinnert, bleibt nur noch der Weg zurück zu den Selbstheilungskräften marktwirtschaftlicher Systeme. Eine zunehmende Anzahl von Wirtschaftswissenschaftlern scheint diesen Weg zu beschreiten. Eine breite „Gegenaufklärung" zu den Ausführungen des SVR ist auch deshalb unterblieben, weil zahlreiche Wirtschaftswissenschaftler die „Vor"urteile des SVR teilen. Die Neoklassik ist, das kann man seit längerer Zeit beobachten, wieder auf dem Vormarsch. Es fehlt hier leider der Platz, um dieses Phänomen und seine Ursachen genauer zu untersuchen.

3. Ergebnis

Der SVR interpretiert die jetzige Krise als Stabilisierungskrise, die hervorgerufen wurde durch die zu hohen Ansprüche der gesellschaftlich relevanten Gruppen sowie den Staat. Da diese zu hohen Ansprüche nicht allein aus ökonomischen Kalkülen, die auf dem Markt zu stabilen Gleichgewichten verarbeitet werden können, abgeleitet werden, sondern von außerökonomischen Zielen wie Gerechtigkeitsvorstellungen, kommt es zu Instabilitäten im Marktsystem. Wesentliche Verursacher dieser Störungen sind die Gewerkschaften mit ihren Bestrebungen nach einer gerechteren Einkommensverteilung und die Regierungen mit ihren Reformvorhaben. Können die Ansprüche nicht ex ante aufeinander abgestimmt werden, reagiert das marktwirtschaftliche System mit seinen typischen Makrosanktionen, Inflation und Arbeitslosigkeit. Beides sind Mittel zur Verbesserung der Kapitalrentabilität.
Da der theoretische Ansatz des SVR für die Interpretation von Arbeitsmarktprozessen einseitig die Löhne als Kosten betrachtet, wird die Verantwortung für die Wiedererlangung der Vollbeschäftigung im wesentlichen als ein Problem der Arbeitnehmer und ihrer Lohnpolitik gedeutet. Die keynesianische Variante staatlicher Wirtschaftspolitik bei der Beseitigung von Arbeitslosigkeit wird vernachlässigt. Zwar ist ihre Wirksamkeit grundsätzlich nicht widerlegt, die Gefahr inflationärer Entwicklungen wäre aber nach Meinung des SVR bei Anwendung dieser Politik zu groß. Wollte man sie verringern, müßten entsprechende komplementäre wirtschaftspolitische Konzepte zur Verringerung der Inflationsgefahr erarbeitet werden. In den Augen des SVR und seiner engen, einseitigen Auslegung des Gesetzesauftrags der Priorität der Preisniveaustabilität sowie der „marktwirtschaftlichen Ordnung" vor der Vollbeschäftigung würden solche Versuche wohl schnell an die Grenzen dieser Auslegung stoßen.
Die wirtschaftliche Krise in der BRD hat sichtlich zur Krise des SVR geführt. Seine Aufklärung über die Rationalitäten des marktwirtschaftlichen Systems muß bei genauer Lektüre seiner Gutachten zur Desillusionierung bezüglich der längerfristigen Veränderbarkeit etwa der Lohnquote und damit der Durchsetzung einer gerechteren Einkommensverteilung im Sinne gewerkschaftlicher Forderungen führen. Sein Anspruch, seine Aussagen wissenschaftlich fundiert und damit mit wissenschaftlicher Methodologie abgeleitet zu haben, läßt sich durch seine Art der Beweisführung wohl kaum weiter aufrecht erhalten. Dem Auftrag des § 2 SVRG, Alternativen vorzustellen und zu beurteilen, wird er nur gerecht, wenn man den Begriff der „Alternative" so verkürzt, wie es der SVR macht. Seine Alternativen schrumpfen zusammen auf Alternativrechnungen, d.h. Rechnungen, die auf alternative Annahmen z.B. bezüglich der Entwicklung der Wachstumsraten der Bruttoanlageinvestitionen und ihrer Wirkungen beruhen. Alternativen im Sinne alternativer theoretischer Vorstellungen und darauf fußender wirtschaftspolitischer Konzeptionen und deren Wirkungen werden nicht vorgelegt. Sie sind offenbar schon durch „Vor"urteile, die durch den Leser aber leider nicht nachvollziehbar und erkennbar sind, ausgeschieden worden. Apriorismus und Immunisierungsklauseln sowie die

leerformelhafte und häufig nicht wissenschaftlichem Sprachgebrauch entstammende Ausdrucksweise erhärten den Ideologieverdacht.
Das erwähnte mögliche Dilemma des SVR ist am Beispiel der Diskussion um die Beseitigung der Arbeitslosigkeit nachweisbar. Wird die Einseitigkeit bei der Auswahl von Theorie und Wirtschaftspolitik erkannt, so werden von außerhalb des SVR Gegenpositionen bezogen werden, um das wirklich vorhandene Spektrum von Alternativen aufzuzeigen. Wird die vom SVR vorgenommene Diagnose und Therapie aber als einzig relevante angesehen, so muß dies vor dem Hintergrund von Interessenpositionen über die Möglichkeiten des bundesrepublikanischen Wirtschaftssystems desillusionieren. Beides wird aber nicht zu einer Versachlichung und damit Konfliktprophylaxe beitragen. Die Kommentierung und Deutung der Krise durch den SVR führt zur Krise des SVR und seiner Aufklärungsfunktion.

Anmerkungen

*) Dieser Aufsatz wurde im September 1977 abgeschlossen. Das neueste Jahresgutachten 1977/78 konnte deshalb nicht berücksichtigt werden. Dieses Gutachten läßt keine Änderung in den theoretischen Ableitungen, seinen Empfehlungen und seiner Sprache erkennen (abgesehen vom Minderheitsvotum). Es unterstreicht vielmehr die im folgenden getroffenen Feststellungen. Die Reaktionen kurz nach der Veröffentlichung des neuen Gutachtens bestätigen den Beginn der hier vorausgesagten Entwicklung.

1 Vgl. z.B. die Ausführungen von H. Giersch in: Für und wider das erste Jahresgutachten des Sachverständigenrates 1964/65, hrsg. von der Deutschen Volkswirtschaftlichen Gesellschaft e.V., Bad Harzburg 1966, S. 37 f.

2 Siehe G. Engelhardt, Vom Expertenmonolog zum gesellschaftlichen Dialog, in: R. Molitor (Hrsg.), Zehn Jahre Sachverständigenrat, Frankfurt/M. 1973, S. 188 ff.

3 Wie diese Marktregeln aussehen und was der SVR darunter versteht, wird weiter unten noch angesprochen werden.

4 Vgl. dazu etwa das Jahresgutachten 1967, Ziff. 373 oder S. Katterle, Einkommenspolitik und Verteilungskonflikte in einer freiheitlichen Gesellschaft. Zur Kritik einer technokratischen Konzeption, in: F. Lenz (Hrsg.), Beiträge zur Wirtschafts- und Gesellschaftsgestaltung, Festschrift für B. Gleitze, Berlin 1968, S. 313 ff.

5 Vgl. etwa die Besprechungen der SVR-Gutachten der Jahre 1975 und 1976 vom wirtschafts- und sozialwissenschaftlichen Institut des DGB „Vom Rat nichts Neues" in: WSI-Mitteilungen, 29. Jg. (1976), Heft 1, S. 1 ff. und „Umverteilungsprogramm statt Beschäftigungsprogramm", in: WSI-Mitteilungen, 30. Jg. (1977), Heft 1, S. 1 ff. oder W. Pfaffenberger, Konsequenzen der Wirtschaftskrise im Sachverständigengutachten, in: Das Argument, Bd. 90 (1975), S. 264 ff.

6 Vgl. Jahresgutachten 1976/77, Ziff. 278.

7 Ebenda, Ziff. 279.

8 Vgl. z.B. F. Holzheu, Nach der Konzertierten Aktion die mittelfristig orientierte Regelbindung, in: Finanzarchiv, N. F. Bd. 33 (1975), S. 475 ff.

9 Jahresgutachten 1976/77, Ziff. 278.

10 Ebenda, Ziff. 278 Abs. 3.

11 Ebenda.

12 Ebenda, Ziff. 280.

13 Ebenda, Ziff. 106 und Ziff. 278.

14 Vgl. Jahresgutachten 1964/65, Ziff. 248, Jahresgutachten 1965/66, Ziff. 97 ff., 202 ff., Jahresgutachten 1966/67, Ziff. 243 ff., 270 ff., 290 ff., 302 ff.

15 Vgl. H. Giersch, Probleme stabilisierungskonformer Lohnpolitik, in: Kyklos, Vol. 20 (1967), S. 147 ff. oder A. E. Ott, Zur Konzeption der Sachverständigen, in: Der Volkswirt, Nr. 46 vom 17.11.1967, S. 2529 ff.

16 Jahresgutachten 1976/77, Ziff. 278 Abs. 3.
17 Jahresgutachten 1975/76, Ziff. 295 Abs. 1.
18 Vgl. Jahresgutachten 1974/75, Ziff. 364–369 sowie M. Friedman, Die Rolle der Geldpolitik, in: Die optimale Geldmenge, Frankfurt 1976 (Taschenbuchausgabe), S. 143 ff. und ders., Nobel Lecture: Inflation and Unemployment, in: Journal of Political Economy, Vol. 85 (1977), S. 451 ff.
19 Vgl. etwa Jahresgutachten 1975/76, Ziff. 64 Abs. 3.
20 Vgl. Jahresgutachten 1976/77, S. 69, Tabelle 17.
21 Jahresgutachten 1975/76, Ziff. 65–68, Ziff. 90.
22 Ebenda, Ziff. 68.
23 Vgl. A. O. Okun, The Gap between Actual und Potential Output, In: The Battle against Unemployment, The Council of Economic Advisers and Yale University (Hrsg.), New York 1965, S. 13 ff.
24 Alternative Investitionsfunktionen und ihre empirische Relevanz untersucht P. v. d. Lippe, Beschäftigungswirkung durch Umverteilung? in: WSI-Mitteilungen, 30. Jg. (1977), Heft 8, S. 505 ff.
25 Vgl. dazu H. Scherf, Produktivitätsorientierte Lohnpolitik und Preisstabilität, in: Weltwirtschaftliches Archiv, Bd. 98 (1967), S. 117 ff.
26 Vgl. B. Molitor, Keine glückliche Hand – Der Sachverständigenrat und die Verteilungspolitik, in: Zehn Jahre Sachverständigenrat, a.a.O., S. 160.
Angemerkt werden muß, daß solche marktwidrigen Verhaltensweisen bezüglich der Preissteigerungen auf Gütermärkten, also Zurückhaltung bei der Ausnutzung von Preissteigerungsspielräumen durch Unternehmen in den SVR-Gutachten in dieser Eindringlichkeit wie bei den Gewerkschaften nirgends gefordert werden.
27 Vgl. Jahresgutachten 1976/77, Anhang, Abschnitt VIII, S. 212 ff.
28 Jahresgutachten 1976/77, Ziff. 321.
29 Vgl. Jahresgutachten 1976/77, Ziff. 281.
30 Vgl. Jahresgutachten 1974/75, Ziff. 337 und Jahresgutachten 1975/76, Ziff. 312 ff.
31 Jahresgutachten 1976/77, Ziff. 283.
32 Ebenda. Es sei daran erinnert, daß die Sachverständigen auch als die „Fünf Weisen“ bezeichnet werden. Vgl. zum Zusammenhang von SVR und religiösem Aphorismus die Bemerkungen von G. Engelhardt, a.a.O., S. 199.
33 Jahresgutachten 1976/77, Ziff. 283 und 122 ff.
34 Jahresgutachten 1976/77, Ziff. 277.
35 Ebenda, Ziff. 284 ff.
36 Jahresgutachten 1975/76, Ziff. 455.
37 Jahresgutachten 1976/77, Ziff. 298, Abs. 3, 4, 5.
38 Ebenda, Abs. 6.
39 Vgl. Jahresgutachten 1975/76, Ziff. 370 ff. und Jahresgutachten 1976/77, Ziff. 361 ff.
40 Jahresgutachten 1976/77, Ziff. 361 Abs. 3.
41 So ist doch bemerkenswert, daß die Übernahme von unternehmerischen Risiken durch Arbeitnehmer vom SVR nicht gekoppelt wird mit der Einräumung von Mitentscheidungsrechten für Arbeitnehmer.
42 Einen Überblick über diese Entwicklung findet sich z.B. bei M. Bolle (Hrsg.), Arbeitsmarkttheorie und Arbeitsmarktpolitik, Opladen 1976.
43 Vgl. etwa die Studie von B. Lutz und W. Sengenberger, Arbeitsmarktstrukturen und öffentliche Arbeitsmarktpolitik, Göttingen 1974.
44 Vgl. die Besprechung des Gutachtens von 1975/76, a.a.O., S. 2 und die des Gutachtens von 1976/77, a.a.O., S. 5.
45 „Vom Rat nichts Neues“, a.a.O., S. 3.
46 Vgl. etwa die „Vorschläge zur Beendigung der Massenarbeitslosigkeit“, in: Blätter für deutsche und internationale Politik, 22. Jg. (1977), Heft 5, S. 625 ff.

Peter Saß

Der Einfluß eines monopolistischen Profitraten-Gefälles auf das Beschäftigungsniveau

Eine Untersuchung anhand von Daten der westdeutschen Industrie

1. Absicht und Gang der Untersuchung

In diesem Aufsatz soll versucht werden, den Zusammenhang zwischen dem unterschiedlichen Wettbewerb in den einzelnen Sektoren einer Volkswirtschaft und dem gesamtwirtschaftlichen Beschäftigungsniveau der Arbeitskräfte zu analysieren. Angesichts der im Lehrbetrieb der westdeutschen Universitäten herrschenden Trennung zwischen Mikro- und Makroökonomie könnte man geneigt sein, die Erforschung der unterschiedlichen Wettbewerbsintensitäten in den einzelnen volkswirtschaftlichen Sektoren als mikroökonomische Fragestellung einzuordnen. Die Bestimmungsgründe für das gesamtwirtschaftliche Beschäftigungsniveau gehören demgegenüber zum Themenbereich der Makroökonomie. Es wird sich jedoch im weiteren Verlauf dieser kurzen Untersuchung herausstellen, daß das Makroaggregat Beschäftigungsniveau u.a. auch von mikroökonomischen Faktoren beeinflußt wird.
Eingeleitet werden die Überlegungen durch die Frage nach den Bestimmungsgründen für die sektorale Verteilung der Nettoinvestitionen. In Anlehnung an den Marxschen Monopol-Begriff wird geprüft, ob die Expansionschancen des Kapitals in allen Sektoren gleich sind und Unterschiede im tatsächlichen Expansionstempo des Kapitalstocks nur auf Unterschiede in der Profitrate zurückzuführen wären. Zeigt sich nämlich, daß die Chancen für die Neuanlage von Kapital von Wirtschaftszweig zu Wirtschaftszweig verschieden sind, so wird sofort die Frage relevant, ob in den Wirtschaftszweigen mit hoher Konkurrenzintensität zugleich eine hohe oder aber eine niedrige Kapitalintensität existiert. Die sektorale Verteilung der Nettoinvestitionen entscheidet somit (bei gegebenem Investitionsvolumen der gesamten Volkswirtschaft) über die Beschäftigung der Arbeitskräfte.
Bevor der aufgezeigte Zusammenhang auch empirisch untersucht wird, sollen im Rahmen einer knappen Modellbetrachtung die Beziehung zwischen den sektoralen Unterschieden der Konkurrenzintensität und dem Beschäftigungsniveau allgemein herausgearbeitet werden. Um die Besonderheit des dabei zugrundegelegten Monopol- und Konkurrenzverständnisses stärker hervortreten zu lassen, soll zuvor eine kurze Darstellung des Monopolbegriffs in der bürgerlichen Ökonomie gegeben werden.

2. Der Zusammenhang zwischen Monopol und Beschäftigungsniveau in der ökonomischen Theorie

2.1 Die Beschäftigungskonsequenzen der monopolistischen Marktform in der bürgerlichen Theorie

Die Erscheinung des Monopols wird in der ökonomischen Theorie nicht einheitlich interpretiert und erklärt. In der bürgerlichen Ökonomie wird – im deutschen Sprachbereich insbesondere seit der Formulierung ihres wissenschaftlichen Selbstverständnisses durch Walter Eucken – das Monopol als eine Marktform betrachtet, die einem Anbieter eine autonome Preisfestsetzung gestattet, ohne daß eine Gegenreaktion anderer Anbieter befürchtet werden muß. Unabhängig davon, ob man auf die Ergebnisse der Monopol-Behandlung bei Cournot oder bei späteren Autoren zurückgeht, besteht in einem Punkt Einmütigkeit: durch die Monopolisierung des Angebots werden weniger Arbeitskräfte und Kapitaleinheiten beschäftigt als bei vollständiger Konkurrenz. Dasselbe Urteil trifft auch auf andere Marktformen zu, die von der vollständigen Konkurrenz abweichen.[1]

Bei der Bewertung dieser Aussage müssen wir darauf achten, daß die These vom Beschäftigungs-Defizit bei unvollständiger Konkurrenz als verallgemeinerte Konsequenz aus einer mikroökonomischen Partialanalyse wurde. Auf die hierdurch gegebene methodische Problematik – etwa durch die Benutzung der ceteris-paribus-Klausel – soll jedoch jetzt nicht näher eingegangen werden.

Durch die „Dynamisierung" der Marktformenlehre tritt in der Untersuchung der Beschäftigungskonsequenzen der unvollständigen Konkurrenz eine Unsicherheit ein. Eine allgemeine Belebung der Nachfrageentwicklung und der Produktion (und damit auch ein Anstieg des Beschäftigtenniveaus) als Ergebnis eines Strebens von Unternehmen nach marktbeherrschenden Positionen ist zwar denkbar, sie kann aber nur für die befristete Zeit unterstellt werden, die bis zur Verdrängung der Konkurrenten vom Markt bzw. in eine inferiore Marktposition verstreichen muß. Nach Abschluß des Verdrängungsprozesses wäre das erfolgreiche Unternehmen auf jeden Fall zu einem Verhalten fähig, wie es in den „statischen" Monopol- (bzw. Oligopol-) Modellen beschrieben wird.[2] Ob die Position des jetzt marktbeherrschenden Unternehmens durch einen neuen Verdrängungswettbewerb anderer Konkurrenten gefährdet wird, kann theoretisch nicht entschieden werden.

2.2 Die Monopol-Analyse in der marxistischen Theorie und ihre Bedeutung für die Erklärung des Beschäftigungsniveaus

2.2.1 Das Konzept vom tendenziellen Ausgleich der Profitraten

Das Anliegen der ökonomischen Theorie von Marx ist das Aufspüren der inneren Widersprüche der bürgerlichen Gesellschaft – d.h. die Identifikation derjenigen Faktoren, die institutionelle Veränderungen innerhalb der bürgerlichen Gesellschaft (und über die bürgerliche Gesellschaft hinaus) verursachen. Die Kenntnis dieser Faktoren erschließt sich den Menschen nur durch eine Analyse ihrer materiellen Lebensbedingungen. Die Analyse selbst ist eine Abfolge schrittweise entwickelter Problemstellungen; jede einzelne Problemlösung weist auf eine weitere Problemstellung hin. Am Schluß dieser Problemkette steht die Einsicht, daß die bürgerliche Gesellschaft ihre spezifischen Widersprüche in ihrem eigenen institutionellen Rahmen nicht lösen kann.

Dieser knappe Hinweis auf das Vorgehen von Marx ist deshalb notwendig, um dem verschiedentlich sowohl auf der Rechten als auch auf der Linken vorhandenen Mißverständnis entgegen zu wirken, als sei es Marx vorrangig um die historisch-spezifische Analyse des Kapitalismus im 19. Jahrhundert gegangen. Nur weil Marx die Widersprüche der bürgerlichen Gesellschaft im *allgemeinen* untersuchte, war er hierbei auch zur Annahme der vollständigen Konkurrenz unter den Einzelkapitalen berechtigt. Denn die unbeschränkte Konkurrenz ist die reine Form, in der sich die dem Privateigentum innewohnende Tendenz nach Wahrnehmung aller Profitchancen durchsetzen kann.[3]

Im Unterschied zu einer Untersuchung der allgemeinen Funktionsweise der kapitalistischen Gesellschaft muß in der Analyse eines besonderen Zeitabschnitts oder eines einzelnen kapitalistischen Landes geprüft werden, ob die Voraussetzung der unbeschränkten Konkurrenz berechtigt ist. Die Theorie muß daher den Konkurrenz-Begriff so präzisieren, daß die Hypothese von der unbeschränkten Konkurrenz empirisch überprüfbar wird. Kennzeichnend für das Marxsche Konkurrenz-Verständnis ist die Tendenz zum Ausgleich der Profitraten.

Das Konzept des tendenziellen Profitraten-Ausgleichs darf nicht als Absage an eine Profitraten-Rangordnung unter den Einzelkapitalen begriffen werden. Ein einzelnes Kapital kann zeitweise durchaus einen Profitraten-Vorsprung vor seinen Konkurrenten haben; es muß nur gewährleistet sein, daß die Ursachen dieses Profitraten-Vorsprungs durch die Konkurrenz im Zeitablauf abgebaut werden. Beruht dieser Profitraten-Vorsprung beispielsweise auf einem neu auf den Markt gebrachten Produkt, das von einem einzelnen Unternehmen zu einem hohen Preis verkauft werden kann, so sorgt die Konkurrenz dafür, daß dieser Vorsprung schnell verringert wird und bald wieder verschwindet. In diesem Fall kann die Profitrate des Pionierunternehmens dadruch sinken, daß andere Unternehmen ebenfalls die Produktion dieses Artikels aufnehmen und zu einem geringeren Preis am Markt abzusetzen versuchen; die gleiche Wirkung würde aber auch dann eintreten, wenn das Pionierunternehmen seine eigene Produktion so stark ausdehen würde, bis der zu erwartende Rückgang der Absatzpreise und der eventuelle Anstieg der Beschaffungspreise seine Profitrate auf das Durchschnittsniveau gedrückt hätte.

Das Konzept vom tendenziellen Profitraten-Ausgleich ist ferner mit der Möglichkeit vereinbar, daß ein einzelnes Unternehmen einen langfristigen Profitraten-Vorsprung vor anderen Unternehmen hat, wenn es diesem Unternehmen gelingt, sich ständig neue profitratenwirksame Vorteile in der Beschaffung, Produktion und/oder im Absatz zu sichern. Der Profitraten-Vorsprung würde jeweils so lange bestehen, bis die Konkurrenten den gleichen Vorteil erreicht hätten. Ausschlaggebend ist allein, daß

Arbeitskräfte und Produktionsmittel freien Zutritt zu einem Markt mit überdurchschnittlicher Profitrate haben. Die jeweils umgekehrten Überlegungen gelten für den Fall einer unterdurchschnittlichen Profitrate: hier hängt der Profitraten-Ausgleich von der Möglichkeit ab, Arbeitskräfte und Produktionsmittel aus diesem Produktionsbereich abzuziehen.

2.2.2 Das Monopol als Ergebnis eines unterbliebenen Profitraten-Ausgleichs

Werden Arbeitskräfte und Produktionsmittel durch irgendwelche Umstände daran gehindert, aus profitschwachen Bereichen abgezogen zu werden oder in Bereiche mit überdurchschnittlicher Profitrate einzudringen, so werden die Profitraten-Unterschiede zwischen den Einzelkapitalen nicht abgebaut. Kann ein Kapital aus dieser Situation einen Nutzen ziehen und seine Waren auf längere Sicht zu einem über dem Produktionspreis-Niveau[4] liegenden Preis verkaufen, so spricht Marx von einem künstlichen Monopol[5]. Die Existenz eines wirtschaftlichen Bereichs mit einem künstlichen Monopol muß nach dem Marxschen Verständnis aus logischen Gründen die Existenz eines Bereichs mit verschärfter Konkurrenz implizieren, da wir von einem Bereich mit geringer Mobilität der Arbeitskräfte und Produktionsmittel nur dann sprechen können, wenn sich gleichzeitig Bereiche mit höherer Mobilität feststellen lassen. In den Genuß eines Monopolprofits kann sowohl ein einzelnes Unternehmen als auch eine Branche (bestehend aus mehreren Unternehmen mit unterschiedlicher Arbeitsproduktivität) gelangen; ein Monopolprofit einer Branche entsteht vor allem dann, wenn die Investitionen branchenfremder Unternehmen abgewehrt werden können und der Zustrom neuen Kapitals somit unter Kontrolle bleibt.

Die ungleiche Verteilung der Beschaffungs-, Produktions- und Absatzvoraussetzungen, die das Profitraten-Gefälle zwischen den Einzelkapitalen zur Folge hat, kann auf unterschiedlichen Ursachen beruhen; eine Untersuchung dieser Ursachen ist an dieser Stelle nicht möglich[6]. Bei unbegrenzter Mobilität des Kapitals ist eine Beseitigung dieser Ungleichverteilung jedoch prinzipiell immer möglich. Können z.B. einige Unternehmen zeitweise ein bestehendes interregionales Lohngefälle, das sich aus der erschwerten räumlichen Mobilität der Arbeitskräfte ergibt, zur Erzielung einer höheren Profitrate ausnutzen, so wäre durch Verstärkung der Investitionen in den Niedriglohn-Gebieten ein partieller Lohnanstieg und somit ein Rückgang der überdurchschnittlichen Profitraten zu erwarten. Bei räumlicher Immobilität des Kapitals würde dagegen in diesem Fall die Ungleichheit der Lohnsätze und Profitraten fortdauern. Verallgemeinernd läßt sich sagen, daß der Monopolprofit zwar nicht allein durch die Immobilität des Kapitals bedingt ist, jedoch stets in Verbindung mit einem Mangel an Kapitalmobilität auftritt.

Auf das Preisniveau und auf die Profitsumme der *gesamten* Volkswirtschaft hat die Monopolisierung nach Marx keinen Einfluß. Es findet lediglich eine Wertübertragung von den Konkurrenzbereichen zu den monopolisierten Bereichen der Volkswirtschaft statt. Ober in anderen Worten: Der Monopolprofit ist das Ergebnis einer

Verschiebung der terms of trade zugunsten der monopolisierten Bereiche. Aus der vorstehenden Erklärung des Monopolprofits ergibt sich zugleich ein Datum für die Bestimmung der gesamtwirtschaftlichen Akkumulation. Bleibt der gesamtwirtschaftliche Profit auch bei Monopolisierung einiger volkswirtschaftlicher Teilbereiche konstant, so sind damit zugleich Änderungen der Finanzierungsbasis für die Erweiterung des gesamtwirtschaftlichen Kapitalstocks ausgeschlossen. Aus der Berücksichtigung der Monopolisierung können daneben auch keine Änderungen in der Profitverwendung (Akkumulation und privater Verbrauch der Kapitalbesitzer) abgeleitet werden. Damit ergibt sich als Schlußfolgerung, daß die Monopolisierung auf die Wachstumsrate des gesamtwirtschaftlichen Kapitalstocks keinen Einfluß hat. Die Monopolisierung hat lediglich eine Konsequenz für die sektorale Verteilung der – dem Gesamtwert nach gegebenen – Akkumulationsmittel: im Verhältnis zur jeweils gegebenen Nachfrageentwicklung wächst der Kapitalstock in den monopolisierten Sektoren langsamer als in den nichtmonopolisierten Bereichen. Die Frage, ob dadurch Veränderungen in der Beschäftigung der Arbeitskräfte verursacht werden können, soll im nächsten Abschnitt behandelt werden.

2.2.3 Das Beschäftigungsniveau einer Volkswirtschaft bei monopolistisch bedingtem Profitraten-Gefälle und sektoralen Ungleichheiten in der organischen Zusammensetzung des Kapitals

Ein monopolistisches Profitraten-Gefälle kann gedanklich aus dem Zustand der vollständigen Konkurrenz dadurch abgeleitet werden, daß

entweder eine sektorale Umverteilung der Profite

oder eine sektorale Umverteilung der Kapitalbestände

eintritt. Wie wir bereits gesehen haben, ist das monopolistische Profitraten-Gefälle immer mit einer Beschränkung der Kapitalmobilität verbunden. Wir gehen daher im folgenden von einer Veränderung der sektoralen Aufteilung des Gesamtkapitalbestandes aus. In Abhängigkeit davon kommt es zugleich zu Verschiebungen im sektoralen Einsatz der beschäftigten Arbeitskräfte. Wenn der Kapitaleinsatz im nichtmonopolistischen Sektor zu Lasten des Kapitaleinsatzes im monopolisierten Sektor steigt, so folgt daraus für die Zahl der Beschäftigten eine Zunahme im nichtmonopolisierten und eine Abnahme im monopolisierten Sektor. Hierbei wird vorausgesetzt, daß das sektorspezifische Verhältnis zwischen Kapitalbestand und Beschäftigtenzahl von der Monopolisierung nicht beeinflußt wird. Ob jedoch die Gesamtzahl der Beschäftigten von der Veränderung der sektoralen Kapital-Verteilung unabhängig ist oder nicht, soll jetzt genauer untersucht werden.

Zur Beantwortung der Frage nach der Höhe des gesamtwirtschaftlichen Beschäftigungsniveaus müssen wir einen weiteren Tatbestand berücksichtigen:

die möglichen intersektoralen Unterschiede in der organischen Zusammensetzung des Kapitals.

Der Terminus „organische Zusammensetzung des Kapitals“ bezeichnet in der marxistischen Theorie das Verhältnis zwischen dem Wert des Produktionsmittelbestandes und dem Wert der verauslagten Löhne[7], soweit dieses Verhältnis von den Anforderungen der Produktionstechnik – d.h. von der Menge der Produktionsmittel und der zu ihrer Anwendung erforderlichen Zahl an Arbeitskräften – bestimmt wird[8]. Intersektorale Unterschiede in der organischen Zusammensetzung des Kapitals müssen somit auf unterschiedliche Produktionstechniken der Sektoren zurückgeführt werden. Bei gleichem Lohnniveau in allen Sektoren würden die Unterschiede in der organischen Zusammensetzung des Kapitals zwischen den Sektoren im gleichen prozentualen Ausmaß in der Kennzahl

Wert der Produktionsmittel : Beschäftigte

auftreten. Diese Kennzahl kann als erweiterte Kapitalintensität bezeichnet werden (im Unterschied zum Begriff der Kapitalintensität, der im westlichen Sprachbereich das Verhältnis zwischen Anlagevermögen (marxistisch: „fixes Kapital") und Beschäftigtenzahl ausdrückt, ist der Zähler dieses Quotienten im obigen Fall im wesentlichen um den Wert der Rohstofflagerbestände erweitert). Abgesehen von branchenbedingten Besonderheiten im Umschlag der Warenlager hängt der Kapitaleinsatz je Beschäftigten von der erweiterten Kapitalintensität der Sektoren ab.

Um die Zahl der Gesamtbeschäftigten (B) zu bestimmen, wollen wir die Volkswirtschaft in die beiden Sektoren M (monopolisierter S.) und NM (nichtmonopolisierter S.) einteilen. Die Gesamtbeschäftigtenzahl ergibt sich als Summe der Beschäftigten im Sektor M (B_M) und Sektor NM (B_{NM}).

(1) $B = B_M + B_{NM}$

Der Kapitaleinsatz (K_M bzw. K_{NM}) je Beschäftigten ist jeweils eine sektorspezifische Konstante (a_M bzw. a_{NM}).

(2) $a_M = \dfrac{K_M}{B_M}$

(3) $a_{NM} = \dfrac{K_{NM}}{B_{NM}}$

Durch Substitution der Ausdrücke (2) und (3) erhalten wir für die Gesamtbeschäftigtenzahl (B):

(4) $B + \dfrac{1}{a_M} \cdot K_M + \dfrac{1}{a_{NM}} \cdot K_{NM}$

Der Gesamtkapitalbestand der Volkswirtschaft (K) ist als Summe der sektoralen Kapitalbestände definiert.

(5a) $K = K_M + K_{NM}$

(5b) $K_{NM} = K - K_M$

Unter Benutzung von Gleichung (5a) kann der Ausdruck für die Gesamtbeschäftigtenzahl (B) folgendermaßen umgeformt werden:

$$(6a)\ B = \frac{1}{a_M} \cdot K_M + \frac{1}{a_{NM}} \cdot (K - K_M)$$

$$(6b)\ B = \frac{1}{a_{NM}} \cdot K + \left(\frac{1}{a_M} - \frac{1}{a_{NM}}\right) \cdot K_M$$

Die einzige veränderliche Größe in Gleichung (6b) ist der Kapitalbestand des monopolisierten Sektors (K_M). Um den Einfluß von Veränderungen des Kapitalbestandes K_M auf die Zahl der Beschäftigten B zu bestimmen, müssen wir wissen, ob der Kapitaleinsatz je Beschäftigten in M größer oder kleiner als im Sektor NM ist. Da diese Frage nur empirisch beantwortet werden kann, müssen wir drei alternative Situationen unterscheiden:

1. $a_M > a_{NM}$:

Die Beschäftigtenzahl (B) ist unter dieser Voraussetzung umso größer, je weniger Kapital im Sektor M investiert wurde.

2. $a_M < a_{NM}$:

Die Beschäftigtenzahl der Volkswirtschaft (B) ist bei einem vergleichsweise hohen Kapitaleinsatz je Beschäftigten im nichtmonopolisierten Sektor umso kleiner, je weniger Kapital im Sektor M investiert wurde, d.h. eine Erschwerung des Kapitalzuflusses in den Sektor M führt zu einer Abnahme der Gesamtbeschäftigtenzahl.

3. $a_M + a_{NM}$:

Nur bei gleichem Kapitaleinsatz je Beschäftigten in allen Sektoren haben Monopolisierungsprozesse (im marxistischen Sinne) auf das Beschäftigungsniveau der Volkswirtschaft keinen Einfluß.

3. Konkurrenzunterschiede in der westdeutschen Industrie und ihr Einfluß auf das Beschäftigungsniveau aus der Sicht der marxistischen Theorie

3.1 Die Unterscheidung zwischen Konkurrenz- und Monopol-Branchen in der westdeutschen Industrie

Unter Benutzung des Konzepts vom Ausgleich der Profitraten können wir jetzt im Bereich der westdeutschen Industrie den Versuch machen, zwischen wettbewerbsintensiven und monopolisierten Branchen zu unterscheiden. In den Konkurrenzbranchen (genauer: Branchen mit hoher Wettbewerbsintensität) müßte die Kapitalstock-Zuwachsrate bei hohem Profitratenniveau relativ groß sein, während ein Kapitalabfluß nur bei extrem niedrigen Profitraten eintreten müßte. Demgegenüber ist in den Monopol-Branchen (genauer: Branchen mit geringer Wettbewerbsintensität) selbst bei hohen Profitraten nur mit einer mäßigen Kapitalstock-Expansion zu rechnen, während ein Kapitalabfluß schon bei einem geringen Unterschreiten der durchschnittlichen Profitrate zu beobachten wäre. Im Gegensatz dazu müßte bei gleicher Konkurrenzintensität in allen Branchen das jeweilige Verhältnis zwischen Profitrate und Kapitalstock-Zuwachsrate gleich sein. Denn nur auf diese Weise könnte sich die Tendenz zum Ausgleich der Profitraten-Unterschiede durchsetzen.

Um in der westdeutschen Industrie eine Trennungslinie zwischen dem Konkurrenz- und Monopolbereich ziehen zu können, müssen wir zunächst einen Vergleich zwischen der interindustriellen Profitraten-Rangfolge und der interindustriellen Rangfolge des Kapitalstock-Wachstums ziehen. Hierfür stehen uns in Tabelle 1 Daten des Zeitabschnittes 1960–67 zur Verfügung. Basis für die Bildung der interindustriellen Rangfolgen sind die arithmetischen Mittel der jährlichen Profitraten und die jahresdurchschnittlichen Zuwachsraten des Nettosachvermögens (bei Zugrundelegung eines Exponentialtrends in der Zeitreihenanalyse). Der Verfasser greift hierbei auf die Ergebnisse einer Schätzung der industriellen Branchen-Profitraten[9] zurück, die vor einiger Zeit im Zusammenhang mit einer anderen Fragestellung durchgeführt worden ist. Die Profitrate wurde dabei als Quotient aus Besitzeinkommen und Nettosachvermögen berechnet. Das Besitzeinkommen ergab sich als Saldo zwischen dem Bruttoinlandsprodukt zu Faktorkosten und der Summe aus Abschreibungen und dem Brutto-Arbeitseinkommen (einschl. eines fiktiven Arbeitsentgelts für die Selbständigen und mithelfenden Familienangehörigen). Das Nettosachvermögen wird durch additive Zusammenfassung des Nettoanlagevermögens (ohne Grund und Boden) und der Lagervorräte gewonnen. Die Ausgangswerte der Schätzung stammen im wesentlichen aus der amtlichen Statistik der Bundesrepublik Deutschland – insbesondere aus dem Industriebericht und aus der volkswirtschaftlichen Gesamtrechnung – und aus der industriellen Vermögensschätzung des Deutschen Instituts für Wirtschaftsforschung, Berlin[10]. Mit der Auswertung der interindustriellen Profitraten- und Kapitalstockwachstums-Rangfolgen wird in der Wettbewerbsanalyse der Weg des Ergebnis-Tests beschritten, d.h. Aussagen über den Charakter des Wettbewerbs werden nicht aus der Struktur der Märkte oder den Verhaltensweisen der Marktbeteiligten abgeleitet, sondern aus der Erklärung der *Marktergebnisse* gewonnen. Durch dieses Vorgehen soll nicht geleugnet werden, daß auch Marktergebnisse von objektiven Voraussetzungen abhängen. Die Schwierigkeit besteht jedoch darin, die objektiven Determinanten der Marktergebnisse zu identifizieren; das ist bisher nur mangelhaft gelungen. So hat die Korrelationsanalyse beispielsweise ergeben, daß zwischen dem Konzentrationsgrad – dem in der Öffentlichkeit am häufigsten benutzten Maßstab für Wettbewerbsintensität – und dem langfristigen Profitraten-Durchschnitt der westdeutschen Industriezweige kein gesicherter Zusammenhang besteht[11]. Daraus ergibt sich die Schlußfolgerung, daß die Umsatzkonzentration der Industriezweige kein adäquater Ausdruck der Wettbewerbsintensität sein kann, sofern man nach wie vor eine Abhängigkeit des Profitraten-Niveaus vom Ausmaß des Wettbewerbs unterstellt. Daß nun jedoch in der westdeutschen Industrie tatsächlich Unterschiede zwischen den Branchen in der Intensität des Wettbewerbs bestehen, kann durch eine Prüfung des Zusammenhangs zwischen den Positionen der Industriezweige in der Profitraten- und in der Kapitalstockwachstums-Rangfolge gezeigt werden.

Ein Vergleich der Rangnummer in der interindustriellen Profitraten-Hierarchie mit der Rangnummer des Kapitalstock-Wachstums ergibt für fast alle Industriezweige eine positive oder negative Differenz, d.h. die Kapitalmobilität erfüllt im Bereich der westdeutschen Industrie nicht die Voraussetzung der vollständigen Konkurrenz. Für einige Industriezweige ist die Rangnummer-Differenz jedoch null bzw. fast null (± 0.5). In diesen Industriezweigen entspricht die Konkurrenzintensität annähernd dem gesamtindustriellen Durchschnitt. Es handelt sich dabei um die folgenden Branchen:

Bergbau
Sägewerke/Holzbearbeitung
Maschinenbau
Schiffbau
Feinmechanik/Optik

Die Angaben über die durchschnittliche Profitrate und das Kapitalstock-Wachstum und die damit verbundene interindustrielle Rangfolge sind in der Tabelle 1 zusammengestellt. Diese Tabelle enthält auch die Daten der 5 annähernd konkurrenzneutralen Industriezweige, deren Profitrate recht unterschiedlich ausfällt. Für die Tendenz zum Profitraten-Ausgleich ist jedoch entscheidend, daß die Unterschiede im Kapitalstock-Wachstum dem interindustriellen Profitraten-Gefälle entsprechen. Die 5 genannten Industriezweige erfüllen diese Anforderungen. Der Zusammenhang zwischen Kapitalstock-Wachstum (w) und Profitratenniveau (p') kann für diese 5 Branchen durch folgende Regressionsgleichung beschrieben werden:

(1) $w' = 0{,}3219 \cdot p' + 0{,}6312$
$r_{w,p'} = 0{,}9956$

Die Anzahl der Daten, die der Gewinnung der Regressionsgleichung zugrundeliegen, ist mit fünf zwar relativ klein, dafür ist der korrelative Zusammenhang zwischen den beiden Variablen w und p' mit 0,9956 außergewöhnlich hoch. Der Verwendungszweck der Regressionsgleichung ist eng begrenzt: es geht um die Entscheidung der Frage, ob die einzelnen Industriezweige entweder dem Konkurrenzbereich oder dem Monopolbereich angehören. Dem Konkurrenzbereich (Monopolbereich) kann ein Industriezweig immer dann zugeordnet werden, wenn sein Kapitalstock-Wachstum größer (kleiner) ist als das seinem Profitratenniveau entsprechende fiktive konkurrenzneutrale Kapitalstock-Wachstum. Dieses fiktive konkurrenzneutrale Kapitalstock-Wachstum kann rechnerisch mit Hilfe der Regressionsgleichung bestimmt werden, indem für das Profitratenniveau einer jeden Branche die zugehörige theoretische Wachstumsrate des Kapitalstocks errechnet wird (vgl. Spalte (6) von Tabelle 1).

Tabelle 1:

Profitraten-Niveau, Wachstum des Kapitalstocks und Konkurrenzunterschiede der westdeutschen Industriezweige von 1960–1967

Name des Industriezweigs	Profitrat.-durchschn. (i.v.H.d. Nettosachverm.)		Mittl. Wachstr. d. Nettosachverm. (Expon.Trd.)		Rg.Nr.-Diffr. Sp. (2) ·/. Sp. (4)	Fikt. 1) mittl. Wachstumsrate d.N.S.V.	Wettbewerbsanalytische Bemerkung2)
	v.H.	Rg.Nr.	v.H.	Rg.Nr.		v.H.	
	(1)	(2)	(3)	(4)	(5)	(6)	(7)
Bergbau	–4,89	30	–0,7	30	0	–0,9	K
Steine u. Erden	24,91	12	12,2	5,5	6,5	8,7	K
Eisen u. Stahl	12,15	25	5,2	23	2	4,5	K
NE-Metall	34,68	6	5,8	20	–14	11,8	M
Chemie	19,71	20	9,3	10	10	7,0	K
Gummi u. Asbest	29,90	10	10,9	8	2	10,3	K
Sägew./Holzbearb.	12,12	26	4,8	26	0	4,5	K
Zellst. u. Papiererzeugung	8,41	28	5,2	23	5	3,3	K
Stahlbau	17,33	22	7,1	18,5	3,5	6,2	K
Maschinenbau	21,40	18	7,1	18,5	–0,5	7,5	M
Fahrzeugbau	22,66	16	13,3	3	13	7,9	K
Schiffbau	0,52	29	0,4	29	0	0,8	M
Elektroind.	21,51	17	8,5	13	4	7,6	K
Feinmech./Opt.	23,17	15	8,4	14,5	0,5	8,1	K
EBM-Ind.(incl. Stahlverformg.)	32,34	9	8,9	11	–2	11,0	M
Feinkeramik	24,08	14	5,6	21	–7	8,4	M
Glasind.	33,91	7	12,7	4	3	11,5	K
Holzverarb.	34,89	5	9,6	9	–4	11,9	M
Musikinstr. etc.	48,67	1	14,1	2	–1	16,3	M
Papierverarb.	41,89	2	12,2	5,5	–3,5	14,1	M
Druck./Vervielf.	24,40	13	7,9	17	–4	8,5	M
Kunstst. Verarb.	34,98	4	18,6	1	3	11,9	K
Lederind.	24,94	11	3,8	27	–16	8,7	M
Textilind.	18,88	21	4,9	25	–4	6,7	M
Bekleid. Ind.	37,48	3	8,6	12	–9	12,7	M
Mühlenind.	10,60	27	2,6	28	–1	4,0	M
Ölm. u. Marg. Ind.	33,01	8	5,2	23	–15	11,3	M
Zuckerind.	13,05	24	8,4	14,5	9,5	4,8	K
Brauerei/Mälz.	21,31	19	11,0	7	12	7,5	K
sonst. Nahrg.- u. Genußm. Ind.	13,43	23	8,0	16	7	5,0	K
Alle 30 Ind. Zwg. insgesamt	19,12	–	7,2	–	–	–	–

Quelle: eigene Berechnungen: Sp (1) und (3) nach P. Saß, a.a.O., S. 143 u. 147

1) berechnet nach Gleichung (1), vgl. S. 56

2.) K: Konkurrenzsektor; M: monopolisierter Sektor

Die Ergebnisse der für jeden Industriezweig durchgeführten Konkurrenzintensitätsprüfung sind in Spalte (7) der Tabelle 1 abzulesen. Insgesamt 16 Branchen gehören dem Konkurrenzbereich (Sektor I) und 14 Branchen dem Monopolbereich (Sektor II) an. Der Vergleich zwischen tatsächlicher und fiktiver Kapitalstock-Wachstumsrate gestattet eine Zuordnung der Industriezweige zu einem der beiden Sektoren auch dort, wo die Rangnummern-Differenz (Profitratenniveau/Kapitalstockwachstum) null beträgt.

3.2 Beschäftigungsniveau und Kapitalintensität der Industriebranchen von 1960 bis 1967

Um die Auswirkungen der Monopolisierung auf das Beschäftigungsniveau der westdeutschen Industrie zu prüfen, müssen wir zunächst die tatsächliche Beschäftigungssituation der einzelnen Industriezweige kennen. Die notwendigen Angaben über die Beschäftigtenzahl liefert die amtliche Industriestatistik[12]. Da die Beschäftigungssituation der Periode 1960–67 im Durchschnitt untersucht werden soll, muß ein Weg zur Ausschaltung der Konjunktur- und Sondereinflüsse der einzelnen Jahre gefunden werden. Wenn sowohl für die Entwicklung des Kapitalstocks als auch für die Entwicklung der erweiterten Kapitalintensität ein Exponentialtrend unterstellt wird, muß für die Veränderung der Beschäftigtenzahl dieselbe Wachstumsform angenommen werden. Der aus dieser Trendanalyse abgeleitete Beschäftigten-Durchschnitt ist das geometrische Mittel. Die Tabelle 2 enthält die so bestimmten Mittelwerte für die Zahl der Beschäftigten in den einzelnen Industriezweigen. Daneben sind in dieser Tabelle auch Angaben über die durchschnittliche Kapitalstockhöhe von 30 Industriezweigen enthalten, die ebenfalls als geometrisches Mittel aus 8 Jahreswerten (des Nettosachvermögens) gewonnen wurden. Der Periodendurchschnitt für die erweiterte Kapitalintensität ergibt sich aus der Division des durchschnittlichen Nettosachvermögens durch die durchschnittliche Beschäftigtenzahl der Industriezweige. Mit DM 26.694 ist der Kapitaleinsatz je Arbeitsplatz in den Konkurrenzindustrien (Sektor II) erheblich höher als im monopolisierten Bereich (DM 16.721). Wie der sich hierbei zeigende Zusammenhang zwischen Kapitalintensität und Kapitalmobilität interpretiert werden kann, muß weiteren Forschungen vorbehalten bleiben.

3.3 Die Beschäftigung der Arbeitskräfte in der westdeutschen Industrie bei Abbau der interindustriellen Konkurrenzunterschiede

Nach dem Marxschen Konkurrenzverständnis wäre in Industriezweigen mit hoher Profitrate ein starker Kapitalstock-Wachstum und in Industriezweigen mit geringer Profitrate ein schwaches Kapitalstock-Wachstum zu erwarten. Diesen Anforderungen werden die interindustriellen Unterschiede in der Kapitalstock-Expansion der westdeutschen Industrie im Zeitabschnitt von 1960 bis 1967 nicht gerecht. Es wäre nun zu überlegen, wie der Kapitalstock-Zuwachs[13] (Investitionen) auf die Industriezweige hätte verteilt werden müssen, um dem Konzept vom Profitraten-Ausgleich zu entsprechen. Dabei wäre jedoch eine Unterscheidung zwischen 2 alternativen Prozessen zu beachten:

einmal wäre die sektorale Verteilung der Investitionen zu bestimmen, die zu einem Abbau des interindustriellen Gefälles in der Konkurrenzintensität führt; zum anderen könnte untersucht werden, wie die Investitionen auf die Industriezweige verteilt sein müßten, um kurzfristig wirksame Unterschiede in den Bestimmungsfaktoren der Branchen-Profitraten bei gleicher Konkurrenzintensität auszugleichen.

Uns soll im folgenden nur die erste dieser beiden Fragen beschäftigen.

Wenn die Profitrate des Sektors II im Periodendurchschnitt 1960–67 mit 25.0 % deutlich über dem Profitratenniveau des Sektors I (16,3 %) liegt, hätte ein Abbau dieses Unterschieds ein schnelleres Kapitalstock-Wachstum des Sektors II (im Vergleich zum Sektor I) erfordert. Tatsächlich nahm der Kapitalstock des monopolisierten Bereichs jedoch nur um jährlich 6,6 % zu, während im Konkurrenzbereich ein Kapitalstock-Wachstum von 7,5 % p.a. verzeichnet werden konnte. Bei gleicher Konkurrenzintensität hätte der Kapitalstock im Sektor II ein höheres Wachstum als der Durchschnitt der gesamten Industrie (7,2 %) erkennen lassen müssen[14].

Stellen wir uns nun vor, daß das Kapitalstock-Wachstum im Sektor II tatsächlich größer als im Sektor I gewesen wäre, so hätte zwischen den Profitraten beider Sektoren eine Annäherung stattfinden müssen. Diese Annäherung müßte umso rascher erfolgen, je größer der Wachstumsvorsprung des Sektors II vor dem Sektor I gewesen wäre. Offen bleiben muß in diesem Zusammenhang allerdings die Frage, wie groß dieser Wachstumsvorsprung in der Ausweitung des Kapitalbestandes sein müßte, um das Konkurrenzgefälle zwischen beiden Bereichen innerhalb eines Zeitabschnitts von 8 Jahren abzubauen. Ebenfalls nicht geklärt werden kann die Frage, ob die Abnahme der Profitrate im Sektor II und die Zunahme der Profitrate im Sektor I nicht so groß sein könnten, daß sich die Profitraten-Rangfolge zwischen beiden Sektoren kurzfristig umkehren könnte. Die Probleme dieser Prozeßanalyse ließen sich nur dann lösen, wenn wir die Unternehmensdispositionen der Industriebranchen unter alternativen Konkurrenzvoraussetzungen kennen würden und prognostizieren könnten.

Unter Beachtung dieser Einschränkungen können nur eine Unter- und Obergrenze für die Wachstumsrate des Kapitalstocks bzw. für den absoluten Umfang der Kapitalstock-Veränderung[15] des Sektors II angegeben werden, wenn ein Abbau des Konkurrenzgefälles eingeleitet werden soll. In diesem Fall müßte – wie bereits ausgeführt – im Sektor II der Kapitalstock um mindestens 7,2 % jährlich zunehmen; dem entspricht ein Anteil an der gesamtindustriellen Kapitalstock-Veränderung von 34,1 % (errechnet nach Tabelle 2, Spalte 5). Demgegenüber würde der maximale Kapitalstockveränderungsanteil des Sektors II 100 % betragen. Tatsächlich macht der Kapitalstockveränderungsanteil des Sektors II aber nur 31,1 % aus. Durch Multiplikation der jeweiligen Anteile mit der gesamtindustriellen Kapitalstock-Veränderung von DM 49.118 Mill. kann die alternative Kapitalstock-Zunahme des Sektors II

Tabelle 2

Beschäftigung, Kapitalbestand und Kapital-Veränderung in den Branchen des Konkurrenz- und Monopolbereichs der westdeutschen Industrie von 1960 bis 1967[1]

Name des Industriezweigs	Zahl d. Besch. i. Durchschn.	Mittl. Nettosachverm. (Mill. DM)	Mittl. Nettosachverm. je Besch. (DM)	Nettosachverm. am Periodenbeginn (Trendwert 1959) (Mill. DM)	Nettosachvermögen-Veränd g. (Sp. (2) ·/. (4)) (Mill. DM)
	(1)	(2)	(3)	(4)	(5)
Konkurrenzbereich					
Bergbau	501.124	12.767	25.477	13.198	−431
Steine u. Erden	258.374	6.742	26.094	4.013	2.729
Eisen u. Stahl	561.192	17.789	31.699	14.155	3.634
Chemie	513.234	20.701	40.334	13.901	6.800
Gummi u. Asbest	115.618	2.034	17.592	1.277	757
Sägew. u. Holzbearb.	81.173	1.988	24.491	1.611	377
Zellst.-Pap. Erzg.	78.954	3.066	38.833	2.435	631
Stahlbau	218.598	3.659	16.738	2.693	966
Fahrzeugbau	461.633	13.239	28.679	7.540	5.699
Elektroind.	918.451	15.484	16.859	10.762	4.722
Feinmech./Optik	154.322	1.989	12.889	1.383	606
Glasind.	91.464	1.345	14.705	786	559
Kunstst. Verarb.	101.937	1.714	16.814	796	918
Zuckerind.	15.465	1.713	110.766	1.189	524
Brauereien/Mlz.	89.561	4.374	48.388	2.733	1.641
sonst. Nahrg.- u. Genußm. Ind.	381.342	12.654	33.173	8.961	3.693
Monopolbereich					
Ne.Metallind.	112.671	3.452	30.638	2.679	773
Maschinenbau	1.045.718	20.233	20.233	14.877	5.356
Schiffbau	86.229	2.220	25.745	2.260	− 40
EBM-Ind. (incl. Stahlverf.)	545.065	7.858	14.417	5.359	2.499
Feinkeramik	85.777	958	11.168	750	208
Holzverarb.	217.956	2.810	12.893	1.857	953
Musikinstr. etc.	58.889	586	9.951	323	263
Papierverarb.	122.094	1.782	14.595	1.061	721
Druck./Vervielf.	203.931	3.081	15.108	2.186	895
Lederind.	170.163	1.830	10.754	1.547	283
Textilind.	564.199	10.832	19.199	8.728	2.104
Bekleidg.Ind.	382.292	3.338	8.732	2.307	1.031
Mühlenind.	14.351	933	65.013	833	100
Ölm.- u. Marg.Ind.	16.932	720	42.523	573	147
Konkurrenzbereich insges.	4.542.442	121.258	26.694	87.433	33.825
Monopolbereich insgesamt	3.626.267	60.633	16.721	45.340	15.293
alle 30 Industriezweige insgesamt	8.168.709	181.891	22.267	132.773	49.118

Quelle: eigene Berechnungen nach Angaben des Industrieberichts (Hrsg.: Statist. Bundesamt, Fachserie D,R. 1) und der bei Tabelle 1 genannten Quelle

1) Spalte (1) bis (3): geometrisches Mittel

(bzw. des Sektors I) in absoluten Beträgen angegeben werden. Mit Hilfe der erweiterten Kapitalintensität lassen sich daraus alternative Daten für die Zahl der Arbeitsplätze errechnen, die durch die jeweilige Kapitalstock-Veränderung in den beiden Sektoren geschaffen werden.
Die Beschäftigungskonsequenzen einer alternativen Verteilung der Kapitalstock-Veränderung auf die beiden Sektoren sind in der Tabelle 3 zu erkennen. Wäre der Kapitalstock der beiden Sektoren in der Periode 1960–67 mit der gleichen Geschwindigkeit ausgedehnt worden, so hätte diese Korrektur des Konkurrenzgefälles bereits einen Beschäftigungs-Zuwachs von 32.500 Arbeitsplätzen bedeutet; unter diesen Umständen hätte das Konkurrenzgefälle wohl verringert, aber nicht beseitigt werden können. Ein vollständiger Abbau des Konkurrenzgefälles wäre erst dann erreicht worden, wenn der Anteil des Sektors II an der Kapitalstock-Veränderung mehr als 34,1 % betragen hätte. Ein nur geringer Anstieg dieser Quote auf 40 % hätte eine Zunahme des periodendurchschnittlichen Beschäftigtenstandes um 97.000 mit sich gebracht. Es kann aber bezweifelt werden, ob bei der unterstellten nur geringfügig über dem gesamtindustriellen Durchschnitt liegenden Kapitalstock-Wachstumsrate des Sektors I das interindustrielle Konkurrenzgefälle innerhalb des angegebenen Zeitabschnitts aufgehoben werden kann. Um einen weiteren quantitativen Anhaltspunkt für die Beschäftigungskonsequenzen einer Entmonopolisierungsentwicklung zu gewinnen, wurde ein Anstieg der Kapitalstockveränderungs-Quote des Sektors II auf 60 % unterstellt. Bei dieser Zunahme des Akkumulationstempos im Sektor II darf mit großer Wahrscheinlichkeit ein Absacken der Profitrate unter das Niveau des Sektors I vermutet werden. Diese Entwicklung wäre jedoch mit dem Konzept vom Profitraten-Ausgleich vereinbar, da dieses Konzept nicht an einen sektoralen Gleichgewichtszustand gebunden ist. Bei dieser „Überreaktion" der Kapitalakkumulation würde der gesamtindustrielle Beschäftigtenstand um 317.000 ansteigen. Das würde eine Zunahme des periodendurchschnittlichen Beschäftigungsstandes um etwa 4 % bedeuten, während bei einer „sanften" Korrektur des Konkurrenzgefälles (Kapitalstockveränderungs-Quote des Sektors II: 40 %) das gesamtindustrielle Beschäftigungsniveau um gut 1 % ansteigen würde. Beide Prozentsätze dürften die Ober- bzw. Untergrenze der Beschäftigungsvermehrung bei einem Abbau des monopolistischen Charakters des Sektors II markieren.
Im Unterschied zu den soeben untersuchten Alternativen wäre auch eine Zunahme des Konkurrenzgefälles zwischen beiden Sektoren denkbar. In diesem Fall wäre der Anteil des Sektors II an der gesamtindustriellen Kapitalstock-Veränderung geringer als 31,1 %. Das gesamtindustrielle Beschäftigungsniveau würde gegenüber dem tatsächlich beobachteten Stand zurückgehen. Als Beispiel für diese Situation wurde in der Tabelle 3 eine Kapitalstockveränderungs-Quote des Sektors II in Höhe von 20 % unterstellt; die Zahl der Arbeitsplätze wäre unter diesen Umständen um 122.000 kleiner als unter der Voraussetzung des tatsächlichen Konkurrenzgefälles.
Die Beschäftigungseffekte einer Veränderung des interindustriellen Konkurrenzgefälles würde einen noch größeren Umfang annehmen, wenn die erweiterte Kapitalintensität differenziert nach Altersgruppen des Kapitalbestandes bestimmt werden könnte. In fast allen Industrien werden jüngere Anlagen – bei gleichem Kapitalum-

Tabelle 3

Gesamtindustrielles Beschäftigungsniveau bei alternativen Anteilen des Sektors II an der Kapitalstock-Veränderung (1960–67)

	Anteil des Sektors II an der ges. ind. NSV-Veränderung				
	20 v.H.	31,1 v.H.	34,1 v.H.	40 v.H.	60 v.H.
NSV[1)] – Veränderg.: Sekt. I	39.294	33.825	32.369	29.471	19.647
NSV – Veränderg.: Sekt. II	9.824	15.293	16.749	19.647	29.471
NSV – Veränderg.: ges. Ind.	49.118	49.118	49.118	49.118	49.118
Fiktives mittl. NSV: Sekt. I	126.727	121.258	119.802	116.904	107.080
Fiktives mittl. NSV: Sekt. II	55.164	60.633	62.089	64.987	74.811
Mittleres NSV: ges. Ind.	181.891	181.891	181.891	181.891	181.891
Fiktiver Besch.Stand: Sekt. I	4.747.396	4.542.442	4.487.975	4.379.411	4.011.388
Fiktiver Besch.Stand: Sekt II	3.299.085	3.626.267	3.713.235	3.886.550	4.474.075
Fiktiver Besch.Stand: ges. Ind.	8.046.481	8.168.709	8.201.210	8.265.961	8.485.463
Tatsäch. Besch.Stand:ges. Ind.	8.168.709	8.168.709	8.168.709	8.168.709	8.168.709
Beschäf.-Veränderung bei Veränderung des Konkurrenzgefälles	–122.228	–	32.501	97.252	316.754

Quelle: eigene Berechnungen des Verf. unter Benutzung von Daten der Tabelle 2

1) NSV: Nettosachvermögen (in Mill. DM)

fang – von weniger Arbeitskräften als ältere Anlagen bedient. Es ist zu vermuten, daß der *absolute* Unterschied der erweiterten Kapitalintensität zwischen dem Sektor I und dem Sektor II noch größer wäre, falls für diesen Vergleich nur die Kapitalintensität der jüngeren Anlagen herangezogen würde. Unter dieser Voraussetzung wäre der Anstieg des periodendurchschnittlichen Beschäftigtenstandes bei Abbau des Konkurrenzgefälles noch größer als in den von uns untersuchten Beispielen. Aus Mangel an empirischen Informationen kann dieser Einfluß leider nicht quantifiziert werden.

Zum Abschluß dieser Vergleichsrechnungen darf angemerkt werden, daß es auch innerhalb der beiden Sektoren Unterschiede der erweiterten Kapitalintensität gibt. Diese Unterschiede brauchen jedoch dann nicht beachtet zu werden, wenn die Anteile der Branchen am Beschäftigungsumfang des Sektors konstant sind. Von dieser Voraussetzung konnten wir zu Recht ausgehen, weil es uns darauf ankam, die Beziehungen *zwischen* den beiden Sektoren zu untersuchen.

4. Die Notwendigkeit einer theoretischen Bestimmung des Zusammenhangs zwischen Kapitalintensität und Konkurrenzintensität

Bei Betrachtung des Hauptergebnisses der vorstehenden Analyse – gesamtindustrielle Beschäftigungs-Einbuße als Ergebnis der Monopolisierung – stellt sich uns abschließend die Frage, ob der in der Bundesrepublik anzutreffende Zusammenhang zwischen Konkurrenzgefälle und erweiterter Kapitalintensität der Industriesektoren als verallgemeinerungsfähige Voraussetzung behandelt werden kann. Wie in Abschnitt 211 gezeigt werden konnte, hat das Konkurrenzgefälle nur dann einen negativen Einfluß auf das gesamtwirtschaftliche Beschäftigungsniveau, wenn die erweiterte Kapitalintensität im monopolisierten Sektor geringer als im Konkurrenzsektor ist. Dieser Zusammenhang ist jedoch dann gegeben, wenn das Kapital in Branchen mit hoher erweiterter Kapitalintensität leichter als in arbeitsintensive Branchen eindringen kann; gleichzeitig müßte ein Kapitalabzug aus arbeitsintensiven Branchen auf weniger Hemmnisse als ein Kapitalabzug aus kapitalintensiven Branchen stoßen. In der Bundesrepublik sind diese Anforderungen an die Kapitalmobilität allem Anschein nach deshalb erfüllt, weil in den meisten kapitalintensiven Industriezweigen Großunternehmen und Kapitalgesellschaften vorherrschen. Großunternehmen in der Rechtsform der AG und GmbH haben in der Aufbringung von Kapital erwiesenermaßen einen Vorsprung vor kleineren Unternehmen[16]. Insofern ist es durchaus plausibel, wenn in Industriezweigen mit hohem Großunternehmensanteil die Konkurrenz um die Aneignung des Kapitalprofits besonders intensiv ist[17]. Nicht entschieden werden kann im Moment jedoch die Frage, ob es einen sachlogisch gesicherten Zusammenhang zwischen Kapitalintensität und Unternehmensumfang (bzw. Rechtsform) gibt bzw. wie stark eventuell dieser Zusammenhang ist. Zur Klärung dieser Frage bedarf es noch weiterer empirischer Forschungen. Das in diesem Aufsatz erarbeitete Ergebnis – negative Beschäftigungskonsequenzen der Monopolisierung – ist daher eng an die realen Verhältnisse der westdeutschen Industrie gebunden und kann ohne zusätzliche Realanalysen weder auf andere Länder noch auf andere Zeitabschnitte übertragen werden.

Anmerkungen

1 Vgl. z.B. E. Böhler, Nationalökonomie, 3. Aufl. Zürich 1957, S. 212.

2 Bei J.A. Schumpeter, der als einer der ersten bürgerlichen Autoren den Übergangsprozeß zu monopolistischen Marktformen untersuchte, werden die Determinanten des Beschäftigungsniveaus während dieser Übergangsperiode nicht ausführlich untersucht. Sein Hinweis auf Arbeitslosigkeit als eine Konsequenz der wirtschaftlichen Entwicklung (hierunter versteht er 5 verschiedene Fälle – einer von ihnen ist die Schaffung eines Monopols) scheint sich eher auf das nach Abschluß der Übergangsphase erreichte Gleichgewicht in der Depression zu beziehen. Vgl. J.A. Schumpeter, Theorie der wirtschaftlichen Entwicklung, 5. Aufl., Berlin 1952, S. 101 f.

3 Zu Kontroversen in der gegenwärtigen Marx-Rezeption vgl. M. Wirth, Zur Kritik der Theorie des staatsmonopolistischen Kapitalismus, in: Probleme des Klassenkampfes, 1973/Nr. 8/9, S. 23 f.

4 Der „Produktionspreis" ist der Preis, bei dem die Profitraten-Gleichheit in allen Sektoren der Volkswirtschaft erreicht ist.

5 Vgl. hierzu, insbesondere zur Erläuterung der Konkurrenzbedingungen, K. Marx, Das Kapital, III. Band, Frankfurt/M. 1968 (Lizenzausgabe), S. 206 und S. 868.

6 In diese Ursachen-Untersuchung wäre auch der Hinweis auf den Stand der Unternehmenskonzentration einzuordnen. Es wäre dann zu klären, ob die Unternehmenskonzentration die Mobilität des Kapitals (und der Arbeitskräfte) fördert oder aber behindert. Ohne Vermittlung mit dem Konzept vom Profitraten-Ausgleich ist das Konzentrations-Argument theoretisch uninteressant.

7 Der Zeitraum für die Verauslagung der Löhne durch den Kapitalisten reicht vom Zeitpunkt der Bezahlung des Arbeiters bis zum Eingang der Zahlung für das vom Arbeiter produzierte Produkt.

8 K. Marx, Das Kapital, I. Bd. a.a.O., S. 640.

9 S.P. Saß, Die Untersuchung der Profitraten-Unterschiede zwischen den den westdeutschen Industriebranchen nach dem 2. Weltkrieg, Tübingen 1975.

10 Zu den Quellen vgl. P. Saß a.a.O., S. 6 ff.

11 Zum genaueren Gang der Analyse vgl. P. Saß, a.a.O., S. 29 ff.

12 Vgl. Statistisches Bundesamt (Hrsg.), Fachserie D, Reihe 1, div. Jg.

13 Es sei kurz daran erinnert, daß Marx die gesamtwirtschaftliche Profitsumme (und demzufolge auch den gesamtwirtschaftlichen Akkumulationsfonds) als vorgegebene Größen behandelt, die von der Aufteilung des Gesamtkapitals auf die Branchen unabhängig sind.

14 Die jahresdurchschnittlichen Wachstumsraten des Kapitalstocks wurden nach Angaben der Tabelle 2, Spalte (4) und (5) errechnet.

15 Die Kapitalstock-Veränderung wird als Differenz zwischen dem Mittelwert des Nettosachvermögens in der Periode 60–67 und dem Trendwert des Nettosachvermögens im Jahr 1959 bestimmt.

16 Vgl. P. Saß, Das Großkapital und der Monopolprofit – industrielle Unternehmensgröße und Profitrate in der Bundesrepublik. Hamburg 1978, S. 127 ff.

17 Vgl. hierzu R. Hilferding, Das Finanzkapital, Frankfurt/Wien 1968, S. 254.

Karin Krugler/Horst Paura

Konzentration, Teilarbeitsmärkte, Auslandsengagement

1. Vorbemerkung

Die seit mehr als drei Jahren anhaltende hohe Arbeitslosigkeit in der Bundesrepublik Deutschland (BRD) läßt verstärkt nach den Bestimmungsfaktoren für die Unwirksamkeit der bisherigen beschäftigungspolitischen Maßnahmen fragen. Als ein möglicher Faktor ist die zunehmende Unternehmenskonzentration anzuführen. Sie ist in letzter Zeit verstärkt unter wettbewerbspolitischen Gesichtspunkten diskutiert worden. Die Auswirkungen der Konzentration auf den Arbeitsmarkt wurden in diesem Zusammenhang nicht hinreichend berücksichtigt.
Es ist nicht Anspruch dieses Aufsatzes, einen systematischen Zusammenhang zwischen Konzentration und Arbeitsmarktwirkungen nachzuweisen, zumal einschlägige empirische Untersuchungen hierzu noch fehlen, sondern es geht den Verfassern darum, mögliche Auswirkungen für die Beschäftigungssituation zu benennen. Im Rahmen dieses Beitrages soll auf potentielle Arbeitsmarktwirkungen der Konzentration eingegangen werden. Dem ist eine komprimierte Darstellung von Entwicklung und Stand der Unternehmenskonzentration voranzustellen. Die qualitativen Arbeitsmarktwirkungen, also die Bestimmungsfaktoren für eine Strukturierung des Arbeitsmarktes, sollen mit dem Theorieansatz des Instituts für Sozialwissenschaftliche Forschung München (ISF) untersucht werden. Eine Problematisierung der quantitativen Aspekte erfolgt anhand der zunehmenden Direktinvestitionen deutscher Unternehmen im Ausland. Kompensationseffekte für die Beschäftigungssituation, die aus Direktinvestitionen ausländischer Unternehmen in der BRD resultieren können, bleiben unberücksichtigt.
Die analytische Trennung zwischen qualitativen und quantitativen Arbeitsmarktwirkungen wird im Zusammenhang mit der Diskussion der internationalen Arbeitsteilung aufgehoben.

2. Entwicklung und Stand der Unternehmenskonzentration in der BRD

Konzentration sei verstanden als „jede Form des positiven Größenwachstums, der Zusammenfassung und des Zusammenschlusses von Unternehmen (...), deren Folge eine Ballung von Verfügungsmacht über den Wirtschaftsapparat ist."[1]
Die Umsatzentwicklung der Unternehmen läßt Rückschlüsse auf die Bedeutung des Unternehmenswachstums zu: 1973 vereinigten 888 Großunternehmen mit

Umsätzen von 100 Mio. DM und mehr, also 2 % der Industrieunternehmen mit mehr als 10 Beschäftigten, 57,1 % der gesamten Industrieumsätze auf sich (1965: 46,2 %), während die mittleren und kleinen Unternehmen rückläufige Umsatzanteile zu verzeichnen hatten.[2] Die 100 größten Unternehmen steigerten ihren Umsatzanteil an der Gesamtwirtschaft von 21,68 % 1972 auf 24,62 % 1974. Während der Umsatz der Gesamtwirtschaft in diesem Zeitraum um 22,8 % stieg, hatten die 100 Größten ein Umsatzwachstum von 39,5 %.[3] 1972 entfielen vom Gesamtumsatz der 100 größten Unternehmen 54,46 % auf die ersten 25. 1974 betrug dieser Anteil 56,8 %.[4] Daraus folgt, daß die Großunternehmen sich von den übrigen Unternehmen durch überproportionales Wachstum absetzen konnten und daß die Unternehmen an der Spitze der Rangskala eine höhere Wachstumsintensität besitzen[5], so daß ihre Bedeutung weiterhin zunehmen dürfte.

Bei der Investitionstätigkeit ist eine ähnlich gelagerte Entwicklung abzusehen: Vereinigten die Großunternehmen 1965 schon 56,3 % aller Investitionen auf sich, so wuchs dieser Anteil bis 1973 auf 60,3 % und lag somit fast um das Doppelte über den Investitionen der mittleren Unternehmen.[6]

Die Zahl der Fusionen hat in den letzten Jahren kontinuierlich zugenommen. Betrug der Durchschnitt der nach § 23 n. F. des Gesetzes gegen Wettbewerbsbeschränkungen (GWB) anzuzeigenden Zusammenschlüsse von 1970 bis 1976 320 Fusionen pro Jahr, so waren 1976 schon 453 Zusammenschlüsse zu verzeichnen.[7] Dies entspricht einer Steigerung um 42 % gegenüber dem Durchschnitt. Am größten war mit 283 der Anteil der horizontalen Zusammenschlüsse[8] (Durchschnitt 236). Dann folgten die vertikalen Zusammenschlüsse[9] mit 113, die jedoch 1973 in hohem Maße an Bedeutung gewonnen haben, denn der Durchschnitt lag bei 43 Vertikalzusammenschlüssen pro Jahr. Die konglomeralen Zusammenschlüsse[10] haben mit 57 1976 gegenüber 41 Fusionen dieser Art im Durchschnitt ebenfalls zugenommen.

Für 1975 stellt die Monopolkommission fest, daß „an fast jedem zweiten dem Bundeskartellamt angezeigten Unternehmenszusammenschluß, nämlich in 46,2 % der Fälle, (...) auf der Erwerberseite Unternehmen aus dem Kreis der ‚100 Größten' beteiligt"[11] waren. Innerhalb der „100 Größten" waren „die 25 größten Unternehmen (...) an den Zusammenschlüssen fast 7 mal so oft beteiligt wie die letzten 25 ...."[12]

Das GWB stellt es den Unternehmen frei, einen Zusammenschluß entweder nach Vollzug anzuzeigen (§ 23 GWB) oder vorher anzumelden (§ 24 GWB). Lediglich für die Umsatzmilliardäre ist eine vorherige Anmeldung der Fusion zwingend vorgeschrieben.[13] Im Zeitraum von 1958 bis 1970 mußten entsprechend § 23 GWB Unternehmenszusammenschlüsse gemeldet werden, wenn folgende Kriterien zutrafen: Ein beteiligtes Unternehmen oder beide zusammen mußten entweder einen Marktanteil von 20 % erreichen oder ein Jahr vor dem Zusammenschluß mindestens 10 000 Beschäftigte, 500 Mio. DM Umsatz oder eine Bilanzsumme von mindestens 1 Mrd. DM aufweisen. „Seit der 2. Kartellgesetznovelle von 1973, die in ihrem § 24 eine Fusionskontrolle von einer bestimmten Größe der beteiligten Unternehmen an einführte, haben große Unternehmen immer mehr kleine Unternehmen, d.h. solche mit einem Umsatz von weniger als 50 Mio. DM übernommen, da diese unter die Bagatellgrenze des § 24 Abs. 8 Nr. 2 GWB (Anschlußklausel) fallen und somit vom Fusionsverbot nicht berührt werden."[14]

An den Zusammenschlüssen, die unter die Bagatellklausel fallen, waren im Zeitraum 1973 bis 1975 die 100 größten Unternehmen in 188 Fällen, das entspricht 52,7 %, beteiligt.[15] 1975 entfielen auf die Erwerber mit Umsätzen unter 1 Mrd. DM, die somit zur Gruppe der Klein- und Mittelbetriebe zu zählen sind, 26 von 184 Anschlußzusammenschlüssen nach § 24 Abs. 8 Nr. 2 GWB. Die Großbetriebe unter den Erwerbern, die Umsätze von mehr als 1 Mrd. DM haben, waren an den restlichen 158 dieser Zusammenschlüsse beteiligt. Dies entspricht 85,9 %. Dieser Prozentsatz wurde auch 1976 gehalten.[16]

Des weiteren ist eine Konzentration der Beschäftigten auf große Unternehmen festzustellen:

Tabelle 1: Unternehmen, Beschäftigte, Umsatz und Investitionen in der Industrie in den Jahren 1965 und 1973 nach Betriebsgrößenklassen

Betriebsgrößenklassen[1]	Unternehmen[2]		Beschäftigte in 1.000		Umsatz in Mio. DM		Investitionen[3] in Mio. DM	
	1965	1973	1965	1973	1965	1973	1965	1973
kleine Unternehmen	26.974	17.484	774	415	23.161	18.149	396	–
mittlere Unternehmen	20.009	25.310	4.403	4.090	195.712	299.305	10.090	14.191
große Unternehmen	476	888	3.317	4.062	187.707	422.952	13.516	21.565
insgesamt	47.432	43.682	8.494	8.566	406.570	740.406	24.002	35.757
				v. H.				
kleine Unternehmen	56,8	40,1	9,2	4,9	5,7	2,4	1,6	–
mittlere Unternehmen	42,2	57,9	51,9	47,8	48,1	40,4	42,0	39,7
große Unternehmen	1,0	2,0	39,1	47,4	46,2	57,1	56,3	60,3
insgesamt	100,0	100,0	100,0	100,0	100,0	100,0	100,0	100,0

1 kleine Unternehmen: Umsatz bis unter 2 Mio. DM, mittlere Unternehmen: Umsatz von 2 bis unter 100 Mio. DM, große Unternehmen: Umsatz von 100 Mio. DM und mehr.
2 Unternehmen mit 10 und mehr Beschäftigten.
3 Unternehmen mit 50 und mehr Beschäftigten.

Quelle: Reinhard Jordan: Entwicklung und Stand der wirtschaftlichen Konzentration in der Bundesrepublik Deutschland, in: WSI-Mitteilungen, 20. Jahrg., Sonderheft Gewerkschaftsstaat oder Unternehmerstaat, August 1976, S. 74 (eigene Berechnungen).

Wie aus Tabelle 1 ersichtlich, hat sich im Zeitraum von 1965 bis 1973 die Zahl der Großunternehmen verdoppelt, ihr prozentualer Anteil an der Zahl der Unternehmen ist aber nach wie vor gering, nämlich 1 % 1965 bzw. 2 % 1973. Nicht so der Anteil an den Beschäftigten: 1965 entfielen auf die 476 Großunternehmen 39,1 % der Beschäftigten. 1973 waren es 47,4 % Beschäftigte in 888 Großunternehmen. Damit ist der Anteil der Großbetriebe an den Industriebeschäftigten 1973 nur um 0,4 Prozentpunkte oder 28 000 geringer gewesen als der der mittleren Unternehmen, nur, daß die mittleren Unternehmen 57,9 % aller Industrieunternehmen ausmachten.
Von 1965 bis 1973 hat die Zahl der in der Industrie Beschäftigten um 72 000 zugenommen. Die Beschäftigtenzahl in den Großunternehmen stieg aber um 745 000, so daß dieser Zuwachs nur auf Kosten der übrigen Unternehmen ging. Hier wird deutlich, daß die Großunternehmen im Zusammenhang mit der Beschäftigung und somit auch für den Arbeitsmarkt an Bedeutung gewonnen haben.

3. Qualitative Arbeitsmarktwirkungen

Die Phänomene hoher Arbeitslosigkeit und Kurzarbeit sowie der gleichzeitig festzustellende Mangel an bestimmten Qualifikationen (z.B. Facharbeiter), stark ungleich verteilten Beschäftigungschancen des Arbeitspotentials und die nicht in ausreichendem Maße wirkenden öffentlichen Beschäftigungsmaßnahmen legen den Schluß nahe, daß sich die Arbeitsmarktpolitik an einem Arbeitsmarktmodell orientiert, das nicht mehr in der Lage ist, das reale Geschehen hinreichend wiederzuspiegeln. Eine Arbeitsmarktpolitik hat jedoch nur dann eine Chance erfolgreicher Zielverwirklichungen, wenn das ihr zugrunde liegende Arbeitsmarktmodell auch das reale Geschehen berücksichtigt. Die durch die zunehmende Konzentration bewirkte Entstehung immer größerer Unternehmenseinheiten und die damit verbundene Zusammenballung von Beschäftigten in Großbetrieben lassen Bedingungskonstellationen für betriebliche Teilarbeitsmärkte entstehen. Der Existenz dieser Teilarbeitsmärkte und ihre nicht unerhebliche quantitative Dimension ist bisher nur geringe Aufmerksamkeit zuteil geworden.

3.1 Zum Konzept des ISF

Den Ausgangspunkt des ISF-Ansatzes bildet nicht in erster Linie eine theoretische Kritik der neoklassischen Annahmen der Arbeitsmarkttheorie, sondern dieser ist in empirischen Evidenzen zu sehen. So wurde in empirischen Unternsuchungen[17] des Arbeitsmarkts Augsburg festgestellt, daß

- nur eine Minderheit von Arbeitskräften an kurzfristiger Verdienstmaximierung interessiert ist,
- die Mehrheit an der Sicherung des Arbeitsplatzes interessiert und das Mobilitätsverhalten gegenüber Lohndifferentialen ziemlich resistent ist,

– der Arbeitsmarkt für den einzelnen Arbeitnehmer intransparent ist und dies verstärkend auf die geringe Mobilitätsneigung wirkt,
– ein großer Teil der Arbeitnehmer eine geringe Bereitschaft zeigt, auf andere regionale und fachliche Arbeitsmärkte überzuwechseln und sich diese Tendenz mit zunehmendem Alter verstärkt.

Die Ergebnisse dieser Untersuchungen widersprechen den Prämissen der traditionellen Arbeitsmarkttheorie. Untersucht die neoklassische Theorie, über welche Mechanismen ein Ausgleich zwischen Angebot und Nachfrage auf dem Arbeitsmarkt zustande kommt, so versucht das ISF die Funktionsmängel des Arbeitsmarktes als eigene Fragestellung, über den o.g. Untersuchungsgegenstand hinaus, zu bearbeiten.[18] Es wird also danach gefragt, wie Ungleichgewichte auf dem Arbeitsmarkt erzeugt werden, wie sie aufrecht erhalten werden und warum sie eine derart große Stabilität aufweisen.

Das Konzept des Teilarbeitsmarkts basiert auf der Vorstellung, daß sich ein Gesamtarbeitsmarkt aufgliedert bzw. aufgliedern läßt. „Die Struktur dieser Teilarbeitsmärkte ist durch die Dimensionen der Zugangs- und Abgangsregelung, der Regelung der Allokation und Gratifikation von Arbeitskräften innerhalb des Teilarbeitsmarkts und durch die Dimension der fachlichen sowie der räumlichen Ausdehnung beschreibar."[19]

Durch empirische Untersuchungen auf dem
– „Jedermanns-Teilarbeitsmarkt", dem
– „fachlichen Teilarbeitsmarkt" und dem
– „betrieblichen Teilarbeitsmarkt" kommen die Autoren des ISF zu dem Ergebnis, daß die Prämissen der vollständigen Beweglichkeit, der Wirksamkeit der Lohndifferentiale als regulierender Mechanismus des Einheitsmarkts, sowie der Homogenität des Produktionsfaktors Arbeit der neoklassischen Theorie aufgegeben werden müssen. Als eine wesentliche Kategorie des ISF-Ansatzes ist die Qualifikation der Beschäftigten anzusehen (Humankapitaltheorie). Sie regelt den Marktzugang und -abgang innerhalb der einzelnen Teilsegmente. Das im ISF-Ansatz enthaltene Humankapitalkonzept bringt zum Ausdruck, daß man menschliche Qualifikationen neben sachlichem Kapital als eine weitere Form produktiven Kapitals und somit als Produkt einer Investition betrachten müsse. Einem auf den Arbeitsmarkt bezogenen Humankapitalkonzept liegt die Vorstellung zugrunde, daß Arbeit nicht in jedem Falle als variabler Produktionsfaktor zu behandeln sei, sondern als ein „quasifixer" Faktor. Steigert die allgemeine Ausbildung die Produktivität eines Beschäftigten auf allen Arbeitsplätzen gemäß seiner Qualifikation in gleichem Maße, so hebt spezifische Qualifikation die Produktivität nur in bestimmten Einsatzbereichen, wie etwa dem eines bestimmten Betriebes.

Der Arbeitsmarktprozeß wird über das Interesse beider Arbeitsmarktparteien geregelt, die Rentabilität von Humankapitalinvestitionen, die auf den Aspekt der Qualifikation reduziert sind, zu sichern bzw. zu erweitern. Die Interessen an einer bestimmten Arbeitsmarktstruktur wachsen in dem Maße, je spezifischer die Investition in Humankapital ist[20], d.h. zur Sicherung und Erhöhung spezifischer Humankapitalinvestitionen muß der Teilarbeitsmarkt für bestimmte Qualifikationen von anderen Märkten abgeschirmt und somit der Wettbewerb von Anbietern und

Nachfragern reduziert werden. Spezifische Qualifikationen beinhalten also nicht nur ein besseres Kosten-Ertragsverhältnis, sondern schränken zugleich die Mobilität ein, d.h. eine Segmentierung von Arbeitsmärkten findet statt[21], um durch möglichst kontinuierlichen und anhaltenden Einsatz der Qualifikation innerhalb des Bereichs, für den die Qualifikation spezifisch ist, die Amortisation des Investitionsaufwandes auch zu sichern.

Für den „Jedermanns-Teilarbeitsmarkt" ist bezeichnend, daß durch eine erwartete geringe Stetigkeit und Fortdauer des Beschäftigungsverhältnisses dieser Arbeitskräfte Investitionen in Qualifikationen fachlicher oder betriebsspezifischer Art unterbleiben, da eine Amortisation nicht gesichert erscheint. Weil qualifikatorische Mobilitätsbarrieren in diesem Teilarbeitsmarkt nicht gegeben sind, spielen die Lohndifferentiale für das Mobilitätsverhalten eine bedeutende Rolle.[22]

Für die vom fachlichen Teilarbeitsmarkt eingeschlossenen Betriebe spielt der zwischenbetriebliche Arbeitsplatzwechsel eine bedeutende Rolle, um den Ausgleich von Angebot und Nachfrage der Qualifikationen herbeizuführen.[23] Die Funktionsfähigkeit dieses Marktes ist nur zu gewährleisten, wenn keinerlei Mobilitätshemmnisse vorhanden sind und die inhaltlichen Anforderungen, die die jeweils vom Markt eingeschlossenen Arbeitsplätze stellen, homogen sind. Das formale Zugangskriterium zu diesem Segment des Arbeitsmarktes bildet also die Fachqualifikation, und als weiteres konstitutives Element ist festzustellen, daß keine Bindung an den Einzelbetrieb erfolgen darf. Die Wirksamkeit der Lohndifferentiale auf diesem Teilarbeitsmarkt ist nur auf der Basis der idealtypischen Konstruktion anzunehmen. Bei einem Wechsel auf diesem Teilsegment des Arbeitsmarktes in andere Teilmärkte sind die Lohndifferentiale als Ausgleichsmechanismen nicht mehr wirksam, da dieser Wechsel in der Regel zeitweilige oder auch andauernde Verdiensteinbußen sowie andere Arbeitsbedingungen nach sich zieht. Die Lohndifferentiale sind als Ausgleichsmechanismen in diesem Segment nur partiell wirksam.

Der betriebliche Teilarbeitsmarkt läßt sich mit all jenen Maßnahmen und Prozessen erklären, die geeignet sind, einen quantitativen und/oder qualitativen Ausgleich von Arbeitsangebot und Arbeitsnachfrage zu leisten – solche Maßnahmen könnten sein: Innerbetriebliche Qualifizierung (Weiterbildung, Umschulung, Einarbeitung); Mobilität von Arbeitskräften (Versetzung, Beförderung); betriebsbezogene Entlohnungs- und Sozialleistungen; Variation des zeitlichen Arbeitsangebots durch Überstunden und Kurzarbeit und Auslagerung von Teilen der Produktion.[24] Diese Faktoren widersprechen der Homogenitätsbedingung der neoklassischen Theorie und reduzieren die Mobilitätsneigung der in diesem Teilsegment Beschäftigten. Die Bedingungen, unter denen Humankapitalinvestitionen getätigt werden, lassen sich durch folgende, am Rentabilitätsprinzip orientierte Kriterien beschreiben: 1. Dauer des Einsatzes dieser Qualifikation im Betrieb, 2. Kontinuität des Bedarfs an Humankapital, 3. zeitliche Verzögerung des Ertragsstromes und 4. das Verhältnis von Aufwand und Ertrag, wobei die Entwicklung betrieblicher Teilarbeitsmärkte begünstigt wird, wenn eine kapitalintensive Produktion mit einem stabilen Absatzmarkt besteht.[25]

Der Gesamtarbeitsmarkt, der als Aggregat der drei Teilsegmente zu betrachten ist, erleichtert die Mobilität der Arbeitskräfte innerhalb des jeweiligen Segments; zwischen den Segmenten wird die Mobilität jedoch erschwert. Dies hat wesentliche Bedeutung für die Steuerung bzw. Beeinflussung durch die Arbeitsmarktpolitik, deren in § 2 Arbeitsförderungsgesetz (AFG) formulierten Ziele (hoher Beschäftigungszustand, Höherqualifizierung der Beschäftigten usw.) mit den Interessen der Arbeitskräfte an einem angemessenen Arbeitplatz in Einklang steht.
Der zentrale Stellenwert des betrieblichen Teilarbeitsmarktes leitet sich aus der schon skizzierten zunehmenden Konzentration in der Wirtschaft und der damit einhergehenden Konzentration der Beschäftigten in immer größeren Unternehmenseinheiten ab. Im Mittelpunkt der ISF-Theorie steht also nicht der Arbeitsmarkt als Gesamtheit, sondern die Bedingungen, unter denen Arbeitskraft angewandt wird, rücken in den Mittelpunkt des wissenschaftlichen Interesses, wobei die Kategorie des Betriebes, speziell des Industriebetriebes, dominierend ist.[26] Betriebliche Teilarbeitsmarktstrukturen sind vor allem in Branchen mit relativ stabilem Produktionsabsatz, damit auch in Großbetrieben zu erwarten.[27] Je mehr Humankapital ein Betrieb in einen Beschäftigten investiert hat, desto größer ist sein Interesse an kontinuierlicher Nutzung der Qualifikation, um eine möglichst große Rendite zu erzielen. Diese Sicherung der Beschäftigung erfolgt über eine Abschirmung des Betriebes als Teilarbeitsmarkt von anderen solchen Teilarbeitsmärkten, indem die Kosten des Abgangs für den Beschäftigten erhöht werden. Dies kann z.B. über folgende Mechanismen geschehen: durch einen Einstellohn, der niedriger ist als der später zu erwartende Verdienst; dem Arbeitnehmer werden Aufstiegsmöglichkeiten in Aussicht gestellt, oder durch betriebliche Sozialleistungen wird eine starke Anbindung des Beschäftigten erreicht. Insbesondere „Problemgruppen" wie Frauen, ältere Arbeitskräfte, Ausländer und ungelernte Arbeitskräfte, in die die Betriebe nicht in größerem Umfang Humankapitalinvestitionen getätigt haben, üben bei betrieblichen Arbeitsmärkten eine Pufferfunktion aus. Da über diese Gruppen vorwiegend und häufig Schwankungen im betrieblichen Arbeitskräftebedarf ausgeglichen werden, dienen sie als Elastitzitätspuffer für den betrieblichen Arbeitskräfteeinsatz.[28]
Die bisher praktizierte öffentliche Arbeitsmarktpolitik orientierte sich vornehmlich an dem fachlichen Teilarbeitsmarkt. Vor dem Hintergrund eines segmentierten Arbeitsmarktes wird die geringe Wirksamkeit bisheriger beschäftigungspolitischer Programme und Maßnahmen (z.B. Mobilitätszulage) erklärbar. Der ISF-Ansatz läßt sich als eine „ökonomistisch" ausgerichtete Theorie verstehen, da er darauf hinausläuft, den Beschäftigten und Beschäftigern den Stempel des „homo oeconomicus" aufzudrücken, „... dessen Seele in einem geheimnisvollen Meßinstrument besteht, das Grenznutzen und Grenzkosten abzuschätzen weiß...."[29] Das Bild des „homo oeconomicus" schließt die Orientierung der Humankapitalinvestitionen am einzelwirtschaftlichen Rentabilitätsprinzip mit ein. Diese Orientierung ist ein konstitutives Element einer kapitalistischen Wirtschaftsordnung.

4. Quantitative Beschäftigungswirkungen von Auslandsinvestitionen

Für die einzelnen Unternehmen gilt es, entsprechend der erwerbswirtschaftlichen Zielsetzung in Konkurrenz zu den übrigen Anbietern maximale Erträge bei minimalen Kosten zu realisieren. Dieses Verhalten der Beschäftiger ist nicht auf die nationalstaatliche Ebene beschränkt, sondern mit zunehmender internationaler Arbeitsteilung stellt sich für die Unternehmen und Branchen die Frage der internationalen Konkurrenzfähigkeit. Wenn die Unternehmen sich diesem internationalen Wettbewerb nicht stellen, ist ihre weitere Existenz gefährdet, und damit auch die Stabilität der Beschäftigung auf einzelstaatlicher Ebene. Für die Unternehmen ergibt sich daraus der Zwang, die Produktion im internationalen Rahmen aufzunehmen, wenn so eine günstigere Kostensituation und damit ein besseres Kosten-Ertragsverhältnis sowie die Sicherung bzw. Erschließung von Absatzmärkten erreichbar ist. Dabei müssen die Auslandsaktivitäten deutscher Unternehmen im Zusammenhang mit dem weltweiten Strukturwandel gesehen werden:

Als erstes ist die Einschätzung des Sachverständigenrates (SVR) anzuführen, daß bis zum Ende der sechziger Jahre die DM im System fester Wechselkurse unterbewertet war.[30] Dies führte zu einem „Standortvorteil" für die heimische Industrie, denn sie hatte auf dem Weltmarkt infolge der – im Vergleich zu anderen Ländern – billigeren Exporte Wettbewerbsvorteile, während der Binnenmarkt durch die Verteuerung von Importen nach außen abgeschirmt wurde. Aus diesem Grunde wuchs der sekundäre Sektor überproportional zu den anderen. Dieses Wachstum wurde verstärkt durch Investitionen ausländischer Unternehmen in der BRD und die Orientierung der Industrie auf Exporte.[31] Mit der Aufwertung der DM und dem Übergang zu freien Wechselkursen ist möglicherweise ein bisheriger Wettbewerbsvorteil beseitigt. „Das Floaten der Wechselkurse hat in der Bundesrepublik zur Anpassung von Produktionskapazitäten entsprechend den tatsächlichen Faktorpreisrelationen und der internationalen Wettbewerbsfähigkeit bei Exportgütern geführt."[32] Der bisherige Preisvorteil für Exporte entfiel, so daß zumindest die Gewinnspannen durch einen geringeren Spielraum für Preiserhöhungen schrumpften, wenn Auslandsmärkte nicht sogar völlig verlorengingen, weil sie von anderen Ländern billiger beliefert werden konnten, denn durch das Floating hat die deutsche Währung einen Aufwertungseffekt erfahren, der eine Verteuerung der Exporte nach sich zog.[33] Der Binnenmarkt wurde verstärkt mit Produkten beliefert, für die bei standardisierten Produktionsabläufen, hoher Arbeitsintensität und geringen Qualifikationsanforderungen in industrialisierten Entwicklungsländern mit niedrigerem Lohnniveau Produktionskostenvorteile vorliegen. Zum Abbau der hiesigen beschäftigungsintensiven Industrie tragen vielfach die Auslandsinvestitionen deutscher Unternehmen bei.[34] „Die verringerte Standortgunst der Bundesrepublik zeigt sich unter anderem darin, daß anstelle einer Zunahme der Importe von Arbeitskräften nunmehr eine Tendenz zu verstärkten Kapitalexporten zu verzeichnen ist."[35] In der BRD, in der jeder sechste Arbeitsplatz vom Export abhängig ist, bedeuten diese Veränderungen der Außenhandelsposition negative Beschäftigungseffekte, zumal der Konjunkturzyklus der wichtigsten Handelspartner der BRD z.Z.

weitgehend synchron zur deutschen Wirtschaftsentwicklung verläuft, so daß von dieser Seite keine Entlastungseffekte, wie sie nach der Krise 1966/67 durch den asynchronen Verlauf der Auslandskonjunktur wirksam wurden, zu erwarten sind.[36] Des weiteren ist in den Industrieländern eine Marktsättigung festzustellen, die einen Nachfragerückgang nach hochwertigen, langlebigen Konsumgütern und damit eine Verschlechterung der Absatz- und Gewinnmöglichkeiten für die Industrie zur Folge hat.[37]

Allgemein ist eine Konzentration des Auslandsengagements deutscher Unternehmen auf wenige Branchen, zu denen neben den Wachstumsindustrien Maschinenbau, Straßenfahrzeugbau, Elektroindustrie, chemische Industrie usw. auch der schrumpfende Industriezweig Textilindustrie gehört.[38] Im folgenden sollen Auslandsengagement und daraus resultierende mögliche Beschäftigungseffekte am Beispiel der elektrotechnischen Industrie aufgezeigt werden. Die Dominanz der Großunternehmen, wie sie durch die Unternehmenskonzentration in der BRD gegenüber den kleinen und mittleren Unternehmen wirksam geworden ist, spiegelt sich auch im internationalen Vergleich wieder. So waren 1974 bereits 21 westdeutsche Unternehmen unter den 100 größten Unternehmen der Welt zu finden.[39] Die beiden größten elektrotechnischen Unternehmen waren 1974 auf Rang fünf (Siemens) und neun (AEG-Telefunken) der weltgrößten Elektrounternehmen.[40] Die elektrotechnische Industrie der Bundesrepublik hat bei den Exporten den zweiten Rang nach den USA inne, an dritter Stelle liegt Japan. Auf diese drei Länder entfallen mehr als 55 % der Weltexporte, während die durchschnittlichen Exporte der übrigen Länder jeweils unter 10 % liegen.[41] Die drei größten Unternehmen (Siemens, AEG-Telefunken und Bosch) konnten von 1966 bis 1971 ihre Umsätze in der BRD und ihre Exporte um 90 % bzw. 96 % steigern. Die Umsätze aus der Auslandsproduktion nahmen im selben Zeitraum aber um 114 % zu. „Der Anteil der Auslandsproduktion am Weltumsatz der drei Unternehmen stieg dabei von 13,6 % auf 15,1 %."[42] Gleichzeitig vereinigten sie ca. 75 % der Auslandsproduktion der gesamten Branche auf sich, wobei auf Siemens allein schon knapp 50 % entfielen.[43] Während für die gesamte Branche die Auslandsproduktion 50 % der Exporte beträgt, liegt dieser Wert für die sieben größten Unternehmen der Branche bereits bei 75 %.[44] In den drei größten Unternehmen war 1971 jeder fünfte Beschäftigte im Ausland tätig.[45] Aus diesen Daten wird das Gewicht der Auslandsproduktion der elektrotechnischen Industrie deutlich. Auf Beschäftigungswirkungen, die sich aus der Strategie der elektrotechnischen Industrie, Produktion und Absatz im internationalen Rahmen zu planen, ergeben können, soll weiter unten noch eingegangen werden.

Der Schwerpunkt für Auslandsproduktion und Exporte der elektrotechnischen Industrie liegt in Westeuropa. Bei den Branchenführern Siemens und AEG entfallen über zwei Drittel des Umsatzes der Auslandsgesellschaften auf Westeuropa, 68 % der Auslandsbeschäftigten der AEG waren 1971 in europäischen Ländern tätig.[46] Weitere Schwerpunkte für Direktinvestitionen waren Lateinamerika (hauptsächlich Brasilien und Argentinien) und Indien. Diese regionale Verteilung der Investitionen entspricht auch der der international tätigen Großunternehmen anderer

Branchen, die zum größten Teil in Ländern investieren, die entweder hoch industrialisiert sind (Frankreich, Schweiz, Belgien, Niederlande, Luxemburg usw.) oder die als Entwicklungsländer schon industrielle Strukturen besitzen (Brasilien, Spanien)[47] Die Aussage Gillmans über amerikanische Direktinvestitionen, die vorwiegend in „sichere(n) kapitalistisch entwickelte(n) Länder(n)"[48] getätigt werden, läßt sich auch für das Investitionsverhalten der deutschen Konzerne bestätigen: Der Grund ist, „daß die europäischen Märkte sicher sind und einen hohen Ertrag unmittelbar anbieten, während die asiatischen und afrikanischen Märkte ihn stets nur für die ferne Zukunft versprechen und keine unmittelbaren Aussichten auf hohe Gewinnraten aufweisen."[49]

Vorherrschendes Motiv für Auslandsinvestitionen ist die Marktsicherung und -erschließung für den Fall, daß der Auslandsumsatz durch „Kostensteigerungen, zu große Marktferne oder Investitionen von ausländischen Konkurrenten bedroht ist"[50], oder daß ein Markt infolge einer Politik der Importsubstituierung abgeschirmt und für Exporte nicht mehr erreichbar ist.[51] Für die elektrotechnische Industrie dürfte die Strategie der Marktsicherung besonders im Hinblick auf ihre wirtschaftlichen Aktivitäten in den europäischen Staaten von Bedeutung sein, weil sich durch die Aufhebung der festen Wechselkurse eine Verteuerung der deutschen Exporte ergeben hat, so daß die Elektroindustrie stärkerer internationaler Konkurrenz ausgesetzt ist und Umsatzeinbußen befürchten muß. So sind die Unternehmen bestrebt, „eine geographische Harmonisierung von Produktion und Absatz (...) (sowie) eine Lösung von der zu einseitigen Exportorientierung"[52] zu erreichen. Ein weiteres Investitionsmotiv stellt der inländische Kostendruck und die zunehmenden Billigimporte, besonders im Bereich der Unterhaltungselektronik, dar.[53] Dieser Produktionszweig ist sehr arbeits- und damit auch lohnintensiv, so daß heute schon der bundesdeutsche Markt überwiegend von ausländischen Anbietern beliefert wird, deren geringeres Lohnkostenniveau bei vergleichbarer Arbeitsproduktivität sich in niedrigeren Preisen auswirkt.[54] „Wenn die deutschen Hersteller dieser Produkte ihren Marktanteil halten wollen, bietet es sich daher an, die Fertigung in Niedriglohnländer zu verlagern, um zu vergleichbaren Kosten wie die Importkonkurrenz produzieren zu können."[55]

Im Zusammenhang mit den Beschäftigungseffekten von Direktinvestitionen im Ausland wird in der Diskussion häufig darauf verwiesen, daß diese Investitionen entsprechend dem keynesianischen Multiplikatoreffekt Einkommen im jeweiligen Anlageland schaffen, das in Ermangelung eines adäquaten Warenangebotes nach Maßgabe der marginalen Importquote als kaufkräftige Nachfrage nach Waren des „Geberlandes" wirksam wird und zur Produktionsausweitung und damit zur Stabilisierung bzw. zur Ausweitung der Beschäftigung im Geberland beiträgt. Den Verfassern erscheint es problematisch, hier eine Kausalbeziehung herzustellen, denn die Nachfrage kann z.B. auch in einem anderen als dem Geberland wirksam werden, zumal sich ja gerade durch die veränderten Wechselkursparitäten ein Verteuerungseffekt für die deutschen Exporte ergeben hat. Konkretere Angaben über die Beschäftigungswirkungen sind, wenn auch nur der Tendenz nach, anhand der

Beschäftigungsstruktur und deren Veränderung durch Direktinvestitionen möglich. Die elektrotechnische Industrie weist in der BRD eine anormale Beschäftigungsstruktur auf. „Im Vergleich zum verarbeitenden Gewerbe sind sowohl die weniger als auch die höher qualifizierten Beschäftigten überrepräsentiert."[56] Der Anteil der Hilfskräfte lag 1961 in dieser Branche um 11,5 % über dem Durchschnitt der verarbeitenden Industrie. In den qualifizierten Berufen waren es 9,6 % unter dem Durchschnitt, während die hochqualifizierten Berufe anteilsmäßig um 40,4 % über dem Durchschnitt des verarbeitenden Gewerbes lagen.[57] 1974 lag der Anteil ungelernter Arbeiter um mehr als 50 % über dem der Gesamtindustrie. „Während der Anteil der weiblichen ausländischen Arbeitnehmer in der Gesamtindustrie unter 6 Prozent liegt, erreicht er in der Elektroindustrie nahezu 9 Prozent."[58] Da bei Erweiterungsinvestitionen die Auslagerung der Produktion zunehmend an Bedeutung gewinnt[59], und als Standorte für arbeitsintensive Produktionen innerhalb Europas strukturschwache Fördergebiete wie z.B. Nordirland, Süditalien oder das Elsaß von Elektrounternehmen bevorzugt werden, weil hier Arbeitskräfte in ausreichender Zahl zu bedeutend geringeren Löhnen als in der BRD zur Verfügung stehen[60], liegt die Gefährdung der Arbeitsplätze, die nur geringe Qualifikationsanforderungen stellen, auf der Hand.

Aufgrund empirischer Untersuchungen amerikanischer, britischer und deutscher Unternehmen trifft Kebschull die Aussage, daß Direktinvestitionen höhere Nettoexporte für die gesamte Volkswirtschaft zur Folge haben.[61] Die Entwicklung soll in drei Phasen ablaufen: In der ersten Phase sollen Güter und Anlagen, die zur Aufnahme der Produktion wichtig sind, im Umfang von etwa 20 % der Investitionssumme exportiert werden. In der zweiten Phase soll bei laufender Produktion die Zulieferung von Halb- und Fertigprodukten zwischen Mutter und Tochter sowie traditionellen Zulieferern im Wert die Investitionssumme übersteigen. In der dritten Phase kommt der Auslandsniederlassung die Funktion einer Vertriebsorganisation für Produkte der Muttergesellschaft, die selbst nicht im Ausland hergestellt werden, zu. Für die Elektrotechnik trifft dieses Ablaufschema nicht zu, denn in Europa, wo der Schwerpunkt der Auslandsaktivitäten liegt, kann überall auf eine hochentwickelte Zulieferindustrie zurückgegriffen werden[62], so daß eine Stimulierung der deutschen Zuliefer-Exporte fraglich scheint, zumal Holthus selbst konstatiert, daß die Auslandsniederlassungen zunächst für den jeweiligen inländischen Markt produzieren, wobei die Zulieferungen aus Deutschland in der Tendenz abnehmen. „Sie (die Auslandsunternehmen, d. Verf.) werden jedoch in zunehmendem Maße auch für die Belieferung von Drittländern und Exporten nach Deutschland eingesetzt."[63] Hieraus ergeben sich auch Auswirkungen auf die Beschäftigung in den Zulieferbetrieben, denn die Produktionsverlagerung führt zu einem dauerhaften Nachfrageausfall, der die betroffenen Unternehmen zwingt, entweder die Produktion einzuschränken, wenn nicht gar ganz aufzugeben, oder zu versuchen, den Absatz zu sichern, indem ebenfalls ein Teil der Produktion ausgelagert wird. Für die Firmen Siemens und AEG-Telefunken waren 1965 je 30 000 Unternehmen als Zulieferer tätig und in ihrer Existenz mehr oder minder von den Aufträgen der beiden Konzerne abhängig.[64] Dies verdeutlicht, daß die Entscheidungen weniger Konzerne nicht nur in der jeweiligen Branche wirksam werden, sondern daß über die Betroffenheit der Zulieferindustrien auch andere Wirtschaftszweige in beschäftigungspolitischer Hinsicht tangiert werden.

5. Schlußbetrachtung

Die vorgenommene Trennung zwischen dem Ansatz des ISF als qualitative Komponente des Arbeitsmarktes und den potentiellen Auswirkungen des Auslandsengagements deutscher Unternehmen als quantitativen Aspekt kann nur analytischer Natur sein. Der ISF-Ansatz befaßt sich vorwiegend mit der Problematik der Faktorallokation; die Allokation findet ihre Grenzen jedoch im Arbeitsplatzpotential, das wiederum durch die zunehmenden Auslandsinvestitionen in seinem Umfang eingeschränkt wird. Da diese Faktoren sich in der Realität ihrer Erscheinung überlagern, wird zum einen eine Unterscheidung der Wirkungskreise beider Faktoren sehr erschwert, zum anderen ergeben sich wegen der Komplexität der Zusammenhänge zusätzliche Probleme für die Arbeitsmarktpolitik, die bisher keine Berücksichtigung fanden. Im folgenden soll auf einige dieser Probleme hingewiesen werden.
Die zunehmende Konzentration läßt Bedingungskonstellationen für betriebliche Teilarbeitsmärkte entstehen. Die betriebliche Beschäftigungspolitik, die sich an einzelwirtschaftlichen Kosten-Nutzen-Überlegungen ausrichtet, deckt sich in weiten Teilen mit dem subjektiven Orientierungsmuster vieler Arbeitskräfte, das die Sicherheit vor Entlassungen und Arbeitslosigkeit primär aus der jeweiligen Position im Betrieb ableitet.[65] Als positives Element einer betriebsbezogenen Qualifikation, die auch im individuellen Interesse der Beschäftigten liegen kann, ist hervorzuheben, daß z.B. ungelernte oder Arbeitskräfte mit regional nicht verwertbaren Berufen (z.B. Bäcker, Schneider etc.) sich betriebliche Qualifikationen sukzessive aufbauen und nutzen können.[66] So qualifizierte Angelernte und Gelernte mit einer nicht verwertbaren Basisqualifikation können bei strukturellen Veränderungen im Betrieb einen Betriebswechsel möglicherweise umgehen. Ebenfalls kann das Einkommen erhöht und bessere Arbeitsbedingungen innerhalb des Betriebs erreicht werden. Es kann auch von einer relativen Sicherheit des Arbeitsplatzes gesprochen werden, zumindest so lange, bis sich die Humankapitalinvestition amortisiert hat.
Diesen individuellen Vorteilen stehen aber auch Risiken und Probleme betriebsspezifischer Qualifikation gegenüber, „die sich der individuellen Einsicht in hohem Maße verschließen und gerade deshalb in einer breiteren und längerfristigen Perspektive problematisch werden."[67] Durch das Abstellen der Inhalte betrieblicher Qualifikationen auf die besonderen Bedingungen und Erfordernisse des jeweiligen Betriebes und der Qualifikationsverwertung nur in dem jeweiligen Betrieb, ergeben sich für den Beschäftigten negative Auswirkungen. Wird durch technologischen Wandel oder durch private Umstände ein Betriebswechsel notwendig, so kann der Beschäftigte keine oder nur begrenzte Erträge aus der erreichten Qualifikation erwarten. Ebenso negativ wirkt sich für die so qualifizierten das Fehlen von Zertifikaten der

Teilnahme oder der vermittelten Qualifikationen aus, „das als allgemeiner Arbeitsmarktausweis hätte benutzt werden können."[68] So steht das betriebliche Rentabilitätskalkül, dem das Interesse an möglichst geringen Kosten immanent ist, den Interessen der Beschäftigten gegenüber, die an möglichst günstigen Bedingungen, für den Verkauf ihrer Arbeitskraft interessiert sind, um auch diesen langfristig abzusichern, „was Erhaltung und Verbesserung der Vermarktbarkeit ihrer konkreten Qualifikationen für die Dauer ihre gesamten Arbeitslebens einschließt."[69] Die oben konstatierte Stabilität der Beschäftigungsverhältnisse der in diesem Teilarbeitsmarkt Beschäftigten muß relativiert werden, wenn sich in einer Rezession der Strukturwandel durch innerbetriebliche Anpassungsmaßnahmen nicht mehr auffangen läßt. Dies wird immer dann der Fall sein, wenn die Kosten der Hortung von qualifizierten Arbeitskräften in dieser Phase die Kosten der Wiederbeschaffung übersteigen.[70] Hierbei werden strukturelle Arbeitsmarktprobleme sichtbar, die ihre Ursache in der qualitativen Veränderung der innerbetrieblichen Arbeitsmarktstruktur haben und von diesen Teilmärkten auf längere Sicht produziert werden. Es stellt sich das Problem, daß die betriebsspezifische Qualifikation zu einem bestimmten Zeitpunkt nicht mehr gebraucht wird und so eben nicht oder zuwenig geeignet ist, dem so spezialisierten Beschäftigten einen neuen adäquaten Arbeitsplatz zu verschaffen. Auch ist es für den einzelnen Beschäftigten kaum möglich abzuschätzen, bis zu welchem Punkt er sich einer betriebsspezifischen Qualifikation unterziehen muß, um in den Genuß der relativen Arbeitsplatzsicherheit zu gelangen. „Diese Gefahr ergibt sich für den Betrieb in geringerem Maße oder gar nicht, weil jeweils jüngere, d.h. hier zu einem kürzer zurückliegende, Zeitpunkt Ausgebildete zur Verfügung stehen, die ‚bruchlos' eine weitere Strecke der Anpassung mitziehen können."[71] Hierdurch kann langfristig aus der Struktur dieses Arbeitsmarktes heraus Arbeitslosigkeit „produziert" werden, deren Beseitigung durch die genannte Qualifizierung dieser Beschäftigten erschwert wird, bzw. für die betroffenen Beschäftigten mit einem sozialen Abstieg identisch sein kann. Mit anhaltender Dauer der individuellen Arbeitslosigkeit zerfällt das in den Beschäftigten investierte betriebsspezifische Humankapital, und sie sind gezwungen sich unter ihrem Qualifikationsniveau zu verkaufen.[72]

Ein weiteres Problem ist für die Arbeitsmarktpolitik in der kaum vorhandenen Markttransparenz zu sehen; je mehr Arbeitsplätze durch innerbetriebliche Umsetzungen vergeben werden, desto weniger transparent wird dieser Arbeitsmarktprozeß, da z.B. die Arbeitsmarktstatistiken, die ja ein Anhaltspunkt für arbeitsmarktpolitischer Maßnahmen sind, nur diejenigen Arbeitskräfte erfassen, die die Betriebe vom externen Arbeitsmarkt rekrutieren.

Eine Koordination von Personalplanung der Einzelbetriebe, die ja an der Konsolidierung dieses Teilarbeitsmarktes ein Interesse haben, und der öffentlichen Arbeitsmarktpolitik, die an zwischenbetrieblichen (fachlichen) Arbeitsmärkten orientiert ist, wird durch die unterschiedlichen Interessen, die diesen Politiken zugrunde liegen, sehr erschwert.[73] Dies äußert sich zum einen im AFG, das nur die individuelle berufliche Bildung fördert und sich somit an einem berufsfachlichen Teilarbeitsmarkt orientiert, da „explizit Maßnahmen, die auf das Wohl des Einzelbetriebs gerichtet sind, von der Förderung ausgeschlossen werden (§ 37, 6 AFG).“[74] Bei dieser Konzeption des AFG ist jedoch zu beachten, daß es das Verwertungsrisiko der Weiterbildungsmaßnahme dem Beschäftigten zumutet und die Ansprechbarkeit der Beschäftigten aus betrieblichen Teilarbeitsmärkten nur sehr gering sein dürfte, da es dem Betrieb überlassen bleibt, ob er die Qualifizierungsmaßnahmen entsprechend honoriert.[75] Auch spricht die Transferierbarkeit von Ansprüchen aus betrieblichen Pensionskassen für die oben genannte Tendenz. Andererseits wird die Bildung von betrieblichen Teilarbeitsmärkten durch gesetzliche Bestimmungen begünstigt. So weist das Betriebsverfassungsgesetz (BetrVG) von 1972 Bestimmungen aus, die zu einem verstärkten Einsatz von innerbetrieblichen Anpassungsmaßnahmen führen, zu denen die innerbetriebliche Stellenausschreibung, die Förderung der Weiterbildung und Bestimmungen zur betrieblichen Personalplanung zu zählen wären. Vor dem Hintergrund bestehender betrieblicher Teilarbeitsmärkte und der oben konstatierten Widersprüchlichkeit gesetzlicher Bestimmungen zur Arbeitsmarktpolitik wird deutlich, daß eine Regelung des Arbeitsmarktes als einheitliches Gebilde schwer möglich ist.

Als weiteres Problem fällt für die Beschäftigungspolitik ins Gewicht, daß Großunternehmen auf internationaler Ebene agieren, und hier auch der Konkurrenz mit Unternehmen anderer Nationalstaaten ausgesetzt sind. Der internationale Wettbewerbsdruck zwingt die Unternehmen, wie oben angeführt, unter Beachtung ihres Kosten-Nutzen-Kalküls auch die Produktion international zu organisieren. Bisher zeichnete sich ab, daß in erster Linie die sog. Randbeschäftigungsgruppen, die überwiegend lohnkostenintensive, gering qualifizierte Tätigkeiten ausüben, negativ von Direktinvestitionen im Ausland betroffen sind. Somit ist dieser Personenkreis in seinen Beschäftigungschancen in doppelter Hinsicht betroffen, denn im Mechanismus des betrieblichen Teilarbeitsmarktes ist ihm die Funktion eines „Puffers“ zugewiesen, für den sich Schwankungen der einzelstaatlichen Konjunktur unmittelbar in Beschäftigungsschwankungen niederschlagen.[76]

In der Diskussion um die Folgen der zunehmenden internationalen Arbeitsteilung zwischen Industrie- und Entwicklungsländern wird für die BRD einer Spezialisierung auf wachstumsintensive Industriezweige das Wort geredet, um über Produktivitätsvorteile in Konkurrenz zu den Industrien anderer Länder bestehen zu können. Allerdings kann die verstärkte Förderung von „produktiveren“ Industriezweigen auch negative Beschäftigungseffekte nach sich ziehen, denn sie impliziert auch die Förderung von Rationalisierungsmaßnahmen. Ein Festhalten an arbeitsintensiven Fertigungsmethoden würde zur Verstärkung internationaler Wettbewerbsnachteile und somit zu weiteren Beschäftigungseinbrüchen führen. In diesem Sinne sind auch Überlegungen zu problematisieren, den Vorsprung an Forschungs- und Ausbildungskapital gegenüber anderen Ländern in der Form zu nutzen, daß die „unproduktiven“ Bereiche verlagert werden und die BRD sich zu einem Lieferanten von technischem Wissen, zum „Blaupausenstaat“, entwickelt. Dies wäre sicher eine produktivere Verwendung vonr Arbeitskräften als z.B. bei Montagearbeiten, aber zur Produktion von Plänen und Technologien braucht man bedeutend weniger Arbeitskräfte, als in der derzeitigen industriellen Massenproduktion beschäftigt sind.

Schließlich kommt die „dritte industrielle Revolution"[77] zum Tragen, die durch Halbleiter- und Optoelektronik sowie durch Mikroprozessoren sinkende Fertigungskosten und verkürzte Fertigungszeiten in der Industrie ermöglicht, aber im gesamten Wirtschaftsbereich „... zur Vernichtung von Arbeitsplätzen und zur Entwertung traditioneller Qualifikationen"[78] führt.

Anmerkungen

1 Robert, R.: Unternehmenskonzentration und Wettbewerbspolitik in der Bundesrepublik, in: „Aus Politik und Zeitgeschichte", Beilage zur Wochenzeitung „Das Parlament", B 34–35/75, 23. August 1975, S. 24.
2 Jordan, R.: Entwicklung und Stand der wirtschaftlichen Konzentration in der Bundesrepublik Deutschland, in: WSI-Mitteilungen, 29. Jg., Sonderheft Gewerkschaftsstaat oder Unternehmerstaat, August 1976, S. 74.
3 Vgl. Monopolkommission: Mehr Wettbewerb ist möglich, Hauptgutachten 1973/1975, 2. Aufl. Baden-Baden 1977, S. 118.
4 Ebenda, S. 119.
5 Ebenda.
6 Mittlere Unternehmen: Umsätze von 2 bis unter 100 Mio. DM, vgl. im übrigen, Jordan, R., a.a.O., S. 74.
7 Vgl. Bericht des Bundeskartellamtes 1976, Bundestagsdrucksache 8/704, Tabelle 8, S. 148.
8 Die horizontale Konzentration entspricht einer Zusammenfassung von Unternehmen derselben Produktionsstufe, sie umfaßt Herstellung und Vertrieb gleichartiger Güter; vgl. hierzu Arndt, H.: Wirtschaftliche Macht, 2. Aufl., München 1977, S. 41 ff.
9 Unter vertikaler Konzentration versteht man die Zusammenfassung vor- und nachgelagerter Produktionsstufen.
10 Hierunter versteht man die Zusammenfassung unterschiedlicher Produktionen, ohne daß sie markt- oder herstellungsmäßig miteinander in Beziehung stünden.
11 Monopolkommission, a.a.O., S. 42.
12 Ebenda.
13 Vgl. Robert, R., a.a.O., S. 45.
14 Jordan, R., a.a.O., S. 72.
15 Vgl. Monopolkommission, a.a.O., Tabelle 33, S. 183.
16 Vgl. Bericht des Bundeskartellamtes, a.a.O., S. 18 f.
17 Vgl. Lutz, B./Weltz, F.: Der zwischenbetriebliche Arbeitswechsel, Zur Soziologie und Sozioökonomie der Berufsmobilität, RKW, Frankfurt/M. 1966. Vgl. Weltz, F.: Bestimmungsgrößen des Verhaltens von Arbeitnehmern auf dem Arbeitsmarkt, RKW-Projekt A 58, 1971.
18 Vgl. Sengenberger, W.: Arbeitsmarktstruktur, Ansätze zu einem Modell des segmentierten Arbeitsmarkts, Frankfurt/München 1975, S. 1 f.
19 Freiburghaus, D./Schmid, G.: Theorie der Segmentierung von Arbeitsmärkten, in: Leviathan, Heft 3, Oktober 1975, S. 424.
20 Vgl. Sengenberger, W., Arbeitsmarktstruktur, a.a.O., S. 41.
21 Vgl. ebenda, S. 45.
22 Vgl. ebenda, S. 58 f.
23 Vgl. Sengenberger, W., Lutz, A.: Arbeitsmarktstrukturen und öffentliche Arbeitsmarktpolitik, Eine kritische Analyse von Zielen und Instrumenten; Schriften der Kommission für wirtschaftlichen und sozialen Wandel, Bd. 26, Göttingen 1974, S. 60 ff.
24 Vgl. Sengenberger, W.: Innerbetriebliche Arbeitsmärkte und ihre Folgen für die öffentliche Arbeitsmarktpolitik, in: WSI-Mitteilungen, Heft 2, 29. Jg., Februar 1976, S. 93.
25 Vgl. ders., Arbeitsmarktstruktur, a.a.O., S. 78 ff.
26 Vgl. Gensior/Krais: Gesellschaftstheoretische Erklärungsmuster von Arbeitsmärkten, in: Bolle, M. (Hrsg.): Arbeitsmarkttheorie und Arbeitsmarktpolitik, Opladen 1976, S. 99.
27 Vgl. Sengenberger, W., Arbeitsmarktstrukturen, a.a.O., S. 56.

28 Vgl. ders., innerbetriebliche ..., a.a.O., S. 98.
29 Freiburghaus/Schmid, a.a.O., S. 445.
30 Vgl. Jahresgutachten 1975 des Sachverständigenrates zur Begutachtung der gesamtwirtschaftlichen Entwicklung, Bundesdrucksache 7/4326, Ziffer 155, S. 76.
31 Vgl. Klaus-Werner Schatz: Zum sektoralen und regionalen Strukturwandel in der Bundesrepublik Deutschland, in: WSI-Mitteilungen, 29. Jahrg., November 1976. Heft 11, S. 645 f.
32 Jonas, Rainer: Auswirkungen des weltwirtschaftlichen Strukturwandels auf die Arbeitsmarktentwicklung in der Bundesrepublik, in: Heidermann, H. (Hrsg.): Wirtschaftsstruktur und Beschäftigung, Bonn-Bad Godesberg 1976, S. 14.
33 Vgl. ebenda.
34 Vgl. Loderer, E.: Strukturelle Arbeitslosigkeit durch technologischen Wandel, in: Gewerkschaftliche Monatshefte, 28. Jahrg., Juli 1977, Heft 7, S. 412.
35 Jonas, R.: a.a.O., S. 11.
36 Vgl. ebenda, S. 12.
37 Vgl. Helfert, M.: Rationalisierung, Beschäftigung, Wirtschaftspolitik, in: Gewerkschaftliche Monatshefte, Heft 7, Juli 1977, a.a.O., S. 410.
38 Vgl. hierzu: Holthus, Jungnickel, Koopman: Die deutschen multinationalen Unternehmen, Frankfurt/M. 1974.
39 Vgl. Jordan, R.: a.a.O., S. 76.
40 Vgl. ebenda, Tabelle 5, S. 76.
41 Vgl. Vorstand der IG Metall: Strukturwandel in der Metallindustrie, Frankfurt/M. 1977, S. 126.
42 Holthus u.a., a.a.O., S. 53.
43 Vgl. ebenda, S. 58.
44 Vgl. ebenda.
45 Vgl. ebenda, S. 53.
46 Vgl. ebenda, S. 61.
47 Vgl. Kebschull, D.: Die Wirkungen von Auslandsinvestitionen auf das Beschäftigungsniveau, in: Vorstand der IG Metall (Hrsg.): Krise und Reform der Industriegesellschaft, Bd. 2, Frankfurt/M. 1976, S. 244.
48 Gillman, J. M.: Prosperität in der Krise, Frankfurt/M. 1965, S. 207.
49 Ebenda, S. 208.
50 Kebschull, D.: a.a.O., S. 249.
51 Vgl. ebenda.
52 Holthus u.a., a.a.O., S. 63.
53 Vgl. ebenda, S. 64.
54 Vgl. ebenda.
55 Ebenda, S. 65.
56 Weiss, F.: Strukturwandel in der westdeutschen Elektroindustrie? in: Vorstand der IG Metall (Hrsg.): Krise ..., Bd. 1, a.a.O., S. 215.
57 Vgl. ebenda, Tabelle 1, S. 214.
58 Vorstand der IG Metall: Strukturwandel ..., a.a.O., S. 125.
59 Vgl. Jonas, R., a.a.O., S. 21.
60 Vgl. Holthus u.a., a.a.O., Fußnote 26, S. 64.
61 Vgl. Kebschull, D., a.a.O., S. 250.
62 Vgl. Holthus u.a., a.a.O., S. 68.
63 Ebenda, S. 67.
64 Vgl. Robert, R., a.a.O., S. 36.
65 Vgl. Weltz, F.: Betriebliche Beschäftigungspolitik und Verhalten der Arbeitskräfte, in Gewerkschaftliche Monatshefte, 1/76, 27. Jahrg., Januar 1976, S. 18.
66 Vgl. hierzu Mendius, H.-G./Sengenberger, W., u.a.: Betrieb-Qualifikation-Arbeitsmarkt I, Beiträge zur Rezession und Personalpolitik, Bildungsexpansion und Arbeitsteilung, Humanisierung und Qualifizierung, Reproduktion und Qualifikation; Arbeiten des Instituts für Sozialwissenschaftliche Forschung München, Frankfurt/M. 1976, S. 170 ff.
67 Ebenda, S. 171.
68 Maase, M./Sengenberger, W./Weltz, F.: Weiterbildung – Aktionsfeld für den Betriebsrat? eine Studie über Arbeitnehmerinteressen und betriebliche Personalpolitik; Forschungsberichte aus dem Institut für Sozialwissenschaftliche Forschung München, Köln – München 1975, S. 38.

69 Ebenda, S. 40.
70 Vgl. Sengenberger, W., innerbetriebliche ..., a.a.O., S. 99.
71 Böhle, F./Altmann, N.: Industrielle Arbeit und soziale Sicherheit, Frankfurt/M. 1976, S. 106.
72 Vgl. Schmid/Freiburghaus: Beschäftigungspolitische Möglichkeiten zur Bekämpfung hoher Arbeitslosigkeit bei Inflation, in: Beilage zur Wochenzeitung „Das Parlament", 17. April 1976, S. 30.
73 Vgl. Sengenberger, W., innerbetriebliche ..., a.a.O., S. 99.
74 Ebenda, S. 96.
75 Vgl. Freiburghaus/Schmid: Theorie ..., a.a.O., S. 429.
76 Hier kann nicht näher auf neuere Anpassungsmechanismen der Unternehmen eingegangen werden, die zwar bei einem Absatzrückgang zum Abbau der Randbeschäftigten führen, bei einer Nachfragebelebung jedoch erst eine „Überauslastung" der Stammbelegschaft durch Sonderschichten, Überstunden usw. zur Folge haben. Bei andauernder Nachfrageausweitung wird die erforderliche Kapazitätsausweitung nicht mehr durch ein Aufstocken der Beschäftigtenzahl, sondern durch verstärkte Rationalisierungsinvestitionen vorgenommen. Dies verschärft das Beschäftigungsproblem auf nationaler Ebene.
77 Loderer, E.: a.a.O., S. 410.
78 Ebenda, S. 411.

Karl-Jürgen Bieback

Arbeitslosigkeit und Arbeitsvermittlung

Zur Kritik der Arbeitsmarktpolitik nach dem AFG

Die Arbeitsvermittlung ist jener Aufgabenbereich der Bundesanstalt für Arbeit (BA), der die längste und fast unveränderte Tradition hat und der auch heute noch – da personalintensiv – den größten Teil der personellen Ressourcen dieser Verwaltung bindet[1]. Aber die Arbeitsvermittlung hat nicht nur als eine Form staatlicher, sozialpolitischer Dienstleistung historische und aktuelle Bedeutung. Vielmehr soll im folgenden aufgezeigt werden, daß „Arbeitsvermittlung" das Strukturprinzip staatlicher Arbeitsmarktpolitik nach dem AFG kennzeichnet. Es soll deshalb im ersten Teil die Struktur der Arbeitsmarktpolitik nach dem AFG analysiert und näher begründet werden, inwieweit sie sich im wesentlichen darauf beschränkt, die Rahmenbedingungen für die Funktionsfähigkeit des Arbeitsmarktes durch Arbeitsvermittlung herzustellen bzw. zu gewährleisten, insbesondere den Ausgleich von Marktungleichgewichten (zwischen Nachfrage und Angebot von Arbeitskräften) zu bewerkstelligen. Auf der Grundlage dieser Analyse staatlicher Arbeitsmarktpolitik soll dann in einem zweiten Schritt dieses Konzept staatlicher Arbeitsmarktpolitik kritisiert und einige Alternativen aufgezeigt werden. Insgesamt soll das Thema vor allem die rechtlichen und institutionellen Aspekte behandeln.

1. Arbeitsmarktpolitik als institutionalisierte Arbeitsvermittlung

1.1 Das Modell der klassischen Arbeitsmarktpolitik

Wie die klassische Arbeitsmarktpolitik ihren historischen Ursprung neben der Arbeitslosenfürsorge vor allem in der staatlichen Arbeitsvermittlung hat[2], so liegt auch heute noch das Schwergewicht der Arbeitsmarktpolitik bei der Arbeitsvermittlung: sie soll Diskrepanzen zwischen Angebot und Nachfrage nach Arbeitskräften ausgleichen und zwar im wesentlichen durch Maßnahmen, die die Marktbeziehungen zwischen Kapital und Arbeit möglichst transparenter und reibungsloser machen, und das Angebot von Arbeitskräften an eine geänderte Nachfrage anpassen. Bezweckt wird dadurch vor allem, Verwertungsschwierigkeiten des Kapitals zu vermeiden sowie die sozialen und politischen Risiken des Arbeitsmarktgeschehens aufzufangen.
Die Arbeitsmarktpolitik ist also „marktkonform", indem sie den Ausgleichsprozeß, insbesondere die Allokationsfunktion des Marktes nur fördern, nicht aber inhaltlich

beeinflussen will. Dieser Arbeitsmarktpolitik liegt also bei aller Erkenntnis der Unvollkommenheit des Arbeitsmarktes und der Anerkennung der Tatsache, daß in Randgebieten der Staat zur Erhaltung des Marktes tätig werden muß, das klassische (Arbeits-)Marktmodell[3] zugrunde: der Arbeitsmarkt ist ein System von sich möglichst frei ausgleichendem Angebot und Nachfrage, wobei die Nachfrage durch die marginale Produktivität der Arbeitskraft im Verhältnis zu ihren Kosten und das Angebot durch die nutzenoptimierende Entscheidungen der Arbeitnehmer zwischen „Arbeitsleid" und „Freizeitgewinn" bestimmt werden und sich Ungleichgewichte deshalb langfristig ausgleichen müssen.

1. Direkt dienen folgende klassische Aufgaben der Arbeitsvermittlung dem marktkonformen Ziel, die Funktionsfähigkeit des Marktes durch Beeinflussung des Angebots zu gewährleisten:
- Die Arbeitsvermittlung und Berufsberatung (§ 36 ff. AVAVG, § 4 ff. AFG);
- die Förderung der beruflichen Bildung (§§ 137 ff. AVAVG, §§ 33 ff. AFG), d.h. insbesondere die Anpassung der Arbeitskräfte an veränderte qualitative Anforderungen der Nachfrageseite, d.h. der Unternehmer;
- die Förderung der Mobilität der Arbeitskräfte (§ 132 ff. AVAVG, § 53 ff. AFG), d.h. insbesondere die Anpassung der Arbeitskräfte an regionale Nachfragedisparitäten.

Alle diese Maßnahmen sind also auch insoweit „marktkonform", als sie an das Arbeitsmarktverhalten der individuellen Arbeitnehmer, also an dem einzelnen Marktprozeß, ansetzen, die gesamte Angebotsstruktur jedoch nur durch Koordination dieser individuellen Maßnahmen beeinflussen.

2. Aber auch der zweite Aufgabenstrang der staatlichen Arbeitsmarktpolitik, die soziale Absicherung bei Arbeitslosigkeit oder bei Beschränkung des Arbeitsvolumens durch Kurzarbeit (§§ 74 ff., 116 ff. AVAVG, §§ 63 ff., 100 ff. AFG) hat die Funktion, die Arbeitsvermittlung zu unterstützen. Ihre Aufgabe ist es neben ihrer allgemeinen sozialstaatlichen, d. h. vor allem ihrer politisch-legitimatorischen Funktion, sicherzustellen, daß der Arbeitslose trotz Fortfalls oder Verringerung seiner Einkommensquelle allgemein vermittlungsfähig bleibt und nicht etwa ganz aus dem Arbeitsmarkt ausscheidet und in Randgruppen abgleitet oder gezwungen wird, jede beliebige, u. U. erheblich unter seinem Qualifikationsniveau liegende Tätigkeit anzunehmen und dadurch nicht mehr seiner Qualifikation entsprechend vermittlungsfähig ist (Erhalt der „industriellen Reservearmee" sowie der Arbeitsmotivation[4]). Diese Ausrichtung der Arbeitslosenversicherung auf die Arbeitsvermittlung schlägt sich auch konkret im AFG nieder, in dem der Vorrang der Arbeitsvermittlung ausdrücklich statuiert wird, (§ 5, früher § 36 AVAVG), die Vermittlungsbereitschaft in die Anspruchsvoraussetzungen für das Arbeitslosengeld und die Arbeitslosenhilfe aufgenommen wird (§ 103 Abs. 1 Nr. 1 und Nr. 2, früher § 76 AVAVG) und das Fehlen der Vermittlungsbereitschaft die Unterstützungsleistungen zeitweilig oder endgültig entfallen läßt (§ 119, früher §§ 78–80 AVAVG)[5].

3. Von dieser Zielrichtung und Funktionsweise scheint sich vor allem eine dritte Gruppe der Instrumente der Arbeitsmarktpolitik, die Arbeitsbeschaffungsmaßnah-

men (§ 139 AVAVG, heute insbesondere § 91 ff. AFG) zu unterscheiden. Sie sollen nicht das Angebot sondern die Nachfrage nach Arbeitskräften beeinflussen. Aber terminologisch exakt heißen die von der Arbeitsverwaltung stimulierten Nachfragemaßnahmen nicht „Arbeitsplatz-" sondern eben nur „Arbeitsbeschaffungsmaßnahmen". Gefördert und geschaffen werden nicht (Dauer-)Arbeitsplätze, sondern es werden nur Lohnkostenzuschüsse zu bestimmten, infrastrukturellen und sonstigen Arbeiten im Allgemeininteresse, meistens Bau- oder Verwaltungsarbeiten[6], gegeben, die notwendigerweise nur von beschränkter Dauer sind, so daß die arbeitslosen Arbeitskräfte auch nur für begrenzte Zeit (1/2 oder 1 Jahr), und nur solange zugewiesen werden, bis ihnen woanders ein Dauerarbeitsplatz vermittelt werden kann. Die Förderung soll also den Arbeitsmarkt nur kurzfristig durch Maßnahmen entlasten, die der BA kaum teurer als die Zahlung von Arbeitslosengeld kommen[7]. Die alte Bezeichnung dieses Instruments als „produktive Erwerbslosenfürsorge"[8] kennzeichnet ihren Charakter treffender. Nur mittelbar durch komplementäre Beschäftigungseffekte[9], nämlich die Beschäftigung von „Stammarbeitskräften" und die zusätzliche Beschäftigung durch Vorleistungen anderer Wirtschaftszweige sowie durch Multiplikatoreffekte (zusätzliche Nachfrage durch die neugeschaffenen Einkommen) und die eventuell neu errichteten infrastrukturellen Anlagen werden Arbeitsplätze oder zumindest die Voraussetzungen ihrer Einrichtung geschaffen. Diese komplementären Arbeitsplatzbeschaffungseffekte kann die Arbeitsverwaltung aber nicht direkt beeinflussen und damit auch nicht die Existenz und Dauer oder gar die Art und Qualität der neuen Arbeitsplätze bestimmen. Die einzige klassische Maßnahme, die auf die Nachfrage einwirken soll, ist also nur ein vorübergehendes und z. T. mittelbar wirkendes sowie nicht gezielt einsetzbares Steuerungsmittel.

1.2 Grundlegende Modifikationen durch die aktive Arbeitsmarktpolitik ab 1969?

Dieses Modell der klassischen deutschen Arbeitsmarktpolitik mit ihrem Kernstück der Arbeitsvermittlung ist in der Bundesrepublik durch das AFG von 1969 zwar ausgebaut aber nicht grundlegend modifiziert, in der Krise seit 1974 sogar wieder verstärkt auf die Arbeitsvermittlung reduziert worden.

1. Die *„aktive Arbeitsmarktpolitik"* – so der offizielle Name für die Arbeitsmarktpolitik nach dem 1969 verabschiedeten AFG – war nicht etwa Antwort auf die erste große Wirtschaftskrise von 1966/67, sondern ist schon in der Zeit davor z. B. besonders durch die OECD[10] entwickelt worden und zwar hauptsächlich als Antwort auf die Strukturprobleme bestimmter Branchen (Bergbau, ansatzweise Textilindustrie) sowie auf die prognostizierten Qualifikationsdefizite und Veränderungen, die sich mit dem Übergang zur intensiveren Kapitalnutzung ab ca. 1960 und der verstärkten Rationalisierung und Technisierung des Produktionsvorganges abzeichnen sollten. Diese Entwicklung wollte man durch eine vorausschauende Politik so beeinflussen, daß auf Marktungleichgewichte nicht erst im Nachhinein bei Arbeitslosigkeit reagiert, sondern daß sie vorausschauend vermieden werden. Bei der Konzipierung dieser neuen Arbeitsmarktpolitik konnte man zudem auf Instrumente zurück-

greifen, die im Rahmen von Sonderprogrammen zur „beruflichen Förderung der unselbständigen Mittelschichten" schon seit Ende der 50er Jahre sowie bei der Bewältigung der Strukturkrise im Ruhrkohlenbergbau entwickelt und die z. T. auch noch in das AVAVG (Novelle vom 10. März 1967, § 133 a AVAVG n. F.) übernommen worden waren[11]. Die drei wesentlich „neuen" Elemente dieser Politik sind:

aa) Ausbau der Informationsmittel und der Berufs- und Arbeitsmarktforschung.

bb) Die Verbesserung der beruflichen Mobilität, insbesondere durch die Erweiterung der Mobilitätsbeihilfen und die Förderung der beruflichen Erstausbildung und der beruflichen Weiterbildung (Umschulung und Fortbildung), auf die der einzelne jetzt einen festen Rechtsanspruch erhielt und die finanziell gut dotiert wurden (90 Prozent des vorherigen Netto-Verdienstes als Unterhaltsgeld bei Vollzeitmaßnahmen sowie Erstattung aller Aufwendungen).

cc) Zusammenfassung und Systematisierung der sozialpolitischen Komponenten (Förderung älterer Arbeitnehmer, Behinderter und Frauen).

Die „aktive Arbeitsmarktpolitik" bedeutete also letztlich nur eine Verstärkung jener Elemente der klassischen Arbeitsmarktpolitik, die direkt die Anpassung der Arbeitskräfte an eine veränderte Nachfrage bewirken sollen, eine Funktion, die die allgemeinen Zielbestimmungen des AFG (§ 2 Nr. 2, 3, 4–6) noch einmal hervorheben. „Aktiv" ist diese Politik deshalb nur insoweit, als sie vorausschauend sein will. Ansonsten ist sie „reaktiv", als sie auch weiterhin das Angebot an die Änderungen der Nachfrage anzupassen versucht.

2. Ein zunehmend wichtigeres arbeitsmarktpolitisches Instrument wurde die Arbeitsmarktpolitik gegenüber jenen ausländischen Arbeitnehmern in der Bundesrepublik, die nicht aus Staaten der EG stammen und deshalb keine volle Freizügigkeit genießen (Juni 1974 ca. 2/3 der ausländischen Arbeitnehmer = 1.600 Mio)[12]. Durch staatlich kontrollierte, gezielte Anwerbepolitik, Befristung der Aufenthalts- und der Arbeitserlaubnis, Bindung der Aufenthaltserlaubnis an bestimmte Orte und der Arbeitserlaubnis an bestimmte Betriebe bzw. Branchen sowie Zuzugssperren[13] steht eine arbeitsmarktpolitische „Einsatzreserve" zur Verfügung, deren quantitative und qualitative Zusammensetzung leicht der Nachfrage entsprechend geändert werden kann. Zugleich setzt dieses arbeitsmarktpolitische Instrument rein an der Vermittlung von Arbeitskräften an und konzentriert sich darauf, die beliebige Mobilität dieser Arbeitskräfte zu erzwingen.

3. Die Änderungen, die mit dem *Haushaltsstrukturgesetz von 1975* (BGBl. I, 3113) am AFG mit dem Zweck, die hohen Ausgaben der BA in der Krise seit 1974 zu reduzieren, vorgenommen wurden, haben das Kernstück der „aktiven Arbeitsmarktpolitik" wieder erheblich eingeschränkt und zugleich den Anpassungsdruck auf die Arbeitskräfte verschärft.

aa) Die Unterhaltsleistungen für berufliche Weiterbildungsmaßnahmen wurden generell noch unter den Betrag des Arbeitslosengeldes auf das Niveau der Arbeitslosenhilfe von 58 Prozent des vorherigen Nettoentgelts gesenkt. Damit sind diese Maßnahmen für einen Großteil der Arbeitnehmer unerschwinglich geworden. Nur Arbeitslose, Arbeitnehmer ohne abgeschlossene Berufsausbildung und von Arbeitslosigkeit Bedrohte erhalten 80 % des vorherigen Nettoentgelts (§ 44 AFG n. F.), was für die unteren Einkommensgruppen immer noch eine erhebliche Einkommenseinbuße bedeutet. Damit wird die berufliche Bildungsförderung wieder zur rein reaktiven Arbeitslosenförderung.[14] Schon 1976 wirkten sich diese Kürzungsmaßnahmen voll aus. So ist die Zahl der Anfänger bei Bildungsmaßnahmen gegenüber 1975 um mehr als die Hälfte von 270.800 auf 111.600 gesunken, wodurch die quantitative Bedeutung dieser Maßnahme erheblich reduziert worden ist. Da die Quoten derjenigen Gruppen, die gemäß dem geänderten AFG jetzt besonders gefördert werden sollen (Arbeitslose und Unqualifizierte) nur geringfügig stiegen, wirkte sich der absolute Rückgang der Geförderten auch bei ihnen aus[15]. Die Kürzungen erreichten also nicht einmal den gewünschten selektiven Effekt.

Schließlich wurde der Anpassungsdruck auf Arbeitslose erhöht, indem sie Arbeitslosengeld und -hilfe nur noch erhalten, wenn sie bereit sind, auch an einem anderen Ort zu ungünstigeren Arbeitsbedingungen und in einem anderen Beruf zu arbeiten (§ 103 AFG n. F.)[16]. Seit Beginn der Krise wurde auch das Druckmittel, die Arbeitslosenunterstützung bei Nichtannahme angebotener „zumutbarer" Arbeit zu versagen, erhöht[17].

bb) Mit Ausbruch der Krise wurde die Arbeitsmarktpolitik durch mehrere Sonderprogramme unterstützt[18]. Dabei lag das finanzielle Schwergewicht auf der globalen Investitionsförderung und der Vergabe öffentlicher Aufträge, deren beschäftigungspolitischer Effekt von den öffentlichen Hand nicht konkret beeinflußbar ist. Arbeitsmarktspezifisch wurden verstärkt einerseits die Mobilität längerfristig Arbeitsloser und besonderer Problemgruppen (Jugendliche, Behinderte) gefördert und andererseits die Arbeitsbeschaffungsmaßnahmen jetzt auch speziell auf Problemgruppen (längerfristig Arbeitslose, Angestellte) ausgerichtet und ausgebaut. Der früher nur sehr kurze (6 Monate) Bezugszeitraum für Kurzarbeitsgeld, das seiner alten Funktion nach kurzfristig Konjunktureinbrüche überwinden sollte, wurde bis auf 2 Jahre ausgedehnt (§ 67 Abs. 1 AFG n. F.), so daß das Kurzarbeitsgeld nunmehr auch die Funktion einer langfristigen Arbeitsplatzsubvention erhalten hat. Zugleich wurde ebenfalls der Bezugsraum für Lohnkostenzuschüsse zur Einstellung von schwer-vermittelbaren Arbeitnehmern auf zwei Jahre erweitert (§ 54 Abs. 1 AFG) und diese Maßnahme über das AFG hinaus noch speziell durch Sonderprogramme für Behinderte, Jugendliche und (ältere) Angestellte erweitert. Jedoch machten die Unternehmen von den Lohnkostenzuschüssen nur geringfügigen Gebrauch[19]. Ursache dafür mögen einmal die geringe Bedeutung des Lohnniveaus als Ursache für den Rückgang der Nachfrage nach Arbeitskräften wie auch die Kurzfristigkeit dieser Maßnahme sein. Die Lohnkostenzuschüsse und Arbeitsplatzsubventionen sollen die Kosten der Unternehmer für neueinzustellende Arbeitskräfte senken, sie sind weder geeignet noch dazu gedacht, das Arbeitsplatzangebot konkreter und längerfristig zu beeinflussen.

cc) Gerade in der Krise hat sich also gezeigt, daß die staatliche Arbeitsmarktpolitik auf Arbeitsvermittlung beschränkt ist. Sie „funktioniert" also nur in jenen Fällen zufriedenstellend, in denen einem Angebot an Arbeitskräften auch eine entsprechende Nachfrage gegenübersteht und es nur gilt, bestimmte regionale oder qualitative Disparitäten durch Einfluß auf das Angebot auszugleichen. Vor dem Hintergrund der allmählich immer stärker verifizierten Annahme, daß die aktuellen Beschäftigungsprobleme in den nächsten Jahren andauern werden[20], müssen deshalb gegenüber der Arbeitsmarktpolitik nach dem AFG Alternativen entwickelt werden.

2. Kritik und Alternativen der Arbeitsmarktpolitik nach dem AFG

2.1 Der Arbeitsmarkt als abhängiger Markt

Die augenblickliche Beschäftigungslage zeigt die arbeitsmarktpolitische Erfolglosigkeit sowohl der „aktiven Arbeitsmarktpolitik" als auch der Globalsteuerungspolitik. Seine wesentliche Ursache dürfte dies darin haben, daß arbeitsmarktimmanente Maßnahmen notwendig zu kurz greifen müssen.
Die Entwicklung der kapitalistischen Wirtschaft und dabei vor allem die Allokation und Weiterentwicklung der Produktionsfaktoren richtet sich allein danach, wie eine möglichst optimale, d. h. profitable Verwertung des eingesetzten Kapitals erreicht werden kann. Insoweit hängen die quantitative und qualitative Nachfrage nach Arbeitskräften und die an die Arbeitskräfte gestellten Mobilitätsanforderungen wesentlich von dem Umschlags- und Verwertungsprozeß des Kapitals ab. Der Arbeitsmarkt und damit die Nachfrage nach Arbeitskräften sind also eine abhängige Variable der Kapitalverwertung[21]. Mit der einseitigen Ausrichtung der Arbeitsmarktpolitik auf die Anbieter von Arbeitskraft, die Arbeitnehmer, setzt die Politik nicht an dem eigentlich entscheidenden Bestimmungsfaktor des Arbeitsmarktes an.
Dies hat selbst in Ansätzen die Bundesregierung in ihrer Darstellung und Beurteilung der Arbeitsmarktpolitik an die OECD von 1972 gesehen, indem sie schreibt: „Die Nachfrage nach Arbeitskräften ist nicht originär, sie ist abgeleitet aus der Nachfrage nach Gütern und Dienstleistungen ... Die Regulierung der Güternachfrage ist primär die Aufgabe der Wirtschaftspolitik ... Das Instrumentarium in diesen Bereichen wird überwiegend global mit dem Ziel eingesetzt, den Gesamtumfang der Nachfrage zu beeinflussen; ein gezieltes Einwirken auf die Struktur der Güternachfrage und damit indirekt auch auf die Arbeitsmarktstrukturen ist dagegen nur sehr beschränkt möglich".[22]

1. Diese Kritik fordert also einmal allgemein, daß wirksame staatliche Politik, die sich autonome beschäftigungspolitische Ziele wie Vollbeschäftigung, Beseitigung unterwertiger (d. h. unter der vorhandenen Qualifikation liegender) Beschäftigung und Beseitigung der Disparitäten (§ 2 AFG) setzt, nicht ausschließlich marktkonform in dem Sinne sein kann, daß sie die Rahmenbedingungen des Marktes garantiert und den Marktprozeß nur effektivieren will. Vor allem kann eine Arbeitsmarktpolitik, die sich fast ausschließlich auf die Beeinflussung der Anbieterseite konzentriert, andere beschäftigungspolitische Interessen der Arbeitnehmer, die über eine quantitativ ausgerichtete „Vollbeschäftigung" hinausgehen, wie z. B. die Qualität der Arbeitsplätze und der Arbeitsbedingungen nicht beeinflussen[23]. Die Begrenzung des AFG auf rein quantitative Aspekte der Übereinstimmung von

Angebot und Nachfrage folgt also notwendig aus seiner marktkonformen, angebotsorientierten Politik.
Auch die Heilmittel der Bundesregierung in der jetzigen Krise, die globalen Steuerungsmechanismen einer „vor"- oder „nachkeynsianistischen" Wirtschaftspolitik gekoppelt mit einer globalen Subvention der Investitionen, können die Nachfrage nach Arbeitskräften höchstens allgemein und rein quantitativ i. S. einer „Beschäftigungspolitik" beeinflussen – wobei selbst diese Wirkung angesichts der aktuellen Wirtschaftskrise und dem beschränkten finanziellen Handlungsspielraum des Staates in der Krise fraglich erscheint[24].
Es muß also die Nachfrage nach Arbeitsplätzen und d. h. die Art und Weise der Investitionen der Unternehmen selbst beeinflußt werden. An Modellen existieren hier vielfältige Instrumente staatlicher Wirtschaftsplanung, Investitionslenkung[25] und gesamtwirtschaftlicher Mitbestimmung[26]; aber auch Tarifverträge über die Investitionen oder die Personalplanung[27] und eine effektive, d. h. zumindest paritätische Mitbestimmung im Unternehmen und Betrieb können konkrete Beschäftigungsinteressen der Arbeitnehmer bei Investitionsentscheidungen zur Geltung bringen – soweit dies im Rahmen einer einzelnen Volkswirtschaft und eines einzelnen Unternehmens die vom (Welt-)Markt und der (inter-)nationalen Konkurrenz abhängig sind, möglich ist. Zugleich müßten diese Institutionen in effektiver Weise mit der Selbstverwaltung der BA verbunden werden.

2. Solange die Arbeitsmarktpolitik die Investitionen der Unternehmen nicht an arbeitsmarktpolitischen Zielen orientieren kann, kann sie den Problemgruppen des Arbeitsmarktes (Frauen, ältere, unqualifizierte, jugendliche, ausländische Arbeitnehmer sowie Arbeitnehmer in strukturschwachen Gebieten) langfristig nicht helfen. Denn die Unternehmen müssen an die gesellschaftliche Diskriminierung dieser Problemgruppen anknüpfen und sie sogar verstärken und schaffen[28].
Unter dem Gesichtspunkt, die Lohnkosten zu minimieren, ein flexibles, je nach Höhe der Nachfrage variables Angebot an Arbeitskräften zu haben und für „billige", belastende Arbeitsplätze jederzeit über Arbeitskräfte verfügen zu können, haben auch die Unternehmen ein Interesse daran, die Problemgruppen des Arbeitsmarktes stabil zu halten: Frauen und Ausländer müssen jederzeit auch für die schlechtesten Arbeitsplätze zur Verfügung stehen, sie und auch ältere Arbeitnehmer lassen sich bei fehlendem Bedarf leicht aus dem Arbeitsmarkt ausgliedern und auf „Rollen" außerhalb des Arbeitsmarktes verweisen; Frauen, ältere Arbeitnehmer, Behinderte und Ausländer können auf niedrig bezahlte Arbeitsplätze gedrängt werden, solange die Konkurrenz unter ihnen und zu den privilegierten (meist qualifizierten männlichen Arbeitnehmern) hochgehalten werden kann. I. d. R. haben die Unternehmen gerade in der Krise ein Interesse daran, die Rentabilität von Investitionen in Arbeitskräfte („Humankapital") zu erhalten; sie werden deshalb solche Arbeitskräfte entlassen, bei denen sie wenig investiert hatten (Ausländer, weibliche, jugendliche Arbeitnehmer) oder bei denen sie sich keine hohe Rentabilität mehr versprechen (ältere Arbeitnehmer).
Trotz der vielfältigen und hochdotierten Instrumente des AFG und der Sonderprogramme weisen die Problemgruppen deshalb überdurchschnittlich hohe Arbeitslo-

senquoten auf[29]. Sozialpolitische Maßnahmen wie Kündigungsschutz, Mutterschutz, Lohnabsicherung und besondere Beschäftigungsverbote etc. verteuern den Einsatz dieser Arbeitskräfte, so daß es die marktkonforme Reaktion der Unternehmen sein muß, die Beschäftigung solcher Arbeitnehmer zu vermeiden oder sie nur auf minderwertigen Arbeitsplätzen, auf denen sie leicht ersetzbar sind, zu beschäftigen. Hierauf ist erst vor kurzem von einem konsequenten marktwirtschaftlichen, „neoklassischen" Standpunkt aus hingewiesen worden[30]. Will man nicht – wie dort implizit vorgeschlagen wurde – den sozialen Schutz dieser Problemgruppen abbauen, bleibt als reale Alternative nur, den Unternehmen bestimmte Beschäftigungsverpflichtungen in Form fester Quoten und genauer Arbeitsplatzanforderungen[31] aufzuerlegen und durch Mitbestimmungsgremien vor Ort durchzusetzen. An entsprechende Modelle in Schweden kann dabei u. U. angeknüpft werden[32].
Schließlich lassen sich ohne eine direkte Kontrolle der Investitionen und ohne arbeitsmarktpolitische Auflagen die dauerhaften beschäftigungspolitischen Auswirkungen jener Maßnahmen, die durch finanzielle Anreize die Nachfrage nach Arbeitsplätzen beeinflussen wollen (Lohnkostenzuschüsse gem. §§ 54, 97 f. AFG, Kurzarbeitsgeld, Regionalpolitik) nicht gewährleisten. Vielmehr sind Umgehungen möglich (Entlassungen und Wiedereinstellungen mit Subventionen etc.) und müssen auch von den Unternehmen als Anreiz zur Senkung der Lohnkosten unter Konkurrenzgesichtspunkten ausgenutzt werden[33].

3. Solange die Arbeitsmarktpolitik nur die globalen Marktprozesse, nicht aber die innerbetrieblichen Vorgänge beeinflussen kann, kann sie die allmählichen betrieblichen Prozesse der Dequalifizierung und des innerbetrieblichen Arbeitsplatzwechsels, der betriebsspezifischen Qualifizierung und des Verschleißes der Arbeitskraft[34], die wiederum Resultat der Gestaltung der Arbeitsplätze durch die unternehmerischen Entscheidungen über die Investitionen und die Organisation der Produktion sind, nicht unter arbeitsmarktpolitischen Gesichtspunkten entgegensteuern.
Dies gilt erst recht für die Bemühungen der Bildungs- und Arbeitsmarktpolitik, die Qualifikationsstruktur der Arbeitskräfte insgesamt zu verbessern. Unter dem Druck, die Kosten der Arbeitskräfte zu minimieren, werden die Unternehmen die Arbeitsplätze möglichst so strukturieren, daß sie geringe Anforderungen an die Qualifikation der Arbeitskräfte stellen; unter dem gleichen Aspekt werden die Unternehmen in die Ausbildung der Arbeitskräfte, die ja noch weitgehend in ihren Händen ist, nur soviel, wie gerade zur Anpassung an die Anforderungen des Produktionsprozesses erforderlich ist, investieren[35]. Dies gilt insbesondere auch für die innerbetrieblichen Weiterbildungsveranstaltungen, von denen i. d. R. nur schon Qualifizierte und langfristig Beschäftigte profitieren[36]. Nur bei ihnen scheinen sich die Unternehmen eine ausreichende Rentabilität der Investition in Humankapital zu versprechen, während solche Erwartungen bei den unterqualifizierten und oft vom Ausscheiden aus dem Arbeitsmarkt bedrohten Problemgruppen, die wegen ihrer besonders belastenden Arbeitssituation z. T. Lernschwierigkeiten haben und zudem entsprechend dem Bedarf auf wenig qualifizierten Arbeitsplätzen einsetzbar bleiben sollen, aus der Sicht der Unternehmen nicht gerechtfertigt sind. Ebenfalls erweist sich die betriebliche Weiterbildung stark prozyklisch[37], hat also nicht den erwünschten anti-

zyklischen Effekt, die Zeiten hoher Arbeitslosigkeit durch Bildungsmaßnahmen sinnvoll zu verwenden.
Eine Erhöhung des allgemeinen Qualifikationsniveaus sowie ein Abbau der Bildungsdisparitäten bei den Problemgruppen des Arbeitsmarktes und damit eine Vergrößerung der Dispositionschancen der Arbeitnehmer auf dem Arbeitsmarkt kann deshalb sinnvoll nur über eine Beeinflussung der Nachfrage nach Arbeitskräften und des betrieblichen Qualifikationsprozesses geschehen, was zumindest eine stärkere öffentliche Kontrolle und Finanzierung der beruflichen Aus- und Weiterbildung erforderlich macht[38]. Nur so lassen sich auch die Diskrepanzen zwischen dem Ausbildungs- und Beschäftigungssystem überwinden. Denn diese Diskrepanzen entstehen vor allem durch die unterschiedlichen Kosten, Interessen und Qualifikationsmöglichkeiten der ausbildenden Betriebe, die bei weitem nicht mit den Interessen der ausgebildeten Arbeitskräfte noch den Interessen aller solche Arbeitskräfte nachfragenden Betrieben übereinzustimmen brauchen. Besonders deutlich ist dies seit altersher durch die Überbelegung des Handwerks mit Ausbildungsplätzen gewesen, die viele im Handwerk ausgebildete Arbeitnehmer zur Abwanderung auf unterqualifizierte Arbeitsplätze in der Industrie zwingt[39].
Die notwendige Feinsteuerung der innerbetrieblichen Prozesse kann nur über die Beteiligung der Arbeitsverwaltung an der betrieblichen Personalplanung und die Durchsetzung der Arbeitnehmerinteressen durch Tarifverträge insbesondere zur Humanisierung der Arbeit und zum präventiven Rationalisierungsschutz sowie durch eine (auch wirtschaftliche) betriebliche Mitbestimmung über die Arbeitsplatzbedingungen und die Personalplanung erfolgen. Solange dies nicht der Fall ist, setzen die Maßnahmen der beruflichen Bildung und Rehabilitation der BA viel zu spät und zu unpräzise ein.

4. Die mangelnde Koordinationsmöglichkeit der Arbeitsmarktpolitik mit der Ebene des Betriebes führt auch dazu, daß die Betriebe die Bildungsmaßnahmen des besonders unter dem AFG ausgebauten, von den Einzelbetrieben unabhängigen Systems der beruflichen Weiterbildung Erwachsener – ein bedeutender bildungspolitischer Nebeneffekt des AFG! – ablehnen[40], da die Bildungsmaßnahmen den betriebsspezifischen Bedürfnissen nicht gerecht wurden sondern überbetriebliche, allgemeine Qualifikationen, die die allgemeine Mobilität der Arbeitnehmer erhöhen, vermitteln. Auch versuchen die Unternehmen die Bildungsmaßnahmen über ihre Verbände allgemein wie konkret in Zusammenhang mit regionalen Förderungsmaßnahmen zu kontrollieren und z. T. selbst abzuwickeln[41].
Andererseits konzentriert das AFG die berufliche Weiterbildung auf die individuelle Förderung. Der einzelne Arbeitnehmer trägt deshalb auch allein das Risiko, daß seine re- oder höherqualifizierte Arbeitskraft auf dem Arbeitsmarkt bei den Nachfragern noch gebraucht wird, was sich auch in der gegenüber der allgemeinen Arbeitslosigkeit zwar geringeren aber insgesamt noch erheblichen „Anschlußarbeitslosigkeit" nach Maßnahmen der beruflichen Bildung und Rehabilitation ausdrückt[42].
Die notwendige Koordination mit den Betrieben müßte zumindest so aussehen, daß dem Arbeitnehmer während und nach der Bildungsmaßnahme der alte Arbeitsplatz gesichert bleibt, was schon während der Beratungen des AFG diskutiert aber mit

dem juristisch-formalen Hinweis, dies würde in das Privatrecht (Arbeitsrecht) eingreifen, abgewehrt wurde.

5. Schließlich wirkt sich der mangelnde Zugriff auf die Investititionsentscheidungen der Unternehmen und ihre geringe Planbarkeit auch dahin aus, daß selbst die für eine „vorausschauende Arbeitsmarktpolitik" notwendigen Daten der BA nicht zur Verfügung stehen. Dies verfälscht nicht nur die allgemeinen Einschätzungen der BA, die z. B. noch 1974 für die Zeit bis 1980 eine Arbeitslosenquote um 1 % voraussagte[43]. Auch die konkreten Prognosen und das daran orientierte arbeitsmarktpolitische Instrumentarium werden ineffektiv. So kranken eine gezielte Arbeitsmarktpolitik für Jugendliche und die Durchführung des Arbeitsplatzförderungsgesetzes 1976 daran, daß keine exakten Daten über die vorhandenen oder gar noch zu schaffenden Ausbildungskapazitäten existieren.
Für die quantitativen und qualitativen Ziele der Arbeitsmarktpolitik sind jedoch umfangreiche Informationen über die vorhandenen Arbeitsplätze, die Arbeitswilligen und die Qualität der Arbeitsplätze und der Arbeitskräfte notwendig. Differenziertere und umfangreichere Informationen erhält die BA durch die Anzeigepflicht bei drohenden Massenentlassungen (§ 8 AFG) und die im AFG (§§ 6, 7, 9) vorgesehenen Möglichkeiten, von den Betrieben Daten über vorhandene Beschäftigte und Arbeitsplätze zu erheben. Die BA hofft zudem, mit dem Instrument der „Unternehmensbefragung" gem. §§ 6 und 7 AFG Daten über die Personalplanung und das Arbeitsmarktverhalten der Betriebe zu erhalten, die sogar beschränkten prognostischen Wert besitzen[44]. In letzter Zeit haben die Arbeitgeber sogar ihre Unterstützung bei dieser Informationsgewinnung zugesagt[45]. Bisher hat allerdings der Bundesminister für Arbeit und Sozialordnung das Mittel, mit dem Daten für konkrete Maßnahmen zu gewinnen wären, die allgemeine Meldepflicht freier Arbeits- und Ausbildungsplätze gem. § 9 AFG noch nicht eingesetzt[46], obwohl diese Meldepflicht ausdrücklich in das AFG aufgenommen worden war, um bei Notständen und bei großer Arbeitslosigkeit eingesetzt zu werden[47]. Dahinter mag der Zweifel an der Verläßlichkeit und die mangelnde Überprüfbarkeit solcher Daten stehen. Notwendig erscheint darum eine weitergehende Beteiligung der öffentlichen Verwaltung wie der Arbeitnehmer an der Personalplanung der Unternehmen zu sein, was auch in der Diskussion um das AFG angeregt worden war[48].

6. Auch die zahlreichen neueren Vorschläge von Arbeitsmarktpolitikern, Wissenschaftlern, politischen Parteien und Gewerkschaften, die Arbeitslosigkeit durch Reduktion des Arbeitskräfteangebots (vorzeitige Berentung, Babyjahr, 10. Schuljahr, längerer Urlaub, Bildungsurlaub, geringere Wochenarbeitszeit) abzubauen[49], setzen einseitig am Angebot an und führen zudem zu Einkommensverlusten der Arbeitnehmer, deren Ausgleich wiederum an finanziellen Engpässen scheitern dürfte. Auch sind die Reaktionen der Unternehmen auf diese Maßnahmen schwer abschätzbar, da die Erfahrungen, die man mit früheren Arbeitszeitverkürzungen in den 50er und 60er Jahren gemacht hat[50], aus einer Zeit stammen, als die Kapitalintensität nicht so groß und die Substituierbarkeit von Arbeit durch Kapital nicht so fortgeschritten waren. Die Möglichkeiten der Unternehmen, auf das Ausscheiden von Arbeitskräften mit Rationalisierungen und dadurch intensiverem Einsatz der verbliebenen Ar-

beitskräfte oder durch Erweiterung der effektiven Arbeitszeit (Überstunden) zu reagieren, können durch diese Maßnahmen nicht beeinflußt werden. Andererseits darf allerdings nicht übersehen werden, daß diese Maßnahmen – belassen sie den Arbeitnehmern die freie Wahl des Ausscheidens aus dem Arbeitsmarkt – den Spielraum der Arbeitnehmer, zwischen Arbeit einerseits und Freizeit, Qualifizierungsmaßnahmen sowie Familienaufgaben andererseits zu wählen, erhöhen.

2.2 *Das Arbeitsmarktkonzept des AFG*

Während diese Abhängigkeit des Arbeitsmarktes von den Investitionsentscheidungen der Unternehmen in der Kritik der Arbeitsmarktpolitik bisher eine untergeordnete Rolle gespielt hat, werden vor allem das klassische Arbeitsmarktmodell und die Vorstellungen von der Funktionsfähigkeit der Marktmechanismen, die der Arbeitsmarktpolitik der Bundesrepublik zugrundeliegen, neuerdings besonders in zwei Punkten kritisiert.

1. Die klassische Konzeption des Arbeitsmarktes geht davon aus, daß Differenzen zwischen Angebot und Nachfrage sowie zwischen Arbeitsbedingungen sich langfristig ausgleichen müssen, wenn die Arbeitskräfte (und/oder das Kapital) völlig mobil sind. Nun haben mehrere Untersuchungen nachweisen können, daß die Mobilität der Arbeitskräfte sich auf eine kleine Gruppe (meist junge, ledige Männer) konzentriert, ansonsten jedoch gering ist[51]. Insbesondere aufgrund sozio-kultureller Bindungen reagiert die Mehrheit der Arbeitnehmer nur sehr begrenzt auf Verdienstgefälle und ist kaum bereit, Veränderungen im beruflichen Status quo oder im Wohnort hinzunehmen. Dieses u. U. gegenüber früher erhöhte Anspruchsniveau der Arbeitnehmer scheint auch jene Kritik zu leugnen oder abbauen zu wollen, die angesichts der Tatsache, daß einige Unternehmen Arbeitskräfte nicht finden, die mangelnde Arbeitsbereitschaft der Arbeitslosen geißelt[52] – ohne die Qualität der angebotenen Arbeitsplätze und die Bedürfnisse der Arbeitnehmer genauer zu untersuchen.

Wegen dieser beschränkten Mobilitätsbereitschaft sind finanzielle Anreize zur Herabsetzung der Mobilitätsschwelle, wie die Mobilitätsförderung nach dem AFG, nur begrenzt wirksam. Die Sonderprogramme zur Förderung der Mobilität von 1974/1975 und 1976 sind nur zur Hälfte ausgenutzt worden[53]. Deshalb gewannen die im AFG selbst (siehe oben 1.1.2., 1.2.3 bb) und generell im Sozialversicherungsrecht angelegten rechtlichen Mechanismen zum Mobilitätszwang in der Krise ab 1974 besondere Bedeutung.

Als Alternative wäre z. B. eine verstärkte, über die bisherigen Formen der Strukturpolitik hinausgehende Förderung der Kapitalmobilität unter beschäftigungspolitischen Aspekten zu fordern. Dem widerspricht aber gerade die Reaktion der Arbeitsmarktpolitik in der Krise: Die verstärkte Förderung der Mobilität der Arbeitskräfte muß sich notwendigerweise zugunsten der größeren und differenzierteren Arbeitsmärkte der Ballungsgebiete auswirken. Als „Abwanderungsprämie" hintertreibt sie jede regionale Strukturpolitik. Wird zudem die Mobilität der Arbeitskräfte gefördert

dert, damit sie sich mit schlechteren Arbeitsplätzen zufrieden geben (so ausdrücklich der Lohnausgleich nach dem Sonderprogramm Dezember 1974), so wird gerade das Gegenteil von dem Ziel einer vollwertigen Beschäftigung angestrebt. Insgesamt muß deshalb die Mobilitätsförderung als arbeitsmarktpolitisch bedenklich und wirkungslos angesehen werden.

2. Neuere empirische Untersuchungen[54] scheinen weiterhin zu belegen, daß der Arbeitsmarkt kein allgemeiner Markt ist, sondern in viele Segmente hinsichtlich der Nationalität, dem Geschlecht, der beruflichen Qualifikation und insbesondere der Betriebszugehörigkeit gespalten ist[55]. Diese Analyse ist nur eine spezielle Ausformulierung des oben gekennzeichneten Problems, daß der Arbeitsmarkt ein von den Kapitalinvestitionen und der Produktionsstruktur abhängiger Markt ist.

Vor allem bilden sich in einem „Kernbereich" der monopolisierten/oligopolisierten Branchen mit standardisierter Massenproduktion betriebliche Arbeitsmärkte heraus, an die die Arbeitskräfte durch betriebsspezifische Qualifikationen, besonderer Gratifikations- und interner Aufstiegssysteme gebunden werden. Dadurch können sich die betrieblichen Arbeitsmärkte stark gegenüber dem allgemeinen Arbeitsmarkt abgrenzen und zunehmend an Bedeutung gewinnen (insbesondere im tertiären Bereich, öffentlichen Dienst, Automobil- und Chemieindustrie). Daneben gibt es noch den Markt für fachliche Qualifikationen (bestimmte Facharbeitergruppen, Bauberufe, „freie" Berufe) und den für unspezifische Qualifikationen (Ungelernte, Ausländer etc.), die beide eher wie der traditionelle Arbeitsmarkt nach den Annahmen der neo-klassischen Ökonomie funktionieren. Alle drei Arbeitsmarktsegmente sind rigide voneinander getrennt. Ein Übertritt zwischen ihnen ist kaum möglich, so daß staatliche Mobilitätshilfen notwendigerweise zu kurz greifen müssen.

Die Konsequenzen für die „aktive" Arbeitsmarktpolitik, insbesondere für ihr Kernstück, die Förderung der beruflichen Bildung, ergeben sich vor allem aus der Tatsache, daß diese Politik kaum in die betrieblichen Arbeitsmärkte eindringen kann. Die betrieblichen Arbeitsmärkte gewähren einerseits für die Stammbelegschaft eine hohe Arbeitsplatzsicherheit, bergen andererseits die große Gefahr in sich, daß die Arbeitnehmer bei Freisetzungen wegen ihrer hochgradig betriebsspezifischen Qualifikation nur noch schwer neue Arbeitsstellen finden können.

Dagegen kann die staatliche Arbeitsmarktpolitik den Markt der fachlichen Qualifikationen, der unter dem Druck betrieblicher Arbeitsmärkte ständig schrumpft, noch beeinflussen: Dieser Markt ist offen und daher marktmäßig regulierbar; die Marktteilnehmer sind noch in traditioneller Weise „standardisiert" und „etikettiert" (herkömmliche Berufe) und haben traditionelle Sozialisationen durchlaufen (Lehre), sind daher auch leichter durch staatliche Bildungsmaßnahmen ansprechbar. Zugleich ist die staatliche Regulierung dieses Marktes wichtig, da Engpässe auf ihm zu erheblichen Schwierigkeiten im gesamten Wirtschaftssystem führen können. Es verwundert deshalb nicht, macht aber zugleich auch ein Defizit der Arbeitsmarktpolitik aus, daß sie sich vorwiegend auf diesen Markt konzentriert: die Mobilitätsbeihilfen und beruflichen Bildungsmaßnahmen setzen schon eine gewisse Berufsqualifikation voraus und vermitteln eine formale , von den Betrieben getrennte und an berufsfachlichen Qualifikationen orientierte Ausbildung. Dementsprechend profitie-

ren auch vorwiegend qualifizierte, junge deutsche Facharbeiter von den Weiterbildungsmaßnahmen der BA[56]. Die Instrumente der „aktiven Arbeitsmarktpolitik", insbesondere die Förderung der beruflichen Bildung, sind für Massenarbeitslosigkeit, die insbesondere die Arbeitnehmer auf dem Markt für unspezifische Qualifikationen trifft, auch deswegen nicht geeignet, weil diese Arbeitnehmer mit ihren relativ niedrigen Einkommen zu größeren Einkommenseinbußen nicht bereit sind und sie die geforderten intellektuellen und sozialen Fähigkeiten einer beruflichen Weiterbildungsmaßnahme nicht immer aufzubringen vermögen.
Die Arbeitsmarktpolitik kann aber insbesondere die betrieblichen Arbeitsmärkte im Interesse einer allgemeinen Arbeitsmarktpolitik nur beeinflussen, wenn sie auf die Produktionsbedingungen der Unternehmen und ihre Personalplanung Einfluß gewinnt. Ansonsten scheint der Arbeitsmarkt immer mehr auf eine Polarisierung[57] zwischen „Arbeitsplatzbesitzern" auf einem relativ sicheren Arbeitsplatz in innerbetrieblichen Arbeitsmärkten (als Stammbelegschaft, Beschäftigte im Hauptwerk) und in bestimmten berufsfachlichen Teilarbeitsmärkten einerseits und „gefährdeten Arbeitsplatzbesitzern" (als Randbelegschaft, in Zweig- oder Zuliefererbetrieben) oder „Nichtbesitzern" andererseits hinauszulaufen.
Die öffentliche Arbeitsmarktpolitik muß verstärkt z. B. durch öffentliche Förderung und Kontrolle die betrieblichen Bildungsmaßnahmen erfassen, indem sie diese Maßnahmen soweit wie möglich nach allgemeinen Standards normiert und für sie eine breite berufliche Grundausbildung vorschreibt. Nur so kann sichergestellt werden, daß die erworbenen Qualifikationen auf dem allgemeinen Arbeitsmarkt verwertbar sind. Ein solches Eindringen der öffentlichen Arbeitsmarktpolitik in die betriebliche Bildungspolitik scheint auch der einzige Ansatz zu sein, die vielen, nichtfachlichen „qualifizierten Anlerntätigkeiten", in denen sich die betriebsspezifischen Qualifizierungsprozesse zu „Berufsbildern" verfestigt haben (z. B. im automatisierten Produktionsbereich)[58], im Interesse des allgemeinen Arbeitsmarktes wie der Arbeitnehmer auf eine allgemeine, fundiertere berufliche Grundlagenausbildung zu stellen und mit bildungspolitisch notwendigen Inhalten (z. B. der Vermittlung von Einsichten in übergreifende betriebliche, ökonomische und soziale Zusammenhänge) zu versehen.
Die Schranken, die das AFG von 1969 mit dem Verbot, interessengebundene, d. h. insbesondere betriebsspezifische Maßnahmen zu fördern (§§ 43 Abs. 2, 47 Abs. 1, 51), für solch eine flexible Strategie der Arbeitsverwaltung errichtete[59], sind durch weitgehende Ausnahmen mit der Novellierung vom Dezember 1975 schon z. T. aber noch nicht genügend abgebaut worden (vgl. auch § 9 der Anordnung Fortbildung und Umschulung der BA vom 23. März 1976). Danach kann die BA betriebliche Bildungsmaßnahmen schon dann aber auch nur dann fördern, wenn sie mit einer allgemein anerkannten Prüfung abschließen und die Teilnahme an der Maßnahme nicht von betrieblichen Bindungen (z. B. Rückzahlungsklauseln bei Kündigung des An) abhängig gemacht werden (§ 9 Abs. 2 der Anordnung). Dagegen spielt eine weitere betriebsspezifische Förderungsmaßnahme der BA, die Förderung der Einarbeitung Arbeitsloser nach § 49 AFG, nur eine bescheidene Rolle[60], weil die Betriebe (besonders in der Krise) auf genügend qualifizierte Arbeitskräfte zurückgreifen konnten.

2.3 *Einseitig ökonomische Ausrichtung der Arbeitsmarktpolitik*

Entsprechend seiner rein ökonomischen, marktbezogenen Behandlung des Tauschverhältnisses von Kapital und Arbeit orientiert sich das AFG an dem Arbeitnehmer als „Arbeitsmarktbürger", der vornehmlich danach trachtet, seinen Nutzen rein aufgrund ökonomischer Kalküle zu optimieren. Deutlich wird dies vor allem daran, daß das AFG zur Förderung der Mobilität stark mit finanziellen Anreizen (Mobilitätsbeihilfen, Förderung der beruflichen Bildung) arbeitet, die die Anpassungskosten im Verhältnis zum erwarteten späteren Nutzen für das Individuum minimieren sollen. Ebenso soll die Androhung von finanziellen Nachteilen bei mangelnder Vermittlungsbereitschaft wirken (Entzug des Arbeitslosengeldes oder der Arbeitslosenhilfe gemäß §§ 119, 134 Abs. 2 AFG)[61]. Allerdings dürfte diese Anwendung von staatlichem Zwang, der zudem eine erhebliche Existenzgefährdung bedeuten kann, kaum noch mit dem Leitbild freier, am Markt orientierter Entscheidungen der Arbeitnehmer übereinstimmen.

1. Eine Auswirkung dieser rein ökonomischen Betrachtung ist, daß die Arbeitslosenunterstützungsleistungen bewußt niedrig, zumindest unterhalb des Mindestlohnsatzes gehalten werden, um einen ökonomischen Anreiz für die Wiederaufnahme der Beschäftigung zu geben. Einmal ist der ökonomische Nachteil – entgegen aller anders lautender Propaganda – bei Arbeitslosen so erheblich, daß zu fragen ist, ob er noch ein sozialstaatlich gerechtfertigtes Ausmaß hat. Durchschnittlich verloren Arbeitslose in der Krise seit 1974 bei längerer Arbeitslosigkeit 57 % ihres vorherigen Einkommens, die Haushalte, in denen 1 Arbeitsloser lebte, insgesamt durchschnittlich ca. 30 % des Gesamteinkommens[62]. Zudem sind die psychischen und sozialen Belastungen der Arbeitslosigkeit so erheblich, daß schon sie allein auf den Arbeitslosen einen empfindlichen Druck zur Wiederaufnahme der Arbeit auszuüben vermögen[63].

2. Zudem stimmt die vom AFG vorausgesetzte und geförderte Übereinstimmung von objektiver Anpassungsnotwendigkeit des Marktes und individuellem Marktverhalten und Interessen nicht. Die Förderung der beruflichen Bildung sollte nach dem AFG ausdrücklich (§§ 36 i. V. m. § 2 Nr. 3–6, 43 Abs. 1 Nr. 2–4, 6) die Problemgruppen des Arbeitsmarktes fördern. Nun zeigen die Ergebnisse der Förderung – ähnlich wie die der betrieblichen Weiterbildung (siehe oben 2.1.3) – gerade das Gegenteil: die Problemgruppen sind im Verhältnis zu ihrem Anteil an sämtlichen Erwerbstätigen erheblich unterrepräsentiert[64], so daß diese Förderungsmaßnahmen die vorhandenen Disparitäten verschärft, statt verringert haben.
Seine Ursache hat dies einmal in den schon oben angeführten Arbeitsmarktstrategien der Unternehmer gegenüber den Problemgruppen (siehe 2.1.2). Zum anderen müssen die beruflichen Bildungsmaßnahmen der BA schon deshalb ineffektiv sein, weil sie den Arbeitnehmern Einkommenseinbußen zumuten, die sogar noch seit Dezember 1975 verstärkt worden sind. Diese Einkommenseinbußen sind aber viel zu wenig differenziert, um die Unterschiede in den Einkommens- und Reproduktionssituationen (Familie etc.) der verschiedenen Arbeitnehmergruppen sowie deren

unterschiedliche, materiell wie soziokulturell bedingten Fähigkeiten, auf Einkommen zu verzichten, berücksichtigen zu können.
Zum Abbau dieser Randgruppen ist deshalb einmal ein direkter Einfluß auf die Personalpolitik der Unternehmen erforderlich. Darüber hinaus kann aber auch das klassische System der Arbeitsmarktpolitik, das allein mit ökonomischen Anreizen arbeitet, selbst dann, wenn diese Anreize differenziert an die verschiedenen Arbeitnehmergruppen angepaßt wären, nicht auf die vielfältigen sozio-ökonomischen und sozialpsychologischen Ursachen der Entstehung und Perpetuierung von „Randgruppen" des Arbeitsmarktes oder „marginalen Erwerbspersonen" angemessen einwirken[65]. So ist einmal die Organisations- und Konfliktfähigkeit dieser Problemgruppen gering. Sie sind z. B. nur bedingt fähig, durch gewerkschaftlichen Kampf ihr erhöhtes Beschäftigungsrisiko abzusichern, da viele dieser Randgruppen in den Gewerkschaften unterrepräsentiert sind und die Gewerkschaften die Konkurrenz der anderen Gewerkschaftsmitglieder zu diesen Randgruppen nur schwer auszuschalten vermögen. Zudem knüpft die Förderung der beruflichen Weiterbildung als individuelle Förderung an vorhandene und artikulierte Bildungswünsche an, kann diese selbst aber nicht stimulieren. Dies aber wäre gerade bei vielen Arbeitnehmern, insbesondere aber bei den Problemgruppen notwendig, die schon aufgrund ihrer abhängigen Lage als Arbeitnehmer gegenüber gesellschaftlichen Veränderungen eine eher passive Haltung einnehmen und die aufgrund ihrer Sozialisation, ihrer bildungsfeindlichen Arbeitssituation und ihrer daraus abgeleiteten Konzentration auf die Absicherung ihrer aktuellen Verdienstmöglichkeiten statt auf zukünftige Arbeismarktchancen sowie ihrer Abwehr gegenüber Verwaltungs- und Bildungsbürokratien kaum von sich aus Zugang zu Bildungseinrichtungen finden werden[66]. Schließlich wird die berufliche Weiterbildung von der BA auf ein enges Modell „beruflicher" Bildung ausgerichtet: Die Anordnung der BA über Fortbildung und Weiterbildung scheidet jegliche Förderung der „Allgemeinbildung" (§ 1 Abs. 1, Abs. 2, § 2 Abs. 1) sowie solche Maßnahmen aus, die nicht speziell auf die Bildung berufstätiger Erwachsener ausgerichtet sind, d. h. die nicht berufliche Erfahrungen zwingend voraussetzen, sondern beruflich unerfahrenen Schulabgängern ebenfalls offenstehen (§§ 2 Abs. 3, 4 Abs. 1 der Anordnung)[67]. Nun müßten die Problemgruppen gerade oft erst diese ausgeschlossenen allgemeinbildenden oder grundlegenden beruflichen Bildungsmaßnahmen durchlaufen, um in den Arbeitsmarkt integriert zu werden und auf ihm konkurrieren zu können.
Weitere Alternativen zur stark ökonomischen Ausrichtung der Arbeitsmarktpolitik können nur zugleich mit dem Problem der bürokratischen Funktionsweise der Arbeitsverwaltung als öffentlicher Verwaltung diskutiert werden.

2.4 Probleme der Arbeitsmarktverwaltung als öffentlicher Sozialverwaltung

1. Auch die Arbeitsmarktverwaltung krankt an einem allgemeinen Problem der Verwaltung der klassischen Sozialversicherung: Sie stellen im wesentlichen nur finanzielle Zuwendungen zur Verfügung, die sie aus den Beiträgen gewonnen haben und lediglich umverteilen. Damit überlassen sie es weitgehend dem Versicherten, ob und

wie er das versicherte Risiko (Krankheit, Alter, Erwerbsunfähigkeit, vorhandene oder drohende Arbeitslosigkeit) bewältigt und verweisen ihn dazu regelmäßig an private Dienstleistungsunternehmen, seltener auch an andere öffentliche Institutionen. Ähnlich strukturiert ist auch die Förderung der beruflichen Bildung der BA. Da die BA selbst kaum Bildungsmaßnahmen durchführt, hat sie nur wenige Möglichkeiten, die Bildungsveranstaltungen inhaltlich zu beeinflussen und nach übergeordneten Gesichtspunkten zu koordinieren. Gemäß § 4 Abs. 3, 4 der Anordnung Fortbildung und Umschulung verlangt die BA vom Veranstalter nur ein Mindestmaß fairer Teilnahmebedingungen. Ansonsten kann die BA versuchen, mittelbar Einfluß über die Förderung von Bildungsinstitutionen (§ 50 ff. AFG) oder dadurch zu gewinnen, daß sie den Veranstaltern mitteilt, nach welchen Kriterien sie die arbeitsmarktpolitische Zweckmäßigkeit und Geeignetheit einer Bildungsmaßnahme (§§ 36 Nr. 3, 41, 43 AFG) bei den antragstellenden Teilnehmern prüfen wird[68].
Im wesentlichen kontrollieren die Arbeitgeber über die Kammern und ihre paritätisch besetzten Berufsbildungsausschüsse gemäß § 46/47 BBiG die berufliche Weiterbildung[69], wobei sie auch der wichtigste Träger von Weiterbildungseinrichtungen sind (34,5 % und zwar 14 % Betriebe, 16 % Kammern, 4,5 % Arbeitgeberverbände)[70].

Wie aus der im vorherigen Punkt entwickelten Kritik deutlich wurde, kann die Arbeitsmarktpolitik die besonderen Problemgruppen nur erreichen, wenn sie diese mit speziellen, auf ihre Bedürfnisse zugeschnittenen Bildungs- und Qualifikationsveranstaltungen ansprechen und motivieren kann. Da die sozialen Probleme der Behinderten und arbeitslosen Jugendlichen besonders gravierend sind, sind für sie – allerdings meist unabhängig von der Arbeitsverwaltung – zahlreiche Initiativen für umfassende soziale Hilfestellungen entwickelt worden[71]. Da solche Initiativen für die anderen Gruppen noch nicht bzw. nicht ausreichend existieren, muß die Arbeitsverwaltung von sich aus aktiv werden. Betrachtet man den Erwerb von Arbeitsplatzqualifikation nicht nur eng berufsfachlich und produktionstechnisch sondern als komplexen, sozialen Bildungsprozeß, dann kann die BA ihre Kompetenz, eigenständig oder zusammen mit anderen Trägern Veranstaltungen der beruflichen Bildung abzuhalten (§ 33 Abs. 1 AFG), auch zur Einrichtung umfassender Hilfsprojekte für die Problemgruppen nutzen, wozu sie – berücksichtigt man die bisherige Erfolgslosigkeit der anderen Instrumente – auch gemäß § 33 Abs. 1, § 2 Nr. 3–6 AFG verpflichtet ist.

Nun hat die BA im Unterschied zu den anderen Trägern der Sozialversicherung auf einem ihrer Aufgabengebiete, der Berufsberatung und Arbeitsvermittlung, einen sehr personalintensiven Dienstleistungsapparat aufgebaut. Dieser Apparat konzentriert sich jedoch im wesentlichen auf die reine Vermittlungstätigkeit und Beratung; er ist nicht in der Lage, die Voraussetzungen seiner Tätigkeit, die Vermittlungsfähigkeit des Arbeitnehmers und die erforderlichen Arbeitsplätze zu schaffen. Deshalb kann er jener in den letzten Krisenjahren rasch gewachsenen Problemgruppe, den langfristig (über 1 Jahr) Arbeitslosen, kaum helfen. Auch bei ihnen ist eine umfassendere soziale Hilfe der einzige Weg zur „Vermittlung", da die lange Arbeitslosigkeit ihre Persönlichkeit insbesondere die Arbeitsmotivation und Qualifikation erheblich beeinträchtigen kann[72].

2. Schließlich hat die BA mit den anderen Trägern öffentlicher Sozialverwaltung ein weiteres Kennzeichen staatlicher Sozialpolitik gemein. Staatliche Sozialpolitik inbesondere in Form persönlicher Dienstleistungen ist meist subsidiär. Solange staatliche Sozialpolitik sich noch immer rein reaktiv auf die Funktionsfähigkeit des freien Arbeitsmarktes bezieht, auf dem sich der (zumindest der herrschenden Ideologie nach) „Tüchtige" noch selbst durchsetzen soll, muß sich die Arbeitsmarktpolitik vor allem jenen zuwenden, die sich nicht selbst auf dem Arbeitsmarkt zu behaupten vermögen. Verstärkt wird dies noch von dem selbst von arbeitslosen Arbeitnehmern internalisierten herrschenden Leistungsbewußtsein[73], daß nur der durch eigene Leistung konkret erworbene Lohn, nicht aber das aus dem von den Arbeitnehmern kollektiv angesammelten Reproduktionsfond ausgezahlte Unterhaltsgeld ein gerechtes Entgelt und „verdientes" Einkommen seien. Hinzu kommt noch die massive Propaganda der veröffentlichten Meinung[74], wonach Arbeitslosigkeit doch meist selbst verschuldetes, individuelles Versagen sei – eine Ansicht, die selbst ein Teil[75] der Arbeitslosen übernommen hat und die von den Regelungen des AFG, die Arbeitslosigkeit als individuell verursachtes Schicksal festschreiben (§§ 119 Abs. 1 Nr. 1, 103 Abs. 1 Nr. 3 n. F.) übernommen worden ist. Von daher wird die Einschaltung der BA von den Arbeitnehmern[76] oft noch als diskriminierend und von den Arbeitgebern[77] als nur partiell ergiebig angesehen. Bei den Arbeitgebern kann diese Einstellung z. T. durch geschickte und gezielte örtliche Politik verändert werden, was die Erfolge einiger Arbeitsämter zu bestätigen scheinen[78]. Gegenüber den Arbeitnehmern müßte die BA den Charakter bürokratisch-obrigkeitlicher Verwaltung[79] überwinden.
Dieses bürokratische Verwaltungsmuster hat sich in der Arbeitsmarktverwaltung stark herausgebildet: auf der Basis der einseitig arbeitsmarkt-ökonomischen, d. h. formalen Behandlung der Arbeitnehmer werden wesentliche Aufgaben der BA rein rechtlich über die Gewährung subjektiver Rechte, denen quantifizierbare und judizierbare Leistungen entsprechen müssen, abgewickelt. Damit kann die Sozialverwaltung zugleich jene vielfältigen „Filterfunktionen"[80] ausüben, die notwendig sind, um einen Teil der potentiell Anspruchsberechtigten (auch aus finanziellen Gründen) zu selektieren.
Die notwendige Umorientierung im Verwaltungshandeln der BA wäre nur möglich, wenn sich die Arbeitsmarktverwaltung – wie z. B. bei einigen Sonderprogrammen schon praktiziert – stärker darauf konzentriert, entsprechend dem Prinzip der Individualität in der Arbeitsvermittlung (§ 14 AFG) konkrete Dienstleistungen zu erbringen, die von der besonderen Situation und den Interessen der Arbeitnehmer ausgehen und ihnen darüber hinaus zur eigenen Interessenwahrnehmung verhelfen. Ohne Partizipation der Klienten selbst lassen sich soziale Dienstleistungen nicht effektiv erbringen. Die BA kann aber nur dann helfen, die Interessen der Arbeitnehmer zu stimulieren und ihre selbständige Artikulation und Durchsetzung zu organisieren, wenn sie direkter mit den Interessenorganisationen und Gruppen der Arbeitnehmer (Gewerkschaften, Betriebsräte und andere Mitbestimmungsorgane, informelle Gruppen) kooperiert, da das Motivationspotential der BA, wie jeder anderen staatlichen Sozialverwaltungsinstitution auch, selbst als zu gering eingeschätzt werden muß.

Zumindest müßte die subsidiäre Zuständigkeit der BA für die reine Arbeitsvermittlung aufgehoben werden. Dadurch könnte die BA auch einen zusätzlichen Ansatzpunkt für inhaltliche und qualitative Steuerungsmaßnahmen erhalten und ihren Einfluß gegenüber den nachfragenden Unternehmen erheblich erhöhen. Zwar wird der BA von den Betrieben ein großer Teil der freien Arbeitsplätze gemeldet. Da jedoch bisher die eigene Stellensuche und die Vermittlung über den Zeitungsmarkt frei und unkontrolliert waren, wickelte die BA höchstens ca. 30 bis 50 Prozent der Arbeitsvermittlungen ab[81]. Zudem ist die Vermittlungstätigkeit der BA seit 1970 rückläufig (von 2,9 Mio auf 2,2 Mio 1974 und 1977)[82].

2.5 Arbeitsmarktpolitik und Finanzkrise des Staates

Die Finanzierung der Arbeitsverwaltung folgt dem Muster der klassischen Sozialverwaltung: Das Finanzaufkommen wird durch Beiträge derjenigen bestritten, deren Risiko abgedeckt werden soll. Dadurch wird neben dem allgemeinen Haushalt ein öffentlicher „Sonderhaushalt" („Parafiscus")[83] errichtet, wodurch die Aufgabenfinanzierung verselbständigt, verstetigt und vor Eingriffen der politischen Instanzen freigehalten werden kann und wodurch sich spezielle verteilungspolitische Effekte unter den Beitragszahlern erzielen lassen. Es hat sich aber zumindest seit dem AFG von 1969 gezeigt, daß dieses Finanzierungsmodell für die Arbeitsmarktpolitik nicht mehr ausreichend ist (siehe oben 1.4.1).

Das Risiko der Arbeitslosigkeit, insbesondere in der Form der konjunkturellen und strukturellen Arbeitslosigkeit, ist weder exakt abgrenzbar noch ist abschätzbar, wann und in welchem Umfang es auftritt; es läßt sich deshalb kaum versicherungsrechtlich abwickeln. So hat der Staat für die Bekämpfung des „Risikos Arbeitslosigkeit" unter dem Postulat der Vollbeschäftigungspolitik auch selbst die Verantwortung mit übernommen und beeinflußt er durch seine Politik dieses Risiko, wie auch die Globalsteuerungspolitik den gesamten inhaltlichen Rahmen für die Tätigkeit der BA abgibt (§ 1 AFG).

Schließlich hat die Verquickung der Arbeitsmarktpolitik mit der allgemeinen Wirtschafts- und Sozialpolitik dazu geführt, daß die BA unzählige, mehr oder weniger arbeitsmarktrelevante Sonderprogramme der Bundesregierung mit ihrem Verwaltungsstab abwickeln muß. Darüber hinaus hat die BA gerade auf dem Gebiet der beruflichen Bildung und Rehabilitation Aufgaben zu erfüllen, die zumindest nicht direkt mit dem versicherten Risiko „Arbeitslosigkeit" zusammenzuhängen brauchen, ja noch nicht einmal allein ihren beitragszahlenden Mitgliedern sondern auch zukünftigen Mitgliedern (§§ 46 Abs. 2, 58 Abs. 1 i. V. m. 36 Nr. 1 AFG) zugute kommen. Damit liegt aber ein wesentliches Merkmal der (sozial-)versicherungsrechtlichen Finanzierung von Leistungen nicht vor: Die individuelle oder zumindest globale Äquivalenz[84], wonach den Beiträgen der Individuen bzw. der Gruppen auch auf sie ausgerichtete Leistungen entsprechen müssen.

Reduziert sich das „Risiko Arbeitslosigkeit" viel unmittelbarer als die anderen Risiken der Sozialversicherung darauf, Arbeitnehmer zu sein, ist andererseits der Aufgabenbereich der BA so eng mit der allgemeinen staatlichen Politik und dem staatlichen Verantwortungsbereich verbunden, so erscheint statt der Beitragsfinanzierung allein eine Steuerfinanzierung der Arbeitsverwaltung angemessen zu sein[85]. Auf nichts anderes läuft auch z. B. der Vorschlag hinaus, andere Teile der Erwerbstätigen, die von der Arbeitsverwaltung zumindest mittelbar profitieren, wie Beamte, Selbständige etc., in die Finanzierung der Arbeitsmarktverwaltung über einen „Arbeitsmarktbeitrag" einzubeziehen[86]. Diesem Vorschlag gebührt schon allein deshalb Vorrang, weil er die oben beschriebenen Vorteile der Parafiscalität wahrt, die bei einer reinen Steuerfinanzierung leicht verloren gehen. Darüber hinaus kann man auch die Trennung der noch eher – zumindest der Form und der Intention nach – versicherungsrechtlich abgewickelten Arbeitslosenversicherung, die allein von den begünstigten, d. h. aktuell beschäftigten Arbeitnehmern zu finanzieren ist, von den allgemeinen, arbeitsmarktpolitischen Aufgaben, die breiter zu finanzieren wären, befürworten[87]. Dabei dürfte jedoch das Problem auftauchen, daß ja auch die allgemeinen Aufgaben der Verhinderung von Arbeitslosigkeit dienen und Vorrang vor der Zahlung von Arbeitslosengeld haben (§ 5 AFG), also (vorrangiges) Äquivalent für den Beitrag zur Arbeitslosenversicherung sind.

Wegen der direkten Konjunkturabhängigkeit und -anfälligkeit staatlicher Sozialleistungen und der gerade in der letzten Wirtschaftskrise deutlich gewordenen beschränkten finanziellen Leistungsfähigkeit des Staates und der „Parafisci", gerät das Leistungssystem des AFG und der Handlungsspielraum der BA ständig unter den finanzpolitischen Druck des Gesamtstaates. Aber es dürften nicht nur finanzielle Schranken sein, an denen viele der hier vorgeschlagenen Alternativen scheitern können, da sie darüber hinaus eine Änderung sowohl des Funktionsmodus staatlicher Verwaltung wie auch des Wirtschaftssystems insgesamt und des Verhältnisses Staat – privatwirtschaftlicher Bereich erforderlich machen.

Anmerkungen

1 Maibaum/Beie/Rademacher, Die Praxis der Arbeitsvermittlung, 2. Aufl. 1975 (Siebrecht/Kohl, Aufgaben und Praxis der BA, Heft 14), S. 81 ff.

2 Zur Geschichte der Arbeitsmarktpolitik: B. Weller, Arbeitslosigkeit und Arbeitsrecht, 1969, passim.

3 Zum Konzept der „klassischen Arbeitsmarktpolitik": Lutz/Sengenberger, Arbeitsmarktstrukturen und öffentliche Arbeitsmarktpolitik, 1974, S. 1 ff.

4 Zu dieser allg. Funktion staatlicher Sozialpolitik vgl.: Lenhardt/Offe, Staatstheorie und Sozialpolitik, in: Soziologie und Sozialpolitik, Hrsg. C. v. Ferber/F. X. Kaufmann, 1977, S. 98 ff.

5 Allg. hierzu: Bieback, Statusschutz und Mobilitätszwang im Sozialversicherungsrecht, Demokratie und Recht 1977, S. 5 ff.

6 Vgl. Heberer/Wagner, Erhaltung von Arbeitsplätzen und Arbeitsbeschaffung (Siebrecht/Kohl, Anm. 1, Heft 20), 2. Aufl. 1975, S. 104 ff.; Hennig/Kühl/Heuer, AFG, § 91 Anm. 4.

7 Autorengemeinschaft, Der Arbeitsmarkt in der BRD 1975/76, Mitteilungen aus der Arbeitsmarkt- und Berufsforschung (Mitt. AB) 1976, S. 48 ff.; Jahresgutachten des Sachverständigenrates 1976/77, Ziff. 92.

8 Heberer/Wagner (Anm. 6).

9 Vgl. Anm. 7.
10 OECD Manpower and Social Affairs Comittee, Recommendation on an Active Manpower Policy, Paris 1964; dazu G. Schmid, Zur Konzeption einer aktiven Arbeitsmarktpolitik, in: Bolle (Hrsg.), Arbeitsmarkttheorie und Arbeitsmarktpolitik, 1976, S. 165 ff. Blankenburg u. a., Legitimitäts- und Implementierungsprobleme aktiver Arbeitsmarktpolitik, in: R. Ebbighausen (Hrsg.), Bürgerlicher Staat und politische Legitimation, 1977, S. 247 ff.
11 Vgl. Menke, Die Rechtsansprüche auf Bildungsförderung nach dem BaföG und nach dem AFG, 1975, S. 93 ff.
12 ANBA-Jahresstatistik 1974, S. 12/13.
13 Zu diesem Instrumentarium vgl. Däubler, Demokratie und Recht 1974, S. 3 ff.
14 So auch angedeutet in Gesetzesmaterialien, vgl. BT-Drucks. 7/4127, S. 47.
15 Autorengemeinschaft, Der Arbeitsmarkt in der BRD 1977, Mitt. AB 1977, S. 1 ff., 9/10. Die Neufassung der §§ 42 Abs. 1, 46 AFG schloß auch wichtige Randgruppen (Jugendliche, Hausfrauen, kleine Selbständige) von der Förderung aus, was jetzt z. T. wieder rückgängig gemacht worden ist (Gesetz vom 12.12.1977, BGBl I, S. 2557).
16 Vgl. dazu Bieback (Anm. 5), S. 18 f.
17 Bei etwa gleicher Zahl von Leistungsempfängern im Januar 1975: 1917, Oktober 1975: 5418, März 1976: 5900 Verweigerungsfälle, vgl. ANBA-Jahresstatistik 1975, S. 225; Jahresstatistik 1976, S. 727; ANBA 1977, S. 901.
18 Übersicht in Jahreswirtschaftsbericht der Bundesregierung, Anlage zu BT-Drucks. 8/72, S. 31; Bulletin der Bundesregierung 1976, S. 879 ff., BArbBl 1977, S. 247 ff.
19 Nerb u. a., Struktur, Entwicklung und Bestimmungsgrößen der Beschäftigung in Industrie und Bauwirtschaft auf mittlerer Sicht, Mit. AB 1977, S. 291 ff. (304 ff.); Gutachten des Sachverständigenrats 1976/77, Ziff. 91; Frankfurter Rundschau vom 10. 5. 1977, S. 5; Bach u. a., Mit. AB 1976, S. 42 ff.
20 Vgl. Seifert, WSI-Mitteilungen 1977, S. 247 ff. m. w. N.
21 Vgl. Altvater, Arbeitsmarkt und Krise, in Arbeitsmarkttheorie . . . (Anm. 10), S. 50 ff.; Schneider, Einführung in die Wirtschaftstheorie, 2. Teil, 8. Aufl., S. 374 f.
22 Arbeitsmarktpolitik, Bericht der Bundesregierung an die OECD, Hrsg. Der Bundesminister für Arbeit und Sozialordnung, Bonn 1972, S. 25/6.
23 Zu diesen qualitativen Forderungen einer „autonomen Beschäftigungspolitik": Leminsky, WSI-Mitteilungen 1975, S. 54 ff.; U. Engelen-Kefer, Beschäftigungspolitik, 1976, S. 51 ff.
24 Vgl. Helfert, WSI-Mitteilungen 1977, S. 202 ff. (207/8); Hoffmann/Semmler, Ökonomische Krise, Massenarbeitslosigkeit und Globalsteuerung, in: Ebbighausen (Anm. 10), S. 339 ff. (360 ff.); Engelen-Kefer (Anm. 23), S. 34 f.
25 Vgl. Reich, Markt und Lenkung, ZRP 1976, S. 67 ff.; Krüper und Vogel, Aus Politik und Zeitgeschichte, B 31/75 und B 48/75; umfassend: Kühl, Arbeitsmarktpolitik bei mittelfristigen Ausbildungs- und Arbeitsplatzdefiziten, in: Seifert/Simmert, Arbeitsmarktpolitik in der Krise, 1977, S. 89 ff. (92 f.).
26 R. Schultz, Aus Politik und Zeitgeschichte, B 22/1977, S. 13 ff.
27 Vgl. Vorschläge bei: Pornschlegel, in: Strukturelle Arbeitslosigkeit durch technologischen Wandel, Schriftenreihe der IGM 1977, S. 103 ff.; Balduin, GMH 1977, S. 345 ff.; Kittner, Frankfurter Rundschau vom 7. 1. 1977; Espenhorst, WSI-Mitt. 1977, S. 254 ff. (260 f.).
28 Offe/Hinrichs, Sozialökonomie des Arbeitsmarktes und die Lage „benachteiligter" Gruppen von Arbeitnehmern, in: Offe (Hrsg.), Opfer des Arbeitsmarktes, 1977, S. 48 ff.
29 Krieger/Pintar, Regionale Arbeitsmarktstrukturen und ihre Implikationen auf objektive Arbeitsmarktchancen von Arbeitslosen, IOS, 1977, passim; Strukturanalyse der Arbeitslosen von Ende Mai 1977 in ANBA 1977, S. 900 ff.
30 Soltwedel/Spinanger, Zur Erklärung der Beschäftigungsprobleme in ausgewählten Industriestaaten, Mit. AB 1976, S. 118 ff.; Nehring/Soltwedel, Konjunkturpolitik 1976, S. 203 ff.
31 Kriterien sind z. T. von der BA selbst entwickelt worden, vgl.: BA, Überlegungen zu einer vorausschauenden Arbeitsmarktpolitik, 1974, S. 18–21, 112–114.
32 Zu ihnen: Schmid, Steuerungssysteme des Arbeitsmarktes, 1975, S. 128 ff., 183 ff., 261 ff.
33 Hackmann u. a., Finanzarchiv 1975, S. 329 ff.
34 Vgl. Böhle/Altmann, Industrielle Arbeit und soziale Sicherheit, 1972, passim.
35 Baethge, Lehrstellenboykott?, in: Crusius, Lempert, Wilke (Hrsg.), Berufsausbildung-Reformpolitik in der Sackgasse, 1974, S. 196 ff.; G. Schmid (Anm. 32), S. 286 ff.; Binkelmann u. a., Industrielle Ausbildung und Berufsbildungsrecht, 1975, S. 54 ff.

36 Lenhardt, Berufliche Weiterbildung und Arbeitsteilung in der Industrieproduktion, 1974, S. 112 ff.; Maase/Sengenberger, Mit. AB 1976, S. 166 ff.; Sass u. a., Weiterbildung und betriebliche Arbeitskräftepolitik, 1974, S. 60 ff., 87 ff.; U. Boehm u. a., Struktur und Finanzierung der Aus- und Weiterbildung, 1974, S. 31 ff.
37 Sass, Maase/Sengenberger ebda.
38 Modelle bei: Boehm (Anm. 36), S. 111 ff.
39 Zusammenfassend: Edding-Kommission, Kosten und Finanzierung der außerschulischen Bildung, BT-Drucks. 7/1811, S. 124 ff., 245 ff.; Binkelmann (Anm. 35) passim.
40 Böhle/Altmann (Anm. 34), S. 258 ff.; Lenhardt (Anm. 36), S. 156 ff.; Sass u. a. (Anm. 36), S. 80 ff.; Berufsbildung 1973/74, Hrsg. DIHT, S. 53 ff., O. Wolff v. Amerungen, Frankfurter Rundschau vom 15. 10. 1976, S. 4.
41 Baethge u. a., Sozialpolitik und Arbeiterinteressen, 1976, S. 118 ff., 301 ff., 413 ff.
42 Hofbauer, Mit. AB 1977, S. 47 ff. (60/1); ANBA-Jahresstatistik 1975, S. 235 (im Vergleich zu S. 183).
43 Schnur, Mit. AB 1974, Heft 3; BA, Überlegungen . . . (Anm. 31), S. 24 ff.
44 Nerb u. a. (Anm. 19), S. 291 f.
45 FAZ vom 23. 7. 1977, S. 9.
46 Frankfurter Rundschau vom 28. 6. 1977 und FAZ vom 3. 9. 1977, S. 11. Vgl. dagegen die gew. Forderungen nach Anwendung dieser Vorschrift: Metall-Pressedienst XXV/131; DGB-ND 188/77.
47 Eckert u. a., AFG § 9, Anm. 1.
48 Vgl. BT-Drucks. 5/887 § 48 sowie Ausschußbericht BT-Drucks. 5/4110, S. 2 zu § 8.
49 Vgl. Reyher, WSI-Mitt. 1975, S. 63 ff.; Kühlewind, Mit. AB 1976, S. 38 ff.; Schmid-Freiburghaus, Beschäftigungspolitische Möglichkeiten zur Bekämpfung hoher Arbeitslosigkeit bei Inflation, Aus Politik und Zeitgeschichte B 16/1976, S. 25 ff.; Vorschläge des DGB zur Wiederherstellung der Vollbeschäftigung, Hrsg. DGB, 1977.
50 Vgl. Kühlewind, WSI-Mitt. 1977, S. 436 ff. m. w. N. sowie Nerb u. a. (Anm. 19), S. 298 ff.
51 Lutz/Sengenberger (Anm. 3), S. 26 ff.; zu weiteren Funktionsproblemen des Arbeitsmarktes: Liefmann-Keil, Ökonomische Theorie der Sozialpolitik 1961, S. 33 ff., 276 ff.
52 Vgl. z. B. Arbeitsgemeinschaft selbständiger Unternehmer in: FAZ 12. 5. 1977, S. 13; FAZ 3. 7. 1975, S. 10; Blick durch die Wirtschaft (FAZ) vom 7. 7. 1977, S. 1; Spiegel Nr. 21/1977, S. 21 ff.
53 Vgl. oben (Anm. 19).
54 Lutz/Sengenberger (Anm. 3), S. 6–94; Sengenberger, WSI-Mitt. 1977, S. 213 ff.; ders. WSI-Mitt. 1976, S. 93 ff.; Freiburghaus/Schmid, Theorie der Segmentierung von Arbeitsmärkten, Leviathan 1975, S. 417 ff.; Zur Kritik an den theoretischen Grundlagen dieser Untersuchungen: Gensior/Krais, Gesellschaftstheoretische Erklärungsmuster von Arbeitsmärkten, in Bolle (Hrsg.), (Anm. 10), S. 92 ff.
55 Zur Grundlegung dieser Analyse in der Theorie der "dual economy" und der Humankapital-Theorie vgl. Gensior/Krais ebda.
56 ANBA-Jahresstatistik 1976, S. 194 ff.; Baethge u. a. (Anm. 41), S. 118 ff., 189 ff.
57 Sengenberger, WSI-Mitt. 1976, S. 93 ff.
58 Vgl. dazu: Altmann/Böhle, Betriebsspezifische Qualifizierung und Humanisierung der Arbeit, in: Betrieb, Arbeitsmarkt, Qualifikation, I, 1976, S. 153 ff. m. w. N., S. 160, Anm. 2.
59 Abgesichert durch eine rigide Rechtsprechung: BSGE 37, S. 173 ff.; BSG vom 29. 4. 1976, Soziale Sicherheit 10/76; Hoppe, ZfS 1973, S. 369 ff.
60 Vgl. ANBA-Jahresstatistik 1976, S. 169.
61 Zur sozial-politischen und rechtlichen Einordnung dieser Mechanismen Bieback (Anm. 5), passim.
62 Vgl. C. Brinkmann, Mit. AB 1976, S. 397 ff.; Hentschel/Möller/Pintar, Zur Lage der Arbeitslosen in NRW, IOS (Hrsg.), 1977, S. 99 ff., 162 ff.; Hofbauer, Mit. AB 1977, S. 47 ff.
63 Brinkmann, Hentschel u. a., Hofbauer ebda.
64 Baethge u. a. (Anm. 41), S. 415 ff.; Förderung der beruflichen Bildung 1974, Hrsg. BA 1975, S. 16 ff.; Arbeitsförderungsbericht BT-Drucks. 7/403, S. 20–31; Lutz/Sengenberger (Anm. 3), S. 128 ff.
65 Vgl. Hinrichs/Offe u. a. (Anm. 28).
66 Vgl. Baethge u. a. (Anm. 41), S. 194 ff., 280 ff., 313 ff., 419/20; Kuntz, Motive und Steuerungen von Ausbildungs-Entscheidungen in verschiedenen sozialen Schichten, 1974; Brödel u. a., WSI-Mitt. 76, S. 347 ff.

67 Ebenso die Rechtsprechung: BSG SozR 4100 § 41, Nr. 11, Nr. 13.
68 Es bestehen keine rechtlichen Beziehungen zwischen Veranstalter und BA. Vgl. BSG SozR 4100 § 34, Nr. 6.
69 Allgemeine Ausbildungsverordnungen des Bundesministers für Arbeit und Sozialordnung bzw. für Bildung auf diesem Gebiet fehlen fast völlig, es überwiegen solche der Kammern. Vgl. Schiekel, Berufsbildungsgesetz, Bd. IV, Nr. 52.
70 ANBA-Jahresstatistik 1976, S. 173 ff.; insbes. die Beteiligungsquote der Betriebe wächst ständig, vgl. BA, Förderung der beruflichen Bildung 1974 (1975), S. 51/2.
71 Vgl. die Übersicht bei K. Schober-Gottwald, Mit. AB 1976, S. 174 ff.; Hofbauer, Mit. AB 1977, S. 47 ff.; Däubler-Gmelin, Frauenarbeitslosigkeit, 1977, S. 153 ff.
72 Vgl. Wacker, Arbeitslosigkeit, 1976, S. 62 ff.; Hentschel/Möller/Pintar (Anm. 62), S. 43 ff., 162 ff.; Jahoda u. a., Die Arbeitslosen von Marienthal, 1960, S. 47 ff.
73 Leibfried, Kritische Justiz 1976, S. 382 ff.; Baethge u. a., (Anm. 41), S. 289 ff.
74 Wacker/Paul, Kritische Justiz 1975, S. 339 ff.; H. Seifert, WSI-Mitt. 1976, S. 334 ff.
75 Hentschel/Möller/Pintar (Anm. 62), S. 37 f. (ca. 25 %); C. Brinkmann (Anm. 62), S. 397 ff. (407 ff.); Der Spiegel 51/1975, S. 24 f.
76 Baethge u. a. (Anm. 41), S. 280 ff.
77 Nerb u. a. (Anm. 19), S. 304.
78 FAZ vom 9. 7. 1977, S. 10 (Arbeitsamt Korbach).
79 Tennstedt, Zur Ökonomisierung und Verrechtlichung in der Sozialpolitik, in: Staatliche Politik im Sozialsektor (Hrsg. A. Murswieck) 1976, S. 139 ff. m. w. N. in Anm. 40, 62; F. X. Kaufmann u. a., Zum Verhältnis zwischen Sozialversicherungsträgern und Versicherten, 1971, passim.
80 Leibfried (Anm. 73), S. 377 ff.
81 Nerb (Anm. 77), ebda.; Kühl, Mit. AB 1976, S. 414 ff.; BA, Überlegungen . . . (Anm. 31), S. 18 ff.
82 Maibaum u. a. (Anm. 1), S. 23, ANBA Jahresstatistik 1977, S. 9.
83 Vgl. Thiemeyer, Die Sozialgerichtsbarkeit 1975, S. 300 f.
84 Hierzu: Isensee, Umverteilung durch Sozialversicherungsbeiträge, 1973, S. 13 ff.
85 Preller, Praxis und Probleme der Sozialpolitik, Bd. II, 1970, S. 331, 476.
86 Vgl. Vorschläge des DGB und aus der SPD: Frankfurter Rundschau vom 20. 5. 1977, S. 5; FAZ vom 27. 5. 1977, S. 13; FAZ vom 26. 8. 1975, S. 9; Antrag Nr. 160 des DGB-Bundeskongresses 1972 in: Anträge und Entscheidungen (Hrsg. DGB), S. 136.
87 Schmid (Anm. 32), S. 257 f., 292 f., 319.

Reiner Schilling

Massenarbeitslosigkeit und regionale Wirtschaftspolitik

1. Einleitung

Der folgende Beitrag will die „neuen" Anforderungen untersuchen, die durch die anhaltende *Massenarbeitslosigkeit* der letzten Jahre in der Bundesrepublik Deutschland an die Regional- und Raumordungspolitik gestellt werden. Seitdem klar ist, daß die Arbeitslosigkeit nicht als vorrübergehender konjunktureller „Betriebsunfall" gewertet werden kann, muß gefragt werden, welche strukturpolitischen Möglichkeiten den staatlichen Trägern zur Verfügung stehen, um das anhaltende Problem der Dauerarbeitslosigkeit zu bekämpfen. Dies um so mehr, weil ja schon seit geraumer Zeit regionale Strukturpolitik betrieben wird, und diese offensichtlich nicht hinreichend war, die ex-ante-Sicherung der Arbeitsplätze für alle Erwerbstätigen zu gewährleisten.

Wir gehen von der Hypothese aus, daß die regionale Wirtschaftspolitik heute nicht mehr nur wie bisher in erster Linie die ex-post auftretenden Mißstände korrigieren sollte, sondern ex-ante für die Stärkung strukturschwacher Regionen und den Abbau der Massenarbeitslosigkeit sorgen muß. Regionalpolitik kann daher nicht mehr vorwiegend „Umverteilungspolitik von Arbeitsplätzen" sein, in dem Sinne, daß der autonom wachsende Strom von neu geschaffenen Arbeitsplätzen einfach zum Teil von den „überoptimal" verdichteten Agglomerationsräumen in die peripheren Gebiete mit niedriger Industrialisierung und hohen Arbeitslosenquoten umgelenkt wird, sondern es kommt darauf an, daß *überhaupt neue Arbeitsplätze* geschaffen werden.

Also sollten auch traditionelle Ballungsräume mit sich abzeichnenden Strukturschwächen in die räumliche aktive Strukturförderung einbezogen werden, sofern die zu erwartenden Arbeitsmarktdefizite gravierend sind.

Die regionale Beschäftigungspolitik – dies sei eingangs nach diesen grundsätzlichen Vorbemerkungen ausdrücklich betont – ist nur ein, wenn auch wichtiger Teilbereich der allgemeinen Arbeitsmarktpolitik und daher auch nur in beschränktem Maße prädesteniert, die Massenarbeitslosigkeit abzubauen bzw. zu lindern.

Es geht in dem folgenden Beitrag insgesamt weniger um allgemeine systemtheoretische und ideologiekritische Analysen, die aus der Betrachtung der Formelelemente der kapitalistischen Wirtschaft heraus, die Grenzen staatlicher Wirtschaftspolitik aufzeigen, sondern eher darum, den Spielraum der bestehenden gesetzlichen raumordnungspolitischen Möglichkeiten auszuloten und diese mit der bestehenden Planungspraxis zu konfrontieren. Auf dieser Basis sollen dann die Chancen zur Behebung der Massenarbeitslosigkeit diskutiert werden, die die Raumordnungspolitik bietet. Die regionalen Planungsmodelle werden als praktisch-politische Medien der Wertkonstituierung und Interessenartikulation verstanden. Es ist nach Auffassung des Verfassers heute unumgänglich, daß eine Planungstheorie, die sich nicht mit der bloßen Verfeinerung und Ausarbeitung vorhandener Planungsmodelle und -techniken einerseits und der Deutung realen Planungsgeschehens andererseits begnügen will, sich der Wertbestimmung auf der konkreten Ebene stellen muß. Der Artikel soll herausarbeiten, daß die Raumordnungs- und die regionale Wirtschaftspolitik zwar die regionalen Arbeitsmärkte in den Mittelpunkt ihrer raumstrukturellen Überlegungen stellt, daß aber die bisherigen Ansätze nur sehr bedingt zu einem gezielten Abbau von massenhaft auftretender Arbeitslosigkeit beitragen können, weil eben die Durchsetzung bestimmter regionaler Planungskonzepte (einschließlich einer unverzichtbaren Erfolgskontrolle) auf der konkret-planerischen Ebene nur sehr bedingt möglich ist. Trotzdem ist eine Verbesserung und der Ausbau strukturpolitischer Instrumentarien der staatlichen Strukturpolitik nach Auffassung des Verfassers unumgänglich und auf der Basis des bisherigen raumordnungspolitischen Zielsystems auch möglich.

Was Rhode-Jüchtern für die „Planung" allgemein feststellt, gilt in ganz besonderem Maße für die *regionale* Planung:

„Was mancherorts schlicht als Weg der Planung von der „Euphorie" in die „Resignation" beschrieben wird, muß analysiert werden auch in die Richtung einer Bestimmung von Möglichkeiten und Grenzen von Planung unter den konkreten historischen Bedingungen eines bürgerlich-demokratischen Staates mit marktwirtschaftlicher Wirtschafts- und korrespondierender Gesellschaftsordnung. (...) Es kommt darauf an, Scheitern oder Gelingen von Planung auf zwei Feldern zu erklären: auf dem Feld der *Fehler*, die zu erkennen und zu beseitigen sind, und auf dem der *Grenzen*, die ein politisches, wirtschaftliches und gesellschaftliches System zum Strukturmerkmal jeglichen sozialen Handelns machen."[1]

2. Das Beschäftigungsproblem

Die Anerkennung des ökonomischen Prinzips hat in sozialistischen wie in kapitalistischen Wirtschaftssystemen dazu geführt, daß die Art und Weise der Organisation gesellschaftlicher Arbeit dem Wachstumsziel weitgehend untergeordnet ist. Die Organisation der gesellschaftlichen Arbeit wird durch Rationalisierungszwänge und die Verwissenschaftlichung der modernen Großproduktion bestimmt. Dabei ergibt sich der Einsatz der Arbeitskräfte in der kapitalistischen Industrie weitgehend aus den Markterfordernissen, die wiederum beeinflußt werden von den Bedingungen und Erfordernissen der Kapitalverwertung und der Gewinnerzielung.

In privatwirtschaftlich organisierten Volkswirtschaften fallen die Entscheidungen über Beschäftigung oder Freisetzung von Arbeitskräften weitgehend in Abhängigkeit von den betrieblichen Gewinnerwartungen und den sonstigen einzelwirtschaftlichen Expansions-, Sicherungs- und Gestaltungszielen. Die regionale Wirtschaftspo-

litik kann in diesem Sinne zunächst nur in sehr eingeschränktem Maße direkt *'aktive'* Wirtschaftspolitik sein, will sie nicht die Unternehmensautonomie über zentrale wirtschaftliche Entscheidungen antasten.
Da aber die staatlichen Aktivitäten, aus objektiven Gründen in den letzten Jahren immer strukturbestimmender werden, bietet sich eine verstärkte Koordination der staatlichen Aufgaben mit den privatwirtschaftlichen Interessen an, wobei selbstverständlich dann Probleme auftauchen, wenn diese nicht gleichgerichtet sind.
Die staatliche Wirtschaftspolitik hat durch das Wachstums- und Stabilitätsgesetz, durch das Städtebauförderungsgesetz, durch das Bundesraumordnungsgesetz und die entsprechenden Landesplanungsgesetze die Voraussetzungen für eine bessere Koordination staatlicher und einzelwirtschaftlicher Aktivitäten geschaffen; Ansätze für eine wirksame staatliche Strukturgestaltung sind damit vorhanden, von einer umfassenden Strukturpolitik en détail kann jedoch keine Rede sein. Sobald eine detaillierte Strukturpolitik mit imperativen Planungstechniken arbeiten wollte, würde sie rasch auf den Widerstand der Einzelunternehmen und der Großindustrie stoßen.
Allerdings sind in kapitalistischen Wirtschaftssystemen auch die Gewerkschaften an einer zu starken Einmischung der staatlichen Wirtschaftspolitik in den Arbeitsmarkt nicht interessiert, da diese zu einer Aushöhlung der Tarifautonomie führen könnte, und die Gewerkschaften damit ihre zentrale Aufgabe, das freie Aushandeln der Tarifverträge, einzubüßen drohen.
Durch die anhaltende Massenarbeitslosigkeit wird aber der tarifpolitische Spielraum der Gewerkschaften erheblich eingeschränkt, so daß aus diesem Grunde und aus prinzipiellen Erwägungen von gewerkschaftlicher Seite Vorschläge zu einer verbesserten staatlichen Strukturpolitik unter Einbeziehung von Wirtschafts- und Sozialräten gemacht wurden.[2] Diese Vorschläge wurden von der offiziellen Wirtschaftspolitik bisher kaum diskutiert, das heißt jedoch nicht, daß die Gewerkschaften überhaupt keinen Einfluß auf die regionale Strukturpolitik hätten. Der DGB ist im Beirat für Raumordnung vertreten, der das Bundesraumordnungsprogramm (BROP) mitgestaltet hat. Bevor wir näher auf das BROP und seine Ziele eingehen, zunächst ein notwendiger Rückblick auf die Genesis der Raumordnungspolitik in der Bundesrepublik Deutschland.

3. Raumordnungspolitik des Bundes

3.1 Entwicklung der Raumordnungspolitik

Die Entwicklung der Raumordnungspolitik läßt sich in fünf Phasen einteilen:[3]

a) Die Wiederaufbauphase nach dem 2. Weltkrieg war durch Einzelaktionen zur Behebung akuter Notstände gekennzeichnet.
b) In der zweiten Phase wurde darüber diskutiert, ob Raumordnungspolitik und soziale Marktwirtschaft miteinander vereinbar seien. Es ging also um die Systemkonformität raumordnungspolitischer staatlicher Eingriffe in einer Marktwirtschaft. Diese Diskussion endete mit einem JA zur staatlichen Raumordnungspolitik.

c) Somit begann die 3. Phase der Raumordnungspolitik mit dem Aufstellen verbindlicher Ziele und Leitbilder. Diese Überlegungen führten schließlich zur Verabschiedung des Bundesraumordnungsgesetzes (1965).
d) Ab 1965 wurde an der Umsetzung des Gesetzesauftrages in praktische Wirtschaftspolitik gearbeitet, dazu war es erforderlich, eine Gesamtkonzeption der Raumordnung – ein Raumordnungs*programm* – zu schaffen.
e) Mit der Verabschiedung dieses Raumordnungsprogramms im Februar 1975 hat also die fünfte Phase der Raumordnungspolitik begonnen.
f) Die Annahmen über die gesamtwirtschaftlichen Rahmenbedingungen und die Prognosen des BROP waren schon zum großen Teil bei ihrer Veröffentlichung überholt. Sie wurden inzwischen durch die „Raumordnungsprognose 1990" aktualisiert.

Diese kurze Übersicht macht deutlich, daß die Raumordnungspolitik ein fester Bestandteil der staatlichen Wirtschaftspolitik geworden ist, der zugleich strukturpolitische und gesamtwirtschaftliche Planungsziele verfolgt. Bevor diese näher erörtert werden können, sind die Begriffsbestimmungen der Raumordnungspolitik und deren Aufgaben, sowie die sich bei der Aufgabenerfüllung ergebenden Kompetenzprobleme zu erörtern.

3.2 Definitions- und Kompetenzprobleme

Die Raumordnungspolitik umfaßt die Summe der Aktivitäten staatlicher Instanzen, die die Gestaltung der realen aktuellen räumlichen Struktur einer leitbildgerechten räumlichen Ordnung bewirken soll bzw. bewirkt.

Mit dieser Feststellung ist aber zugleich festgeschrieben, daß die Raumordnungspolitik einem gesellschaftspolitischen Leitbild zu dienen hat. *Gesellschaftspolitisch* sei hier besonders betont, da im Gegensatz zur Raumordnungspolitik im deutschsprachigen Raum, im allgemeinen die Ziele der Regionalpolitik aus dem „magischen Viereck": Wirtschaftswachstum, Vollbeschäftigung, Außenhandelsgleichgewicht und Preisniveaustabilität, also aus ökonomischen Zielsetzungen, abgeleitet werden. Nach diesem Verständnis ist also die *Regionalpolitik* der „ökonomisch" eingegrenzte Bereich der *Raumordnungspolitik*.

Die entscheidenden Kompetenzen für die Raumordnungspolitik liegen letztlich bei den Ländern, obgleich im Zuge des kooperativen Förderalismus[4] der Bund gemeinsam mit den Ländern im Bundesraumordnungsprogramm einen bundesweiten, flächendeckenden Orientierungsrahmen geschaffen hat und auch durch die „Gemeinschaftsaufgabe zur Verbesserung der regionalen Wirtschaftsstruktur (GRW)" Einfluß auf die räumliche Strukturpolitik nimmt, da die Fördermittel nach bundeseinheitlichen Richtlinien und Vergabekriterien verteilt werden. Diese Eingrenzung ist durchaus problematisch, da nach einem anderen Verständnis von Regionalpolitik etwa Begriffe wie regionale Kulturpolitik, regionale Gesundheitspolitik, Verkehrspolitik durchaus gängig sind und die obengenannte Definition aus dieser Sicht zu eng erscheint.

Durch das Bundesraumordnungsprogramm (BROP) werden für die Bundesraumordnungspolitik folgende Aufgaben festgelegt:

a) – horizontale Selbstkoordinierung des Bundes bzw. seiner Fachressorts

b) – vertikale Koordinierung der raumwirksamen Planungen und Maßnahmen des Bundes und der Länder (ohne jedoch die Länder rechtlich zu binden).

c) – Verringerung der mangelhaften Transparenz der privaten Planungsadressaten über Planungen und Maßnahmen des Bundes

Zu a) ist zu sagen, daß bisher „die Fachpolitiken im wesentlichen nur darauf achten, daß ihre Zielerreichung durch andere fachpolitische Maßnahmen nicht negativ beeinflußt wird".[5]

Zu b) Die sehr unterschiedlichen Raumkategorien, die den Länderplanungen zugrundeliegen, lassen nur eine beschränkte Vereinheitlichung von vorneherein zu; die Länderplanungen können schon deshalb nur zum Teil mit den Planungen des Bundes und mit den Planungen anderer Länder harmonieren, weil die meisten Länder ihre regionalen Entwicklungsplanungen unabhängig voneinander und vor der Verabschiedung des BROP aufgestellt haben. (Vergleiche die Gegenüberstellung der einzelnen Landesplanungen im Bundesraumordnungsbericht 1974)

Zu c) Hier liegt das Problem einmal darin, daß in einer auf privaten Unternehmerentscheidungen aufgebauten Marktwirtschaft ein gewisses Mißtrauen gegenüber staatlicher Koordination und Integration von einzelwirtschaftlichen und gesamtwirtschaftlichen Planungen besteht und zum Zweiten fehlt eine gesamtstaatlich koordinierte Aufgabenplanung. Die mittelfristige Finanzplanung ist ein erster Ansatz in die richtige Richtung. Allerdings sind für eine gesamtstaatliche materielle Planung durch die Länderautonomie[6] und durch das Prinzip der kommunalen Selbstverwaltung bestimmte Planungsgrenzen gezogen, die noch dadurch verstärkt werden, daß im Bereich der Wirtschaftspolitik die Trennung von Ordnungs-, Konjunktur- und Strukturpolitik favorisiert wird.

Diese grundsätzlichen Probleme der Raumordnungspolitik haben auch dazu beigetragen, daß ein nur relativ vages und unverbindliches Zielsystem formuliert wurde.

4. Regionale Arbeitsmarktpolitik

Nach der Wirtschaftskrise 1966/67 wurden auch die staatlichen Fördermaßnahmen stärker gezielt „verabreicht".[7] Wichtigstes Instrument im Laufe dieses stärkeren staatlichen wirtschaftspolitischen Engagements wurden seit 1969 die „Regionalen Aktionsprogramme", die seit 1971 in die Gemeinschaftsaufgabe zur Verbesserung der regionalen Wirtschaftsstruktur integriert wurden. Die Gemeinschaftsaufgabe stellt Maßnahmen bereit zur Förderung der gewerblichen Wirtschaft und den Ausbau der wirtschaftsnahen Infrastruktur, diese werden in entsprechenden „Rahmenplänen" festgelegt. Die Rahmenpläne werden von einem Planungsausschuß aufgestellt, dessen Vorsitzender der Bundeswirtschaftsminister ist, und dem auch der Bundesminister für Finanzen sowie ein Minister (Senator) jedes Bundeslandes angehören. Die Stimmenzahl des Bundes entspricht der Zahl aller Länder zusammen, die jeweils über eine Stimme verfügen. Da auch die Maßnahmen in der Regel je zur

Hälfte durch den Bund und die Länder finanziert werden, ergibt sich insgesamt ein heilsamer Zwang zur Einigung von Bund und Ländern. Damit sind aber noch lange nicht alle fachpolitischen Koordinationsprobleme zwischen Raumordnungs- und Regionalpolitik gelöst.
Diese fachpolitische „Aufgabenteilung" hat zu beträchtlichen Abweichungen beider Planungs- und Politikbereiche geführt. Dies gilt sowohl für die Abgrenzung der Planungsräume, die Festlegung der Ziele, die Bestimmung und Anwendung der Indikatoren sowie für die Förderungsmaßnahmen und die unterstellte räumliche Entwicklungstheorie.
„Nur etwa 78 % der Fläche und 60 % der Bevölkerung der Schwerpunkträume (des BROP) sind gleichzeitig auch Fördergebiete der Gemeinschaftsaufgabe. 47 % der Fläche und 20 % der Einwohner außerhalb der Schwerpunkträume des BROP zählen zu den Fördergebieten der GRW."[8]
Diese Zahlen machen erhebliche Diskrepanzen in den ausgewiesenen Fördergebieten der beiden Politikbereiche deutlich. Planungstheoretisch liegen beiden „Politiken" unterschiedliche Ansätze zugrunde; während die Raumordnungspolitik mehr von einem holistischen (ganzheitlichen) Planungsverständnis ausgeht, folgt die Regionalpolitik mehr dem Prinzip der „Stückwert-Sozialtechnik" (Muddling through), die durch das Ausprobieren bestimmter Alternativen Einsicht in den kausalen Wirkungszusammenhang geben soll. Die Unterschiede bestehen auch in erheblichem Maße bei der Indikatorbestimmung. Alles in allem sind also die Planungen der Raumordnungspolitik und die regionale Wirtschaftspolitik nur begrenzt kompatibel, was erneut zeigt, daß der Anspruch der Raumordnungspolitik, die Fachpolitiken im Sinne der Ziele des Raumordnungsprogramms zu koordinieren, nur in gewisser Weise erreicht wird. Für das BROP und auch die GRW sind die Arbeitsmarktentwicklungen wichtige Indikatoren für die Messung gleichwertiger Lebensverhältnisse (ROB 1974, S. 63).
Der Indikator Arbeitsplätze dient im BROP und bei der GRW zur Analyse der räumlichen Situation und zur Konkretisierung und Quantifizierung verbaler Zielaussagen. Es soll nun zunächst die Arbeitsplatzentwicklung als Indikator im Rahmen der Gemeinschaftsaufgabe zur Verbesserung der regionalen Wirtschaftsstruktur (GRW) betrachtet werden.

4.1 Regionale Arbeitsmärkte

Zur Abgrenzung regionaler Arbeitsmarktregionen wurden von der GRW aufgrund von Pendelverflechtungen in drei Schritten funktionale Raumeinheiten ermittelt, aus denen 178 regionale Arbeitsmärkte entstanden.[9]
Die Erstellung von zukünftigen Arbeitsmarktbilanzen für diese Arbeitsmärkte setzt Prognosen über das Arbeitsplatzangebot und die Arbeitsplatznachfrage voraus. Das Arbeitsplatzangebot ergibt sich aus der Prognose der wirtschaftlichen Entwicklung der jeweiligen Arbeitsmarktregion. Die Arbeitsplatznachfrage basiert auf einer Bevölkerungsprognose und auf einer Prognose der Erwerbsquote, aus denen die Erwerbespersonenzahl errechnet wird. Die Prognose der Arbeitsangebotsseite im Rah-

men der GRW umfaßt also einen Zeitraum von 6,5 Jahren, bezieht sich auf 178 regionale Arbeitsmärkte, abstrahiert von Wanderungen und verwendet eine *normative Setzung der Erwerbsquote*. Eine Prognose der Erwerbspersonennachfrage setzt die Abhängigkeit dieser Nachfrage von der sektoralen gesamtwirtschaftlichen Entwicklung und den jeweiligen Standortbedingungen in den Arbeitsmarktregionen voraus. Um diese Standortbedingungen entsprechend berücksichtigen zu können, wird mit Hilfe des shift-analytischen Verfahrens ein Standortfaktor berechnet, der aussagt, „um wieviel Prozent die Entwicklung der Arbeitsplätze in einem bestimmten Sektor einer Region vom Bundesdurchschnitt abgewichen ist" (BIRG 1972, S. 2).

Die GRW greift bei der Ermittlung des Standortfaktors auf das shift-analytische Verfahren zurück, obwohl dessen Eignung als Prognose-Instrument umstritten ist (vgl. HOPPEN 1975, BROWN 1969). Es wird dagegen angeführt, daß keine Unabhängigkeit besteht zwischen Struktur- und Standortfaktor und daß deren Größen unter anderem abhängig sind vom sektroralen und regionalen Aggregationsgrad.

Der shift-analytisch ermittelte Standortfaktor wird für eine Prognose des regionalen Arbeitsplatzangebots anhand von Daten der Industrieberichterstattung und durch Setzung enger Toleranzgrenzen für Schwankungen „bereinigt", so daß „durch Anlegen der so bereinigten regional-sektoralen Standortfaktoren an die sektorale gesamtwirtschaftliche Entwicklung für 1977 ... eine regionale, sektoral gegliederte Prognose der Arbeitskräftenachfrage möglich" wird (Müller 1975, S. 17)

Eine Gegenüberstellung der Prognose des Arbeitsplatzangebots mit der zu erwartenden Arbeitsplatznachfrage ergibt je nach dem ein Arbeitsplatzdefizit oder einen Arbeitsplatzüberschuß in den einzelnen Arbeitsmarktregionen. Für Gebiete mit Arbeitsplatzdefizit werden sogenannte „Arbeitskräftereservequotienten" berechnet, „d.h. es werden regional die potentiellen Angebotsüberhänge an Arbeitskräften auf die jeweilige Gesamtbeschäftigung bezogen" (Müller 1975, S. 17).

Neben dem Zielkriterium „Arbeitskräftereservequotient" werden noch die

- Lohn- und Gehaltsumme/Beschäftigte

  und die
- physische Infrastrukturausstattung

berücksichtigt. Die Arbeitsmarktregionen werden für die einzelnen Zielkriterien in eine Rangfolge gebracht, die Kriterien werden im Verhältnis 1 : 2 : 0,5 gewichtet und zu einem Gesamtindikator addiert. Auf dieser Basis werden dann 21 Fördergebiete ausgewählt in der 34 % der Bevölkerung im Bundesgebiet leben. Die Schwerpunktorte in den Fördergebieten werden je nach der Kategorie A,B,C mit Investitionskostenverbilligungen von 25 %, 20 % und 15 % durch öffentliche Subventionen bedacht.[10]

4.2 Arbeitsmarktbilanzen (BROP)

Im BROP wird ebenfalls eine Arbeitsmarktbilanz ermittelt. Dabei werden statt der 178 Arbeitsmärkte, 38 Gebietseinheiten betrachtet, die für alle Bereiche das räumliche Bezugsraster bilden. Der zeitliche Bezugspunkt ist nicht 1977, sondern 1985; neuerdings ist eine Aktualisierung bis 1990 erfolgt (vgl. Raumordnungsprognose 1990).

Das BROP erstellt vor einer gezielten Prognose für die einzelnen Gebietseinheiten Prognosen auf der Grundlage von Status-quo-Bedingungen, um diejenige Arbeitsplatz- und Bevölkerungsentwicklung abzuschätzen, die ohne zielgerechtes Einwirken eintreten würde. Nacheinander werden im BROP folgende Prognosen erstellt:

- eine die natürliche Bevölkerungsentwicklung und den Außenwanderungssaldo umfassende Bevölkerungsprognose für das gesamte Bundesgebiet bis 1985, die eine Vorausschätzung von 59 Mio. bis 62 Mio. Einwohnern ergibt (vgl. BROP 1975, S. 28);
- eine Vorausschätzung des sektoralen Arbeitsplatzwachstums für das gesamte Bundesgebiet, das Aufschlüsse über den Wandel in der Beschäftigtenstruktur bis 1985 zuläßt (vgl. BROP 1975, S. 28);
- eine Status-quo-Prognose der regionalen Arbeitsplatzentwicklung für die Gebietseinheiten; „die durch die kombinierte Wirkung einer Vielzahl von Faktoren bedingt ist" (BROP 1975, S. 33);
- eine Status-quo-Prognose der regionalen Bevölkerungsentwicklung, ausgehend von der natürlichen Bevölkerungsentwicklung in den Gebietseinheiten und den Wanderungen, wobei letztere in Abhängigkeit von der Arbeitsplatzentwicklung zu sehen sind.

Anhand dieser Prognosen ergeben sich Konsequenzen für die Lebensbedingungen in den Teilräumen der BRD im Bereich der Wirtschaftsstruktur, der Umweltsituation und der Infrastrukturversorgung. Weiterhin lassen sich *Schwerpunkträume mit besonderen Schwächen in der Erwerbsstruktur* feststellen (prognostiziertes Arbeitsplatzdefizit, hohe Arbeitslosenquote) (vgl. BROP 1975, S. 41 und 45), ebenso auch Schwerpunkträume mit besonderen Schwächen in der Infrastruktur. Ausgehend davon, daß sich die Arbeitskräfte in ihrer regionalen Verteilung nach der Arbeitsplatzverteilung richten und nicht umgekehrt, wird im BROP also die Arbeitsplatzentwicklung als Indikator für regional gleichwertige Lebensbedingungen anerkannt.

Durch „gezielte Maßnahmen" soll die Raumordnungspolitik erreichen, daß sich die Arbeitsplatzverteilung nach der gewünschten Bevölkerungsverteilung richtet, wobei Arbeitsplatzdefizite durch die Schaffung neuer und die Erhaltung vorhandener Arbeitsplätze vermieden werden sollen.

Im Oktober 1976 wurde die Aktualisierung der Prognosen des BROP abgeschlossen und 1977 veröffentlicht (Raumordnungsprognose 1990). Gerade weil das methodische Vorgehen dieser Prognose bis auf wenige aber nicht ganz unbedeutende Änderungen das gleiche ist, wie in den Prognosen der Raumordnungsberichte der Bundesregierung von 1968, 1970 und wie im BROP (vgl. Raumordnungsprognose 1990, S. 10), soll die Behandlung der Arbeitsplätze und ihre Messung an dieser neuesten und momentan gültigen Veröffentlichung auf Bundesebene kurz gezeigt werden.

Das methodische Vorgehen der Prognose wird in zwei Flußbildern dargestellt (vgl. Abb. 1 und 2).

Abb. 1: Schematische Darstellung des Prognosemodells
Teil A: Prognose der Arbeitsmarktbilanzen

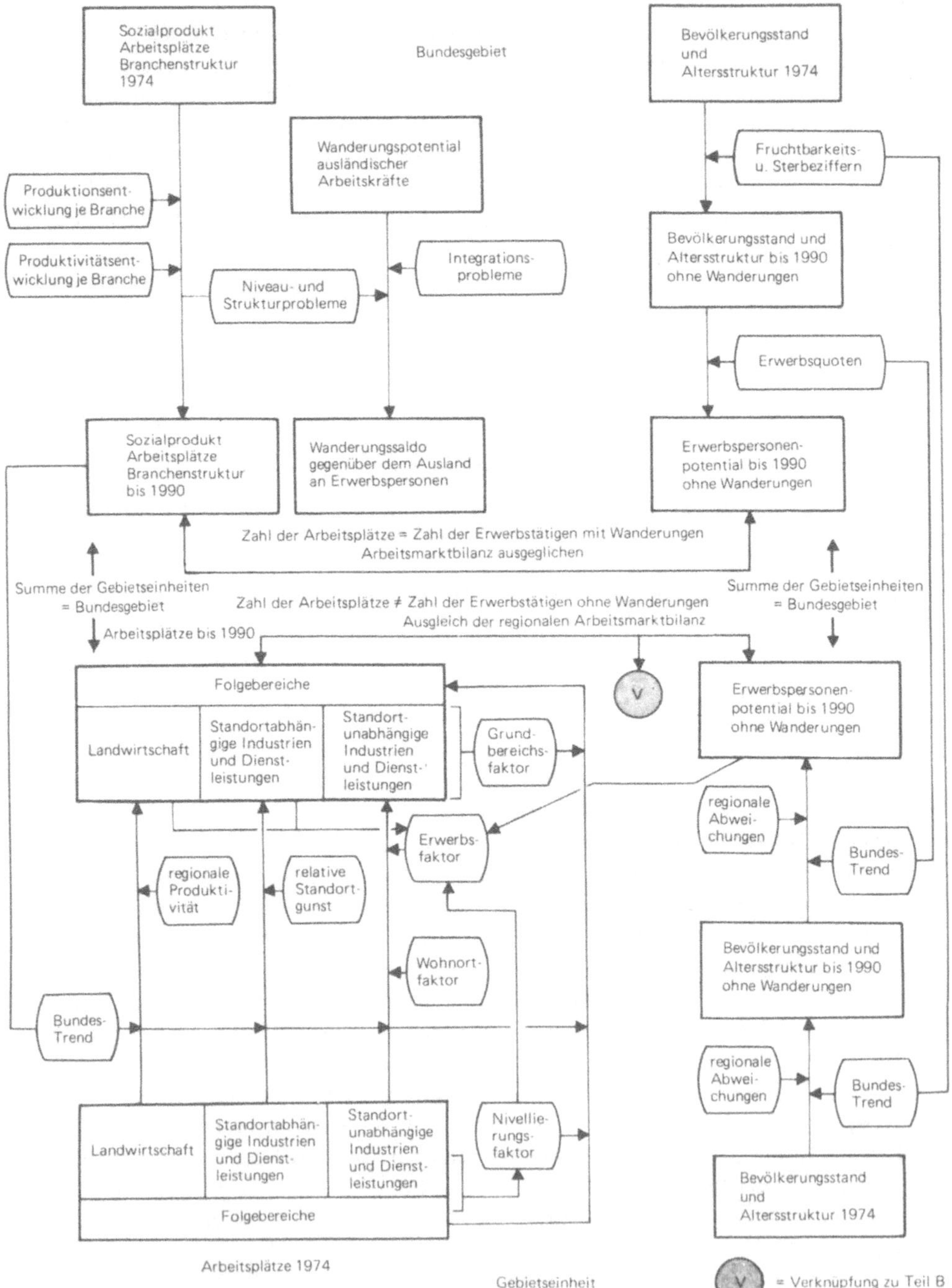

Quelle: Raumordnungsprognose 1990 S. 11

Abb. 2: Schematische Darstellung des Prognosemodells – Teil B: Prognose der Bevölkerungsentwicklung unter Einschluß von Wanderungen

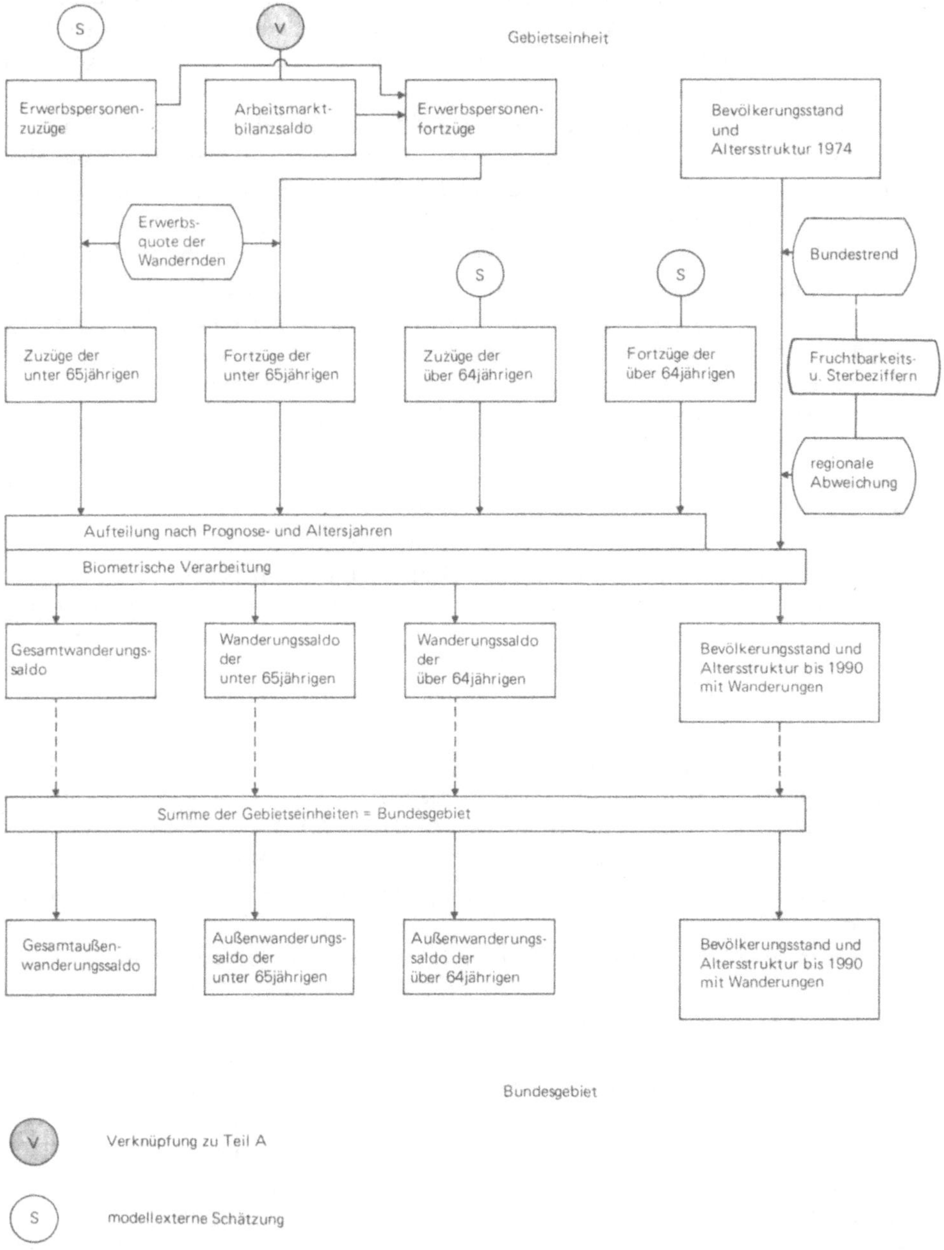

Quelle: Raumordnungsprognose 1990 S. 12

Darin ist die Behandlung der Arbeitsplätze in der Prognose schon angedeutet. „Die rechteckig umrandeten Felder kennzeichnen die statistisch erfaßten Tatbestände (Niveau und Strukturen), von denen die Prognose ausgeht (1974) sowie jene, die bis 1990 aus den getroffenen Annahmen folgen werden. Die halbrund umrandeten Felder kennzeichnen jene Faktoren, die die zu prognostizierende Veränderung dieser Tatbestände beeinflußen und für die zur Prognose begründete Annahmen getroffen werden müssen" (Raumordnungsprognose 1990, S. 10).
Die globale Arbeitsplatzzahl ergibt sich aufgrund der Arbeitsplatzzahl von 1974 und durch Division von prognostizierten Produktions- und Produktivitätszahlen. Die Prognose der Produktions- und der Produktivitätszahlen stützt sich auf eine wiederum nicht näher beschriebene sektorale Arbeitsplatzprognose und offensichtlich auf die erwartete Entwicklung der volkswirtschaftlichen Rahmenbedingungen (vgl. Raumordnungsprognose 1990, S. 19 und 21). Neu, zumindest in dieser Form, ist im Vergleich zum BROP die Regionalisierung der Arbeitsplatzprognose über die Beschreibung der Entwicklungstendenzen einzelner Wirtschaftszweige und die vergleichende Darstellung mit Prognosen des Weltwirtschaftsinstituts in Kiel und des Instituts für Arbeitsmarkt- und Berufsforschung in Nürnberg.[11]

4.3 Ergebnisse der Arbeitsmarktprognose 1990

Die Ergebnisse dieser Prognosen sind in Bezug auf die Arbeitsmarktdefizite alamierend, wenngleich diese durch eine problematische Prognose des Außenwanderungssaldos abgeschwächt werden.
„*Die Arbeitsmarktbilanz im Bundesgebiet ist 1990 mit rund 1,2 Mio. negativ, d. h. es sind um 1,2 Mio. mehr Erwerbspersonen vorhanden als Arbeitsplätze*" (Hervorhebung R.S.).
Es wird in dieser Prognose davon ausgegangen, daß dies zu einer umfangreichen Rückwanderung von Ausländern in ihre Heimatländer führen wird. (1975 haben per Saldo ca. 200 000 Ausländer das Bundesgebiet verlassen.) Die von diesen Erwerbspersonen abhängigen Familienangehörigen werden mit 0,7 Mio. Personen vorausgeschätzt, so daß sich ein negativer Wanderungssaldo der unter 65jährigen von 1,9 Mio. ergibt.
Bei einem angenommenen Sockel von 2 % Arbeitslosen, (oder 0,5 Mio.) ist damit die Bilanz formal ausgeglichen. Ob sich allerdings die hohe Abwanderungstendenz ausländischer Arbeitnehmer kontinuierlich und in der erwarteten Höhe bis 1990 einstellt, ist fraglich, weil ja die meisten Heimatländer, in die ausländische Arbeitnehmer rückwandern könnten, ebenfalls hohe, meist höhere, Arbeitslosenquoten haben. Bis zum Jahre 1990 dürften auch weitere Länder zur Europäischen Gemeinschaft zählen, die schon einen Aufnahmeantrag gestellt haben, oder dies in Kürze tun werden, so daß eine administrative Schließung des bundesdeutschen Arbeitsmarktes für ausländische Arbeitskräfte aus Europa unmöglich werden wird.
Prinzipiell stellt auch die Bereinigung der bundesdeutschen Arbeitsmarktprobleme auf Kosten der Nachbarländer keine befriedigende Lösung dar, da dann auf europäischer Ebene entsprechende arbeitsmarktpolitische Maßnahmen ergriffen wer-

den müssen, die von der Bundesrepublik zum Teil mitfinanziert werden müßten. Der „Abbau“ der Arbeitsmarktdefizite durch ihre Interpretation als „Wanderungssaldo“ ist nur eine Verlagerung bzw. Verschiebung auf eine andere, nämlich europäische Problemebene[12], die auch deswegen nicht unproblematisch erscheint, weil die Erhöhung der Arbeitslosenquoten in den Heimatländern der Rückwanderer zur Verstärkung von Krisenerscheinungen führen könnte, die sich wegen der engen wirtschaftlichen Interdependenzen auch negativ für die deutsche Wirtschaft auswirken würden.

Auch wird in der Raumordnungsprognose 1990 der interregionale strukturelle Wandel, der mit dem hohen Abwanderungssaldo verbunden wäre, offensichtlich zu wenig problematisiert: „Der Anteil der Ausländer an der Wohnbevölkerung ist in verdichteten Gebietseinheiten, die in der Vergangenheit unter starkem Zuwanderungsdruck von ausländischen Arbeitnehmern standen, besonders hoch. Infolge der prognostizierten hohen Abwanderungsraten müßten gerade diese Gebietseinheiten künftig einen negativen Wanderungssaldo aufweisen. Die (...) dargestellten Ergebnisse der vorliegenden Raumordnungsprognose zeigen, daß das Gegenteil der Fall ist.“[13]

Hinter diesen Angaben verbergen sich beträchtliche Verschiebungen und interregionale Wanderungen der deutschen Arbeitnehmer. Es ist allerdings fraglich, ob die Umsetzung überhaupt so weitgehend sein wird und aus strukturellen Gründen überhaupt sein kann. Denn es ist keineswegs gesagt, daß deutsche Arbeitnehmer, selbst wenn sie längere Zeit arbeitslos sind, fähig und bereit sind, die Arbeitsplätze, die frei geworden sind, zu besetzen. Es ist eher zu vermuten, daß bei einem Wanderungssaldo von 1,9 Millionen möglicherweise gleichzeitig eine beträchtliche regionale Arbeitslosigkeit, bei einem im ganzen Bundesgebiet ansteigenden Anteil unbesetzter Stellen entstehen könnte.

Neben der inhaltlichen Problematik der Annahmen über die gesamtwirtschaftlichen Rahmenbedingungen wird an dem obigen Beispiel folgendes deutlich: Die Status-Quo-Prognosen sagen über die Wirkungen der Maßnahmen der regionalen Wirtschaftspolitik selbst nichts aus.[14] Es stellt einen geradezu anachronistisch anmutenden Sachverhalt dar, wenn die Träger der Raumplanung in dem fortgeschrittenen Stadium der Raumordnungsaktivitäten in der BRD nach wie vor von der „Wirkungslosigkeit ihrer eigenen Maßnahmen der Vergangenheit“ ausgehen. Der Ausgangspunkt der Raumplanung, die Status-Quo-Prognose, drängt ihre Bemühungen schon vom Ansatz her in eine reaktive Rolle, in der staatlicher Mitteleinsatz und Aktivität nur erforderlich werden, wenn andere Mechanismen (z. B. Marktmechanismus, Wanderungsbewegungen, Pendlererscheinungen) versagen oder die gewünschten Ziele weit verfehlen.

4.4 Erfolge und Erfolgstendenzen

Hier wird die Gefahr der Überbetonung von „empirisch fundierten“ Wirkungsanalysen und die daraus abgeleiteten, an Bundesdurchschnitten orientierten Handlungsparameter deutlich. Allzu leicht entsteht aufgrund dieser Vorgehensweise der Eindruck, man könnte aus den Durchschnittswerten direkt Ziele errechnen. Dies ist jedoch Illusion. Die Status-Quo-Prognose kann politische gesetzte regionale Ziele nicht ersetzen. Wird trotzdem so verfahren, dann gelingt es auf der konkret-regionalen Planungsebene nicht mehr in befriedigender Weise, zielorientierte Handlungsanweisungen zu formulieren, die zum geplanten und kontrollierten Abbau von Arbeitsmarktdisparitäten beitragen. Die an „Status-Quo-Prognosen klebende" Entwicklungskonzeption des BROP und die daraus abgeleiteten Vorgaben für die Landesplanungen machen eine überprüfbare Aussage über die Wirkung der Raumordnungspolitik sehr schwer. Wie jetzt zu zeigen sein wird, gilt dies in gewisser Weise auch für die regionale Wirtschaftspolitik. Die regionale Wirtschaftspolitik hat bisher das Schwergewicht der Gestaltung der räumlichen Wirtschaftsstruktur getragen. „Sie ist allerdings hinsichtlich ihrer Durchsetzungsmöglichkeiten und Effizienz zum Gegenstand heftiger Kritik geworden, dies angesichts der beträchtlichen öffentlichen Gelder in Höhe von DM 738 Millionen im Zeitraum 1972–1975, die für die direkte Investitionsförderung eingesetzt wurden".[15]

Die Kritik behauptet, daß das qualitative Kernziel der Gemeinschaftsaufgabe, die Schaffung neuer und die Sicherung bestehender Arbeitsplätze zunehmend verfehlt wird und daß das Mittel, die Induzierung gewerblicher Investitionen und Investitionen im Fremdenverkehrsbereich durch Geschenke an die Unternehmer, untauglich sei.[16]

„So wird im 5. Rahmenplan darauf verwiesen, daß 1972 bis 1975 ‚nach Angaben der Unternehmer in den Anträgen' ca. 400 000 neue Arbeitsplätze in den Fördergebieten geschaffen werden konnten und ein gewerbliches Investitionsvolumen von rd. 40 Mrd. DM gefördert wurde. Wie wenig befriedigend diese ‚euphemistischen Erfolgskontrollen' (Spöri) sind, zeigt sich schon daran, daß nach Antragskontrollen keine systematische Überprüfung erfolgt, ob die in den Anträgen genannten Arbeitsplätze in voller Zahl tatsächlich geschaffen werden. Erst recht findet keine Persistenz-Kontrolle statt. Ferner wird deutlich, daß ein Erfolgskriterium ‚Zahl der Arbeitsplätze' ohne weitere Ausdifferenzierung das Zielspektrum der regionalen Wirtschaftspolitik nicht ausschöpft, das auch wesentliche qualitative Aspekte umfaßt."[17]

Diese genauere Ausdifferenzierung und qualitative Verbesserung der Erfolgskontrolle und des regionalpolitischen Instrumentariums erscheint heute unumgänglich. Die auf den ersten Blick recht eindrucksvolle Erfolgsbilanz von 400.000 „neu" geschaffenen Arbeitsplätzen muß nämlich stark relativiert werden, wenn man diese Bilanz zeitlich und räumlich aufschlüsselt. „Wurden im Jahre 1973 mit Mitteln der Gemeinschaftsaufgabe und der Investitionszulage noch über 140 000 Arbeitsplätze neu „geschaffen", so sind es 1974 noch ca. 101.000 und 1975 nur noch knapp 60 000."[18]

Dies deutet darauf hin, daß die regionale Investitionsförderung dem allgemeinen Trendbruch im allgemeinen Investitionsverhalten mit einem time-lag von 2 Jahren folgt.[19] Die Hoffnung, daß gerade die Investitionsförderungen einen gegenläufigen Trend nehmen könnten, erfüllte sich damit nicht. Jedenfalls signalisiert diese abnehmende Tendenz die schlechter werdenden Chancen der bisherigen Regionalpolitik. Noch problematischer wird die angesprochene Erfolgsbilanz, wenn man

bedenkt, daß in die Fördergebiete vielfach nur Filialbetriebe oder sogenannte „verlängerte Werkbänke" verlagert wurden, die bei nachlassender Konjunktur am ersten von Stillegungsmaßnahmen bedroht sind. Gerade in den echten Problemgebieten ist daher der Erfolg der bisherigen Maßnahmen zumindest in qualitativer Hinsicht fraglich. Die Regionalförderung war daher auch besonders erfolgreich im Nahbereich von Ballungszentren, wie etwa im nördlichen Hamburger Umland, das mit Ausnahme des Landkreises Pinneberg unter die Zonenrandförderung fällt, und damit mit bis zu 25 %igen Investitionszulagen und anderen Vergünstigungen kräftige Anreize für Betriebsverlagerungen nach jenseits der Landesgrenze bietet. Diese Entwicklung deutet darauf hin, daß die räumlich polarisierenden Wirkungen interindustrieller Verflechtungen nachlassen und neue Faktoren bedeutsam werden, wie die Urbanisationsvorteile, die von den immateriellen Gütern und Dienstleistungen i.w.S. produzierenden teritären Aktivitäten (Dienstleistungen) ausgehen.[20]
Zwischen 1965 und 1977 sind von insgesamt 179 Betriebsumsiedlungen 155 in die Nachbarländer Hamburgs gegangen, darunter 126 in die Nahbereiche der Hamburger Landesgrenze, wovon wiederum 106 auf das Schleswig-Holsteinische Umland entfallen.[21]
Wie aus einer eigenen, noch nicht abgeschlossenen Untersuchung hervorgeht, sind die dort „neuentstandenen" Arbeitsplätze zum größten Teil mit Stammpersonal aus dem ehemals in Hamburg ansässigen Betrieben besetzt. Zudem sind die Betriebsverlagerungen zum größten Teil mit beträchtlichen Rationalisierungen, die Arbeitsplätze einsparen, verbunden, so daß die „Vernichtung" von Arbeitsplätzen durch die regionale Wirtschaftsförderung nicht immer von der Hand zu weisen ist. „Nach den Bestimmungen des Investitionszulagengesetzes können Investitionen auch dann gefördert werden, wenn die Investitionskosten je Arbeitsplatz das 30fache der durchschnittlichen Kosten (die bei ca. 85.000 DM je Arbeitsplatz liegen) nicht überschreiten; mithin werden auch kapitalintensive Unternehmen mit Arbeitsplatzkosten bis zu ca. 2,55 Millionen DM gefördert."[22]
Nun ist aber die Schaffung qualitativ hochwertiger Arbeitsplätze das erklärte Ziel der regionalen Wirtschaftsförderung und daher die eben vorgetragene Kritik zu relativieren, insgesamt gesehen hat aber die durchschnittliche Qualifikationsstruktur in den Ansiedlungsbetrieben sich eher relativ verschlechtert, wie die Analyse von speziellen regionalen Arbeitsmärkten ergibt.[23]
Eine durchgängige Regionalplanung, die die Stufe der wirksamen Erfolgskontrolle rückgekoppelt mit zukünftigen Planungen und Fördermaßnahmen umfassen müßte, fehlt bisher noch weitgehend.[24]
„Die offiziellen Erfolgsbilanzen begnügen sich in der Regel mit einer input-orientierten Darstellung der Förderungsaktivitäten, der formalen Inzidenz des Mitteleinsatzes und fügen allenfalls leicht meßbare Indikatorenveränderungen an; Kausal- und Wirkungszusammenhang zwischen instrumentellem Einsatz und Indikatorenveränderung wird einfach unterstellt, jedoch empirisch nicht nachverfolgt und belegt.[25] Dies, obgleich mit dem BROP ein gesamtgesellschaftlich ausgerichtetes Programm mit einem anspruchvollen Zielsystem vorliegt. Bei der Umsetzung der Ziele in praktische Regionalpolitik klafft jedoch eine große Diskrepanz zwischen dem

Anspruch, die Entwicklungsmöglichkeiten einer Region optimal auszuschöpfen[26] und der Praxis der Raumordnungspolitik, die eine auf der Basis von Durchschnittswerten nur leicht modernisierte Notstandspolitik betreibt. So werden im BROP bei der Festlegung der Planungsräume einmal die Gebietseinheiten bestimmt und darunter die „Schwerpunkträume mit Strukturschwächen" ‚aussortiert'. Auf der anderen Seite werden aber entwicklungsplanerische Kategorien wie „Entwicklungszentren und -achsen" auf der Basis des wachstumstheoretischen Konzepts herangezogen, das aber dann, wenn es um die Förderungsmaßnahmen durch die GRW geht, wieder fast völlig außer Acht gelassen wird. Die Schwerpunktbildung im Rahmen der „Gießkannen-Förderung"[27] der GRW wird eher als ein entwicklungstheoretisches Alibi verwendet, das verbal an die entwicklungstheoretischen Kategorien des BROP anknüpft, als ein durchgängiges Prinzip regionaler Entwicklungsplanung, das strukturgestaltende Akzente setzt. Auch die theoretische „Erklärung" der GRW-Förderungsmaßnahmen und die nachträgliche „Unterschiebung" bestimmter Ziele machen deutlich, daß eine durchgängige regionale Entwicklungsplanung mit den Elementen: Zielbestimmung, Festlegung der Maßnahmen und Erfolgskontrolle nur formal bei der Festlegung des BROP in Erscheinung tritt, daß diese Planung aber ihre Herkunft, die Notstandspolitik der 50er Jahre und die Ende der 60er Jahre einsetzende globale und konjunkturell ausgerichtete Steuerungspolitik nicht verleugnen kann. Dies zeigt schon die theoretische Begründung im Investitonszulagengesetz, die an die Vorstellungen der Export-Basis-Theorie anknüpft. Das auf dem einkommenstheoretischen Mechanismus der Keynes'schen Multiplikatortheorie beruhende Export-Basis-Konzept kann wesentliche langfristige strukturverändernde Effekte, wie binnenwirtschaftlich bedingte strukturelle Nachfrageverschiebungen, Veränderungen der Präferenzstrukturen und der Faktorpreise und gerade die in der Investitions- und Wachstumstheorie bedeutsamen Akzelerationseffekte nicht erfassen. Die Verbesserung der regionalen Entwicklungspolitik müßte daher in einer infrastrukturell und privatwirtschaftlich stärker integrierten Entwicklungsplanung liegen, die relativ unabhängig von kurzfristigen Konjunktureffekten nachhaltige strukturelle Entwicklungsimpulse auf einige wenige regionale Schwerpunkte konzentriert. Der zweite Teil der regionalen Fördermaßnahmen sollte gezielt als Arbeitsbeschaffungsprogramm deklariert werden und in seiner Ausgestaltung an den jeweils in den einzelnen Regionen (regionalen Arbeitsmärkten) vorhandenen Strukturen der Arbeitslosigkeit anknüpfen. Diese Maßnahmen sollten bewußt von der vermeintlichen Wachstumszielsetzung abgekoppelt werden und nach den Bedürfnissen einzelner Arbeitsmarktregionen, ‚arbeitsorientiert' erfolgen. Dies erscheint notwendig, weil die Wachstumsziele in hochindustrialisierten Volkswirtschaften von der Großindustrie eher über kapitalintensive Rationalisierungsinvestitionen durchgesetzt werden, die bei der vorhandenen strukturellen Arbeitslosigkeit keinen nachhaltigen Abbau der Arbeitslosigkeit bewirken, sondern unter Umständen per Saldo Arbeitsplätze einsparen.

5. Zusammenfassende Kritik und Ausblick

Die industriebezogene Investitionsförderung führt jedenfalls bisher zu keiner nachhaltigen qualitativen Verbesserung der regionalen Beschäftigungsstruktur, verschärft aber die ungleiche Verteilung des Eigentums an Produktionsmitteln. Daher wäre zu überlegen, ob die Förderung der regionalen Beschäftigungsstruktur mit Modellen der Vermögensbeteiligung der Beschäftigten, der Gemeinden oder der staatlichen Landesentwicklungsgesellschaften an den geförderten Betrieben nicht besser den regionalen und gesamtwirtschaftlichen Zielen entsprechen könnte. Durch die Koppelung der Regionalförderung mit Vermögensbeteiligungsmodellen könnte auch der fragwürdigen Praxis einen Riegel vorgeschoben werden, daß Firmen ‚nur' zur Abschöpfung der Regionalförderung gegründet werden, oder daß vorhandene Unternehmen kurzum stillgelegt und als ‚neue' Firma mit dem alten Mitarbeiterstamm wiedergegründet werden, um die Fördermittel für die ‚neuen' Arbeitsplätze zu bekommen. Die bisher schon geltende zentrale Zielsetzung der Raumordnungspolitik, die Sicherung und Schaffung von Arbeitsplätzen ist durch eine verbesserte entwicklungsplanerische Konzeption zu verwirklichen, die die bisherigen Maßnahmen erweitert und präzisiert und vor allem durch Erfolgskontrollen, die qualitative und quantitative Realisierung der angestrebten Zielsetzungen überprüft. Gleichzeitig ist die Konzeption der Funktionsräume, die von unrealistischen Gleichgewichtsvorstellungen ausgeht, durch ein anspruchsvolleres theoretisch fundiertes Instrumentarium zu untermauern und zu verbessern, das die Funktion der einzelnen Räume und Städte im europäischen Urbansystem berücksichtigt. Durch eine Strategie der ex-ante-koordinierten Urbanisierung/Industrialisierung/Polarisierung (Indupol-Strategie) könnten, sowohl in den alten Industriezentren, die heute von Stagnation erfaßt sind, als auch in den neuen „Entwicklungszentren", die regionalpolitischen Entwicklungsmöglichkeiten besser ausgeschöpft werden. Dies könnte im einzelnen erreicht werden durch:

- eine bessere Verbindung der privatwirtschaftlichen und staatlichen Strukturpolitik
- eine an qualitativen Auflagen ansetzende arbeitsorientierte Förderpolitik
- Konzentration der Mittel auf wenige Schwerpunkte unter Beibehaltung der Wachstumsziele
- Präzisierung der regionalen Fördermaßnahmen nach den Bedürfnissen der regionalen Arbeitsmärkte
- bessere Koordination der staatlichen Konjunktur-, Ordnungs- und Fachressortpolitik durch Aufstellung einer staatlichen Aufgabenplanung mit dem Aufzeigen regionaler und branchenstruktureller Auswirkungen innerhalb einer integrierten Entwicklungsplanung.

Hier dürften allerdings sehr schnell die politökonomischen Grenzen staatlicher Steuerungskapazität des bisherigen regionalen Planungssystems erreicht werden, so daß neben dem Staat die Einbeziehung der Arbeitnehmervertreter, der Verbraucherorganisationen und der Arbeitgebervereinigungen in ein strukturgestaltendes Entscheidungsgremium zu erwägen ist. Der Abbau der strukturellen Arbeitslosigkeit erfordert nicht nur den vollen Einsatz des ‚dynamischen Unternehmers', sondern auch die Mitwirkung innovativer Regionalplaner, Gewerschafter und Politiker.

Literatur

Albert, W.: Regionale Wirtschaftspolitik als Instrument der Raumordnung, in: Raumordnung auf neuen Wegen, Schriftenreihe der Bundeszentrale für politische Bildung, Bd. 112, Bonn 1975, S. 64–67.

Birg, H.: Die Entwicklung des Angebots an Arbeitsplätzen in den Regionen der BRD bis zum Jahre 1977, Berlin 1972.

Brown, H.J.: Shift and Share Projections of Regional Economic Growth: An Empirical Test, in: Journal of Regional Science Vol. 9, No. 1 1969, S. 1–18.

Bundesraumordnungsprogramm: (BROP) Raumordnungsprogramm für die großräumige Entwicklung des Bundesgebietes, Schriftenreihe „Raumordnung" des Bundesministers für Raumordnung, Bauwesen und Städtebau Nr. 06.002 1975.

Buttler, F., Gerlach, K., Liepmann, P.: Grundlagen der Regionalökonomie, Hamburg 1977

Engelen-Kefer, U.: Gewerkschaftliche Ansätze regionaler Strukturpolitik, in: Gewerkschaftliche Monatshefte 1/1975 S. 1–10.

Ewrigmann, D., Zabel, G.: Konzeption und Funktion der GRW im Rahmen der Regionalpolitik, in: Informationen zur Raumentwicklung Heft 12, 1976, S. 751–768.

Gatzweiler, H.P.: Indikatoren als methodisches Instrument zum Vollzug des BROP durch die GRW, in: Informationen zur Raumentwicklung, Heft 12, 1976, S. 737–750.

Glaubitz, J., Priewe, J.: Effizienzanalyse der Gemeinschaftsaufgabe „Verbesserung der regionalen Wirtschaftsstruktur" in: WSI-Mitteilungen 12/1976, S. 732–743.

Gottmann, W.: Der DGB in der Raumordnungs- und Regionalpolitik, in: Gewerkschaftliche Monatshefte, Heft 1, 1975, S. 33–39.

Hausherr, J.-U., Stegen, H.-E.: Standortverlagerungen Hamburger Industriebetriebe seit 1965, in: Hamburg in Zahlen, Monatsschrift des Statistischen Landesamtes Hamburg 1977, Nr. 4 S. 95–99.

Hautau, Hainer: Raumordnung und Regionalpolitik in der BRD, in: Wirtschaftsdienst Heft V 1974, S. 262–267.

Hoppen, H.D.: Die Shift-Analyse, Untersuchungen über die empirische Relevanz ihrer Aussagen, in: Raumforschung und Raumordnung, 33. Jg., H. 1, 1975, S. 6–17.

Klemmer, P., Kraemer, D.: Regionale Arbeitsmärkte, Bochum 1975

Kohler, H., Reyher, L.: Zu den Auswirkungen von Förderungsmaßnahmen auf regionale Arbeitsmärkte, in: Mitteilungen aus der Arbeitsmarkt- und Berufsforschung, Heft 1, 1975.

Müller, J.H.: Überprüfung der Eignung des Arbeitsplatzes als Zielgröße regionaler Strukturpolitik einschließlich des Problems der Erfassung der Qualität des Arbeitsplatzes, Berlin 1975.

Fünfter Rahmenplan der Gemeinschaftsaufgabe „Verbesserung der regionalen Wirtschaftsstruktur", in: Verhandlungen des Deutschen Bundestages, Drucksache 7/4742 vom 13.2.1976.

Raumordnung-Auftrag an Europa, in: Das Parlament, Nr. 33–34, v. 20.8.77.

Raumordnungsbericht 1974 (ROB) der Bundesregierung, Deutscher Bundestag, 7. Wahlperiode, Drucksache 7/3582, Bonn 1975.

Raumordnungsprognose 1990, Schriftenreihe des Bundesministers für Raumordnung, Bauwesen und Städtebau Nr. 06.012, 1977.

Rhode-Jüchern, T.: Geographie und Planung – Eine Analyse des sozialwissenschaftlichen Zusammenhangs, Marburger Geographische Schriften, Marburg/Lahn 1975.

Scharpf, F.W., Reissert, B., Schnabel, F.: Politikverflechung: Theorie und Empirie des kooperativen Föderalismus in der Bundesrepublik, Kronberg/Ts. 1976.

Schilling-Kaletsch, I.: Polarisationstheoretische Grundlagen einer Raumordnungskonzeption für nationale Städtesysteme, in: Bremer Beiträge zur Geographie und Raumplanung, Bd. 1, 1978.

Schneider, W.: Arbeitsorientierte raumgestaltende Strukturpolitik, in: WSI-Mitteilungen 10/1976.

Schröder, D.: Veränderte Rahmenbedingungen für das Entwicklungspotential an Arbeitsplätzen, Konsequenzen für die Raumordnungspolitik, in: Raumforschung und Raumordnung 34. Jg., Heft 5, 1976, S. 277–288.

Wulf, J.: Erfolgskontrollen in der regionalen Wirtschaftsförderung, in: Informationen zur Raumentwicklung, Heft 12, 1976, S. 769–774.

Anmerkungen

1 Tilman Rhode-Jüchtern: Geographie und Planung – Eine Analyse des sozialwissenschaftlichen Zusammenhangs, Marburger Geographische Schriften, Marburg/Lahn 1975, S. 38.

2 Vergleiche hierzu: Willi Gottmann: „Der DGB in der Raumordnungs- und Regionalpolitik, in: Gewerkschaftliche Monatshefte, Heft 1 1975, S. 33 ff.

3 Vgl.: Hautau, Heiner: Raumordnung und Regionalpolitik in der BRD, in: Wirtschaftsdienst Heft V 1974, S. 262–267.

4 Zur Problematik des kooperativen Förderalismus siehe: Scharpf, Fritz, W.; Reissert, Bernd; Schnabel, Fritz: Politikverflechtung: Theorie und Empirie des kooperativen Förderalismus in der Bundesrepublik, Kronberg/Ts. 1976, hier Fallstudie zu Gemeinschaftsaufgabe „Verbesserung der regionalen Wirtschaftsstruktur", S. 76–106.

5 Gatzweiler, H.P.: Indikatoren als methodisches Instrument zum Vollbezug des BROP durch die GRW, in: Informationen zur Raumentwicklung, Heft 12 1976, S. 738.

6 Das BROP kann nur ein relativ unverbindliches Koordinationsinstrument sein, da die Entscheidungskompetenzen letztlich bei den Ländern bleiben. Man darf allerdings nicht übersehen, daß der Förderalismus der per se schon für eine erträgliche räumliche Wirtschaftsstruktur gesorgt hat und die Raumordnungsprobleme der BRD im Vergleich mit Frankreich und anderen zentralistischen Staaten wesentlich geringer sind.

7 Vgl.: Albert, W.: Regionale Wirtschaftspolitik als Instrument der Raumordnung, in: Raumordnung auf neuen Wegen, Schriftenreihe der Bundeszentrale f. pol. Bildung, Bd. 112, Bonn 1975, S. 64–67.

8 Gatzweiler, H.-P.: Indikatoren als methodisches Instrument zum Vollzug des BROP durch die GRW in: Informationen zur Raumentwicklung, Heft 12 1976, S. 737–750, hier S. 743.

9 Vgl.: Klemmer, Paul; Kraemer Dieter: Regionale Arbeitsmärkte, Bochum 1975.

10 Vgl. die methodischen Differenzen zwischen BROP und GRW bei Gatzweiler, H.P. „Indikatoren als methodisches Instrument zum Vollzug des BROP durch die GRW" a.a.O., S. 742.

11 Auf die Abweichungen der einzelnen Prognosen kann hier nicht eingegangen werden; vergleiche hierzu Raumordnungsprognose 1990, S. 26 und Heft 1/2 der Informationen zur Raumentwicklung: „Neue Prognosen für die Raumordnung" 1977. Die beträchtlichen Differenzen bei einzelnen Prognosewerten machen insgesamt die schon angesprochene Problematik von Prognosen deutlich.

12 Dieses Vorgehen verträgt sich auch kaum mit der offiziellen Beteuerung „Raumordnung-Auftrag an Europa", vgl. hierzu die vielfältigen Beiträge, in: Das Parlament No. 33–34, v. 20.8.77.

13 Raumordnungsprognose 1990, a.a.O., S. 29.

14 Vgl. Buttler F., Gerlach, K., Liepmann, P.: Grundlagen der Regionalökonomie, Hamburg 1977, S. 143.

15 Walter Schneider: Arbeitsorientierte raumgestaltende Strukturpolitik, in: WSI-Mitteilungen 10/1976.

16 Vgl.: hierzu die Kritik von Glaubitz, J. und Priewe, Jan: Effizienzanalyse der Gemeinschaftsaufgabe „Verbesserung der regionalen Wirtschaftsstruktur, in: WSI-Mitteilungen 12/1976, S. 732–743.

17 Wulf, J.: Erfolgskontrollen in der regionalen Wirtschaftsförderung, in: Informationen zur Raumentwicklung, Heft 12, 1976, S. 770.

18 Flore, Carl: Regionale Wirtschaftspolitik unter veränderten Rahmenbedingungen, in: Informationen zur Raumentwicklung, Heft 12, 1976, S. 775–791 hier S. 776.

19 Ebendort

20 Vgl. Schilling-Kaletsch, I.: Polarisationstheoretische Grundlagen einer Raumordnungskonzeption für nationale Städtesysteme, in: Bremer Beiträge zur Geographie und Raumplanung, Bd. 1, 1978.

21 Hausherr/Stegen: Standortverlagerungen Hamburger Industriebetriebe seit 1965, in: Hbg. in Zahlen, Monatsschrift des Statistischen Landesamtes Hamburg 1977, Nr. 4 S. 96.

22 Glaubitz, J. u. Priewe, Jan: Effizienzanalyse der Gemeinschaftsaufgabe „Verbesserung der regionalen Wirtschaftsstruktur" in WSI-Mitteilungen 12/1976, S. 732–743, hier S. 734.

23 Kohler H., u. Reyher Lutz: Zu den Auswirkungen von Förderungsmaßnahmen auf regionale Arbeitsmärkte, in: Mitteilungen aus der Arbeitsmarkt und Berufsforschung Heft 1/1975.

24 Auch wenn die in den Förderanträgen angegebene Arbeitsplatzzahl nicht geschaffen wird, ist die erhaltene Suvention nicht in jedem Falle zurückzuzahlen, (siehe im 5. Rahmenplan S. 11 f.).

25 Ewringmann D. und Zabel G.: Konzeption und Funktion der GRW im Rahmen der Regionalpolitik, in: Informationen zur Raumentwicklung Heft 12, 1976, S. 751–768, hier S. 759.

26 Für die regionale Arbeitsmarktpolitik wird versucht das ‚Prinzip der aktiven Sanierung' durchzuhalten, d.h. daß dort Arbeitsplätze geschaffen werden sollen, wo Arbeitskräfte in Überzahl vorhanden sind und nicht umgekehrt versucht wird, die Arbeitskräfte durch Mobilitätshilfen umzusetzen. (Vgl. Engelen-Kefer, Ursula: Gewerschaftliche Ansätze regionaler Strukturpolitik, in: Gewerkschaftliche Monatshefte, 1/1975, S. 1–10, hier S. 3.

27 Die Förderregionen bedecken über 50 % der Fläche des Bundesgebietes und in ihnen leben ca. 21 Mio. Einwohner, das ist ca. 1/3 der Bevölkerung.

Udo Mayer

Recht auf Arbeit und Bestandsschutz des Arbeitsverhältnisses

1. Problemstellung

Der gegenwärtige Arbeitslosenstand von ca. 1 Mio. Nichtbeschäftigter, der nicht mehr bloß mit dem Hinweis auf saisonale oder kurzfristige konjunkurelle Schwierigkeiten zu verharmlosen ist, sondern sich zu einem strukturellen Arbeitslosensockel zu verhärten droht, hat auch die Diskussion um ein Recht auf Arbeit[1] neu entfacht.

So unterschiedlich die wirtschaftspolitischen Vorstellungen zur Beseitigung der gegenwärtigen Massenarbeitslosigkeit sind, so entgegengesetzt sind auch die Auffassungen über das Recht auf Arbeit. Wer das volkswirtschaftliche Theorem vertritt, die Überwindung der Massenarbeitslosigkeit hänge von der Erhöhung der Investitionstätigkeit der Unternehmen ab, die allerdings nur bei einer kräftigen Gewinnsteigerung erwartet werden könne, wozu gewinnhemmende Faktoren wie Lohnsteigerungen, Steuerbelastungen usw. möglichst gering zu halten seien, also den Schwerpunkt auf eine Stärkung unternehmerischer Autonomie bei flankierenden staatlichen Maßnahmen legt, sieht durch ein Recht auf Arbeit diesen Autonomiespielraum in unzulässiger Weise wieder verkürzt.[2]

Wer andererseits diesen Selbstheilungskräften der Wirtschaft die Wiederherstellung der Vollbeschäftigung nicht zutraut, diese vielmehr eher durch eine Nachfragesteigerung mittels Erhöhung der Massenkaufkraft und eine gezielte staatliche Subventionspolitik (zugunsten von Erweiterungs- und Ersatzinvestitionen) statt von der gegenwärtigen bedingungslosen Investitionspolitik erwartet, sieht in einem Recht auf Arbeit eine Verpflichtung des Staates, der Herstellung und Erhaltung von Vollbeschäftigung absolute Priorität einzuräumen.[3] Als *eine* beschäftigungspolitische Maßnahme zur Durchsetzung des Rechts auf Arbeit wird dabei eine Verbesserung des Bestandsschutzes von Arbeitsverhältnissen gefordert.[4]

Die Sicherung bereits bestehender Arbeitsverhältnisse durch einen Ausbau des Kündigungsschutzes begegnet wiederum von Verfechtern größtmöglicher Unternehmensautonomie scharfen Einwänden. Die Flexibilität personalpolitischer Entscheidungen wird zu einer Voraussetzung für die Leistungsfähigkeit der Unternehmen erhoben, die im allgemeinen volkswirtschaftlichen Interesse liege.[5]

Wenn im folgenden dieser Aspekt des RaA, die Herstellung eines Bestandsschutzes von Arbeitsverhältnissen, näher untersucht wird, so geschieht dies nicht zuletzt deshalb, weil „das Kündigungsrecht durchaus als gesetzgeberisches Gestaltungsinstrument zur Realisierung eines möglichst hohen Beschäftigungsstandes verstanden und eingesetzt werden“ kann.[6].

2. Die Bedeutung eines Rechts auf Arbeit für die Ausweitung des Bestandsschutzes von Arbeitsverhältnissen

Die Kontroverse über den Ausbau des Bestandsschutzes von Arbeitsverhältnissen ist ein Teil der Auseinandersetzung über das Bestehen eines Rechts auf Arbeit.
Für diejenigen, die ein Recht auf Arbeit bestreiten, ist ausgemacht, daß damit auch die Legitimation für eine Erweiterung des Kündigungsschutzes wegfällt.[7] Umgekehrt sind aus dem Bestehen eines Rechts auf Arbeit weitgehende Schlußfolgerungen für einen Kündigungsschutz zu ziehen.
In der Verfassung der BRD ist das Recht auf Arbeit nicht als Grundrecht aufgenommen worden, da bei den Beratungen des Grundgesetzes im Jahre 1949 hinsichtlich der soziaen Grundrechte eine Verfassungspolitik des Ausklammerns betrieben wurde.[8] Es ist jedoch in mehreren Landesverfassungen enthalten, die noch vor dem Grundgesetz verabschiedet worden sind zu einer Zeit, als traditionelle sozialpolitische Forderungen der Arbeiterbewegung wie das Recht auf Arbeit noch stärker berücksichtigt werden mußten.[9] Das Grundgesetz hat diese landesverfassungsrechtlichen Bestimmungen nicht anzutasten gewagt und in Art. 142 GG ihre Fortgeltung ausdrücklich angeordnet, aber eben nur für die einzelnen Länder.
Für das gesamte Gebiet der BRD von Bedeutung ist allerdings die Normierung eines Rechts auf Arbeit in einer Reihe völkerrechtlicher Verträge. In der Europäischen Sozialcharta von 1961[10], in der UNO-Menschenrechtskonvention von 1966[11], sowie in den ILO-Übereinkommen zur Beschäftigungspolitik aus dem Jahre 1964[12] ist ein solches Recht enthalten. Alle diese völkerrechtlichen Konventionen hat die BRD ratifiziert. Sie sind damit nach Art. 59 II GG in innerstaatliches Recht transformiert worden.
Angesichts des Widerspruchs zwischen positivem Normenbefund und der negativen Realität, daß in der BRD ca. 1 Mio. Arbeitsuchende dieses Recht nicht haben, stellt sich die Frage, wie ein Recht auf Arbeit durchgesetzt werden kann. Die ratifizierten völkerrechtlichen Verträge legen den Staaten die Pflicht auf, ein Recht auf Arbeit zu gewährleisten. Ein völkerrechtliches Durchsetzungsinstrumentarium dazu fehlt allerdings[13] und wäre angesichts des Souveränitätsprinzips, des Selbstbestimmungsrechts der Völker über ihre wirtschaftlichen und sozialen Angelegenheiten als äußerer Eingriff in die souveräne Gestaltung der Wirtschaftsordnung auch völkerrechtswidrig.[14]
Das Durchsetzungsproblem stellt sich folglich allein auf innerstaatlicher Ebene. In der BRD werden die Staatsorgane durch Art. 20 III GG mit besonders autoritativer Kraft an Gesetz und Recht gebunden. Dies bedeutet für das Recht auf Arbeit eine innerstaatliche Bekräftigung der im völkerrechtlichen Normtext bereits enthaltenen staatlichen Gewährleistungspflicht. Nun kann bei über 1 Mio. Arbeitslosen von einer Erfüllung dieser Pflicht durch die staatlichen Exekutivorgane wohl kaum die Rede sein. Zwar ist die Bundesregierung bemüht, durch Konjunkturprogramme und Steuererleichterungen insbesondere die Investitionstätigkeit anzukurbeln und hofft auf diesem Umweg, Vollbeschäftigung wieder zu erreichen. Diese Wirtschaftspolitik des ökonomischen Anreizes für private Investitionstätigkeit hat die Arbeitslosenquote

jedoch nicht senken können und ist dazu auch grundsätzlich nicht in der Lage.[15]. Bei einer Rechtspflichtverletzung der Exekutive, die das offenkundige Nichterfüllen der Gewährleistungspflicht des Rechts auf Arbeit doch wohl darstellt, ist in einem gewaltengeteilten Rechtsstaat nun eigentlich die Justiz auf den Plan gerufen.[16] Die Hoffnung, sich mit Hilfe der Justiz einen Arbeitsplatz verschaffen zu können, scheitert allerdings daran, daß die völkerrechtlichen Normen keinen Individualanspruch begründen. Die Rechtsprechung ist allerdings verpflichtet, bei der Anwendung auslegungsbedürftiger Normen – etwa bei der Prüfung der Sozialwidrigkeit einer Kündigung – das Bestehen eines Rechtsgrundsatzes auf Arbeit zu berücksichtigen. Die praktische Auswirkung dürfte dabei jedoch gering bleiben.[17] Den Staaten wird ein weiter Ermessensspielraum eingeräumt, welche Maßnahmen sie zur Erfüllung ihrer Gewährleistungspflicht ergreifen wollen, wenn auch die hierzu etwa in der Menschenrechtskonvention enthaltenen Schritte bereits in einer gewissen Weise konkretisiert sind.

Das Recht auf Arbeit hat somit zwar lediglich den Charakter eines Programmsatzes, der jedoch eine ständige Inpflichtnahme des Staates für eine Wirtschaftspolitik der Vollbeschäftigung beinhaltet. Hier liegt die rechts- und gesellschaftspolitische Triebkraft des Rechts auf Arbeit begründet.[18] Denn die Gewährleistung eines solchen Rechts stößt in einer privatwirtschaftlich strukturierten Gesellschaftsordnung zwangsläufig auf die Dispositions- und Verfügungsbefugnis der privaten Kapitaleigner als Grenze. Dies gilt sowohl bei Einstellungsverpflichtungen[19] wie bei einer Beschränkung der Kündigungsfreiheit. Einstellung und Entlassung unterliegen gegenwärtig weitgehend dem Autonomiespielraum des Einzelunternehmens, wobei die gesetzlichen und tarifvertraglichen Beschränkungen noch zu gering sind, um einen effektiven Arbeitsplatzschutz zu erreichen.

Dieser Autonomiespielraum bei Entlassungen soll im folgenden zunächst näher ausgeleuchtet werden, um die Bedeutung der aus dem Recht auf Arbeit abgeleiteten Forderung nach einer Erweiterung des Bestandsschutzes ermessen zu können.

3. Der bestehende Kündigungsschutz

3.1 Kündigungsfreiheit und ihre Beschränkungen

Die gegenwärtige Rechtslage bei Kündigungen des Arbeitsverhältnisses ist geprägt durch die Fiktion eines zweiseitigen Freiheitsrechts.[20] Mit der Einbettung in das BGB von 1900 unterliegt das Arbeitsverhältnis den für alle schuldrechtlichen Vertragsverhältnisse gleichermaßen entwickelten Grundsätzen der Privatautonomie, die neben der Abschluß- und Gestaltungs- auch die Beendigungsfreiheit eines Arbeitsverhältnisses postulieren. Bei der Kündigung des Arbeitsverhältnisses legt das BGB als einzige Freiheitsbeschränkung die Einhaltung bestimmter Kündigungsfristen auf.[21] Das BGB klammert bei allen Vertragsverhältnissen die sozialen Rahmenbedingungen, unter denen sie sich vollziehen, aus. Diese formale Gleichstellung beider Vertragsparteien verstärkt jedoch im Arbeitsverhältnis ihre tatsächliche, materiell bedingte Ungleichheit. Für den Arbeitgeber stellt sich die Kündigungsfreiheit als Möglichkeit dar, den für seine unternehmerische Zielsetzung notwendigen Arbeitskräftebedarf jederzeit regulieren zu können. Die Kündigungsfreiheit bedeutet demgegenüber für den Arbeitnehmer das Recht, seine Arbeitskraft einem neuen Käufer anbieten zu können, wobei er allerdings voll das Marktrisiko trägt, keine Abnahme zu finden.[22] Während er bei fehlender Nachfrage auf seiner Arbeitskraft „sitzen" bleibt und damit seine in der Regel einzige Einkommensquelle brach liegt, hat für den Arbeitgeber eine Kündigung von Arbeitnehmern kaum materielle Folgewirkungen. Eventuell zu zahlende Abfindungen dürften als laufende Unkosten abgeschrieben werden. Sein Kapital im übrigen wird durch einen Austausch bzw. durch eine Hinwegrationalisierung von Arbeitskräften nicht berührt.

Diese materiell bedingte Relativierung der vom BGB auch dem Arbeitnehmer zugeteilten Freiheitsrechte ist zwar seit Inkrafttreten des BGB tendenziell rückgängig gemacht worden. Speziell im Bereich der Kündigungsfreiheit hat eine solche Veränderung durch die Auferlegung einer Begründungspflicht für den Arbeitgeber bei ordentlichen Kündigungen und der Einschaltung des Betriebsrats in das Kündigungsverfahren stattgefunden. Nach dem Kündigungsschutzgesetz muß eine ordentliche Kündigung sozial gerechtfertigt sein[23], was der Arbeitnehmer in einem gerichtlichen Verfahren überprüfen lassen kann[24], in dem der Unternehmer die Begründungs- und Beweislast trägt. In Betrieben mit einem Betriebsrat muß dieser vor jeder ordentlichen Kündigung gehört werden[25]; unter bestimmten Voraussetzungen kann er einer Kündigung widersprechen, was den Arbeitnehmer berechtigt, vom Arbeitgeber bis zur gerichtlichen Klärung eine Weiterbeschäftigung zu verlangen.[26]

Dieser Beschränkungsmechanismus läßt die grundsätzliche Kündigungsfreiheit des Arbeitgebers jedoch dadurch weitgehend bestehen, daß eine Kündigung zunächst einmal vollendete Tatsachen schafft, bevor ihre Rechtmäßigkeit im gerichtlichen Verfahren festgestellt worden ist.[27] Die Kündigung als negatives Gestaltungsrecht bricht in die Rechtssphäre des Gekündigten ein, ohne daß dieser vor einem solchen Einbruch geschützt wäre.[28] Jeder Arbeitnehmer kann zwar durch Klage vor dem Arbeitsgericht die Rechtmäßigkeit der Kündigungserklärung nachträglich überprüfen lassen. Diesen Prozeß gegen den Arbeitgeber führt er jedoch in der Regel nicht von seinem Arbeitsplatz aus, da mit Ablauf der Kündigungsfrist regelmäßig auch seine tatsächliche Beschäftigung eingestellt wird.

Dem Arbeitnehmer bleibt in diesem Regelfall gar nichts anderes übrig, als sich eine neue Beschäftigung zu suchen, schon weil er als Bezieher von Arbeitslosengeld der Arbeitsvermittlung zur Verfügung stehen muß. Denn nur in den seltensten Fällen dürfte es dem Arbeitnehmer gelingen, vor Ablauf der Kündigungsfrist beim Arbeitsgericht einen Verhandlungstermin zu bekommen. Kommt in diesem als Güteverhandlung konzipierten Termin keine „gütliche" Einigung zustande, was üblich ist, so soll nach dem Gesetz die nächste Verhandlung binnen drei Tagen stattfinden (§ 55 I ArbGG). In der Praxis wird diese Sollvorschrift im Schnitt um 8–9 Monate überzogen.[29] Geht die unterlegene Seite gegen das schließlich in 1. Instanz erstrittene Urteil weiter vor, so schließt sich vor dem LAG eine durchschnittliche Verhandlungsdauer von 1 Jahr und 3 Monaten an. Wird der Streit bis zum BAG geführt, sind noch einmal weitere 2 Jahre zu veranschlagen. Bis zum Abschluß eines Kündigungsstreits bei Ausschöpfung des Rechtsweges vergehen somit 4 volle Jahre.[30] Durch diese monate- oder gar jahrelange Prozeßdauer stößt der „durch das Kündigungsschutzgesetz bezweckte Bestandsschutz auf nahezu unüberwindbare faktische Durchsetzungsschwierigkeiten, so daß der Kündigungsschutzprozeß heute im Normalfall auf einen reinen Abfindungsprozeß hinausläuft."[31]

3.2 *Die bisherigen Bemühungen um einen vorläufigen Bestandsschutz*

Im Kündigungsschutzprozeß ist also für den Arbeitnehmer keine allgemein geltende Sicherung eingebaut, daß er bis zur rechtskräftigen Feststellung der Wirksamkeit der Kündigungserklärung weiterbeschäftigt wird. Ansatzweise ist eine solche Sicherung lediglich im Anwendungsbereich des BetrVG gegeben, wo der unter bestimmten Umständen zulässige Widerspruch des Betriebsrats gegen eine ordentliche Kündigung einen Weiterbeschäftigungsanspruch nach sich zieht.

Nun ist die Forderung nach einer solchen Sperre, mit der – ähnlich wie bei der Anfechtung eines Verwaltungsaktes im Verwaltungsprozeß – die Wirksamkeit der Kündigungserklärung bei einem Einspruch des Arbeitnehmers bis zur gerichtlichen Feststellung aufgeschoben wird, durchaus nicht neu. Sie geht zurück bis in die Anfangsjahre der Weimarer Republik, wo sie bereits partiell tarifvertraglich und gesetzlich verwirklicht war. Dabei wurden seinerzeit im Zusammenhang mit der revolutionären Rätebewegung und umfassenden Streikaktionen als natürliche Sperrinstanzen die Betriebs- und Angestelltenausschüsse anerkannt, denen ein Einspruchsrecht gegen Entlassungen zugebilligt wurde. So sah etwa ein 1919 im Angestelltenbereich nach einem großen Streik durchgesetzter Tarifvertrag vor, daß unter bestimmten Voraussetzungen dem Angestelltenausschuß ein Einspruchsrecht gegen jede Einstellung und Entlassung zugestanden und bei Nichteinigung zwischen Geschäftsleitung und Angestelltenausschuß ein Schlichtungsausschuß entscheiden sollte.[32] Eine ähnliche Regelung erfolgt in Mitteldeutschland im Zusammenhang mit dem Bergarbeiterstreik im März 1919.[33]

Gesetzlich anerkannt war diese kollektive Sperrinstanz in den Demobilmachungsverordnungen der unmittelbaren Nachkriegszeit, die Entlassungen nur im Benehmen mit dem Arbeiter- und Angestelltenausschuß zuließen.[34]

Bei den Beratungen des Betriebsrätegesetzes vom August 1919 bis Januar 1920 wurde namentlich von der USPD die Festschreibung dieser Sperrinstanz bei Entlassungen gefordert. Sie brachte einen Antrag ein, der bei Entlassungen folgendes Verfahren festlegen sollte: „Erachtet der Arbeiter- und Angestelltenausschuß die Anrufung (durch den gekündigten Arbeitnehmer) für begründet, so hat er bei dem Unternehmer Einspruch gegen die Kündigung zu erheben. Kommt eine Einigung nicht zustande, so entscheidet der Bezirksgruppenrat. Der Einspruch hat aufschiebende Wirkung."[35]

So weitgehende Kompetenzen war die Mehrheit der Nationalversammlung jedoch nicht mehr bereit den Betriebsräten zuzugestehen. Mit dem Umschlagen des innen-

politischen Kräfteverhältnisses zugunsten restaurativer Tendenzen wurden die Betriebsräte immer stärker auf die Funktion festgelegt, „die Arbeit möglichst vor Erschütterungen zu bewahren“ und das „Vertrauen der Arbeiterschaft zu der Volkswirtschaft“ des Jahres 1919 zu „heben“[36], ohne ihnen effektive Eingriffe in die unternehmerische Entscheidungsautonomie zu gestatten. Entsprechend wurde eine Sperrkompetenz bei Entlassungen immer stärker abgeschwächt. Nach dem ersten Regierungsentwurf war noch vorgesehen, daß die Arbeitgeber 6 Stunden vor einer Kündigung den Betriebsrat zu unterrichten hätten; im Falle seines Einspruchs sollte ein Schiedausschuß darüber endgültig entscheiden.[37] Gegen diese Regelung wurde von der Rechten eingewandt, „der Unternehmer trage zwar das Risiko des Unternehmens ganz allein; die Maßnahmen aber, die er treffen zu müssen glaubt, um dieses Risiko tragen zu können“ – wie insbesondere die Entlassung von Arbeitskräften –, seien ihm nicht frei gegeben. Er würde vielmehr einem Zwang unterworfen „von einer Seite, die irgendein Risiko nicht hat“.[38]
Unter diesem Beschluß durch die Rechten und dank der Nachgiebigkeit der SPD, die auf ein Arrangement mit den konservativen Kräften bereits stärker setzte als auf konsequentes Zusammengehen mit den Linkskräften zur Durchsetzung ihrer eigenen sozialpolitischen Vorstellungen, blieb schließlich von den in den ersten Nachkriegsmonaten durchgesetzten kollektiven Sperrkompetenzen bei Entlassungen nicht mehr viel übrig. Schon eine vorherige Information des Betriebsrats bei Entlassungen wurde als zu weitgehend gestrichen. Sein Einspruch gegen eine ihm vom betroffenen Arbeitnehmer mitgeteilte Entlassung hatte keine aufschiebende Wirkung, ebenso wenig die Anrufung eines Schiedsausschusses, an dessen Stelle später das Arbeitsgericht trat.[39] Sollte der Einspruch von der Schiedsinstanz als begründet angesehen werden, wurde dem Arbeitgeber obendrein die Möglichkeit eingeräumt, dem Arbeitnehmer eine Abfindung zu bezahlen statt ihn weiter zu beschäftigen.
Die Konzeption des Bestandsschutzes in der Weimarer Republik, bei Entlassungen kollektiven Schutz durch Betriebsräte einzuräumen, war nach dem Ende des Faschismus Anknüpfungspunkt für die Neuregelung in den einzelnen Ländern. Während die Betriebsräte in den Ländern der Ostzone allerdings bei jeder Entlassung ein Vetorecht eingeräumt erhielten[40], war der Umfang ihrer Sperrkompetenz in den Westzonen sehr unterschiedlich.[41] Den weitestgehenden vorläufigen Bestandsschutz und die späte Einlösung des seinerzeitigen USPD-Antrags zum Weimarer Betriebsrätegesetz enthielt das Bremer Betriebsrätegesetz, das in § 40 II der Versagung der Zustimmung des Betriebsrates zur Kündigung und der Anrufung des Arbeitsgerichts aufschiebende Wirkung zuerkannte.[42] Die weitere Entwicklung des Bestandsschutzes ist durch die Aufspaltung in zwei getrennte Regelungsmaterien gekennzeichnet. Bereits der Frankfurter Wirtschaftsrat hatte als eine seiner letzten Amtshandlungen ein isoliertes Kündigungsschutzgesetz erlassen, das dem Betriebsrat keinerlei Kompetenzen bei Entlassungen einräumte.[43] Diese Zurückdrängung des kollektiven Schutzelements, die Individualisierung des Kündigungsverfahrens und die Zuweisung der Schutzfunktion wieder allein an die Arbeitsgerichtsbarkeit wurde als Tenor in das Kündigungsschutzgesetz von 1950 übernommen. Die Grundlinien dieses Gesetzes waren zuvor von DGB und BDA im sogenannten Hattenheimer Ent-

wurf festgelegt und vom Gesetzgeber fast unverändert übernommen worden.[44] Die Gewerkschaften unterlagen dabei offensichtlich dem Trugschluß, sie könnten nach einer Regelung des allgemeinen Kündigungsverfahrens im Zusammenhang mit der späteren Regelung der Mitbestimmung den Betriebsräten bei Entlassungen ein Vetorecht verschaffen.[45] Da die gewerkschaftlichen Mitbestimmungsforderungen an der sich zunehmend verschärfenden Politik der Restauration des traditionellen Eigentums- und Machtsystems scheiterten[46], fehlte über 20 Jahre ein kollektiver Bestandsschutz. Denn das Betriebsverfassungsgesetz von 1952 postulierte lediglich ein vorheriges Anhörungsrecht des Betriebsrats bei Kündigungen, wobei das Gesetz für den Fall der Nichtanhörung keinerlei Sanktionen vorsah.[47]

3.3 Der Weiterbeschäftigungsanspruch nach dem BetrVG 1972

Auch im Betriebsverfassungsgesetz 1972 ist ein kollektiver Bestandsschutz von Arbeitsverhältnissen nur ansatzweise realisiert. Während das grundsätzliche Zustimmungserfordernis des Betriebsrats zur Entlassung von Funktionsträgern der Betriebsverfassung auf außerordentliche Kündigungen ausgeweitet wurde[48], konnte die Forderung des DGB[49] und der SPD-Bundestagsfraktion[50] auf Ausdehnung des Zustimmungserfordernisses zur ordentlichen Kündigung aller Arbeitnehmer nicht durchgesetzt werden. Als Ersatz für diese nicht akzeptierte Sperrkompetenz wurde die Nichtanhörung des Betriebsrats bei Entlassungen mit der Nichtigkeitsfolge der Kündigungserklärung aufgewertet. Ferner wurde in bestimmten Fällen dem Betriebsrat ein Widerspruchsrecht gegen die Entlassung eingeräumt und als Rechtsfolge die Weiterbeschäftigungspflicht des gekündigten Arbeitnehmers durch den Arbeitgeber angeordnet bis zur gerichtlichen Klärung, ob die Kündigung sozial gerechtfertigt war. Diese auf den ersten Blick als effektive Erweiterung des Bestandsschutzes anmutende Regelung hat entsprechende Erwartungen in der Praxis nicht erfüllt. Zunächst wird von der überwiegenden Rechtsprechung eine Weiterbeschäftigungspflicht nur bei der betriebsbedingten Kündigung gesehen und hier die Anforderungen an den Widerspruch des Betriebsrats beträchtlich hoch geschraubt. Anders als es dem Gesetzgeber vorschwebte, betrachtet man die im Gesetz genannten Widerspruchsgründe nicht als Beispielsfälle, sondern als gesetzliche Regeltatbestände, für die dem Betriebsrat eine genaue Begründungspflicht auferlegt wird. So werden etwa konkrete Vorschläge verlangt, wer anstelle des Gekündigten entlassen werden soll bzw. auf welchem konkreten Arbeitsplatz eine Weiterbeschäftigung erfolgen soll[51], was angesichts fehlender wirtschaftlicher Mitbestimmung und damit fehlender Entscheidungskompetenzen über die Schaffung neuer Arbeitsplätze kaum zu erfüllen ist.[52]

Nach der gesetzlichen Regelung muß der Arbeitgeber den Arbeitnehmer nach dem Widerspruch des Betriebsrats bis zum rechtskräftigen Abschluß des Rechtsstreits bei unveränderten Arbeitsbedingungen weiterbeschäftigen. Er kann sich allerdings unter bestimmten Voraussetzungen im einstweiligen Verfügungsverfahren von der Verpflichtung zur Weiterbeschäftigung entbinden lassen. Die Praxis sieht jedoch häufig anders aus, indem sich der Unternehmer einfach weigert, den Arbeitnehmer weiter zu beschäftigen.[53] Damit wird die gesetzliche Regelung glatt umgekehrt, die bei einem Widerspruch des Betriebsrats den Unternehmer zwingen soll, im gerichtlichen Verfahren seine Weiterbeschäftigungspflicht prüfen zu lassen. Nunmehr ist der Arbeitnehmer derjenige, der vor Gericht ziehen muß, um seinen gesetzlichen Weiterbeschäftigungsanspruch durchzusetzen. Dadurch werden gleichzeitig die prozessualen Waffen umgedreht, indem der Arbeitnehmer nunmehr als Kläger bzw. Antragsteller die Beweislast trägt.

Gegen diese Umgehung der gesetzlichen Weiterbeschäftigungspflicht der Unternehmer durch das Ausspielen ihrer faktischen Kündigungsmacht kann der Betriebsrat zwar mit einem Bestrafungsantrag nach § 23 BetrVG vorgehen. Allerdings setzt dies die vorherige Verurteilung des Arbeitgebers zur Weiterbeschäftigung voraus, was gegen die Umgehungstaktik der Arbeitgeber wiederum ein erst spät und dann auch nur in Extremfällen einsetzbares Mittel ist.[54]

Das in § 102 BetrVG vorgesehene Widerspruchsrecht des Betriebsrats mit der Folge einer Weiterbeschäftigungspflicht des Arbeitgebers ist zwar vom Ansatz her ein Schritt in die richtige Richtung hin zu einem effektiven Bestandsschutz. Aber durch die Einengung der Widerspruchsmöglichkeit auf bestimmte enummerativ aufgezählte Widerspruchsgründe wird das Widerspruchsrecht zum Ausnahmerecht. Die faktische Möglichkeit des Arbeitgebers, die mit dem Widerspruchsrecht verknüpfte Rechtsfolge der Weiterbeschäftigungspflicht im Wege schlichter Nichtbefolgung außer Kraft zu setzen, führt schließlich zu seiner völligen Entleerung.

Ferner ist der personelle Anwendungsbereich dieser Regelung auf Arbeitnehmer von Betrieben mit einem bestehenden Betriebsrat beschränkt also auf etwa 1/10 aller Betriebe.[55] In betriebsratslosen Betrieben und – wie gesagt – in der Praxis auch in Betrieben mit einem Betriebsrat ist der Arbeitnehmer gezwungen, eine vorläufige Weiterbeschäftigung bis zum Ausgang eines parallel laufenden Kündigungsschutzprozesses grundsätzlich im einstweiligen Verfügungsverfahren durchzusetzen. Dieser Verfahrensweg wird zwar im Prinzip für zulässig erachtet.[56] Auf ihm zu einer vorläufigen Weiterbeschäftigung zu kommen, ist jedoch nach einer Entscheidung des BAG vom Mai 1977 nahezu aussichtslos geworden.[57] Das BAG hat zwar einen grundsätzlichen Verfügungsanspruch auf tatsächliche Beschäftigung im Rahmen eines bestehenden Arbeitsverhältnisses bestätigt.[58] Obwohl die Kündigungserklärung bis zur gerichtlichen Feststellung ihrer Wirksamkeit das Arbeitsverhältnis rechtlich bestehen und damit auch die Beschäftigungspflicht fortdauern läßt, ist das BAG der Ansicht, bei einem solchermaßen angefochtenen Rechtsverhältnis entfalle jedoch die Beschäftigungspflicht. Nur in Ausnahmefällen – z.B. bei einer offensichtlich rechtsunwirksamen Kündigung – könne der Arbeitgeber zur Weiterbeschäftigung verpflichtet sein.

4. Die rechtspolitischen Vorstellungen zur Ausweitung des Bestandsschutzes

4.1 Die ablehnende Meinung

Die Mängel der gegenwärtigen Bestandsschutzregelungen liegen auf der Hand: Jeder Arbeitnehmer kann die Rechtswirksamkeit einer Kündigungserklärung zwar gerichtlich nachprüfen lassen. Bis zur gerichtlichen Klärung bleibt das Arbeitsverhältnis „schwebend" wirksam. Dieser Schwebezustand nützt jedoch allein dem Arbeitgeber, der nach Ablauf der Kündigungsfrist die Weiterbeschäftigung des Arbeitnehmers ob mit oder ohne Widerspruch des Betriebsrats einfach unterlassen kann. Der Arbeitnehmer hat das Nachsehen. Er ist zunächst einmal seinen Arbeitsplatz los und muß seinem Recht hinterher rennen, wobei er in der Regel den kürzeren Atem hat als der Unternehmer. Unter diesen Umständen erstaunt es nicht, daß der Kündigungsprozeß mehr und mehr zu einem Abfindungsprozeß geworden ist, in dem sich die Parteien zu einem gewissen Zeitpunkt auf eine Abfindung für das Ausscheiden des Arbeitnehmers einigen unbeschadet der Frage, ob dieses Ausscheiden nun zu Recht erfolgt ist oder nicht.

Trotz dieser offenkundigen Mängel wird mit ähnlichen Einwänden wie das Recht auf Arbeit auch eine Verbesserung des Bestandsschutzes abgelehnt. Für die Gegner einer solchen Veränderung ist der bestehende Kündigungsschutz fast zu weitgehend[59], auf jeden Fall aber ausreichend geregelt, wobei durch weitere Verbesserungen der Bogen auf keinen Fall überspannt werden dürfe[60]. Und zwar angeblich deshalb nicht, weil ein übersteigerter Bestandsschutz in einer „Wettbewerbswirtschaft zu einem Leistungsabfall in der Gesamtgesellschaft" führen würde, den „alle zu tragen" hätten.[61] Denn eine relativ starke Sicherung des Arbeitsplatzes bringe als Folge eine geringere Anpassungselastizität der Unternehmen mit sich und führe damit zu einem Zurückbleiben des Sozialprodukts unter seinem möglichen Maximum.[62] Diese düstere Prognose hinsichtlich der gesamtwirtschaftlichen Auswirkungen gipfelt in der Schlußfolgerung, eine Verstärkung des Bestandsschutzes ziehe die Notwendigkeit einer Subventionierung von Privatunternehmen nach sich, denen nicht zugemutet werden können, unproduktive Arbeitsplätze aufrechtzuerhalten.[63] Statt Ausbau des Bestandsschutzes habe deshalb die „politische Parole Reprivatisierung des Beschäftigungsrisikos" zu lauten.[64] Nur unter dem Damoklesschwert des jederzeitigen Gekündigt-werden-könnens seien „Einsatzbereitschaft und Verantwortungsbewußtsein" der Arbeitnehmer als „Voraussetzungen einer leistungsfähigen Wirtschaftsordnung zu erzielen".[65] Die Zulässigkeit einer betriebs-, verhaltens- und personenbedingten Kündigung sei Funktionsvoraussetzung einer Wettbewerbswirtschaft.[66]

4.2 *Kritik dieser Auffassung*

Der rechtspolitische Ausgangspunkt dieser Auffassung ist die These, es sei alles zu unterlassen, was den Autonomiespielraum des Unternehmers im Betrieb einengen könnte. Dieser rechtspolitische Standpunkt ist nun nicht neu, sondern existiert solange, seit die Arbeitnehmer in organisierter Form ihre Gegenvorstellungen gegenüber diesem Autonomieanspruch artikuliert haben.[67] Dabei zeichnet sich dieser Standpunkt, der mit wechselnder Begründung gegenüber fast jeder Forderung nach einer Veränderung des wirtschaftspolitischen status quo zugunsten der abhängig Beschäftigten vertreten wird[68], durch eine hartnäckige Ignoranz gegenüber den verfassungsrechtlichen Rahmenbedingungen für staatliche Eingriffskompetenzen in diesen unternehmerischen Autonomiespielraum aus.

Die Beschränkung der Kündigungsfreiheit des Unternehmers scheint zunächst zwar mit der von Art 2 GG garantierten Entfaltungsfreiheit zu kollidieren, die nach allgemeiner Ansicht auch die Vertragsfreiheit als Mittel der Entfaltungsfreiheit umfaßt. Dem Gesetzgeber ist jedoch ein weiter Spielraum eingeräumt worden, den Umfang dieses Freiheitsrechts zu konkretisieren. Es ist nun unstreitig, daß mit den bisherigen Beschränkungen der unternehmerischen Kündigungsfreiheit im KSchG dieses gesetzgeberische Ermessen nicht in verfassungswidriger Weise überschritten worden ist. Ebensowenig greift eine weitergehende Beschränkung der Kündigungsfreiheit von Unternehmern in die Wesensgehaltsgarantie dieses Grundrechts ein, da der unternehmerische Entfaltungsspielraum nur auf einem Teilbereich seiner Vertragsautonomie beschränkt wird.

Es kommt daher nicht von ungefähr, daß die Einwände gegen eine Veränderung des bestehenden Kündigungsschutzes unter dem Aspekt der Eigentumsfreiheit vorgetragen werden. Da die Kündigungsfreiheit des Unternehmers mit seiner Stellung als Eigentümer der Produktionsmittel zusammenfällt, bedeutet eine Beschränkung der Kündigungsfreiheit gleichzeitig eine Einschränkung seiner Eigentumsbefugnisse, hier seiner Dispositionsbefugnis über die zum Einsatz an den Produktionsmitteln erwünschten Arbeitskräfte. Eine solche Beschränkung ist nun allerdings geboten, wenn nur so ein sozialgemäßer Gebrauch des Eigentums gewährleistet werden kann[69]. Die Gewährleistung der Sozialpflichtigkeit des Eigentums nach Art. 14 II GG, die sich aufgrund einer anderen Zielsetzung von Kapitaleignern bei der Investierung von Kapital in den Produktionsprozeß nicht von selbst einstellt, ist dabei nicht von ungefähr dem Staat durch das demokratische Sozialstaatsprinzip auferlegt worden.

Dieses äußerst kontrovers behandelte Prinzip[70] stellt sich entstehungsgeschichtlich als Ersatz für den Verzicht auf einen sozialen Grundrechtskatalog dar, als Aufforderung an den Gesetzgeber, im Wege der einfachen Gesetzgebung aktiv in die Wirtschafts- und Gesellschaftspolitik zugunsten der sozial Benachteiligten einzugreifen. Dabei beinhaltet dieses Prinzip sozialgeschichtlich nicht die Aufforderung zum Marsch in den Wohlfahrtsstaat – d. h. zum harmonischen Nebeneinander von unangetasteter privater Wirtschaftspolitik und staatlicher Sozialpolitik – sondern die Aufforderung zur Begrenzung des Eigentümer-Machtbereichs von Produktionsmittelbesitzern.[71] Nicht zuletzt die Erfahrungen aus der Weimarer Republik mit un-

kontrollierten und nahezu unbegrenzten monopolistischen Machtgruppen im Wirtschaftsprozeß – die 1949 bei den Beratungen des Parlamentarischen Rates noch allzu frisch waren[72] – haben zur Normierung dieser staatlichen Eingriffskompetenz in den Wirtschaftsprozeß geführt. Die Festlegung einer Sozialpflichtigkeit des Eigentums und die Offenhaltung der Option für eine Entziehung privater Eigentumstitel bei Großunternehmen zugunsten einer Sozialisierung (Art. 15 GG) geben dieser Eingriffskompetenz verfassungsrechtliche Orientierungspunkte.[73]
In diesem Kontext bedeutet die auf völkerrechtlicher Ebene kodifizierte und in innerstaatliches einfaches Gesetzesrecht transformierte Verpflichtung zur Durchsetzung eines Rechts auf Arbeit einen weiteren Orientierungspunkt für staatliche Eingriffe in den Wirtschaftsprozeß. Dem Ausbau des Bestandsschutzes von Arbeitsverhältnissen als Teilelement zur Verwirklichung des Rechts auf Arbeit kommt damit nicht nur ein hoher Grad an Legitimität zu. Der staatliche Gesetzgeber hat durch die Ratifizierung völkerrechtlicher Normen, die ihn zur Realisierung des Rechts auf Arbeit verpflichten, die ihm vom Sozialstaatsprinzip bereits auferlegten Eingriffsmaßnahmen in privates Wirtschaftseigentum auch weiter konkretisiert.

4.3 Die rechtspolitische Bedeutung von tarifvertraglichen Regelungen

Die Einlösung dieser Verpflichtung dürfte sich dabei allerdings kaum im Selbstlauf verwirklichen lassen. Eine wesentliche mobilisierende Funktion kommt daher der gewerkschaftlichen Tarifpolitik zu. In dem Maße, in dem es den Gewerkschaften gelingt, weitgehende Bestandsschutzregelungen tarifvertraglich durchzusetzen, wird der Gesetzgeber schwerlich sein Zögern zur Schaffung entsprechender allgemein geltender Regelungen aufrecht erhalten können. Diese der gewerkschaftlichen Tarifpolitik zugedachte Vorreiterrolle ist dabei keineswegs neu, sondern entspricht einer alten Erfahrung der Gewerkschaftsbewegung. Auf sie scheinen sich die Gewerkschaften in jüngster Zeit auch wieder verstärkt zu besinnen.[74] Offensichtlich etwas ernüchtert von der Wirtschafts- und Sozialgesetzgebung der letzten Jahre versuchen sie ihren tarifpolitischen Handlungsspielraum voll auszuschöpfen, vor allem um die Auswirkungen von Rationalisierungsmaßnahmen abzufangen.[75] Für die besonders gefährdete Gruppe der älteren Arbeitnehmer wurden dabei Regelungen durchgesetzt, die nach einer bestimmten Beschäftigungsdauer und ab einem bestimmten Alter die ordentliche Kündbarkeit ausschließen.[76] Von der im Betriebsverfassungsgesetz selbst ausdrücklich vorgesehenen Möglichkeit, durch Betriebsvereinbarungen dem Betriebsrat als Sperrinstanz bei Entlassungen weitergehende Rechte, etwa ein grundsätzliches Vetorecht, einzuräumen, ist dagegen kaum Gebrauch gemacht worden. Dies erklärt sich nicht zuletzt aus den beschränkten Möglichkeiten, auf das Zustandekommen einer Betriebsvereinbarung gegebenenfalls mit dem Druckmittel Streik einzuwirken, das nach der Rechtsprechung des BAG hier nicht eingesetzt werden darf.[77] Als Beispiel für den tarifvertraglichen Ausbau der Sperrkompetenzen des Betriebsrats bei Entlassungen sei hier der Manteltarifvertrag zwischen der Gewerkschaft NGG und der Zigarettenindustrie vom 18. Dezember 1975 angeführt.[78]

Nach diesem Tarifvertrag ist Voraussetzung für Einstellungen und Entlassungen die Übereinstimmung zwischen Betriebsleitung und Betriebsrat. Wenn eine Übereinstimmung nicht erreicht werden kann, entscheidet eine paritätisch mit je 2 Arbeitgeber- und Arbeitnehmervertretern besetzte Schiedsstelle. Der Vorsitz wechselt von Fall zu Fall, wobei dem Vorsitzenden ein doppeltes Stimmrecht eingeräumt wird.

4.4 *Vorschläge de lege ferenda*

Die tarifvertragliche Ausweitung der Kompetenzen des Betriebsrats kann als Regelungsvorbild für einen Teilbereich der Bestandsschutzproblematik dienen.
Die Ausgestaltung des Betriebsrats zu einer effektiven Sperrinstanz bei Entlassungen ist mit der jetzigen Regelung des Widerspruchsverfahrens im Betriebsverfassungsgesetz nicht gelungen. Die vage Formulierung der gesetzlichen Widerspruchsgründe, deren Konkretisierung die Gerichte den damit überforderten Betriebsräten auferlegen, und die Gesetzesumgehung der Unternehmer durch schlichte Nichtweiterbeschäftigung trotz Widerspruchs des Betriebsrats sowie die Beschränkung des Widerspruchsverfahrens auf ordentliche Kündigungen, womit zusätzliche Umgehungsmöglichkeiten durch Aussprechen einer nicht dem Widerspruchsrecht unterliegenden außerordentlichen Kündigung eröffnet sind[79], haben das kollektive Bestandsschutzverfahren nicht wesentlich verbessert.
Der Betriebsrat kann einen effektiven Schutz nur gewährleisten, wenn das Entlassungsverfahren grundsätzlich an seine Zustimmung gekoppelt ist. Dieser Ausbau des individuellen Bestandsschutzes durch Effektivierung der kollektiven Sperrinstanz entspricht einer traditionellen Forderung der organisierten Arbeiterbewegung. Hier schlägt sich ein grundsätzliches Verständnis der Arbeiterbewegung vom Schutz individueller Rechtspositionen der Arbeitnehmer in einem privatkapitalistisch organisierten Unternehmen nieder. Ausgehend von der Erfahrung, daß diese Positionen in einem latenten Konflikt mit den Eigentums- und Direktionsbefugnissen des Arbeitgebers stehen, wird die Chance zum Schutz von Arbeitnehmerrechten nur im Wege kollektiver Kontrolle durch die Betroffenen selbst gesehen. Die Forderung an den Gesetzgeber, seiner gesetzlichen Verpflichtung zur Realisierung des Rechts auf Arbeit nachzukommen, beinhaltet daher bei der Realisierung des Teilproblems Bestandsschutz von Arbeitsverhältnissen konsequenterweise, den kollektiven Schutzorganen ein effektives Mitbestimmungsrecht einzuräumen.

Jede Entlassung – also sowohl die ordentliche als auch die außerordentliche Kündigung – wäre danach von der Zustimmung des Betriebsrats abhängig zu machen. Eine echte Mitbestimmung ist dabei nur vorhanden, wenn der Betriebsrat mit seiner Entscheidung eine Entscheidung des Unternehmers abschließend beeinflussen kann und die Letztentscheidung keiner Schiedsinstanz – etwa der jetzigen Einigungsstelle nach dem Betriebsverfassungsgesetz – übertragen wird. In einem Entwurf für ein Arbeitsverhältnisgesetz fordert der DGB daher folgerichtig, daß als Wirksamkeitsvoraussetzung für die Kündigungserklärung des Unternehmers die Zustimmung des Betriebsrats erforderlich ist.[80] Wird diese Zustimmung verweigert, ist die Kündigungserklärung rechtsunwirksam.

In betriebsratslosen Betrieben entfällt mangels einer kollektiven Sperrinstanz dieser kollektive Schutz. Das Recht auf Arbeit in der Ausprägung eines Rechts auf Erhalt des Arbeitsplatzes ist jedoch als allgemein geltender Rechtsgrundsatz zu verwirklichen. Deshalb ist bei Fehlen eines Betriebsrats hier den Arbeitsgerichten eine erhöhte Schutzfunktion einzuräumen.
Dabei ist der bereits jetzt bestehende Rechtszustand, wonach das Arbeitsverhältnis durch eine Kündigungserklärung in seinem rechtlichen Bestand nicht zerstört wird, wenn der Gekündigte Kündigungsschutzklage erhebt, auch mit praktischen Konsequenzen hinsichtlich der Weiterbeschäftigungspflicht zu versehen.
Nach der Rechtsprechung des BAG folgt für den Arbeitnehmer aus den verfassungsrechtlichen Grundprinzipien der Menschenwürde (Art. 1 GG) und der Entfaltungsfreiheit (Art. 2 GG) bei bestehenden Arbeitsverhältnissen auch eine tatsächliche Beschäftigungspflicht.[81] Diese Pflicht hat das BAG in unvertretbarer Weise bei gekündigten Arbeitsverhältnissen modifiziert, indem es die Kündigungserklärung als Makel ansieht, der dem Arbeitgeber die Erfüllung seiner grundsätzlich weiterbestehenden Beschäftigungspflicht unzumutbar mache.[82] Damit ist die verfahrensrechtlich mögliche Verfolgung des Beschäftigungsanspruchs im Wege der einstweiligen Verfügung bei gleichzeitiger Kündigungsschutzklage auf den absoluten Ausnahmefall beschränkt worden, daß die Kündigungserklärung ihre Rechtsunwirksamkeit praktisch auf der Stirn trägt.
Eine Umgestaltung des allgemeinen Kündigungsverfahrens ist damit noch dringlicher geworden. Ein Bestands- und vorläufiger Beschäftigungsschutz bei Kündigungen läßt sich erreichen, wenn der Arbeitgeber – vergleichbar dem Vermieter im Mieterschutzprozeß[83] – das Kündigungsrecht klageweise geltend machen muß. Das jetzige Gestaltungsrecht der Kündigung mit ihrer sofortigen Einbruchwirkung in die Rechtssphäre des Arbeitnehmers muß in ein Gestaltungsklagerecht umgewandelt werden, das die Rechtssphäre des Arbeitnehmers bis zur rechtskräftigen gerichtlichen Feststellung der Wirksamkeit einer Kündigungserklärung schützt.[84]
Diese Umgestaltung der Kündigung in ein Gestaltungsklagerecht und das Erfordernis für den Arbeitgeber, es im Wege einer Aufhebungsklage durchzusetzen, kann für den Arbeitnehmer einen tatsächlichen vorläufigen Bestandsschutz bewirken. Allerdings lassen die Erfahrungen mit der schlichten Nichtbefolgung der Weiterbeschäftigungsverpflichtung bei Widerspruch des Betriebsrats gewisse Befürchtungen angebracht erscheinen, daß ohne Sanktionsmittel der Arbeitgeber auch bei dem Erfordernis einer Aufhebungsklage seine tatsächlichen Machtbefugnisse zu Lasten des Arbeitnehmers ausspielt und ihn einfach nicht beschäftigt. Hier bliebe dem Arbeitnehmer wieder nichts anderes übrig, als den Weg der einstweiligen Verfügung zu beschreiten. Dieser Weg dürfte bei einer gesetzlichen Anerkennung der grundsätzlichen Weiterbeschäftigungspflicht eine zumindest realistischere Perspektive anbieten als jetzt, den Arbeitgeber zur Einhaltung entsprechender Verpflichtungen zu zwingen[85].

5. Fazit

1. In der Bundesrepublik Deutschland besteht ein Recht auf Arbeit, das in mehreren völkerrechtlichen Verträgen normiert ist, die von der BRD ratifiziert und damit in innerstaatliches Recht transformiert worden sind. Das in diesen völkerrechtlichen Normen enthaltene Recht auf Arbeit verpflichtet die BRD zu einer Politik der Vollbeschäftigung und konkretisiert insofern den Sozialstaatsauftrag des Grundgesetzes.

2. Eine Politik der Vollbeschäftigung hat als Zielfunktion nicht nur die Schaffung neuer Arbeitsplätze, sondern gleichzeitig den Erhalt bestehender Arbeitsplätze. Ein beschäftigungspolitisches Instrument zur Erreichung dieses zweiten Ziels ist der gesetzliche Kündigungsschutz.

3. Die gegenwärtige Ausgestaltung des Kündigungsschutzes wird dieser Aufgabe nicht gerecht. Für den Arbeitgeber besteht trotz gesetzlicher Restriktionen weitgehend Kündigungsfreiheit. Die gerichtliche Überprüfung der Kündigungsentscheidung des Arbeitgebers hinkt den von ihm durch den Vollzug der Kündigung geschaffenen Fakten hinterher. Die Kontrollfunktion des gerichtlichen Kündigungsverfahrens stößt angesichts der langen Verfahrensdauer damit ins Leere. Das im BetrVG für Betriebe mit einem Betriebsrat vorgesehene Widerspruchsrecht des Betriebsrats gegen eine ordentliche Kündigung mit der Folge einer Weiterbeschäftigungspflicht des Arbeitgebers bis zum Ausgang des Kündigungsverfahrens stellt zwar den begrüßenswerten Versuch einer Korrektur dieses Zustands dar. Die gesetzliche Ausgestaltung des Widerspruchsrechts hat jedoch eine Umgehungspraxis der Unternehmer nicht verhindern können.

4. Die durch das Bestehen eines Rechts auf Arbeit vorgegebene beschäftigungspolitische Verpflichtung des Gesetzgebers, den Erhalt von Arbeitsplätzen zu sichern, kann durch den Einbau von Sperrinstanzen, die zumindest einen vorläufigen Bestandsschutz bis zum Ausgang des Kündigungsverfahrens gewährleisten sollen, sicher nur ansatzweise erfüllt werden. Eine solche Umgestaltung des Kündigungsverfahrens durch die Einführung vorbeugender Kontrollmechanismen – Zustimmungsbefugnis des Betriebsrats und gerichtliche Auflösungsklage – ist jedoch als Schutzmaßnahme zugunsten der Arbeitnehmer vor dem jederzeitigen Kündigungszugriff des Arbeitgebers besonders dringlich.

Anmerkungen

1 Zur neueren Literatur vgl. Heide M. Pfarr, DuR 1973, S. 124 f.; M. Rath, Die Garantie des Rechts auf Arbeit, Kommission für wirtschaftlichen und sozialen Wandel, Bd. 25, Göttingen 1974; U. Lohmann, Gewerkschaftliche Monatshefte 1975, S. 241 f.; P. Schwerdtner, Individualarbeitsrecht, 1976 Rdnr. 131; ders., Das Recht auf Arbeit – ein Weg zur Knechtschaft? Zeitschrift für Arbeitsrecht 1977, S. 47 f.; Herschel, Betriebsberater 1977, S. 708 f.; U. Mückenberger, Recht auf Arbeit oder Arbeitsrecht?, Frankfurter Hefte 1977, H. 4, S. 83. Martiny, Recht auf Arbeit und GG. In: Gewerkschaftliche Politik: Reform aus Solidarität. FS Hans O. Vetter, 1977. Achten u.a. Recht auf Arbeit – eine politische Herausforderung, 1978.

2 Symptomatisch P. Schwerdtner, Individualarbeitsrecht (Anm. 1).

3 Memorandum der 80 Wirtschaftswissenschaftler: „Vorschläge zur Beendigung der Massenarbeitslosigkeit", in: Blätter für deutsche und internationale Politik, H. 5, 1977; Vorschläge des DGB zur Wiederherstellung der Vollbeschäftigung, ohne Ort und ohne Jahr (1977).

4 Dies. ebenda.

5 P. Schwerdtner, Individualarbeitsrecht (Anm. 1).

6 Becker/Rommelspacher, Zeitschrift für Rechtspolitik 1976, S. 40 f.

7 So ausdrücklich Schwerdtner, Recht auf Arbeit (Anm. 1), S. 73.

8 Vgl. dazu Mayer/Stuby, Die Entstehung des Grundgesetzes, Köln 1976; Niclauß, Demokratiegründung in Westdeutschland, München 1974; Soergel, Konsensus und Interesse, Stuttgart 1969.

9 In Art. 28 der Hessischen Verfassung vom 1. Dez. 1946 heißt es etwa: Abs. 2 "Jeder hat nach seinen Fähigkeiten ein Recht auf Arbeit und, unbeschadet seiner persönlichen Freiheit, die sittliche Pflicht zur Arbeit". Art. 49 der Verfassung des Landes Bremen vom 21. Okt. 1947 bestimmt: Abs. 1 ,,Die menschliche Arbeitskraft genießt den besonderen Schutz des Staates. Abs. 2 Der Staat ist verpflichtet, geeignete Maßnahmen zu treffen, daß jeder, der auf Arbeit angewiesen ist, durch Arbeit seinen Lebensunterhalt verdienen kann." Entsprechende Verpflichtungen enthalten Art. 45 der Verfassung des Saarlandes vom 15. Dez. 1947; Art. 166 der Verfassung des Freistaates Bayern vom 21. Febr. 1946; Art. 53 der Verfassung des Landes Rheinland-Pfalz vom 18. Apr. 1947; Art. 12 der Verfassung des Landes West-Berlin vom 1. Sept. 1950, abgedruckt in Füßlein, Deutsche Verfassungen, 3. Aufl., Berlin/Frankfurt 1961. Vgl. auch G. Stuby, Das RaA als Grundrecht und als int. Menschenrecht, in: Achten u.a. (Anm. 1) S. 75 f.

10 Art. 1 der Europäischen Sozialcharta lautet: „Um die wirksame Ausübung des Rechts auf Arbeit zu gewährleisten, verpflichten sich die Vertragsparteien,

1. zwecks Verwirklichung der Vollbeschäftigung die Erreichung und Aufrechterhaltung eines möglichst hohen und stabilen Beschäftigungsstandes zu einer ihrer wichtigsten Zielsetzungen und Aufgaben zu machen;
2. das Recht des Arbeitnehmers wirksam zu schützen, seinen Lebensunterhalt durch eine frei übernommene Tätigkeit zu verdienen;
3. unentgeltliche Arbeitsvermittlungsdienste für alle Arbeitnehmer einzurichten oder aufrechtzuerhalten;
4. eine geeignete Berufsberatung, Berufsausbildung und berufliche Wiedereingliederung sicherzustellen oder zu fördern." Abgedr. in BT-Drucks. IV/2117 f.

11 Art. 6 der UNO-Menschenrechtskonvention bestimmt: „Abs. 1: Die Vertragsstaaten erkennen das Recht auf Arbeit an, welches das Recht jedes einzelnen auf die Möglichkeit, seinen Lebensunterhalt durch freigewählte oder angenommene Arbeit zu verdienen, umfaßt, und unternehmen geeignete Schritte zum Schutze dieses Rechts. Abs. 2: Die von einem Vertragsstaat zur vollen Verwirklichung dieses Rechts zu unternehmenden Schritte umfassen fachliche und berufliche Beratung und Ausbildungsprogramme sowie die Festlegung von Grundsätzen und Verfahren zur Erzielung einer stetigen wirtschaftlichen, sozialen und kulturellen Entwicklung und einer produktiven Vollbeschäftigung unter Bedingungen, welche die politischen und wirtschaftlichen Grundfreiheiten des einzelnen schützen." Abgedr. in BGBl. II 1973, S. 1569 f.

12 Im ILO-Übereinkommen Nr. 122 heißt es in Art. 1: „1. Um das wirtschaftliche Wachstum und die wirtschaftliche Entwicklung anzuregen, den Lebensstandard zu heben, den Arbeitskräftebedarf zu decken sowie die Arbeitslosigkeit und Unterbeschäftigung zu beseitigen, hat jedes Mitglied als eines der Hauptziele eine aktive Politik festzulegen und zu verfolgen, die dazu bestimmt ist, die volle, produktive und freigewählte Beschäftigung zu fördern.

2. Diese Politik muß zu gewährleisten suchen, a) daß für alle Personen, die für eine Arbeit zur Verfügung stehen und Arbeit suchen, eine solche Arbeit vorhanden ist . . ." Abgedr. in Bundesarbeitsblatt 1966, S. 297 f.

13 Es ist jeweils nur ein Berichtsystem über die Durchführung der übernommenen Verpflichtungen vorgesehen.

14 Hierzu vgl. die Prinzipiendeklaration der UNO anläßlich ihres 25-jährigen Bestehens vom 24. Okt. 1970, abgedr. in Völkerrecht, Dokumente, Teil 3, Köln 1974, S. 1164 f., in der es etwa heißt: „Aufgrund des Prinzips der Gleichberechtigung und des Selbstbestimmungsrechts der Völker haben alle Völker das Recht, völlig frei und ohne Einmischung von außen über ihren politischen Status zu entscheiden und ihre wirtschaftliche, soziale und kulturelle Entwick-

lung zu gestalten und jeder Staat ist verpflichtet, dieses Recht ... zu achten." Allgemein dazu etwa Arzinger, Das Selbstbestimmungsrecht im allgemeinen Völkerrecht der Gegenwart, Berlin 1966.

15 So etwa das Memorandum der 80 Wirtschaftswissenschaftler (Anm. 3).

16 Zu den damit verbundenen Problemen vgl. nur Ridder, Die soziale Ordnung des Grundgesetzes, Opladen 1975.

17 Vgl. dazu etwa Däubler, Arbeit und Recht 1977, S. 287; Seiter, Streikrecht und Aussperrungsrecht, Tübingen 1975, S. 137 f.

18 Vgl. etwa die Forderung nach Verankerung eines Rechts auf Arbeit im Grundgesetz auf dem 1977 durchgeführten Gewerkschaftstag der IG Metall; IG Druck und Papier; Handel, Banken und Versicherungen; Gewerkschaft Holz und Kunststoff.

19 Dazu etwa Kittner, Frankfurter Rundschau vom 22. Dez. 1976.

20 Zu diesem Komplex vgl. etwa Däubler, Formale oder materiale Selbstbestimmung?, Zur rechtswissenschaftlichen Diskussion um die Vertragsfreiheit, in: Greiffenhagen (Hrsg.), Emanzipation, Hamburg 1973, S. 114 f.

21 Diese wurden in § 621 BGB für gewerbliche Arbeiter langsam ausgedehnt, zuletzt durch Gesetz vom 14. Aug. 1969. Für Angestellte gilt immer noch das Gesetz über die Fristen für die Kündigung von Angestellten von 1926.

22 Das klassische Wort von Marx über die Doppelfreiheit des Arbeitnehmers hat immer noch seine Gültigkeit, Das Kapital, Marx-Engels Werke, Bd. 23, S. 183.

23 § 1 KSchG nennt als sozialgemäße Kündigungsgründe solche personen-, verhaltens- und betriebsbedingter Art.

24 § 4 KSchG machte dabei die Einhaltung der 3-Wochen-Frist zur materiellen Voraussetzung.

25 § 102 Abs. 1 BetrVG.

26 § 102 Abs. 3 BetrVG nennt die Widerspruchsgründe; § 102 Abs. 5 ordnet als Rechtsfolge die Weiterbeschäftigung an.

27 Zu diesem grundsätzlichen Problem vgl. Berdecki, BB 1973, S. 806 f.; Otto, Recht der Arbeit 1975, S. 68 f.; Becker/Rommelspacher ZRP 1976, S. 40 f.; Notter, DB 1976, S. 772 f.; Kittner, FR vom 22. Dez. 1976; Nickel, AuR 1975, S. 97 f. Klees, Blätter für Steuer-, Sozialversicherungs- und Arbeitsrecht 1978, Heft 11.

28 Bötticher, Festschrift Dölle (1963), Bd. 1, S. 42 f.; Schlosser, Gestaltungsklagen und Gestaltungsurteile, 1966, S. 19 f.

29 So hessische Zahlen, die LAG Präsident Joachim in der FR vom 17. Jan. 1975 mitteilte. Die Situation dürfte sich – auch nach Inkrafttreten der Vereinfachungsnovelle am 1. Juli 1977 (dazu Philippsen u. a. NJW 1977, S. 113 f.) – kaum verändert haben. Vgl. dazu Joachim, AuR 1977, S. 307 f.

30 Nach Statistiken des BAG, vgl. Notter (Anm. 27), Fußn. 3.

31 So zu recht Becker/Rommelspacher (Anm. 6).

32 Abgedruckt in Hoeniger-Wehrle, Arbeitsrecht, 1. Aufl. 1920, Anhang A 3.

33 Vgl. Flatow-Kahn-Freund, Kommentar zum Betriebsrätegesetz, 13. Aufl. 1931, S. 21; Koenen, Verhandlungen der Deutschen Nationalversammlung in Weimar, Stenographische Berichte, S. 4413 f.

34 Grundlegend VO vom 12. Febr. 1920, RGBl., S. 218.

35 Verhandlungen der Deutschen Nationalversammlung in Weimar, Stenographische Berichte, S. 4413.

36 Begründung des Betriebsrätegesetzes durch Reichsarbeitsminister Schlicke, Verhandlungen der Deutschen Nationalversammlung in Weimar, Stenographische Berichte, S. 2721.

37 RegE zum Betriebsrätegesetz, Reichsanzeiger vom 9. Aug. 1919.

38 Abgeordneter Roesicke, Verhandlungen der Deutschen Nationalversammlung in Weimar, Stenographische Berichte, S. 4408.

39 Im einzelnen schließlich in §§ 84, 86, 87 BRG geregelt.

40 Dazu Hueck, Blätter für Steuer-, Sozialversicherung- und Arbeitsrecht 1949, S. 34.

41 Ders. ebenda mit ausführlichem Überblick.

42 Bremer Gesetzblatt 1949, S. 7 f.

43 Dazu Hueck, RdA 1949, S. 331.

44 Abgedruckt in RdA 1950, S. 63 f.

45 Im Bundestag warnte die KPD vor diesem Ausklammern der Beteiligungsrechte des Betriebsrats im Kündigungsverfahren und beantragte folgende Ergänzung: „Eine Kündigung kann nur ausgesprochen werden, wenn der Betriebsrat hierzu seine Zustimmung erteilt." Bundestag, 1. Wahlperiode, S. 6219.

46 Einen historischen Überblick über diese Entwicklung geben Schneider/Kuda, Mitbestimmung, 1969.

47 Das BAG stellte bei Nichtanhörung lediglich an das Kriterium der sozialen Rechtfertigung der Kündigung (§ 1 KSchG) erhöhte Anforderungen, wenn die Nichtanhörung vorsätzlich erfolgte (BAG AP Nr. 1 zu § 66 BetrVG 1952 in ständiger Rechtsprechung).

48 Eine ordentliche Kündigung ist nunmehr nach dem gleichzeitig geänderten § 15 KSchG grundsätzlich unzulässig.

49 Abgedruckt in AuR 1968, S. 147.

50 Die SPD-Bundestagsfraktion hatte im 6. Deutschen Bundestag im Dezember 1968 5 Gesetzesentwürfe zur Mitbestimmung eingebracht (abgedr. in RdA 1969, S. 41 f.). Diese Entwürfe wurden nach dem Regierungswechsel 1969 nicht mehr erneut eingebracht und waren damit nicht mehr Gegenstand des Gesetzgebungsverfahrens in der 7. Legislaturperiode.

51 Vgl. dazu die Übersicht bei Dammann, Blätter für Steuer-, Sozialversicherungs- und Arbeitsrecht 1976, S. 321 f.; 326 ff.; Zachert, Mitbestimmungsgespräch 1977, S. 7 f.; Braasch, BB 1976, S. 319 f., sowie bei Feser u.a. Arbeitsgerichtsprotokolle, 1978.

52 Vgl. zum geringen Informationsgrad bei der Personalplanung Schultz, Wild, Sengenberger, Zur Verbreitung von Personal- und Unternehmensplanung in der BRD, WSI-Mitteilungen 1976, S. 446 f.

53 Darauf weist auch Otto (Anm. 27) zu recht hin.

54 Vgl. dazu Böhm, BB 1974, S. 1646.

55 Siebert/Degen, Betriebsverfassungsgesetz, 3. Aufl. 1975, S. 28.

56 Vgl. etwa Marcus, RdA 1975, S. 340; Arbeitsgericht Hamburg, DB 1976, S. 2480; LAG Hamburg DB 1977, S. 500 f.

57 BAGE vom 26. Mai 1977, in: Der Betrieb 1977, S. 2299 f.

58 Grundlegend BAG DB 1962, S. 1083 f.

59 So Rasch, ZRP 1976, S. 181 f.

60 P. Schwerdtner, Individualarbeitsrecht (Anm. 1), Rdnt. 131.

61 Ders. ebenda. Ähnlich Zöllner, Gutachten D, 52. Deutscher Juristentag 1978.

62 Ders., RaA (Anm. 1), S. 76.

63 Ders., Individualarbeitsrecht (Anm. 1), Rdnt. 131.

64 Ders. ebenda.

65 Ders. ebenda.

66 Ders., RaA (Anm. 1), S. 77.

67 Vgl. nur die fast mit Schwerdtners Kritik identische Ablehnung eines Mitbestimmungsrechts bei Entlassungen in der Beratung des Betriebsrätegesetzes von 1920, o. Fn. 38.

68 Beispielhaft die Kontroverse um die Mitbestimmung, dazu Mayer/Reich, Hrsg., Mitbestimmung contra Grundgesetz?, Darmstadt/Neuwied 1975.

69 Dazu Ridder (Anm. 16); ebenso Däubler, RaA-verfassungswidrig?; in: Achten u.a. (Anm. 1), S. 159 f.

70 Einen Überblick verschafft der Sammelband von O. E. Kemper (Hrsg.), Sozialstaatsprinzip und Wirtschaftsordnung, Frankfurt 1977.

71 Abendroth, Wirtschaft, Gesellschaft und Demokratie in der Bundesrepublik, 1965.

72 Vgl. nur das Ahlener Programm der CDU von 1947, das mit den Worten beginnt: „Das kapitalistische Wirtschaftssystem ist den staatlichen und sozialen Lebensinteressen des deutschen Volkes nicht gerecht geworden. Nach dem furchtbaren politischen, wirtschaftlichen und sozialen Zusammenbruch als Folge einer verbrecherischen Machtpolitik kann nur eine Neuordnung von Grund auf erfolgen." Abgedr. in Mayer/Stuby, Die Entstehung des Grundgesetzes (Anm. 8), S. 270.

73 G. Stuby, DuR 1974, S. 162 f.; K. W. Schielek, Privateigentum und Grundgesetz, in Mayer/Stuby, Das lädierte Grundgesetz, Köln 1977, S. 130 f.

74 Vgl. dazu Simitis, Entwicklungstendenzen im Tarifvertrags- und Streikrecht, in Krise und Reform in der Industriegesellschaft, Protokolle, Bd. 2, 1976, S. 57 f., sowie Müller-Jentsch, Gewerkschaftliche Tarifpolitik gegen Rationalisierungsfolgen, in: Jacobi/Müller-Jentsch/Schmidt, Gewerkschaftspolitik in der Krise, W.-Berlin 1978, S. 63 f.

75 Dazu Zachert, Gewerkschaftliche Monatshefte 1977, S. 281 f. Vgl. auch die Lohnrahmentarifverträge 1978 in der Druckindustrie und im Metallbereich, GewMH 1978, S. 257 f.

76 Etwa in § 9 des Lohnrahmentarifvertrags II von Nordwürttemberg-Nordbaden, abgedr. in RdA 1974, S. 175 f.; dazu: Werktage werden besser. Der Kampf um den Lohnrahmentarifvertrag II, Köln 1977.

77 BAG DB 1977, S. 728 f.

78 Zitiert nach Zachert (Anm. 75). Die Reaktion der Rechtsprechung ist nicht einheitlich: vgl. einerseits BAG in NJW 1976, S. 2366 f. (Verbot der Umdeutung einer außerordentlichen in eine ordentliche Kündigung); LAG Düsseldorf, DB 1977, S. 121 f. (Möglichkeit der Umdeutung in besonderen Fällen).

79 Vgl. zu entsprechenden Plänen bereits vor Inkrafttreten des BetrVG KJ 1971, S. 91 f.

80 In § 115 des DGB-Entwurfs (abgedr. in RdA 1977, S. 166 f.) heißt es dazu: „§ 115 Abs. 1. Hat der Betriebsrat einer beabsichtigten Kündigung mit der Begründung widersprochen, daß nach dem ihm vom Arbeitgeber gem. § 102 Abs. 1 des BetrVG mitgeteilten Gründen eine Kündigung sozial ungerechtfertigt ist und daß kein wichtiger Grund für die Kündigung vorliegt, so ist eine Kündigung unwirksam."

81 Grundsätzlich BAG DB 1962, S. 1083 f.

82 BAGE vom 26. Mai 1977, Der Betrieb 1977, S. 2299 f.; kritisch dazu ArbGericht Wilhelmshaven, Der Betrieb 1978, S. 306; Löwisch, Beilage Nr. 7/78 zu DB Nr. 13/1978.

83 Dazu Berdecki (Anm. 27).

84 So die Forderung des DGB für den betriebsverfassungsrechtlichen Bereich, was jedoch als allgemeiner Regelungsgrundsatz eingeführt werden sollte. Im DGB-Gesetzentwurf (Anm. 80) heißt es: „§ 115 Abs. 2 Auf Antrag eines Arbeitgebers spricht das Arbeitsgericht die Auflösung des Arbeitsverhältnisses durch gerichtliche Entscheidung aus, wenn ein wichtiger Grund für die Auflösung des Arbeitsverhältnisses vorliegt oder eine Kündigung sozial gerechtfertigt wäre. Das Arbeitsverhältnis endet in diesem Fall mit der Rechtskraft der Entscheidung. Abs. 3 Im Falle der Auslösungsklage nach Abs. 2 kann das Gericht auf Antrag des Arbeitgebers die Arbeitsvertragsparteien durch einstweilige Verfügung zeitweilig von den aufgrund des Arbeitsverhältnisses bestehenden Verpflichtungen entbinden, wenn die weitere Erfüllung dieser Verpflichtungen den Arbeitgeber wirtschaftlich unzumutbar belastet und wenn eine im Verhältnis zu dieser Belastung hinreichende Wahrscheinlichkeit besteht, daß das Gericht die Beendigung des Arbeitsverhältnisses feststellen oder die Auflösung anordnen wird."
Die Arbeitsgesetzbuchkommission der Bundesregierung lehnt in ihrem Entwurf für ein Allgemeines Arbeitsvertragsrecht (Bonn, Sept. 1977) die Gestaltungsklage als Instrument zur Beendigung des Arbeitsverhältnisses ab (S. 112).

85 Im Entwurf der Arbeitsgesetzbuchkommission wird immerhin die grundsätzliche Möglichkeit eines einstweiligen Verfügungsverfahrens betont, S. 97a des Entwurfs. Vgl. dazu insgesamt U. Mayer, Arbeitsrecht im Wandel? – Zu den Entwürfen des DGB und der Arbeitsgesetzbuchkommission für ein Arbeitsverhältnisgesetz, Demokratie und Recht 2/1978.

Dieter Koch/Wilfried Laatz

Akademikerarbeitslosigkeit und staatliche Hochschulpolitik*

1. Einführung

Seit einigen Jahren werden – das erste Mal in der Geschichte der Bundesrepublik – die Arbeitsmarktprobleme von Hochschulabsolventen[1] in einer breiten Öffentlichkeit diskutiert:

Will man die Bedeutung dieser Tatsache für die staatliche Hochschulpolitik verstehen, ist es notwendig:

a) das Faktum der Arbeitslosigkeit von Hochschulabsolventen selbst einer Analyse zu unterziehen und

b) den unangemessen hohen Publizitätsgrad zu erklären, den dieses Faktum genießt.[2]

Angesichts der im Vergleich zu Gruppen geringeren Ausbildungsniveaus niedrigeren Arbeitslosenquote bei Akademikern muß man hinter der Intensität der öffentlichen Diskussion wesentlich propagandistische Funktionen im Rahmen bildungsfeindlicher Bestrebungen vermuten.

Das Gespenst einer Akademikerarbeitslosigkeit stellt sowohl als Phänomen wie auch als Argument ein wesentliches Moment einer komplexen sozialen Situation dar. Die staatliche Hochschulpolitik ist als Reaktion auf die von dieser Situation ausgehenden Vermeidungsimperative zu begreifen. Die daraus sich entwickelnden Strategien sind nur im Kontext staatlicher Machtressourcen finanzieller und informatorischer Art einerseits und der Machtkonstellation gesellschaftlicher Interessengruppen andererseits zu verstehen. In der vorliegenden Arbeit wird daher zunächst die Realität und Entwicklungstendenz der Akademikerarbeitslosigkeit dargestellt und anschließend versucht, die strategischen Bemühungen der Bildungsbürokratie im Rahmen einer etwas genauer ausgeführten Darstellung der existierenden Machtkonstellation zu deuten.

2. Langfristige Veränderungen der Beschäftigungssituation von Akademikern

Für die Erklärung der Arbeitslosigkeit von Hochschulabsolventen wäre ein ganzes Bündel von Faktoren heranzuziehen, aus dem aber nur auf die folgenden näher eingegangen wird:

a) langfristige Tendenzen im Beschäftigungssystem

b) konjunkturell bedingte Schwankungen der Nachfrage nach Hochschulabsolventen

c) demographische Entwicklungstendenzen
d) soziale Entwicklungen, die vor allem das Bildungssystem und das Bildungsbewußtsein der Bevölkerung betreffen.

Eine wesentliche Frage ist, warum Akademiker lange Zeit von Arbeitslosigkeit kaum betroffen waren und auch heute noch eine höhere Arbeitsplatzsicherheit genießen als andere Qualifikationsgruppen. Dafür, daß sich das überhaupt allmählich ändert, sind vor allem langfristige Tendenzen im Beschäftigungssystem, nämlich die zunehmende „formelle" und „reelle" Subsumtion[3] von Akademikern unter das Kapital verantwortlich, die dann auch deren Arbeitsmarktlage zunehmend von den konjunkturellen Bewegungen abhängig machten.

Akademiker waren früher entweder professionell freiberuflich tätig (wie Ärzte und Rechtsanwälte) oder im öffentlichen oder quasi-öffentlichen Dienst (wie Staats- und Kirchenbeamte). Erst allmählich, im Zuge der Verwissenschaftlichung der Produktion, wurden zunehmend Positionen im privatkapitalistischen Sektor akademisiert (z.T. durch den Einbau von Juristen, überwiegend aber aufgrund des Ausbaus der Natur- und Ingenieurwissenschaften sowie der Wirtschaftswissenschaften). Diese in jüngster Zeit sprunghaft ausgedehnte „formelle" Subsumtion hat einen beträchtlichen Teil der Akademiker den Regeln privatkapitalistischer Personalpolitik unterworfen. Die Arbeitsmarktsituation dieser Gruppe weist jedoch nach wie vor spezifische Elemente auf. Diese werden zum Teil im Zuge der Angleichung der Arbeitsmarktbedingungen allmählich abgebaut, zum Teil sind sie aber auch prinzipieller Natur.

Mit der Rationalisierung des Personaleinsatzes werden die Akademiker auch zunehmend „reell" dem Kapital subsumiert. Dieser Begriff kann sowohl auf die Arbeits- als auch auf die Marktsituation angewendet werden. Durch die allmähliche Ablösung des Elitebildungs- durch ein Massenbildungssystem werden vor allem die Privilegien hinfällig, die sich aus einem Angebotsdefizit an höherer Qualifikation ableiten lassen. Mit der Rationalisierung und Bürokratisierung der Personalpolitik gehen aber auch jene irrational begründeten Vorteile verloren, die durch herkunftsmäßige und persönliche Bindungen entstehen.

Andererseits existieren nach wie vor besondere ökonomische und politische Bedingungen, die dem Großteil der Akademiker in der Privatwirtschaft eine privilegierte Arbeitsmarktsituation sichern. Hochqualifizierte Tätigkeit ist prinzipiell schwerer kontrollierbar, die Qualifikationsträger sind schwerer und kostspieliger ersetzbar.[4] Personalpolitisch ist es daher sinnvoll, unter ökonomischen Gesichtspunkten Akademiker relativ lange zu halten und zu horten. Zudem erfordert die Rechtfertigung des existierenden hierarchisch gegliederten Arbeitssystems die Garantie gewisser Privilegien für die leitenden Positionen. Es ist daher im Sinne einer politischen Legitimierungsstrategie der Unternehmerseite, Akademikern gewisse Privilegien einzuräumen. Schließlich sind solche auch aufgrund der großen Verbandsmacht von Angestellten- und Akademikerorganisationen politisch-rechtlich abgesichert. Dies alles erklärt zumindest die Zurückhaltung bei der Freisetzung von Akademikern bei konjunkturellen Schwankungen, so daß die Arbeitslosigkeit nur abgeschwächt und verzögert wirksam wird.

Trotz dieser aufgezeigten Tendenzen sind aber heute immer noch ca. 60 % aller Akademiker im öffentlichen Dienst beschäftigt, davon wiederum ca. 75 % im Bildungswesen[5]. Diese befinden sich in einer weitgehend gesicherten Arbeitssituation. Erst in jüngster Zeit hat sich auf diesem Sektor die Lage für Berufsanfänger gravierend verschlechtert.

3. Die aktuelle Situation auf dem Arbeitsmarkt für Akademiker

Den Unterschied zwischen der personalpolitischen Situation im von Marktschwankungen abhängigen privatkapitalistischen und dem zentral durch politische Entscheidungen determinierten öffentlichen Sektor muß man sich auch bei einer Interpretation der Arbeitslosenstatistik vor Augen halten. Deshalb ist die Arbeitsmarktsituation für Fachrichtungen, deren Absolventen fast ausschließlich im öffentlichen Dienst beschäftigt sind, bei denen außerdem die berufliche Flexibilität relativ gering ist, einer gesonderten Betrachtung zu unterziehen. Diese Trennung ist auch notwendig, um konjunkturell und strukturell bedingte Faktoren voneinander trennen zu können.

Die Entwicklung des öffentlichen Sektors ist in mehrfacher Weise an die des privatkapitalistischen Sektors gekoppelt. Für den hier betrachteten Zusammenhang ist insbesondere die Konjunkturreagibilität der Steuereinnahmen relevant, die in den letzten Jahren zunehmend die Stellenpläne determinierte, in zweiter Linie auch die Personalpolitik öffentlicher Unternehmen und halbstaatlicher Institutionen. Aufgrund der Arbeitsplatzsicherheit der im öffentlichen Dienst Beschäftigten sind dort vor allem die Berufsanfänger betroffen.

Tabelle 1 im Anhang enthält einen Extrakt der seit 1973 von der Bundesanstalt für Arbeit geführten Statistik.

Die Entwicklung der Arbeitslosenquote für Akademiker bestätigt – sicher auch unter Berücksichtigung der Vorbehalte gegenüber der statistischen Aussagefähigkeit dieser Quote[6] – die höhere Arbeitsplatzsicherheit im Vergleich zu Arbeitnehmern mit niedrigerer Qualifikation.

Der deutlich erkennbare Verzögerungseffekt zwischen allgemeiner und Akademikerarbeitslosigkeit kann auf das oben beschriebene personalpolitische Verhalten im Bereich der privaten Unternehmen zurückgeführt werden. Dieser time-lag könnte zwar auch durch Veränderungen auf der Angebotsseite, d.h. durch entsprechend starke Expansion der Absolventenzahl zustande kommen. Dagegen spricht aber die Tatsache, daß die Berufsanfängerquote ziemlich konstant bleibt.[7]

Angesichts der fachrichtungspezifischen Arbeitslosenzahlen muß diese Aussage weiter differenziert werden. Die Zahl der arbeitslosen Lehrer ist seit 1973 von 753 auf 7100 gestiegen. Sie weisen die höchsten durchschnittlichen Steigerungsraten aller Fachrichtungen auf, so daß ihr Anteil an der Gesamtzahl der arbeitslosen Akademiker von 13,6 auf 28,7 Prozent gestiegen ist. Die Zunahme der Arbeitslosigkeit im letzten Beobachtungsjahr ist fast ausschließlich auf diese Gruppe zurückzuführen.

Tabelle 1:

Daten zum Arbeitsmarkt seit 1973

Zeitpunkt Monat/ Jahr	arbeitslose Hochschulabsolventen				Zahl der arbeitsl. Berufsanfänger (ohne Fachhochschulabsolventen)	Zahl der arbeitsl. Lehrer	Arbeitslosenquote f. alle Ertätig.
	Absolventen von Universitäten, PH, etc.		Absolv. von Fachhochschulen				
	absolut	AL-Quote %	absolut	AL-Quote %			
9/73	5517	0,6	4566	0,9	1741	753	1,0
5/74	7586	0,8	6311	1,2	–	967	2,0
9/74	9618	1,0	10264	2,0	–	–	2,4
5/75	13131	1,4	12139	2,2	–	1904	4,4
9/75	15491	1,7	14917	2,6	5200	2623	4,4
5/76	18408	1,9	14392	2,5	–	3200	4,2
9/76	20336	2,1	16505	2,8	6300	3900	3,9
5/77	24700	2,4	–	–	9679	7100	4,1

Quellen: Mitteilungen aus der Arbeitsmarkt- und Berufsforschung 2/77; Amtliche Nachrichten der Bundesanstalt für Arbeit 8/77 Analysen, Zeitschrift für Wissenschafts- und Berufspraxis, Hefte 3/74, 8–9/74, 12/75, 6/76, 11/76, 1/77

Bei den gesondert ausgewiesenen Fachhochschulabsolventen ist die Arbeitslosenquote durchwegs geringfügig höher als bei Absolventen von Universitäten, PH's, etc. Die Ursache liegt wahrscheinlich darin, daß nur 25 % ihres Bestandes im öffentlichen Dienst beschäftigt ist.[8] Diese Gruppe ist deshalb konjunkturellen Einflüssen stärker ausgesetzt. Die Bewegung bei den zahlenmäßig stärksten Fachrichtungen, den Ingenieuren und den Betriebswirten, entspricht weitgehend der in den entsprechenden Universitätsstudiengängen.[9] Eine im Ausmaß und wahrscheinlich auch in der Ursache den Lehrerstudiengängen vergleichbare Entwicklung liegt bei den sozialpflegerischen Berufen vor. Die Arbeitslosenquote bei diesen Fachrichtungen weist seit 1973 eine durchschnittliche jährliche Zuwachsrate von 123 % auf.[10]
Zusammenfassend läßt sich die Entwicklung der Arbeitslosigkeit bei Hochschulabsolventen als das Ergebnis zweier sich überlagernder Entwicklungen interpretieren: Eine offensichtlich konjunkturell bedingte und inzwischen zum Stillstand gekommene Bewegung, die vom Unternehmenssektor ausgeht. Sie erklärt auch das anfängliche Zurückbleiben der Arbeitslosenquote von Hochschulabsolventen. Daneben eine strukturell bedingte Komponente, die sich vor allem in den sprunghaft wachsenden Arbeitslosenzahlen bei den Lehrern niederschlug, so daß sich die Stabilisierung der Nachfrage aus dem privaten Sektor noch nicht in den Arbeitslosenquoten auswirken konnte.

4. Die Entwicklung von Angebot und Nachfrage auf dem Arbeitsmarkt für Hochschulabsolventen

Für die derzeitige Situation auf dem Arbeitsmarkt für Akademiker sind neben der Konjunkturbewegung vor allem demographische Faktoren sowie Anpassungsprobleme von Beschäftigungs- und Ausbildungssystem verantwortlich, die sich in einer Disparität von Angebot und Nachfrage niederschlagen. Das Angebot ist seit den sechziger Jahren aufgrund der Bildungsexpansion ständig gestiegen, der Zuwachs wurde aber zum größten Teil vom Bildungssystem absorbiert. Die Steigerungsraten des Angebots werden in der Zukunft noch erheblich wachsen, da die geburtenstarken Jahrgänge erst jetzt in eine akademische Ausbildung eintreten. Da wegen eines darauf folgenden Tals geburtenschwacher Jahrgänge die Aufnahmefähigkeit des Bildungssystems zurückbleibt, werden die Hochschulabsolventen verstärkt auf den privatkapitalistischen Sektor verwiesen sein. Hier allerdings haben sich bereits in der Vergangenheit die euphorischen Erwartungen über den Bedarf an hochqualifizierten Arbeitskräften nicht erfüllt.

Die Altersstruktur einer Gesellschaft ist in mehrfacher Hinsicht mit der Angebots- und Nachfrageentwicklung bei Hochschulabsolventen verbunden:

a) mit der Angebotsentwicklung über die Stärke der Altersjahrgänge, die den Hochschulbereich verlassen
b) mit der Nachfrageentwicklung aufgrund der Stärke der in die verschiedenen Stufen des Bildungssystems eintretenden Jahrgänge und über die Zahl der aus dem Erwerbsleben ausscheidenden Hochschulabsolventen.

Die in Tabelle 2 enthaltenen demographischen Daten für die Bundesrepublik weisen drei für unser Problem wesentliche Charakteristika auf:

a) Die bis 1964 ständig steigende Geburtenrate (hinzu kommen die Effekte der in den 50er Jahren erheblichen Wanderungsgewinne), die auch in den nächsten Jahren noch eine weitere Ausweitung der Sekundarstufe erforderlich macht und in den achtziger Jahren eine wesentliche Erhöhung der Studentenzahlen bringen wird. Der Höhepunkt des auf den Arbeitsmarkt drängenden zusätzlichen Angebots an Hochschulabsolventen ist dann erst gegen 1990 zu erwarten.

b) Die seither rapide sinkende Geburtenrate, die bereits jetzt zu einer Schrumpfung des Primarbereichs führt. Die anderen Bereiche des Bildungssystems werden mit entsprechender Zeitverzögerung folgen. Hier wird bereits die für den Arbeitsmarkt fatale Konstellation deutlich, daß einem zunehmenden Angebot an Hochschulabsolventen eine auch absolut zurückgehende Nachfrage aus dem Bereich gegenüberstehen wird, der in den letzten Jahren ca. die Hälfte aller Hochschulabsolventen absorbiert hat.

c) Eine aufgrund der geburtenschwachen Jahrgänge während des 1. Weltkrieges in naher Zukunft zurückgehende Zahl von aus dem Erwerbsleben ausscheidenden Personen. Welchen Einfluß diese Tatsache auf die Ersatznachfrage bei Akademikern, hat, ist wegen der seit Beginn der Erwerbstätigkeit dieser Personengruppe wesentlich veränderten beruflichen Einsatzbereiche nicht abzuschätzen. Man muß aber annehmen, daß der Gesamtarbeitsmarkt dadurch eine zusätzliche Belastung erfährt.

Tabelle 2:

Wohnbevölkerung der Bundesrepublik nach Geburtsjahrgang

Geburts-jahrgang	Zahl der Einw. i. Tsd.	Geburts-jahrgang	Zahl der Einw. i. Tsd.
1975	588	1956	871
1974	615	1955	845
1973	621	1954	854
1972	687	1953	832
1971	770	1952	855
1970	801	1951	847
1969	901	1950	883
1968	965	1945–49	3936
1967	1000	1940–44	4626
1966	1029	1935–39	4919
1965	1032	1930–34	3881
1964	1053	1925–29	3869
1963	1041	1920–24	3742
1962	1004	1915–19	2380
1961	998	1910–14	3560
1960	969	1905–09	3317
1959	945		
1958	906	1904 u. früher	5550
1957	893		

Quelle: Statistisches Jahrbuch 1976 und 1977

Die demographische Struktur und der Anteil der Studienanfänger im jeweiligen Altersjahrgang bestimmen zusammen mit der durchschnittlichen Verweildauer[11] die Studentenzahl. Hier wird auf die Tabelle 3 verwiesen, die die wichtigsten Daten der Entwicklung des Hochschulwesens in der Bundesrepublik seit 1960 enthält.

Drei Sachverhalte aus der Tabelle 3 sollen noch einmal hervorgehoben werden:

a) Bezogen auf die gleichaltrige Bevölkerung ist der Anteil der Studienanfänger am stärksten zwischen 1960 und 1965 gestiegen, also in einer Zeit, als das Schlagwort vom „Bildungsnotstand" die Runde machte. Aufgrund entgegenwirkender demographischer Faktoren blieb die Zahl der Studienanfänger aber nahezu konstant.

b) Da seit 1969 beide Faktoren in gleicher Richtung wirken, steigt die Studienanfängerzahl stark an. Das läßt auf eine Expansion des Angebots zwischen 1974 und 1980 schließen.

c) Die Stagnation der Studienanfängerzahlen und der Rückgang (!) der altersspezifischen Studienanfängerquoten seit 1974 ist ohne Zweifel eine Folge des Numerus clausus.

Der Zusammenhang zwischen Studienanfängerzahlen und dem später zu erwartenden potentiellen Angebot an Hochschulabsolventen wird allerdings gelockert durch die Erfolgsquoten[12] und – zumindest kurzfristig – über Veränderungen der Verweildauer.

Tabelle 3:

Studienanfänger und Studentenzahlen seit 1960

Jahr	deutsche Studienanfänger pro Jahr a) in Tsd.	Anteil an der gleichaltrigen Bevölk. a) in %	Zahl der deutschen Studenten Universitäten, einschl. PH i. Tsd.	Gesamthochschulen i. Tsd.	Fachhochschulen i. Tsd.
1960	74,2	7,9	218,6		43,0
1965	80,3	13,3	276,9		73,3
1966	96,9	14,2	298,4		74,1
1967	91,0	12,8	308,9		75,2
1968	108,3	14,2	330,8		77,9
1969	113,2	14,2	353,5		83,6
1970	119,8	15,4	386,8		85,9
1971	136,9	17,5	436,1	2,8	115,3
1972	144,0	18,8	478,6	27,1	105,1
1973	153,7	19,5	524,9	32,1	116,5
1974	158,0	19,8	566,8	38,0	126,6
1975	158,1	19,5	598,7	42,3	138,0
1976	157,4 b)	19,1	–	–	–

Quelle: Grund- und Strukturdaten 1976, Hrsg. Bundesministerium für Bildung und Wissenschaft, S. 87 sowie Schreiben des BMBW vom 30.9.77;
Fachserie 11, Bildung und Kultur, Reihe 4.1, Studenten an Hochschulen, Hrsg. Statisches Bundesamt

a) einschl. Fachhochschulen

b) die Studienanfängerzahl für 1976 wurde der Fachserie 11 entnommen, für 1974 bzw. 1975 werden hier die Studienanfänger mit 155,7 und 154,4 angegeben

Die in Tab. 4 enthaltenen Daten über die abgelegten Examina zeigen, daß sich die Zunahme der Studienanfänger hauptsächlich im Bereich der Lehramtsstudiengänge niedergeschlagen hat. Das zusätzliche Angebot an Hochschulabsolventen außerhalb dieses Bereichs ist seit 1966 nicht wesentlich gestiegen. Für die Zeit nach 1975 kann man aufgrund des vorhandenen Zahlenmaterials schließen, daß sich dieses Verhältnis noch nicht wesentlich geändert hat. Auch die wachsenden Studienanfängerzahlen bei den Fachhochschulen können sich noch nicht voll auf das Absolventenangebot auswirken[13], da der Anteil der Studenten ständig gestiegen ist, der noch ein Studium an der Universität anschließt.[14]

Genauere Angaben über die Struktur der Nachfrage nach Hochschulabsolventen der vergangenen zehn Jahre liegen nicht vor. Interessant wären vor allem Informationen darüber, ob in der Zeit um 1970 ein Teil der Nachfrage nach Hochschulabsolventen aufgrund der Angebotssituation unbefriedigt geblieben ist, der sich dann in den nächsten Jahren als Nachholbedarf geäußert hat und damit möglicherweise ein weiterer Faktor für das Zurückbleiben der Akademikerarbeitslosigkeit hinter der Entwicklung des Gesamtarbeitsmarktes war.

Eine Interpretation der Entwicklung auf den Teilarbeitsmärkten fällt deshalb schwer. Relativ eindeutig ist sie nur bei den Lehrern zu beurteilen. Bis 1974 konnte die

Tabelle 4:

Abgelegte Prüfungen an Hochschulen seit 1960 (jeweils in Tsd.)

Jahr	Diplom-, 1. Staats-prüfungen	1. Lehramts-prüfungen[a)]	Abschlußprü-fungen an Fachhochsch.	Doktor-prüfungen
1960	20,3	9,5	11,8	6,2
1965	25.5	17,1	16,2	7,7
1966	31,3	14,1	17,7	8,3
1967	31,3	17,6	17,7	9,9
1968	31,6	17,6	17,5	10,6
1969	33,0	23,6	18,5	11,0
1970	30,1	25,8	19,8	11,3
1971	27,9	26,2	20,4	11,4
1972	29,9	27,1	21,0	10,1
1973	29,3	31,4	21,9	9,4
1974	31,0	34,5	23,0	10,0

Quelle: Grund- und Strukturdaten 1976, Hrsg. BMBW, S. 101
a) Die Zahl der Prüfungen für das Lehramt an Grund- und Hauptschulen ist nicht enthalten. Für 1974 wird dafür eine Zahl von 13,1 Tsd. genannt.

ständig steigende Zahl der Absolventen durch das expandierende Bildungssystem absorbiert werden. Dabei verstärkte der seinerzeit in der Öffentlichkeit breit diskutierte Lehrermangel ohne Zweifel noch den Zulauf zu diesen Fächern. Die mit dem Konjunktureinbruch sichtbar werdenden mittelfristigen Ungleichgewichte in der staatlichen Finanzplanung wurden ab 1975 vor allem über den Personalbereich mit Nullstellenplänen, Sparraten, etc. angegangen. Der Bildungssektor wurde in der Prioritätenliste zurückgestuft. Daß bei weiter steigenden Absolventenzahlen Angebotsüberschüsse entstanden, war eine zwangsläufige Folge. Da bei Studienzeiten von vier bis sechs Jahren keinerlei Zeit für Anpassungsreaktionen bei der Fächerwahl bestand, ist die Arbeitslosigkeit auf diesem Teilarbeitsmarkt einzig das Ergebnis kurzatmiger bildungspolitischer Entscheidungen.

Die Nachfrage für die übrigen Fachrichtungen entfällt ungefähr je zur Hälfte auf die öffentliche Hand und auf die private Wirtschaft. Für letztere liegen nur für den Bereich Forschung und Entwicklung konkrete Zahlen vor. Danach stieg der Bestand an Wissenschaftlern in diesem Bereich von 1967 bis 1969 um 24 %, bis 1971 um 10 %. In den beiden folgenden Jahren wurde nur noch der Ersatzbedarf gedeckt.[15] Für die Zeit danach liegen noch keine statistischen Daten vor. Man kann aber annehmen, daß seither der Bestand sogar abgenommen hat. Bei den anderen Tätigkeitsbereichen in Unternehmen dürfte die Entwicklung ähnlich gewesen sein, hier ist allerdings der Substitutionsbereich zu Nichtakademikern wesentlich breiter.

Die Bestandsentwicklung bei den Wissenschaftlern im Bereich Forschung und Entwicklung der privaten Wirtschaft ist ein handfestes Indiz dafür, daß die Erwartungen der späten fünfziger und frühen sechziger Jahre auf eine ständig wachsende Nachfrage nach hochqualifizierten Arbeitskräften offensichtlich nur Resultat eines vorübergehenden Angebotsdefizits waren.

Auch die Nachfrage der öffentlichen Verwaltung nach Hochschulabsolventen hat sich weitgehend auf die Deckung des Ersatzbedarfs beschränkt.[16]
Angesichts der ziemlich gleichbleibenden Angebotszahlen ist die Arbeitslosigkeit in diesen Teilbereichen vor allem als ein konjunkturelles, weniger als ein strukturelles Problem einzuschätzen. Für diese These sprechen auch die jüngsten statistischen Zahlen der Bundesanstalt für Arbeit. Danach hat sich die Arbeitslosenquote für Akademiker nahezu stabilisiert, was ausdrücklich auf das Einstellungsverhalten der privaten Unternehmen zurückgeführt wird.[17]
Damit stellt sich die Arbeitsmarktsituation von Hochschulabsolventen als Ergebnis folgender sich überlagernder Faktoren dar:
a) unmittelbar konjunkturell bedingte, die insbesondere den Zusatzbedarf an hochqualifizierten Arbeitskräften im privatkapitalistischen Sektor betreffen,
b) mittelbar konjunkturell bedingte, die über zurückbleibende Steuereinnahmen die Nachfrage im öffentlichen Sektor beschränken,
c) Angebots- und Nachfragewirkungen der demographischen Daten: einerseits die zunehmende Belastung des Arbeitsmarktes durch geburtenstarke Jahrgänge, die die Hochschulen verlassen; andererseits entlastende Wirkung, da für weiterführende Schulen und Hochschulen zumindest potentiell (tatsächlich aber beschränkt durch die Finanzlage) weiterer Zusatzbedarf vorhanden ist,
d) Entlastende Wirkung durch die Erhöhung der Verweildauer (von 1970 bis 1975 um ca. 15 %) und durch die fachliche Orientierung der Studierenden auf Lehramtsstudiengänge.
Für die Zukunft ist abzusehen, daß die entlastenden Faktoren aufgrund der Altersstruktur, der Verweildauer und der Fachrichtungsstruktur entfallen bzw. sich in ihrer Wirkung umkehren.
Diese Konstellation ist auf dem Hintergrund langfristiger Probleme der Anpassung von Bildungsangebot und Arbeitskräftenachfrage zu sehen. Aufgrund der Prognosen über den zukünftigen Bedarf an höheren Qualifikationen und der Bildungserwartungen der Bevölkerung wurden bereits in den sechziger Jahren die Weichen für eine relative Ausweitung der höheren Bildung gestellt. Der bisherige Zuwachs an höheren Qualifikationen wurde weitgehend für den Ausbau des Bildungssystems selbst benötigt. Nachdem nun das Bildungssystem in zunehmenden Maße auch für den externen Bedarf höhere Qualifikationen bereitstellen kann, wird ein ebenfalls mit Bedarfsargumenten begründeter Widerstand gegen eine weitere Ausweitung des tertiären Bereichs des Bildungssystems sichtbar. Das Faktum und der seinerzeitige Begründungszusammenhang der Bildungsexpansion bedarf daher selbst einer weiteren Erklärung.

5. Zu den Ursachen und Folgen der Bildungsexpansion

In der Bildungssoziologie war die Diskussion lange Zeit durch den Versuch bestimmt, die unbestreitbare Bildungsexpansion der letzten zwei Jahrzehnte aus ökonomischen Zwängen zu erklären. Heute ist eher die Frage, wieso es zu einer merk-

lichen Ausdehnung der höheren Schulbildung trotz keinesfalls eindeutiger ökonomischer Zwänge kommen konnte. Dies führt zwangsläufig zur Frage nach dem Zusammenhang von Bildungssystem und Beschäftigungssystem.
Die Auffassungen schwanken dabei zwischen einer vollkommenen Autonomie des Bildungssystems auf der einen Seite und strenger Determination des Bildungs- durch das Beschäftigungssystem auf der anderen.[18] Unserer Auffassung nach ist ein Modell partieller Autonomie am treffendsten. Die Autonomie des Bildungssystems beruht darauf, daß angesichts grundsätzlicher Interessenwidersprüche eindeutig stabile Gleichgewichtszustände des Systems nicht ausmachbar und daher widerspruchsfreie Strategien gar nicht denkbar sind. Eingeschränkt wird diese durch die Abhängigkeit der Existenzbedingungen des bildungspolitischen Zentrums[19] selbst von der Sicherung seiner Legitimität gegenüber einem Kranz von Machtzentren.[20] Erfolgreiche Legitimation ist wiederum von der Einhaltung wesentlicher Systembedingungen abhängig, die eine möglichst stabile und dauerhafte Fortentwicklung garantieren.
Die Bildungsexpansion der 50iger und 60iger Jahre war vor allem deshalb möglich, weil ein Widerspruch zwischen einem expandierenden Bildungssystem und einem sich entfaltenden Beschäftigungssystem nicht zu existieren schien. Vielmehr bestand die fast allgemein akzeptierte Annahme, nur der Ausbau des Bildungssystems könne langfristig den Qualifikations- und Legitimationsbedarf des Beschäftigungssystems decken. In dieser Hinsicht existierte zwischen Arbeitgebern, Arbeitnehmern und Bildungsforschung ein oberflächlicher Konsens, obwohl unterschiedliche Erwartungen der verschiedenen Interessengruppen dahinterstanden.
Für die Unternehmerseite schien die Deckung neuer, durch den schnellen technischen und ökonomischen Wandel kreierter Bedarfe an funktionaler und extrafunktionaler Qualifikation nur durch eine Verbesserung des Bildungswesens abdeckbar. Bestärkt wurde diese Annahme durch die im internationalen Vergleich rückständige Bildungssituation der Bundesrepublik. Auch Momente der Konkurrenz mit dem sozialistischen Block, die sich etwa im „Sputnik-Schock"[21] ausdrücken, wirkten in dieselbe Richtung. Die human-capital-Theorie oder die Rede von der „Bildungskatastrophe"[22] boten die wissenschaftliche Legitimation.
Für die Arbeitnehmerseite wurde nach Abdeckung der primären Bedürfnisse das Problem der Statusdistribution virulent. Der zunehmend eindeutigere Zusammenhang zwischen Status und Bildungsgrad erzeugte einen Druck zugunsten der Verbesserung der Chancengleichheit im Bildungssystem. Strukturelle Benachteiligungen im Bildungssystem wurden zu einem Problem der Legitimation des sich durch die Normen von Leistung und Chancengleichheit rechtfertigenden Systems selbst.
Dieser scheinbare Gleichklang der Interessen öffnete die Wege für eine sich emanzipatorisch verstehende Bildungstheorie und Bildungspolitik. Dies schlägt sich in den bildungspolitischen Leitlinien mit Lernzielen wie „Chancengleichheit", „Emanzipation", „politische und individuelle Selbstbehauptung" usw.[23] ebenso nieder wie in bildungspolitischen Aktivitäten, wie Öffnung der Zuggangsmöglichkeiten zur höheren Bildung, Bildungswerbung, finanzieller Ausbildungsförderung und Ausbau der Hochschulkapazitäten.

Die heutige Situation ist durch den Zerfall dieses Konsens gekennzeichnet, der vor allem von der Kapitalseite aufgekündigt wird. Dies hat zwei Gründe. Erstens erwiesen sich die Prämissen hinsichtlich des Qualifikationsbedarfs nicht als zwingend.[24] Die Option der fünfziger und sechziger Jahre mag zwar zweckrational angelegt gewesen sein, ging aber angesichts eines allgemeinen bildungspolitischen Kriteriummangels[25] von falschen Voraussetzungen aus. Es bestand weder damals noch heute ein eindeutiger Zusammenhang zwischen Bildungsbedarf und technisch-ökonomischer Entwicklung. Zweitens aber zeitigt die Bildungsexpansion unerwartete Nebeneffekte, wie Erhöhung der Ansprüche hinsichtlich Status, Einkommen und Tätigkeitsinhalte, die Reduktion der Selektionsfunktion des Bildungssystems, die Gefährdung der Legitimation der betrieblichen Statushierarchie durch Nivellierung der Bildungsinhalte und den Verlust der Integrations- und Legitimationsfunktion des Bildungssystems durch von Kapitalseite nicht kontrollierbare Bildungsinhalte. Angesichts dieser „Entfunktionalisierung"[26] der Bildung im Sinne der Kapitalverwertung und angesichts der sichtbar werdenden alternativen Möglichkeiten bei der Organisation von Arbeitsplatzstrukturen, nutzt die Kapitalseite die Gelegenheit der Wirtschaftskrise und einer sich abzeichnenden Akademikerarbeitslosigkeit zur Revision ihrer Bildungspolitik. Die dabei zum Vorschein kommende Berufung auf angebliche Zwänge des Beschäftigungssystems und die Betonung von Motiven wie rationelle Nutzung vorhandener Ressourcen haben dabei im wesentlichen propagandistischen Wert.

Auch der öffentliche Bereich trifft auf selbstinitiierte, unerwartete Nebenwirkungen der Bildungsexpansion. Sie hat einen Qualifikationsschub in Gang gesetzt und in eine Richtung gelenkt, der nun als Beschäftigungsanspruch auf eine weitere Expansion des Bildungssystems drängt. Er ist auch aufgrund des „Selbstmobilisierungseffektes"[27] von Bildung nur schwer zu beherrschen. Auf der anderen Seite steht der Staat vor einer Verknappung der Finanzmittel aufgrund von ökonomischen Krisenerscheinungen, vor bildungsfeindlichen Strömungen und einer planerisch schwer zu bewältigenden ungünstigen demographischen Situation. Das zwingt auch diese Seite zu einer Revision der Bildungspolitik, wenn sie nicht das Wagnis einer rigorosen Verschiebung politischer Prioritäten eingehen will, damit aber zum Lavieren zwischen mittlerweilen eindeutig disparaten Interessen.

6. Zu den gesellschaftlichen Voraussetzungen der staatlichen Bildungspolitik

Das bildungspolitische Zentrum ist als ein bis zu einem gewissen Grade verselbständigtes, gesellschaftliches Subsystem zu verstehen. Die übergeordnete Strukturbedingung der von ihm ausgehenden Bildungspolitik ist daher die Sicherung der eigenen Existenz. Diese beruht aber im wesentlichen auf der Sicherung der Anerkennung durch verschiedene, mit unterschiedlicher Sanktionsgewalt ausgestattete, Machtzentren. Das ist unter den derzeitigen Bedingungen eines overten Interessendissens zwischen den wichtigsten Machtzentren äußerst problematisch. Die Strategie

des bildungspolitischen Zentrums kann daher nur darauf hinauslaufen, die sich ihm darstellende komplexe Problemsituation, unter Berücksichtigung der eigenen Informationsmöglichkeiten und Machtressourcen dadurch zu entschärfen, daß sie durch taktisches Lavieren die sich abzeichnenden Widersprüche im Rahmen kanalisierbarer Konfliktregulierung hält.
Bevor die Taktiken der staatlichen Bildungspolitik dargestellt werden, gilt es also die widersprüchlichen Erwartungen des bildungspolitisch relevanten Kranzes von Machtträgern zu skizzieren, denen gegenüber sich die Bildungspolitik zu legitimieren gezwungen ist. Zu berücksichtigen sind vor allem die Arbeitnehmer- und die Arbeitgeberseite, professionelle Gruppen, die Bildungsforschung und das bildungspolitische Zentrum selbst.

6.1 Die Arbeitnehmerseite

Von der Arbeitnehmerseite geht ein Druck zur Ausweitung der Bildungsmöglichkeiten aus. Nicht nur, weil die Möglichkeiten zum Erwerb des Lebensunterhaltes von der Verfügbarkeit unmittelbar im Arbeitsprozeß anwendbarer spezifischer Qualifikation abhängig ist. Sie dient darüber hinaus der dauerhaften Existenzsicherung, sofern sie Fähigkeiten zur Bewältigung der Ansprüche ökonomischen und gesellschaftlichen Wandels vermittelt. Zudem kommen ihr den Produktionsprozeß übergreifende politische und gesellschaftliche Orientierungsfunktionen zu. Zugleich gehen von der Arbeitnehmerseite auch Erwartungen auf einen gesicherten Arbeitsplatz aus, verbunden mit dem Recht auf Anwendung der erworbenen Qualifikation. Dies alles soll bei rationeller Verwendung der von ihr selbst erarbeiteten Mittel sich vollziehen. Wie bei anderen gesellschaftlichen Gruppen auch, ist der Grad der systematischen Integration dieser Erwartungen gering. Verschiedene Aspekte und verschiedene Gruppen der Arbeitnehmer können daher taktisch gegeneinander ausgespielt werden. Erwartungen hinsichtlich einer Ausweitung von Bildungschancen gehen vor allem von denjenigen aus, bei denen akute Bildungserwartungen mobilisiert und die dabei der Gefahr einer Frustration ihrer Erwartungshaltung ausgesetzt sind. Ebenso gilt dies für die Einsetzbarkeit ihrer Qualifikation. Diejenigen, die persönlich wenig von einer Expansion des Bildungswesens zu erwarten haben, legen leicht das Schwergewicht der Ansprüche auf die Verringerung der „faux frais" des Bildungssystems.

6.2 Die Arbeitgeberseite

Von der Arbeitgeberseite her ist die Bildungspolitik mit einem Erwartungsbündel konfrontiert, das zumindest folgende Aspekte umfaßt: die Bereitstellung einer den gegebenen und sich entwickelnden Produktionsverhältnissen angemessenen und hinreichend anpassungsfähigen Qualifikation; die Herstellung einer kostengünstigen Qualifikationsstruktur; die Übernahme eines Teils der durch die hierarchische Struktur des Beschäftigungssystems notwendigen Auslesefunktion; die psycho-soziale Anpassung des zukünftigen Arbeitnehmers und die Legitimation der Systemstruktur. Darüber hinaus gehört die Erstellung dieser Leistung bei möglichst geringer Staatsquote, in jüngster Zeit sogar die Umverteilung zugunsten der Unternehmergewinne, zu dem Erwartungsbündel sowie die Sicherung der eigenen Interessen durch Erhöhung der direkten Einflußmöglichkeiten auf das Bildungssystem. Über diese Grunderwartungen besteht auf Unternehmerseite Konsens. Über die Einzelheiten gehen dagegen je nach besonderer Marktsituation der Einzelkapitalien die Auffassungen beträchtlich auseinander.

6.3 Professionelle Interessengruppen

Entlang den Linien der beruflichen Gliederung strukturieren sich Interessengruppierungen, die die verfügbaren Machtressourcen zugunsten von Statusansprüchen einzelner Berufsgruppen einsetzen.[28]

6.4 Die Bildungsforschung

Der Bildungsforschung fällt in dieser Konstellation die Funktion des Informations- und Legitimationslieferanten für die verschiedenen konfligierenden Seiten zu. „Strategien mit Richtigkeitsnachweis"[29], wie sie von seiten des bildungspolitischen Zentrums erwartet werden, kann sie allerdings nicht erbringen, weil Bildungs- und Beschäftigungssystem nicht in einem eindeutig determinierten Sachzwangverhältnis stehen. Es muß notwendig ein „logisches Prognosedifizit"[30] verbleiben, das den politischen Charakter von Bildungsentscheidungen verdeutlicht. Sofern sich Bildungsforschung auf Prognoseansprüche einläßt, nimmt sie kraft der gewählten Modelle selbst Stellung im politischen Kräftefeld. Dies schlägt sich u.a. äußerlich im Gegensatz von man-power-Ansatz, der tendenziell die Ansprüche eines vorgegebenen Beschäftigungssystems und damit der Kapitalseite vertritt, und social-demand-Ansatz, der tendenziell auf seiten der Bildungsansprüche der Bevölkerung steht, nieder.[31]

6.5 Das bildungspolitische Zentrum[32]

Die Situation des bildungspolitischen Zentrums ist wie folgt gekennzeichnet: Es hat bei unvereinbaren Interessenansprüchen, knappen Ressourcen und einem unaufhebbaren Informationsdefizit eine scheinbar widerspruchsfreie und hinreichend akzeptierte Bildungsstrategie zu formulieren. Es muß dabei eine Strategie steuern, die dem Dilemma zwischen dem Arbeitgeberinteresse an Berufsnachwuchslenkung und Personalauslese und dem allgemein menschlichen Interesse an Entfaltung der Persönlichkeit einigermaßen gerecht zu werden zumindest vorgibt. Es ist dabei an be-

grenzte fiskalische Ressourcen gebunden. Diese werden in unserem Zusammenhang auf drei verschiedenen Wegen belastet: 1. durch Ausgaben für das Bildungssystem selbst, 2. durch die darauf folgenden, aus Anstellungsdruck auf den öffentlichen Dienst resultierenden Personalkosten und 3. durch die Kosten für die Beseitigung von Beschäftigungsproblemen.
Es kann sich dabei auf keine wissenschaftlich abgesicherten, eindeutig interessenfreien Prognosen stützen, sich dem Legitimationszwang also nicht auf diesem Wege entziehen.
Alle im folgenden erläuterten Strategien und Taktiken können daher als Lavieren zwischen unvereinbaren Teilzielen verstanden werden. Zur Sicherung eines hinreichenden Konsens versucht es gleichzeitig den Nachweis einer unter dem Aspekt der Kapitalverwertung bedarfsgerechten Planung (d.h. im Hinblick auf Qualifikation, Personalkostenstruktur, psycho-soziale Anpassung und Systemlegitimation) und einer gegenüber egalitären Werten und emanzipatorischen Ansprüchen legitimierenden Strategie zu führen. Dabei ist auch noch den Prämissen eines stabilen ökonomischen Wachstums und einer effizienten Nutzung knapper verfügbarer Ressourcen und den Statusansprüchen professioneller Gruppen einigermaßen gerecht zu werden.

7. Strategien und Taktiken der staatlichen Bildungspolitik

Alle bildungspolitischen Maßnahmen versuchen die Friktionen zwischen Bildungs- und Beschäftigungssystem in einer Weise zu reduzieren, die einen hinreichenden Konsens mit den wichtigsten Machtzentren sichert. Sie schwanken den verschiedenen Machtzentren gegenüber zwischen Erfüllung, partieller Gewährung und Vertröstung oder versuchen die Erwartungshaltungen und Motive dieser Zentren ihren Strategien selbst anzupassen. Wegen der unterschiedlichen Interessenlage und Interessenaspekte berührt ein und dieselbe Maßnahme die verschiedenen Interessenträger und selbst ein und denselben in unterschiedlicher Weise. Die prinzipielle Interessendivergenz läßt darüber hinaus nur vorübergehende, labile Gleichgewichte zu, die über sich selbst hinaustreiben und unbeabsichtigte Nebenwirkungen, neue Folgeprobleme und Taktiken nach sich ziehen. Die wichtigsten taktischen Ansätze werden im folgenden angeführt.

7.1 Ansätze zur partiellen Erfüllung von Bildungsansprüchen und Sicherheitserwartungen

Ein Großteil der bildungspolitischen Maßnahmen und Überlegungen steht unter dem Aspekt, den aus Bildungs- und Sicherheitserwartungen resultierenden Druck dadurch zu reduzieren, daß man ihm partiell entgegenkommt oder doch auf absehbare Zeit vertröstet, um damit Zeit bis zu einer bildungspolitisch günstigeren Situation zu gewinnen. Den Bildungserwartungen kommt eine Erhöhung der Aufnahmekapazität entgegen, z.T. durch Ausbau der Universitäten, z.T. durch vorübergehende Überlastprogramme gesichert. Denselben Effekt hat die Vergrößerung der Durchlaufgeschwindigkeit. Dazu gehören Maßnahmen, die auf die Erweiterung des Anteils von Kurzstudiengängen zielen, die Einführung von Regelstudienzeiten durch die Landeshochschulgesetze und die Intensivierung der Studienberatung. Eine verbesserte Erfüllung der Sicherheitserwartungen erhofft man durch die Umlenkung der Studentenströme auf sogenannte flexibel verwendbare Fächer, die Propagierung der Berufsfeldbezogenheit der Curricula und schließlich auch eine Intensivierung der Studienberatung. Endlich absorbiert aber auch die erweiterte Studienkapazität sonst möglicherweise den Arbeitsmarkt belastende Qualifikationen.[33] Da diese Maßnahmen alle zugleich aber unter fiskalischen Bedingungen stehen, zeitigen sie immer auch den Erwartungen entgegenstehende Effekte, die zu Gegenreaktionen führen. Sie führen zum Beispiel zu einer Überlastung der Hochschullehrer, zu einem Abbau emanzipatorischer Studieninhalte, zur Hierarchisierung von Studiengängen und der entsprechenden Umlenkung der Aspirationen, zu Leistungsdruck und dergleichen. Vor allem ziehen sie auch unerwartete Umstellungskosten nach sich. Sofern die Maßnahmen zur Erhöhung der Umlaufgeschwindigkeit griffen, würden sie zwar zu einer erweiterten Erfüllung der Bildungsaspirationen führen, zugleich aber den Arbeitsmarkt stärker belasten und damit den Sicherheitserwartungen entgegenstehen. In der Realität haben die meisten dieser Maßnahmen allerdings auch nicht den gewünschten Effekt erzielt. Gelder zum Ausbau der Studienkapazitäten verpufften wirkungslos. Die Konsequenz sind Folgeüberlegungen zur Erhöhung der staatlichen Kontrolle über die Hochschulen. Die Erweiterung der Kurzstudiengänge führt zu einem Zirkel von Ausbluten und Aufwerten und zu einer Erhöhung der Übergangsquoten[34]. Der Effekt war eher eine Verlängerung der Studiendauer. Die Reaktion darauf ist eine Erschwerung des Übergangs und eines Zweitstudiums. Auch die Auswirkungen sogenannter berufsorientierter Curricula müssen äußerst fraglich bleiben.

7.2 *Ansätze zur individuellen Demotivierung*

Daneben steht der Versuch, dem Widerspruch von Anspruch und Realität durch Reduktion des Anspruchsniveaus zu begegnen. Ein wesentliches Mittel dazu ist die Dramatisierung der Arbeitsmarktsituation der Akademiker, die die Schüler vom Studium abschrecken soll. Hierher gehören auch alle Maßnahmen zur Erschwerung des Studiums, die Erhöhung der sozialen Kosten durch Leistungsdruck, Wartezeiten und Einschränkung der Berufswahlfreiheit über Numerus clausus sowie die Verschlechterung der materiellen Situation der Studenten. Auch eine Angleichung der Lebenssituation von Akademikern und Nichtakademikern würde demotivierend wirken. Alle Diskussionen um den nicht qualifikationsgerechten Einsatz von Akademikern oder die Verschlechterung ihrer Einkommenssituation aufgrund eines Überangebots am Markt sind hier einzuordnen. Empirische Untersuchungen zeigen, daß dieser Einkommenseffekt in Wirklichkeit keine zwingende Folge einer Erhöhung der Akademikerquote[35], die Diskussion vielmehr vornehmlich unter propagandistischen Gesichtspunkten zu verstehen ist. Die Demotivierungsversuche waren ebenfalls lange Zeit erfolglos, da die Aspirationen der betroffenen Bevölkerungsgruppen durchaus langfristiger angelegt sind und die Bedeutung von Bildung durch Maßnahmen wie den Numerus clausus eher noch unterstrichen wurde. Erst in jüngster Zeit sind offensichtlich einige Erfolge durch eine Stagnation der Oberschülerzahlen und eine Reduzierung des Übergangs von Oberschule zu Studium zu verzeichnen. Die Demotivierung trifft dabei am stärksten die ohnehin benachteiligten Bevölkerungsschichten. Wahrscheinlich kommt aber der Effekt eher dann erst zur Wirkung, wenn längst entgegengesetzte demographische Variablen ihn unerwünscht machen.

7.3 Ansätze zur Erfüllung von Arbeitgebererwartungen

Der Erfüllung von Arbeitgebererwartungen dienen alle Maßnahmen, die die unmittelbare Verwertbarkeit der Ausbildungsqualifikation erhöhen, die Personalkostenstruktur günstig beeinflussen und einen Beitrag zur psycho-sozialen Integration der zukünftigen Arbeitnehmer leisten. Bei den gegenwärtigen Erwartungen der Arbeitgeber, also die Verringerung der Studentenzahl durch Demotivierung, die Übernahme von Selektionsfunktionen durch Hierarchisierung von Studiengängen, die Disziplinierung durch Kurzstudium und Numerus clausus, die Anpassung von Studieninhalten an Praxiserfordernisse, der Abbau kritischer Studieninhalte durch Studienzeitverkürzung, Leistungsdruck und Beeinflussung der Fächerstruktur u.ä. Natürlich gehören auch alle Maßnahmen zur Entlastung des Arbeitsmarktes, wie die Absorption potentieller Nachfrager durch die Ausbildung hierher, obwohl sie z.T. den bisher angeführten Erwartungen entgegenlaufen. Ebenso die Reduzierung des Aspirationsniveaus durch Demotivierungsstrategien.

7.4 Ansätze zur Erfüllung von Ansprüchen professioneller Organisationen

Professionelle Ansprüche machen sich auf verschiedensten Ebenen bemerkbar. Nicht nur in den entsprechenden Strategien professioneller Organisationen, sondern auch im Verhalten der Universitätsbürokratie und der unterschiedlichen akademischen Fächer. Es soll nur auf zwei eklatante Beispiele verwiesen werden. Erstens auf das Scheitern der Steuerungskapazität der politischen Instanzen gegenüber der universitären Gegenmacht. Selbst unter Berücksichtigung von Preissteigerungen und unabdingbaren Ausstattungsverbesserungen steht der Gewinn an Studienplätzen in keinem vertretbaren Verhältnis zu den eingesetzten Mitteln. Zweitens auf die Strukturverschiebungen zwischen den Fächern der Universität, die vor allem auf die harte Vertretung von Sonderinteressen in Bereichen wie der Medizin auf der einen Seite und dem Zurücktreten gruppenspezifischer Sonderinteressen etwa in den pädagogischen und sozialwissenschaftlichen Fächern auf der anderen Seite zurückzuführen ist. Das führte dazu, daß in einem Fach mit nachgewiesen hohen zukünftigen Bedarfszuwächsen[36], der Medizin, trotz hohen Bildungsinteresses und hohen Mitteleinsatzes das Angebot an Studienplätzen zumindest vorübergehend zurückging[37], während die Fächer mit geringer oder jedenfalls unklarer und unausgewiesener Nachfrage nach Qualifikationen die dadurch gestauten Aspirationen aufzufangen gezwungen sind.

7.5 Ansätze zur fiskalischen Entlastung des Staates

Hinter allen Maßnahmen scheint aber immer wieder der Imperativ der Entlastung der Staatsfinanzen hervor. Zu erwähnen seien nur: Kurzstudium, Regelstudium, Überlastprogramme, Umlenkung auf kostengünstige Studiengänge, Abbau von Planstellen, aber auch indirekte, gleichartig wirkende Taktiken wie Demotivierung von Interessenten. Alle Maßnahmen sollen zunächst die Kosten des Ausbildungssektors entweder dadurch senken, daß potentielle Nachfrage gar nicht erst wirksam oder dadurch, daß erhöhte Leistung bei gleichem Aufwand erbracht wird. Schließlich bewirkt auch eine partielle Verringerung der Leistung z.B. über eine Reduzierung der Verweildauer dasselbe. Daneben ist auch eine Senkung der Folgekosten ein wichtiges Motiv. Dem dient vor allen die Umlenkung auf solche Fächer, deren Absolventen in der Regel nicht auf die Weiterbildung und Anstellung im Staatsdienst fixiert sind. Auch die Reduzierung der durch Arbeitslosigkeit verursachten Folgekosten, z.B. durch Umlenkung auf flexibel verwertbare Fächer steht unter demselben Imperativ. Aber auch hier haben einige Maßnahmen eher die gegenteilige Wirkung. Der Ausbau von Kurzstudiengängen verlängerte über eine Erhöhung der Übergangsquoten sogar die Verweildauer, der Numerus clausus bewirkte über die Institution des Parkstudiums dasselbe. Die dadurch herausgeforderten flankierenden Maßnahmen wurden schon erwähnt. Darüber hinaus wird das Problem teilweise nur verschoben. Eine Demotivierung von Studienaspiranten verschärft den Arbeitsmarkt auf den unteren Qualifikationsstufen, der in Wirklichkeit viel angespannter ist. Die fiskalische Sparpolitik ist zudem alles andere als konjunkturgerecht und sie stellt langfristig die Weichen zu ungunsten kollektiver Güter und Dienstleistungen.

8. Zur zukünftigen Entwicklung des Arbeitsmarktes für Akademiker

Wie die Vergangenheit zeigt, sind Prognosen über die Arbeitsmarktentwicklung von Hochschulabsolventen wenig zielsicher, vor allem, weil die Nachfrage wesentlich von politischen Entscheidungen abhängig ist. Auch das Angebot wird, insbesondere über direkte und indirekte Wirkungen von administrativen Zugangsbeschränkungen, zumindest teilweise von daher bestimmt. Trotzdem soll der Versuch gemacht werden, die zur Verfügung stehenden Daten einer vorausschauenden Interpretation zu unterziehen.

Vorausschätzungen des Angebots können für den Zeitraum bis zu sechs Jahren auf die Studienanfängerzahlen und den Bestand an Studierenden zurückgreifen. Die Studienanfängerzahlen der Jahre von 1971 bis 1973 lassen für die nächsten Jahre einen weiteren kräftigen Zuwachs des Absolventenangebots erwarten, der sich, aufgrund der durch den Numerus clausus bewirkten Stagnation, abflachen wird. Der in der Vergangenheit ständig gestiegene Anteil der weiblichen Studenten[38] läßt allerdings erwarten, daß sich der Anteil der Absolventen, die keinen Beruf antreten bzw. nach kurzer Zeit wieder ausscheiden, in der Zukunft wieder steigen wird.[39] Inwieweit diese Entlastung des Arbeitsmarktes in Wirklichkeit auf eine versteckte Arbeitslosigkeit aufgrund des sog. „discouraged worker" – Effekts zurückzuführen ist, kann nicht abgeschätzt werden.

Mit Sicherheit wird es in dem betrachteten Zeitraum zu einer Verschiebung in der Fachrichtungsstruktur kommen, da der Anteil der Lehramtsstudiengänge sinkt.[40]

Eine mittelfristige Angebotsvorausschätzung kann sich auf den Schülerbestand der weiterführenden Schulen und Hypothesen über die Neigung zur Aufnahme eines Hochschulstudiums stützen. Diese Neigung steht in Wechselbeziehung zur individuellen Einschätzung der zukünftigen Arbeitsmarktlage und der Möglichkeit, ein Studienfach entsprechend den eigenen Präferenzen wählen zu können. Letztlich wird aber nicht die Neigung zum Studium die Absolventenzahl der achtziger Jahre bestimmen, sondern Entscheidungen über den Ausbau der Hochschulkapazitäten. Sollten die Absichtserklärungen zur Abschaffung des Numerus clausus politische Realität werden, kann man sich an den folgenden Daten orientieren. Nach Vorausschätzung der Kultusministerkonferenz erwartet man bei den Abiturienten bis 1980 eine Steigerung auf 152,7 Tsd. (1975 = 110,9 Tsd.), die Gesamtzahl der Inhaber von Zertifikaten der Hochschul- und Fachhochschulreife soll 230,1 Tsd. (1975 = 171,8 Tsd.) erreichen. Aufgrund der demographischen Struktur liegt der Höhepunkt im Jahre 1985 mit 190,8 Tsd. Abiturienten (Hoch- und Fachhochschulreife insgesamt 279,4 Tsd.), bis 1990 sinken die Zahlen dann wieder auf den Stand von 1980 ab.[41] Das wären für 1980 ca. 24 % und für 1985 ca. 27 % der jeweiligen Altersjahrgänge. Legt man z.B. die Studienneigung des Jahrganges 1976 (einschl. der Inhaber der Fachhochschulreife) zugrunde,[42] erhält man altersspezifische Studienanfängerquoten von ca. 20 % bzw. 23 %.[43] Angesichts der für mittlere Frist wahrscheinlich weiterbestehenden Finanzrestriktionen[44] ist aber kaum zu erwarten, daß diese Quoten, die bei einer völligen Aufhebung des Numerus clausus noch höher sein würden, auch realisiert werden. Daß Veränderungen dieser Quote erhebliche quantitative Auswirkungen auf das Absolventenangebot haben werden, zeigt die Überlegung, daß eine Stagnation der Quote im Bereich unter 20 % für die Zeit um 1990 eine Verringerung der jährlichen Absolventenzahl zwischen 30 und 40 000 zur Folge haben wird. Das entspricht in etwa der derzeitigen Gesamtnachfrage für Hochschulabsolventen aus dem Unternehmenssektor.

Überlegungen zur zukünftigen Nachfrage nach Hochschulabsolventen müssen vom Bildungssystem selbst ausgehen. Neben der bereits jetzt schrumpfenden Gesamtnachfrage des Primarbereichs ist spätestens ab 1985 ein Rückgang im Sekundarbereich und ab 1990 im Hochschulbereich zu erwarten.[45] Vom Bildungssystem wird deshalb in Zukunft ein erheblich kleinerer Anteil der Hochschulabsolventen absorbiert werden können. Die Zahl der beim Staat beschäftigten Hochschulabsolventen wird deshalb in den 80er Jahren nur noch geringfügig wachsen, falls die bisherige

Personalpolitik nicht drastisch geändert wird, z.B. durch eine Verbesserung der Lehrer-Schüler-Relation oder Verringerung der Stundenzahl pro Lehrer bereits in den nächsten zehn Jahren (d.h. ohne Antizipation der später zu erwartenden Entlastung aufgrund der zurückgehenden Geburtenraten) oder durch eine beträchtliche Ausweitung der planerischen, rechts- und sozialpflegerischen Personalkapazitäten.[46] Doch selbst wenn man diese Möglichkeit berücksichtigt, müßte ein wachsender Anteil des Absolventenangebots vom Unternehmenssektor aufgenommen werden. Von dieser Seite wird aber für die Zukunft nur ein Zusatzbedarf von jährlich 1 % signalisiert.[47] Diese Konstellation ist dann auch der Hintergrund für Prognosen, wonach nur ein Drittel bis maximal die Hälfte der zukünftigen Hochschulabsolventen einen ihrer Ausbildung adäquaten Arbeitsplatz finden wird.[48] Nun sind die von Arbeitgeberseite abgegebenen Bedarfsprognosen eindeutig Bestandteil der bereits skizzierten bildungspolitischen Strategie. Die Interessengebundenheit der Prognose zeigt sich schon daran, daß sich der Akademikerbestand in der Privatwirtschaft in der Vergangenheit durchschnittlich um 3,9 % pro Jahr und selbst während des scharfen Konjunkturabschwungs von 1974 auf 1975 noch um 3 % erhöht hat.[49] Die Aufnahmeelastizität des Beschäftigungssystems ist also erheblich höher als immer wieder behauptet. Dabei vollzieht sich eine Substitution von Nichtakademikern durch Akademiker, die z.T. auf gestiegene Qualifikationsanforderungen zurückzuführen ist. Daneben wird aber auch immer wieder von einer „unterwertigen Beschäftigung" der Akademiker gesprochen. Diese These mag zeitweise zutreffende Aspekte enthalten. Sie geht aber von einer starren Qualifikations- und Beschäftigungsstruktur aus, in der jede spezifische Qualifikation ihre speziellen Rechte fordern kann und jede Berufsrolle und jedes Arbeitsplatzsystem unabdingbare und konstante Qualifikationsanforderungen stellt. Sie übersieht, daß eigentlich an jedem Arbeitsplatz gewisse überschüssige Qualifikationen existieren und existieren müssen, um ihn überhaupt ausfüllen zu können. Jede Arbeits- und vor allem Berufsrolle ist bis zu einem gewissen Grade interpretierbar und gestaltbar. Sogenannte überschüssige Qualifikationen können daher sowohl zu einer verbesserten Durchführung der übertragenen Aufgaben als auch zu einer kreativen Neugestaltung dieser Aufgaben dienen.[50] Von ihnen geht zudem ein Druck auf die Umgestaltung des Arbeitssystems selbst nach Maßgabe der vorhandenen Qualifikationen aus. In ihnen kann daher, gerade bei zeitweiliger, scheinbarer Nutzlosigkeit, ein politisches Veränderungspotential liegen. Außerdem wird durch eine Nivellierung des Bildungsgefälles die bestehende hierarchische Struktur in Frage gestellt, da nur eine begrenzte Anzahl von Positionen die Erwartungen und Fähigkeiten der Arbeitskräfte hinsichtlich Autonomiespielraum und selbständiger Arbeit erfüllt.[51] Da auch die bestehende Einkommens- und Statusverteilung davon betroffen ist, muß die Kapitalseite Legitimationsverluste befürchten. Bedarfsprognosen erfüllen dann auch die Funktion, diese Nebeneffekte der Bildungsexpansion durch frühzeitige Reduzierung der Erwartungen hinsichtlich Status und Einkommen zu verhindern.

Auch von staatlicher Seite besteht die Tendenz, die Argumentation zunehmend bedarfsorientiert zu führen. Frühere Ansprüche der Bildungspolitik, wie die Steigerung zivilisatorischer Elementarkenntnisse, die Verbesserung prozeßunabhängiger Fähigkeiten (wie Autonomie im Arbeitsverhalten, Solidarität und Loyalität im betrieblichen Verhalten, soziale Umstellungsfähigkeit) und die Aneignung kritischer sozialer Orientierungsfähigkeit werden dabei auf der Strecke bleiben. Unter den absehbaren politischen Kräfteverhältnissen ist auch kaum anzunehmen, daß man sich der Steuerungs- und Abschreckungswirkung des Numerus clausus begibt.[52]

Angesichts des bildungspolitischen Informationsdefizits und der problematischen Lenkungskapazität der bildungspolitischen Instanzen sind verschiedene Entwicklungen denkbar. Entweder es gelingt den politischen Instanzen eine rigorose Umstrukturierung zugunsten streng berufsorientierter Studienfächer. Das müßte zu einem zunehmenden Kapazitätsabbau bei einer ganzen Reihe von Studienbereichen führen, bei denen die Operationalisierung der Forderung nach einem unmittelbar tätigkeitsbezogenen Studiengang sachlich nicht möglich ist. Oder sie läßt die Berufsfeldbezogenheit der Studiengänge in weiten Bereichen gänzlich fallen, so daß die allgemeinbildende Komponente des Hochschulstudiums zunimmt. Die USA haben eine solche Entwicklung bereits hinter sich.[53] Die eigentliche berufliche Einarbeitung würde sich dann in den Anstellungsunternehmen selbst vollziehen.[54]

Im übrigen kann man die bisherige Entwicklung des Bildungssystems in Schweden, die dort entstandenen Probleme der Abstimmung mit dem Beschäftigungssystem und die staatlichen Folgereaktionen für eine Einschätzung der zukünftigen Entwicklung in der Bundesrepublik heranziehen. In Schweden erfuhr der tertiäre Bereich des Bildungswesens aufgrund kumulierender Wirkungen der demographischen Daten (Höhepunkt der Geburtenrate bereits im Jahre 1945 mit seither ständig fallender Tendenz) und der bildungspolitischen Zielvorstellungen (Verwirklichung der Chancengleichheit im und über das Bildungssystem, aber auch Bedarfsüberlegungen) eine weit stärkere Ausweitung als dies in der Bundesrepublik zu erwarten ist. Bis 1960 lag der Anteil der Studenten pro 1000 Einwohner unter dem in der Bundesrepublik, bis 1968 vervierfachte sich dann die Zahl der Studienanfänger von 7,8 auf 29,6 Tsd. Ende der sechziger Jahre wurde dann auch die Arbeitsmarktlage von Hochschulabsolventen als schwerwiegendes Problem empfungen. Die daraufhin ergriffenen Abwehrreaktionen (auch hier rückten Bedarfsüberlegungen in den Vordergrund) sind vom Inhalt und von der Intention mit denen das Hochschulrahmengesetzes zu vergleichen. Partielle Zugangsbeschränkungen und Rückwirkungen der Arbeitsmarktsituation auf die Studienmotivation haben die Zahl der Studienanfänger bis 1971/72 auf 22 Tsd. sinken lassen.[55]

Das Beispiel Schweden demonstriert aber auch die Aufnahmeelastizität des Beschäftigungssystems. Denn hier ist der Anteil der Hochschulabsolventen an der Erwerbsbevölkerung mit 9,3 % mehr als doppelt so hoch wie in der Bundesrepublik. Die „Prognosen“ über das zu erwartende Heer von arbeitslosen Hochschulabsolventen werden auch in der Bundesrepublik nicht eintreffen, u.a. weil die Unternehmerseite das dann drohende Konfliktpotential realistisch einschätzen wird. Bezogen auf den gesamten Arbeitsmarkt wird die zunehmende Zahl der Hochschulabsolventen eher eine entlastende Wirkung haben.

Es spricht also vieles dafür, daß das Beschäftigungssystem flexibel genug sein kann, um ein langfristig steigendes Qualifikationsangebot zu absorbieren. Das setzt aber

eine Abkehr von Bedarfsvorstellungen voraus, die noch auf den Implikationen eines hierarchisch gegliederten Beschäftigungs- und Bildungssystems beruhen und die die Bildungspolitik zur Erfüllung von scheinbaren Sachzwängen verkümmern lassen.
Sieht man Bildungspolitik aber als Element in der politischen Auseinandersetzung unterschiedlicher gesellschaftlicher Interessen, dann wird deutlich, daß angesichts der fortbestehenden Kopplung von bildungsspezifischen Zertifikaten mit Positionen in einem hierarchisch gegliederten Beschäftigungssystem, jede Einschränkung weiterführender Bildungschancen zugleich auch die Eingrenzung der materiellen Lebenschancen der breiten Schichten der Bevölkerung beinhaltet. Auch bei fortbestehenden hierarchischen Strukturen kann eine weitere Bildungsexpansion zumindest zu einer Verbesserung in der Erfüllung des Partialziels der Chancengleichheit bei der Verteilung gesellschaftlicher Positionen und der mit ihnen verbundenen Privilegien beitragen. Bildung hat aber zudem Funktionen, die über das Beschäftigungssystem hinausführen und per se den Anspruch auf Expansion des Bildungssystems rechtfertigen. Es sind Ziele, die ein umfassendes Verständnis der eigenen Lebensbedingungen und die Befähigung zu reflektiertem Handeln beinhalten.
Schließlich aber ist die hierarchische Struktur des Beschäftigungssystems selbst als Objekt sozialen Wandels zu begreifen. Wenn auch die Hoffnung auf eine Egalisierung der Gesellschaftsstruktur über Bildungspolitik nicht auf allzu starken Beinen steht, so trifft doch die Bemerkung zu: „Wenn die Angleichung des Berufsbildungsniveaus dazu führt, daß die Berufstätigen entsprechend den traditionellen Vorstellungen von Qualifikationsanforderungen umso eher ‚überqualifiziert' sind, je niedriger ihr Berufsrang ist, dann gibt es ein ungenutztes Potential, das eine Umverteilung der Berufsaufgaben und eine Umorganisation der Entscheidungsprozesse am Arbeitsplatz erlaubt bzw. nahelegt."[56]

Anmerkungen

*) Die Arbeit wurde Ende 1977 abgeschlossen. Neuere Daten konnten deshalb nicht berücksichtigt werden. Soweit sie uns in der Zwischenzeit zur Kenntnis gekommen sind, widersprechen sie den Thesen dieser Arbeit nicht. Die Demotivierungsstrategien scheinen aber zunehmend Erfolg zu haben. Mitte 1978 äußerten z.B. weniger als 70 % der Abiturienten die Absicht, ein Studium aufzunehmen. Zugleich war offensichtlich, zumindest bei einigen Lehramtsstudiengängen, die abschreckende Wirkung so groß, daß ein wesentlicher Teil der Studienplätze unbesetzt blieb und ein neuer Lehrermangel in absehbarer Zeit nicht auszuschließen ist.

1 Akademiker und Hochschulabsolventen werden als synonyme Begriffe verwendet. Die Fachhochschulabsolventen werden dabei einbezogen. Dafür sprechen sowohl die sich stark überschneidenden beruflichen Einsatzbereiche wie auch die von staatlicher Seite für die Zukunft vorgesehene weitere Integration der Studiengänge. Erstes Ergebnis dieser Integrationsbemühungen sind die Gesamthochschulen.

2 Vgl. z.B. M. Tessaring, Wissen bringt Zinsen, in: UNI, Berufswahlmagazin, H. 9/1977, S. 16.

3 Zur Definition dieser Begriffe siehe: K. Marx, Resultate des unmittelbaren Produktionsprozesses, Frankfurt a.M. 1969, S. 51 f. und 60 f.

4 Vgl. dazu z.B.: B. Lutz und I. Krings, Überlegungen zur sozioökonomischen Rolle akademischer Qualifikationen, HIS Brief Nr. 18, München, Sept. 1971, S. 62 ff.

5 Die Angaben über diese Quoten weisen z.T. allerdings erhebliche Differenzen auf. Vgl. dazu: L. Alex, Umstrukturierung statt Verdrängung, in: UNI, Berufswahlmagazin, H. 6/1977, S. 10 und: A. Hegelheimer, Bildungsfinanzierung an der Nahtstelle zwischen Bildungs- und Beschäftigungssystem, unveröff. Manuskript, Bielefeld 1977, S. 8 f.

6 Es wäre z.B. zu berücksichtigen, daß Beschäftigte im öffentlichen Dienst eine weitgehende Arbeitsplatzsicherheit genießen. Um ein realistisches Bild zu gewinnen, müßte man jeweils getrennte Quoten für Privatwirtschaft und öffentlichen Sektor errechnen. Vgl. dazu auch: Amtliche Nachrichten der Bundesanstalt für Arbeit, Nr. 12/1976, S. 1280.

7 Daß bereits berufstätige Akademiker durch Berufsanfänger verdrängt werden, ist angesichts der Vorliebe der Unternehmen für praxiserfahrene Bewerber kaum anzunehmen.

8 Vgl. L. Alex, a.a.O., S. 10.

9 Vg. M. Tessaring, a.a.O., S. 21.

10 Ebenda, S. 21.

11 Veränderungen der Verweildauer können einen beträchtlichen Einfluß auf die Zahl der Studenten und damit die Kapazität der Hochschulen und die Kosten pro Student haben. Nach Schätzung des Bundesministeriums für Bildung und Wissenschaft ist die Verweildauer mit ca. 20 % an der Erhöhung der Studentenzahlen zwischen 1965 und 1974 beteiligt. Vgl. Bildungspolitische Zwischenbilanz, Hrsg. BMBW, Bonn 1976, S. 20. Das Angebot an Hochschulabsolventen können Veränderungen der Verweildauer nur zeitlich verschieben, für kurze Fristen können davon aber nicht unerhebliche Wirkungen ausgehen.

12 Schätzungsweise brechen ca. 20 % der Studienanfänger das Studium ohne erfolgreichen Abschluß ab. Vgl. Materialien aus der Arbeitsmarkt- und Berufsforschung, Themengruppe e: Serie Akademikerprognosen, 2/1977, S. 5.

13 Bei den Gesamthochschulen werden sowohl „Universitäts"- wie auch „Fachhochschulstudiengänge" angeboten. Auf erstere entfallen 43 % der Studenten, auf letztere 37 %, der Rest strebt ein Lehramt für Volksschulen an. Vgl. Grund- und Strukturdaten 1976, Hrsg. Bundesministerium für Bildung und Wissenschaft, S. 94.

14 Statistische Zahlen über die Übergangsquoten sind nicht verfügbar. Ein Anteil zwischen 30 und 50 Prozent ist aber durchaus realistisch. Vgl. dazu auch: M. Tessaring und H. Werner, Beschäftigungsprobleme von Hochschulabsolventen im internationalen Vergleich, Göttingen 1975, S. 33.

15 H. Echterhoff-Severitt, u.a., Forschung und Entwicklung in der Wirtschaft 1973, Hrsg. Stifterverband für die Deutsche Wissenschaft, Arbeitsschrift A 1977, Essen, S. 19.

16 Vgl. Amtliche Nachrichten der Bundesanstalt für Arbeit, Nr. 6/1977, S. 695. Hier bezieht man sich allerdings nur auf Absolventen von wirtschafts- und sozialwissenschaftlichen Studiengängen.

17 Ebenda, S. 695.

18 Vgl. dazu die unterschiedlichen Auffassungen von Altvater, Baethge und Offe. E. Altvater und F. Huisken (Hrsg.), Materialien zur politischen Ökonomie des Ausbildungssektors, Erlangen 1971, S. XXII, M. Baethge, Die Integration von Berufsausbildung und Allgemeinbildung als Forschungskonzept für die Berufsbildungsforschung, in: Bildungsforschung. Probleme – Perspektiven – Prioritäten, Teil 1, im Auftrage der Bildungskommission herausgegeben von H. Roth und D. Friedrich, Stuttgart 1975, S. 258 ff; C. Offe, Bildungssystem, Beschäftigungssystem und Bildungspolitik – Ansätze zu einer gesamtgesellschaftlichen Funktionsbestimmung des Bildungssystems, in: Bildungsforschung, a.a.O., S. 220 ff.

19 Dieser Begriff wird hier analog zu dem Begriff des politischen Zentrums in der Arbeit von J. Bergmann, G. Brandt, K. Körber, E. Th. Mohl und C. Offe, Herrschaft, Klassenverhältnis und Schichtung, in: Th.W. Adorno (Hrsg.), Spätkapitalismus oder Industriegesellschaft? Stuttgart 1969, S. 82 verwendet. Er soll zur summarischen Kennzeichnung vorparlamentarischer, parlamentarischer, exekutiver und administrativer Instanzen und Funktionen dienen.

20 Wir folgen auch hier der Terminologie von Bergmann u.a., ebenda, die allerdings von einem „Kranz von Machtgruppen" sprechen. Es geht dabei um die summarische Bezeichnung von solchen Gruppierungen, die unabhängig von organisatorischen Formen und oft quer durch solche hindurch wichtige funktions- oder interessenbedingte Gemeinsamkeiten aufweisen, auch wenn sie in vieler Hinsicht selbst wieder intern Konflikte austragen.

21 Vgl. H. Roth und D. Friedrich (Hrsg.), a.a.O., S. 42.

22 G. Picht, Die deutsche Bildungskatastrophe, Olten/Freiburg i. Br., 1964.

23 Siehe genauer Deutscher Bildungsrat (Hrsg.), Empfehlungen der Bildungskommission. Strukturplan für das Bildungswesen, Stuttgart 1972.

24 Daß vergleichbare Produktionsleistungen profitabel mit gänzlich verschiedener Beschäftigungsstruktur zu erbringen sind, belegen exemplarisch für den Einsatz technisch qualifizierten Personals im Maschinenbau G. Kammerer, B. Lutz und Chr. Nuber, Ingenieure im Produktionsprozeß. Zum Einfluß von Angebot und Bedarf auf Arbeitsteilung und Arbeitseinsatz am Beispiel des Maschinenbaus, Frankfurt a.M. 1973. Auch die im internationalen Vergleich sehr unterschiedliche Akademikerquote der führenden, westlich orientierten Industrieländer spricht dafür.

25 Die These von einem bildungspolitischen Kriteriumsmangel entwickelt C. Offe, a.a.O., S. 232. Im Gegensatz zu unserer Auffassung hält er aber als Konsequenz dessen eine bildungspolitische Maximalstrategie im Interesse der Sicherung von Eingriffsreserven unter Gesichtspunkten der Kapitalverwertung für zwingend.

26 Wir setzen uns damit bewußt in Gegensatz zu Offes These von der gesellschaftlichen Funktionalisierung des Bildungssystems. Vgl. a.a.O., S. 215. Dies betrifft allerdings nicht die Tatsache, daß es tatsächlich Ansätze zur verstärkten Vermittlung sogenannter Sozialfertigkeiten als ein Moment der Arbeitsqualifikation gibt.

27 B. Buchhofer, J. Friedrichs und H. Lüdtke, Selbstmobilisierungseffekt erworbener Bildung und Zweiter Bildungsweg, in: Wissenschaftliches Studium und Zweiter Bildungsweg, Hamburg 1973, S. 126 ff.

28 Jüngste Beispiele sind Warnungen von Ärzte- und Apothekerverbänden vor einer angeblichen Nachwuchsschwemme. Siehe „Ärzte warnen vor Nachwuchsschwemme", Süddeutsche Zeitung vom 7.10.77 und „Apotheker warnen nachdrücklich vor Pharmazie-Studium", Frankfurter Rundschau vom 13.10.1977, S. 20.

29 Siehe C. Offe, a.a.O., S. 236.

30 Siehe C. Offe, a.a.O., S. 230.

31 Eine ausgezeichnete Darstellung der technischen Prognoseprobleme gibt B. Lutz, Prognosen der Berufsstruktur – Methoden und Resultate. (Internationale Übersicht im Rahmen vergleichbarer Gesellschaften), in: B. Lutz und W.D. Winterhager, Zur Situation der Lehrlingsausbildung. Prognosen der Berufsstruktur – Methoden und Resultate, Stuttgart 1970. Eine grundsätzliche Kritik der Bildungsökonomie leistet P.R. Straumann, Zur Vulgarisierung der Bildungsökonomie, in: Leviathan, Jg. 1973, H. 1, S. 71 ff.

32 Auf die Darstellung der internen Kontroversen, die im wesentlichen eine Reproduktion der Interessenwidersprüche der anderen Strategiezentren, in Verbindung mit einer Kriteriumsunsicherheit, darstellen, muß hier verzichtet werden.

33 Dieser Aspekt der Bildungspolitik als Arbeitsmarktregler wurde schon früh am US-amerikanischen Beispiel deutlich. Siehe dazu Offe, a.a.O., S. 234 et passim.

34 Siehe dazu U. Teichler, Kurzstudium in der Bundesrepublik Deutschland (unveröffentlichtes Manuskript, Sept. 1973).

35 Zumindest ist der Effekt überraschend gering und wirkt sich nur kurzfristig aus. Siehe U. Teichler, D. Hartung und R. Nuthmann, Hochschulexpansion und Bedarf der Gesellschaft an sozialer Ungleichheit. Wissenschaftliche Erklärungsansätze, bildungspolitische Prognosen und internationale Entwicklungstendenzen, Stuttgart 1976, S. 32 f.

36 Siehe A. Blüm und U. Frenzel, Quantitative und qualitative Vorausschau auf den Arbeitsmarkt der Bundesrepublik Deutschland, – Stufe 3. Gutachten des Batelle-Instituts Frankfurt im Auftrag der Bundesanstalt für Arbeit. Beiträge zur Arbeitsmarkt- und Berufsforschung, Band 8.1 und 8.2, Nürnberg 1975.

37 So betrug etwa die Meßziffer für die Studentenzahl im Fach Medizin 1966 132 (1960 Basis = 100), ging bis 1969/70 bis auf 128 zurück und stieg erst seitdem wieder langsam an. Siehe: Bildung im Zahlenspiegel, Ausgabe 1974, hrsg. v. Bundesministerium für Bildung und Wissenschaft, Bonn und dem Statistischen Bundesamt, Wiesbaden; Stuttgart und Mainz 1974, S. 123.

38 Der Anteil der weiblichen Studenten ist an den Universitäten von 1960 bis 1975 von 30,2 auf 41,7 Prozent gestiegen. Vgl. Grund- und Strukturdaten 1976, Hrsg. BMBW, S. 96.

39 In der Vergangenheit betrug der Anteil ca. 15 %. Vgl. Materialien aus der Arbeitsmarkt- und Berufsforschung, a.a.O., S. 5.

40 Die Zahl der Studienanfänger an den Pädagogischen Hochschulen ist absolut zurückgegangen. Teilweise ist das darauf zurückzuführen, daß einige Pädagogische Hochschulen in Gesamthochschulen eingegliedert wurden. In der Hochschulstatistik wurde das nicht berück-

sichtigt. Der Anteil der Studenten der sonstigen Lehramtsstudiengänge nimmt zumindest relativ zur Gesamtzahl der Studenten ab. Vgl. Bildung im Zahlenspiegel, Ausgabe 1977, Hrsg. BMBW Bonn und Statistisches Bundesamt, Wiesbaden, Stuttgart und Mainz 1977, S. 117 und S. 122. Abiturientenbefragungen haben ergeben, daß 1975 noch 36 Tsd., 1976 aber nur noch 22 Tsd. als Studienziel „Lehrer" anstreben. Vgl. a.a.O., S. 73.

41 Vgl. Grund- und Strukturdaten, a.a.O., S. 36.

42 Vgl. Bildung im Zahlenspiegel, Ausgabe 1977, a.a.O., S. 72. Die Gruppe der „Unentschlossenen" wurde dabei je zur Hälfte auf die Gruppen mit bzw. ohne Studienabsicht aufgeteilt. Im übrigen zeigt die Entwicklung dieser Zahlen die enge Interdependenz zwischen Studienmotivation und Arbeitsmarktlage bzw. Zugangsbeschränkungen auf. 1972 waren 10,4 % „ohne Studienabsicht" bzw. „unentschlossen", 1975 bereits 21,8 % und 1976 24,7 %.

43 Das entspricht in etwa den Vorstellungen der Bund-Länder-Kommission für Bildungsplanung von 1973.

44 Für diese Annahme spricht vor allem das praktische Vetorecht des Bundesrates bei Entscheidungen über die Steuergesetzgebung.

45 Wesentlich ist dabei auch die aufgrund der Altersstruktur geringe Ersatznachfrage. Bei den Lehrern entfallen z.B. auf die Altersgruppe der 51–60 jährigen 12,7 %, auf die der 25–35 jährigen 45,1 %. Bei einem Rückgang der Jahrgangsstärken um ca. 43 % seit 1966 würde sich z.B. die Lehrer-Schüler-Relation erheblich verbessern, selbst wenn man die aus Altersgründen Ausgeschiedenen nicht ersetzt.

46 Im Bundesministerium für Bildung und Wissenschaft geht man z.B. von einem geringen Zusatzbedarf an Hochschulabsolventen aus. Vgl. Bildungspolitische Zwischenbilanz, a.a.O., S. 60.

47 Bundesvereinigung der Deutschen Arbeitgeber, Bedarf der privaten Wirtschaft an Akademikern. Eine Tendenzanalyse, Köln 1975.

48 A. Hegelheimer auf der Jahrestagung 1977 des Hochschulverbandes in Augsburg, Vgl. UNI, Berufswahl Magazin, 1. Jg., H. 7/8, 1977, S. 4 f. Nach Meinung von Hegelheimer werden davon ca. 60 % von der Wirtschaft und der Rest vom öffentlichen Dienst absorbiert.

49 Vgl. Materialien aus der Arbeitsmarkt- und Berufsforschung, a.a.O., S. 5 und M. Kaiser, Am Markt vorbeistudiert? in: Analysen, Zeitschrift für Wissenschafts- und Berufspraxis, H. 12/1975, S. 22.

50 U. Teichler, D. Hartung und R. Nuthmann, a.a.O., S. 16.

51 W. Armbruster, Arbeitskräftebedarfsprognosen als Grundlage der Bildungsplanung, Studien und Berichte 23, Max-Planck-Institut für Bildungsforschung, Berlin 1971, S. 190.

52 Zumindest die Lenkung auf bestimmte Fachrichtungen, vor allem „billige" Studiengänge mit breiten Einsatzmöglichkeiten, wird man wohl beibehalten.

53 Vgl. z.B. L. Alex, a.a.O., S. 10.

54 Vgl. dazu die Management-Development- und die Traineeprogramme der großen Unternehmen. Auch das im öffentlichen Bereich praktizierte Referendariat nimmt diese Entwicklung z.T. vorweg.

55 Vgl. dazu F. Jüttner, Der Arbeitsmarkt für Akademiker in Schweden, Göttingen 1975.

56 U. Teichler, D. Hartung und R. Nuthmann, a.a.O., S. 116.

Heinrich Epskamp

Aspekte des Begriffs der gesellschaftlichen Qualifikation*

1. Einleitung

Die alltägliche Diskussion um die Arbeitslosigkeit ist durch zwei einander auf den ersten Blick scheinbar diametral entgegengesetzte Attitüden geprägt: Entweder wird das Schicksal Arbeitsloser als materielle und psychische Verelendung beklagt, so, als ob den Betroffenen mit dem Arbeitsplatz auch der zentrale Lebenssinn geraubt worden sei; oder aber es wird, nicht frei von Häme, darauf verwiesen, daß das Ansteigen der Arbeitslosigkeit nichts weiter sei als die natürliche Folge überzogener Lohnforderungen und des allgemeinen Schlendrians in der Arbeit überhaupt, und insofern doch immerhin eine positive Funktion erfülle, nämlich die der Disziplinierung der Arbeiterarmee zu Gehorsam, Fleiß und Bescheidenheit. Das, was den Widerspruch zwischen den beiden Positionen ausmacht, ist der ideologische Klassenstandpunkt, von dem aus sie jeweils formuliert werden; logisch wie empirisch schließen sie sich nicht gegenseitig aus – in jedem Falle wird die Veränderung von Einstellungen durch das Schicksal der Arbeitslosigkeit behauptet, wenn auch in verschiedener Richtung: läuft das erste auf die These von der Vernichtung von Arbeitskraft durch Arbeitslosigkeit hinaus, so das zweite auf die von deren Anpassung an die Bedingungen der kapitalistischen Arbeitswelt – für beides lassen sich Beispiele schnell finden. Perioden erhöhter Arbeitslosigkeit selektieren und transformieren die Ware Arbeitskraft in den betroffenen Ökonomien; die Frage ist, nach welchen Kriterien.

Daß ökonomische Krisen im kapitalistischen Wirtschaftsprozeß ihren Sinn in der Vernichtung überflüssigen, meistens veralteten konstanten Kapitals finden, ist ein Allgemeinplatz nicht nur der marxistischen Kritik der politischen Ökonomie. Der Gedanke, daß für das variable Kapital, die menschliche Arbeitskraft, ein analoges Bewegungsprinzip gilt, liegt nahe. Wenn ein solcher Analogieschluß Berechtigung haben soll, so müßte nachzuweisen sein, daß ökonomische Krisen Anpassungsprozesse des variablen Kapitals ebenso bewirken wie des konstanten. Im Unterschied zur Problematik beim konstanten Kapital ist beim variablen nur schwer zu bestimmen, worin eine solche Anpassung i. S. einer Modernisierung denn bestehen soll. Fest steht nur, daß Krisen insgesamt die effektiveren Kombinationen von Arbeitskraft und Arbeitsmittel auf den Märkten belassen, was Umstrukturierungen eben nicht nur des konstanten, sondern eben auch des variablen Kapitals entspricht. Sol-

* Für zahlreiche Hinweise danke ich H. G. Burgbacher.

che Umstrukturierung kann sich beim variablen Kapital einmal durch die Repulsion nicht anpassungsfähigen Arbeitskraftpotentials vollziehen oder aber eben durch Qualifikationsverschiebungen in dem Arbeitskraftpotential, was, psychologisch formuliert, Lernprozesse bei den Verkäufern von Arbeitskraft voraussetzt. Damit ist aber noch nicht geklärt, was Gegenstand solcher Lernprozesse ist bzw. welcher Typ von Arbeitskraft aus dem, was gesellschaftlich als Arbeitskräftepotential definiert ist, verschwindet.

Volkswirtschaftlich betrachtet kann die Umstrukturierung nicht einfach gleichgesetzt werden mit den Freisetzungs- und Fluktuationsprozessen von Arbeitskraft während der Krise – zum einen bleibt auch bei relativ hohen Arbeitslosenzahlen die Masse der Lohnabhängigen in den gleichen Betrieben beschäftigt, so daß Strukturveränderungen durch Personalwechsel in großem Umfang gar nicht anfallen, zum anderen aber kann die Möglichkeit des Arbeitsverlustes ebenso Lernprozesse auslösen wie die Arbeitslosigkeit selber. Gerade dieser Punkt aber kann einen Hinweis auf die Natur dieser Lernprozesse geben. Wenn Lohnabhängige in einer Volkswirtschaft nach der Wahrscheinlichkeit, arbeitslos zu werden, geordnet werden, so läßt sich ein Katalog von Faktoren entwickeln, die solche Wahrscheinlichkeiten beeinflussen. Als Voraussetzung von Lernprozessen kann nun die Perzeption solcher Merkmale durch die Lohnabhängigen gelten – die dann ein Verhalten zu entwickeln versuchen, das diesen Eigenschaften widerspricht. Ein Beispiel ist der bekannte Rückgang von Krankmeldungen in Krisenzeiten, eben weil häufiges Fehlen als möglicher Kündigungsgrund gefürchtet ist. Wer sowieso gesund ist, ist natürlich zu keiner Korrektur des Verhaltens gezwungen. Mit anderen Worten, Erhöhung der Chance arbeitslos zu werden, löst Lernprozesse und damit Verhaltensveränderungen wohl am wahrscheinlichsten bei denen aus, die diese Erhöhung als Bedrohung des eigenen Beschäftigungsverhältnisses empfinden müssen. Das gesellschaftliche Stereotyp der Arbeitslosigkeit kann daher einen Hinweis auf die tatsächlichen Veränderungen der Struktur des variablen Kapitals geben.

Die These von der Disziplinierungsfunktion der Arbeitslosigkeit für die gesamte Arbeiterarmee scheint also durchaus plausibel, insofern, als ein Vermeidungsverhalten gegenüber allen Eigenschaften, die ins Klischee des Arbeitslosen projiziert werden, gerade bei denjenigen wohl auftreten wird, die diesem Klischee am ehesten entsprechen. Damit ist aber, wie gesagt, die erste These, die von der ‚Verelendung' nicht erledigt. Der Verlust des Arbeitsplatzes wird von den Betroffenen nicht problemlos verkraftet, wie die einschlägigen Untersuchungen klar zeigen[1] – da Arbeitslosigkeit die soziale Identität der Betroffenen entscheidend verändert, ist diese Tatsache theoretisch nicht klärungsbedürftig. Interessanter dagegen ist die Frage, ob sich Identitätsbedrohung und damit ausgelöste Verhaltensveränderungen nicht ganz ähnlich auswirken: wie der Arbeitslose aus seiner bisherigen Identität hinausdefiniert wird, so wird der potentiell Arbeitslose versuchen, sich von seiner bisherigen Identität zu distanzieren, sicher ebenfalls nicht ohne psychische Folgen.

Gleichgültig, ob nun der Identitätsverlust durch Arbeitslosigkeit bereits zur Tatsache geworden ist oder aber in der Identitätsdistanzierung nur antizipiert wird, er entspricht auf jeden Fall einer Auseinandersetzung des Verkäufers von Arbeitskraft

mit dem Charakter der von ihm bisher geleisteten Arbeit und zwar einer Auseinandersetzung im Wortsinne: Identifikation mit dieser Arbeit, jedenfalls sowie sie konkret gegenstandsbezogene Tätigkeit oder konkrete Bindung an einen Arbeitsplatz beinhaltet hat, erscheint als Identitätsrisiko. Zu erwarten steht also eine tendenzielle Lockerung der Bindungen an eine konkrete Arbeit. Damit ist nicht gesagt, daß die Tatsache, überhaupt Arbeit zu haben als Basis sozialer Identität an Bedeutung verliert. Vielmehr kann ein Trend zur Identifizierung der eigenen Arbeitskraft als Ware, also zu wachsendem Lohnbewußtsein vermutet werden.
Ökonomische Krisen, so läßt sich das bis hier geschriebene als These zusammenfassen, enthüllen den Lohnabhängigen den Charakter ihrer Tätigkeit als Lohnarbeit – die dabei zu klärende Frage ist, inwiefern solche ‚Aufklärung' der Lohnarbeiter eine Anpassung der Arbeitskraft an die Bedingungen moderner kapitalistischer Produktion sein kann. Näher liegt auf den ersten Blick, daß eine Bindung des Arbeiters an seine Arbeit, die über ein bloßes Lohninteresse hinausgeht, seine Abhängigkeit gegenüber dem ihn beschäftigenden Einzelkapital vergrößert, in sofern willfähriger gegenüber repressiven Arbeits- und Entlohnungsbedingungen hält. Worum es also zunächst einmal gehen muß, ist eine Diskussion der Einstellungsstrukturen, die als Lohnarbeiterbewußtsein funktional sind für den kapitalistischen Produktionsprozeß; das soll im folgenden in zwei Schritten geschehen – im ersten soll durch die Gegenüberstellung des Konzepts von den ‚Grenzen der abstrakten Arbeit' und dem ‚des instrumentellen Arbeiterbewußtseins' versucht werden, den Zusammenhang von Produktionserfordernissen und Einstellungsmustern als solchen zu skizzieren; im zweiten soll auf dieser Basis dann die Reformulierung dessen erfolgen, was C. Offe die gesellschaftliche Qualifikation der Arbeitskraft nennt[2], um anschließend den so gewonnenen Qualifikationsbegriff mit Steuerungsmitteln von Arbeitsmotivation zu vergleichen, die der betrieblichen Praxis entsprechen.

2. Instrumentelle oder identifikatorische Arbeitsteilung

Das, was Arbeiter über ihre Arbeit denken, kann für zwei ganz verschiedene Typen wissenschaftlichen Erkenntnisinteresses konstitutiv sein: Erstens kann es darum gehen, die Funktion der Arbeitsorientierung für den Produktionsprozeß zu prüfen, zweitens darum, die Arbeitsorientierung als Teil des politischen Bewußtseins der Lohnabhängigen zu begreifen und in klassenanalytische Konzepte einzubauen. Hier geht es im Prinzip um das erste, die Rolle der Veränderung gesellschaftlicher Qualifikationsstrukturen für den Produktionsprozeß. Die empirischen Befunde für den tatsächlichen Zustand dieser Qualifikationsstruktur finden sich aber in den verschiedenen Untersuchungen über das Bewußtsein respektive das Gesellschaftsbild der Arbeiter[3]. Zwei für unseren Zusammenhang wichtige Thesen lassen sich aus dem Berg empirischen Materials hervorgraben, der in diesen Studien aufgehäuft worden ist: Zum ersten die These von der nach wie vor auch außerhalb von Krisen verbreiteten Angst vor dem Verlust des Arbeitsplatzes, von Kern Schumann als „wichtigstes gemeinsames Merkmal des kollektiven gesellschaftlichen Denkens der

Arbeiter" etikettiert[4], was sozusagen die negative Version von Lohnorientierung repräsentiert; zum zweiten die im wesentlichen von J. H. Goldthorpe entwickelte Theorie vom ,instrumentellen Bewußtsein' des "affluent workers"[5], die die positive Version der Lohnorientierung formuliert. Instrumentell orientierte Arbeiter sind Lohnarbeiter, „die ihre Arbeitskraft in einer bestimmten Marktsituation anbieten und einem Unternehmer zu Verfügung stellen, um für bestimmte Arbeitsmengen Bezahlung zu erhalten; sie erfahren keine direkte Arbeitsbefriedigung im Betrieb"[6].

Damit ist aber keineswegs gesagt, daß die empirischen Studien einheitlich den Marsch der Arbeiterarmee ins Lager bewußter Lohnarbeiter konstatieren, vielmehr taucht immer wieder das Interesse an der Arbeit als wesentlichem Merkmal der Arbeitsorientierung auf, wobei sich hinter dem diffusen Begriff ,Interesse an der Arbeit' alles mögliche verstecken kann, von tatsächlicher Befriedigung durch konkrete Arbeit bis hin zu reproduktionsorientierter Identifikation mit der Gruppe am Arbeitsplatz — der Gegenstand ist in den verschiedenen Studien unterschiedlich gefaßt, so daß sich die Resultate sicher nicht über einen Leisten scheren lassen. Der Widerspruch der sich zwischen Lohn- und Arbeitsorientierung auftut, ist empirisch schwer aufklärbar — deswegen wird er in den Studien des Projekts Klassenanalyse einfach als widersprüchliches Bewußtsein der Arbeiterklasse interpretiert: einerseits gelte eben die Tatsache der freien Lohnarbeit auch für die Konstitution von Bewußtsein, andererseits existiere nach wie vor so etwas wie „Identifikation mit dem bestimmten Inhalt der Arbeit"[7], was eben Illusionen über die Natur des kapitalistischen Produktionsprozesses gleichkomme, deren Ende die Autoren, wenn überhaupt, erst durch die Erfahrung der Krise erhoffen: In der Zusammenfassung ihres neuen Buches[8] stellen die Autoren eine Tendenz des Arbeiterbewußtseins zum Realismus fest, trotz der von ihnen eher als peripher und transistorisch eingeschätzter wachsender Verbreitung politisch eher konservativer Einstellungen.

Tatsächlich läßt sich im Prinzip gegen die Thesen des Projekts Klassenanalyse vom widersprüchlichen Bewußtsein der Arbeiter empirisch nichts einwenden (auch wenn das M. Tjaden-Steinhauer mit Anmerkungen über den Zusammenhang von Arbeitsorientierung und politischem Bewußtseinsstand der Arbeiter tut[9], was sicher berechtigt ist, aber im Zusammenhang von Arbeitsorientierung als arbeitskraftprägender Einstellung keine Rolle spielt), weil ja dieser Widerspruch nur unter bestimmten Bedingungen sichtbar werden kann, nämlich dann, wenn Lohnprinzip und Arbeitsidentifikation tatsächlich miteinander in Konflikt geraten. Das ist unter zwei gegensätzlichen Bedingungen der Fall: einmal dann, wenn ein Arbeitsplatzwechsel Lohnerhöhung verspricht, zum anderen in dem hier kritischen Fall, daß der weitere Verkauf der Arbeitskraft entweder gefährdet erscheint oder aber tatsächlich unmöglich ist. Wieweit solcher Konflikt Klassenstandpunkt und politisches Bewußtsein der Betroffenen verändert, mag hier dahinstehen und ist auch sicher in diesen jeweils verschiedenen Situationen unterschiedlich — worum es hier geht ist lediglich der Tatbestand als solcher: Fluktuation, sei sie nun durch die ökonomische Krise erzwungen oder als Karriere gewollt, vermittelt den Besitzern der Ware Arbeitskraft die Erfahrung, eben bloß solche zu sein, was mit einer Identifikation mit bestimmter, konkreter Arbeit nur schwer zu vereinbaren ist.

Die Theoretiker und Empiriker des Arbeiter- respektive Klassenbewußtseins interessiert die Konsequenz des Zusammenhangs von Fluktuation und Lohnbewußtsein für die Produktion selten; wenn aber die These von U. Beck und M. Brater richtig ist, dann hat die Zunahme instrumenteller Orientierungen für den Produktionsprozeß fatale Konsequenzen: Da im Kapitalismus wie unter Voraussetzung jeder anderen Produktionsweise Gebrauchswerte produziert werden müssen, habe Arbeit bestimmten Qualitätsanforderungen zu genügen, was eine Identifikation der Arbeitenden mit ihrer Arbeit notwendig mache. „Instrumentelle Eigeninteressen der Arbeitenden ... sind nicht Motor der Gebrauchswertproduktion, sondern drohen umgekehrt sie zu beeinträchtigen und zu gefährden".[10] Gebrauchswertproduktion sei erst garantiert durch: arbeitsinhaltliche, gebrauchswertbezogene Motive, Dispositionen und Interessen der Arbeitenden.

Tatsächlich haben U. Beck und M. Brater recht, wenn sie konstatieren, daß Gebrauchswertproduktion erstens notwendig ist und zweitens eine bestimmte Qualität der Arbeit voraussetzt, weiter ist es nicht abzustreiten, daß die Logik der kapitalistischen Produktionsweise durch die Tauschwert- und nicht durch die Gebrauchswertproduktion bestimmt ist. Der Fehler des Konzeptes liegt darin, daß die These von der Unmöglichkeit der Gebrauchswertproduktion auf der Basis auch abstrakter Arbeit die Aufgabe, die eigentlichen Lebensmittel der Gesellschaft zu erzeugen, dem Engagement der Lohnarbeiter in der konkreten Arbeit anlastet, so als müßten und könnten die Arbeiter die Erfordernisse der Gebrauchswertproduktion gegen die Verwertungsinteressen des Kapitals durchsetzen. In der marxistischen Kritik der politischen Ökonomie liest sich das anders: Die Voraussetzung jeder Realisierung eines Tauschwertes ist der Gebrauchswert – die Produktdesigns sind immer auch Gebrauchswertdefinitionen, denn sie werden den Einzelkapitalien vom Markt aufgeherrscht, selbst noch unter der Voraussetzung der Usurpation von Gebrauchswertsphären durch Monopole. Wie hoch der Gebrauchswert eines Produkts ist, entscheidet sich im Entwurf des Produktionsprozesses, der zu diesem Produkt führen soll, der aber ist nicht Sache der eigentlichen Produzenten, sondern entspringt den Investitionskalkülen der Einzelkapitalien. Was vom Arbeiter als Produzenten verlangt wird ist, daß seine Arbeit gerade dem entspricht, was als notwendige Produktqualität vorgegeben ist, wenn er sich mit seiner Arbeit identifiziert, so hat sich diese Identifikation vorgegebenen Standards anzupassen, denn wendet sie sich, beispielsweise als überflüssige und zeitraubende Sorgfalt gegen diese, so entartet die Arbeitertugend Sorgfalt zur negativen Qualifikation. (Bekannt ist das Beispiel der Automatisierung in einer Backfabrik: Nach Einführung einer automatischen Backstraße mußten die gelernten Bäcker durch ungelernte Kräfte ersetzt werden, weil sie den Produktionsprozeß zu oft unterbrachen, um die Produktqualität zu kontrollieren). Was moderne Produktionsprozesse erfordern ist nicht die liebevolle Fertigung von Produkten, sondern die Orientierung am möglichst reibungslosen Verlauf des Produktionsprozesses, die von der Gebrauchswertorientierung am Produkt relativ unabhängig sein muß.

Auch die Orientierung am Produktionsprozeß setzt eine bestimmte Qualität der Arbeitsleistung voraus. Die These von den Grenzen abstrakter Arbeit suggeriert einen Widerspruch von Leistungsbereitschaft und instrumenteller Arbeitsorientierung überhaupt und unterliegt damit dem gleichen Fehler wie die frühbürgerliche Version A. Smiths zur Arbeitsmotivation „Ein armer, unabhängiger Handwerker wird gewöhnlich arbeitsamer sein, als selbst ein Taglöhner, der nach dem Stück arbeitet. Der eine hat den vollen Genuß von dem Produkt seines Fleißes, der andere teilt ihn mit seinem Arbeitgeber". In beiden Fällen wird Leistungsmotivation konkret inhaltlich festgelegt – einmal auf Besitz, zum anderen auf Gebrauchswertorientierung; tatsächlich ist entscheidend, eine Entsprechung zwischen Arbeitsmotivation, Arbeitserfordernissen und Sanktionssystemen herzustellen. Widersprüche können nur durch einen entsprechenden Vergleich festgestellt werden. Im folgenden soll begründet werden, daß sich Lohnorientierung mit der Bereitschaft vermitteln läßt, so zu arbeiten, daß der Produktionsprozeß wie definiert abläuft. Dazu ist zunächst diese „Bereitschaft" auszudifferenzieren, was im folgenden anhand einer Analyse des Qualifikationsbegriffs geschehen soll.

3. Arbeitsleistung und gesellschaftliche Qualifikation

3.1 Qualifikationsbegriff

Ganz allgemein gesagt, ist mit Qualifikation die Qualität der auf dem Arbeitsmarkt angebotenen Arbeitskraft gemeint. Qualifikation wird im Sozialisationsprozeß durch den Träger der Arbeitskraft erworben und bestimmt dessen Chancen, diese auch tatsächlich zu verkaufen. Der Wert einer Qualifikation bestimmt sich entsprechend nicht nur als Inbegriff des arbeitsrelevanten Wissens einer Persönlichkeit und deren Arbeitsmoral, sondern resultiert aus dem Verhältnis von Eigenschaften von Personen einerseits und von Tätigkeitsmerkmalen von Arbeitsplätzen andererseits. Das Gewicht der Qualifikation als Faktor zur Bestimmung der Chance, die Arbeitskraft zu einem bestimmten Preis oder sogar überhaupt zu verkaufen, läßt sich also nicht einfach durch die Analyse ihrer Herstellungsbedingungen, d. h. durch die Reproduktionskosten, bestimmen, sondern ist in entscheidendem Maße eine Funktion der technischen und organisatorischen Struktur der Produktionsbetriebe und deren Situation im Vergleich zu den jeweils konkurrierenden. Eine auf Dauer zum Verkauf der Arbeitskraft ausreichende Qualifikation ist nichts, was einmal erworben, stets garantiert ist, sondern setzt vielmehr die Balance zwischen zwei Prozessen voraus, dem der Veränderung der erfahrenden und lernenden Persönlichkeit einerseits und dem Wandel im Produktionsapparat der umgebenden Gesellschaft andererseits. Diese Balance aufrechtzuerhalten ist notwendig für denjenigen, der zur Fristung seines Daseins auf den Verkauf seiner Arbeitskraft angewiesen ist. Das Dilemma der Produktion und Reproduktion von Qualifikationen ist nur, daß zwar einerseits von einer „tendenziellen Unterdetermination" der Qualifikationsinhalte durch die Praxis der kapitalistischen Produktion durchaus berechtigt die Rede sein kann[11], also niemand so genau zu sagen weiß, was denn nun eigentlich eine beschäftigungs- oder gar aufstiegsgarantierende Qualifikation tatsächlich umfassen soll, andererseits der so gegebene Spielraum für den Verkäufer von Arbeitskraft keine Chance sondern eher ein Risiko enthält – Fehlprognosen gehen zu seinen Lasten. Das demonstriert nichts besser als das Elend der verschiedenen Konzepte von Bildungsökonomie gegenüber der Tatsache, daß eben die Qualifikationsstruktur von Arbeitsplätzen kein selbständiges Sinnkriterium innovativer Investitionen in den kapitalistischen Betrieben ist, Parameter für die Bildungsplanung also aus diesen nur schwer abzuleiten sind, es aber andererseits so ist, daß das Bildungssystem als kostenträchtiger Sektor der Staatstätigkeit langfristig festgelegt werden muß. Diese Aporie spiegelt sich in der Diskussion um die nachfrage- oder angebotsorientierten Modell der Bildungsplanung, die jeweils ohne unrealistische Annahmen über die Struktur der Arbeitsmärkte und vor allem die Entwicklung der Substitutionselastizität von Kapital und Arbeit nicht auskommen[12].

Das Problem, Qualifikationen für einen noch nicht existierenden und damit in seiner genauen Struktur unbekannten Produktionsapparat herstellen zu müssen, besteht aber nicht nur auf der Ebene dessen, was C. Offe „stoffliche Qualifikation" der Arbeitskraft nennt, und was meist der Gegenstand bildungsökonomischer Bemühungen ist, sondern im Prinzip auch für die „gesellschaftliche Dimension" der Qualifikation[13], auch diese kann noch ihrer Produktion obsolet werden, ohne daß für den einzelnen Verkäufer von Arbeitskraft die Chance besteht, sich neu zu qualifizieren, also das Sozialisationsprodukt, das er selbst nun einmal ist, mit der Radikalität neu zu definieren, wie das beim fixen Kapital durch Etablierung eines neuen Produktionsverfahrens möglich ist. Daß dieses Problem existiert, wird in ökonomischen Krisen deutlich, die ja durch überdurchschnittlich hohe Vernichtungsraten der fixen und Freisetzungsraten des variablen Kapitals gekennzeichnet sind, also zu Strukturverschiebungen in der Produktionsstruktur führen, was Anpassungsleistungen der Verkäufer von Arbeitskraft in überdurchschnittlichem Maße erfordert. Die für den Verkauf der Arbeitskraft notwendige Balance muß auf beiden Ebenen gehalten werden, auf der kognitiven instrumentellen einerseits und der motivational normativen andererseits – um es auf eine einfache Formel zu bringen: die Verkäufer von Arbeitskraft müssen auf die richtige Weise arbeiten können und arbeiten wollen. Im ersten Fall müssen die Informationsstrukturen von Wissen und Persönlichkeit und Anforderungen der Beschäftigungsrolle in einem Maße kongruent sein, daß effektive Arbeit möglich ist, im zweiten geht es um die Kongruenz von Attitüden und Normen derart, daß diese Arbeit auch tatsächlich verrichtet wird. Sowohl gesellschaftliche wie stoffliche Qualifikation sind arbeitsplatzspezifisch verschieden und zeitlich variabel – für den Verkäufer von Arbeitskraft ist daher die Qualifikation zum unproblematischen Qualifikationswechsel die einzig einigermaßen sichere Garantie für ständige Beschäftigung in einer Ökonomie, die durch ständigen Wandel der intra- wie der interberuflichen Aufgabenstruktur gekennzeichnet ist[14]. Für die stoffliche Seite der Qualifikation ist solche Erkenntnis bereits ein Gemeinplatz; Aufgabe beruflicher Sozialisation ist nicht die Vermittlung eines „konkreten Arbeitsvermögens, sondern die Fähigkeit zur Aneignung immer neuer stofflicher Arbeitsvermögen"[15]; für die gesellschaftliche Dimension der Qualifikation gilt Analoges, ohne daß aber genau geklärt ist, welches in dieser Dimension jene Basisfähigkeit sein soll, die Flexibilität ermöglicht.

3.2 *Bereitschaft zur Lohnarbeit und staatliche Transferzahlungen*

Im Prinzip ist die Flexibilität der Arbeitskraft eines der institutionellen Fundamente der Lohnarbeit im Kapitalismus überhaupt; K. Marx kennzeichnet die ursprüngliche Akkumulation als den „historischen Scheidungsprozeß von Produzent und Produktionsmittel“[16], womit die Auflösung jeder Bindung des Arbeiters an den Produktionsapparat über den Lohn als Prozeß in Gang gesetzt ist. Zunächst ist das insofern die Bedingung der Möglichkeit von Kapitalismus, als dieser auf einen genügend großen Bestand frei käuflicher Arbeitskraft angewiesen ist. In der Qualifikationsarithmetik heißt das, daß es eine gesellschaftliche Basisqualifikation der Verkäufer von Arbeitskraft geben muß, als eben solche auch zu handeln, also einen Teil ihrer Zeit zu verkaufen. Die massenhafte Existenz einer solchen Qualifikation erscheint unter Voraussetzung der Gültigkeit der trinitarischen Formel von der Möglichkeit der Einkommen im Kapitalismus ganz unzweifelhaft: Der Lohn ist einziges Subsistenzmittel des Arbeiters, will er leben, so muß er arbeiten. Die Frage ist, ob nach der Etablierung des Sozialstaates die Marxsche Formel noch gilt, oder ob für den Lohnarbeiter Arbeit nicht mehr existenznotwendig ist, weil neben drei Einkommensarten Marxens eine vierte tritt, die Subsistenzsicherung durch finanzielle Transferzahlungen des Staates.

Die Geschichte des Kapitalismus zeigt, wie zunächst der Arbeiter aus allen auf Eigentum an Produktionsmitteln und Familie als Einheit von Produktion und Reproduktion beruhenden Sicherungen herausgelöst wird, zum freien Lohnarbeiter wird und wie dann wieder ein Sicherungssystem auf kollektiver Basis, der Sozialstaat errichtet wird, weil das Lohnsystem die Reproduktion genügender Menge von Arbeitskraft zu sichern nicht in der Lage ist. Sozialstaat heißt, daß Träger von Arbeitskraft auch dann alimentiert werden, wenn sie nicht arbeiten; damit besteht dann freilich auch für den Eigentumslosen die Chance, zu leben, ohne zu arbeiten, was dann sofort die bürgerliche Angst vor der kollektiven Faulheit der arbeitenden Klasse heraufbeschwört, denn, „wo Barmherzigkeit zu sehr überhand nimmt, fördert sie häufig Trägheit und Müßiggang und leistet für das Gemeinwesen kaum mehr, als daß sie Drohnen ausbrütet und den Gewerbefleiß untergräbt“ schreibt B. Mandeville schon vor 250 Jahren in seiner Bienenfabel[17], und die gleiche Befürchtung prägt das Verständnis des Bürgers von der Sozialpolitik noch heute: „Soziale Sicherung ist eine unerläßliche Voraussetzung für die Entwicklung des Leistungsstrebens. Der einzelne kann durch Leistung seinen sozialen Status absichern und verbessern. Maßnahmen der sozialen Sicherung können diesen Leistungsanreiz jedoch abschwächen. Hierin ist ein grundlegendes Dilemma der Sozialpolitik zu sehen“[18].

Die Logik des Schlusses von Sozialleistung auf Parasitismus ist unbestreitbar, denn sie ist durch die freie Lohnarbeit institutionalisiert, tatsächlich aber besteht ein solches Risiko nicht: Die Arbeitslosengelder erreichen nach dem Arbeitsförderungsgesetz im ersten Jahr der Arbeitslosigkeit 68 % des letzten Nettolohnes, danach nur noch 58 % (§ 111 AFG), real werden die Beträge jedoch aufgrund der Verfahrensweise bei der Berechnung der Ansprüche nicht erreicht: Nach einer Untersuchung des IAB liegt das Einkommen Arbeitsloser bei 55 %, werden die Arbeitslosen ohne eigenes Einkommen mit berücksichtigt, sogar lediglich bei 43 % der letzten Nettoeinkommen[19]. Die Transferzahlungen des Staates können also den Lohn als Subsistenzmittel nicht substituieren; das Reproduktionsniveau, das der Besitzer von Arbeitskraft durch deren Verkauf erzielte, ist nicht haltbar, die Reproduktion der Arbeitskraft damit gefährdet; nach Brinkmann gibt nicht einmal jeder fünfte Arbeitslose an, kaum finanzielle Schwierigkeiten zu haben, nach längerer Arbeitslosigkeit sinkt dieser Anteil auf 12 % ab[20]. Mit anderen Worten: auch unter der Voraussetzung des Sozialstaates besteht für den Eigentumslosen nach wie vor der Zwang zur Arbeit. Die gesellschaftliche Basisqualifikation zur Lohnarbeit überhaupt ist so gesehen kein Problem, vielmehr ist die Existenz derjenigen, die ihre Arbeitskraft nicht verkaufen können nach wie vor unsicher – zumindest dann, wenn davon ausgegangen wird, daß das ökonomische ‚Existenzminimum' einer Person nicht biologisch, sondern sozial und zwar durch das gewohnte Reproduktionsniveau determiniert wird.

3.3 Typen der Einstellung zur Arbeit

Die Tatsache, daß Arbeiter auf Lohn angewiesen sind, läßt sich nicht anzweifeln; nichtsdestoweniger ist fraglich, ob sie bekannt ist oder ob nicht zumindest die Beschäftigten der Illusion unterliegen, durch ein ‚Netz sozialer Sicherungen' auch dann aufgefangen zu werden, wenn sie ihres Arbeitsplatzes beraubt werden. Nach einer Untersuchung von C. Möller u. a. vertrauen immerhin 61 % aller Erwerbstätigen darauf, daß ‚der Staat schon dafür sorge, daß es keinem mehr richtig schlecht zu gehen brauche' (entsprechender Prozentsatz bei Arbeitslosen: 40 %).[22] In dem Maße, in dem eine solche Sozialstaatsillusion verbreitet ist, kann die Angst vor dem Verlust des Arbeitsplatzes nicht mit Existenzangst gleichgesetzt werden; freilich mindern Krisen das Vertrauen der Lohnabhängigen in den Sozialstaat.

Andererseits kann von der Notwendigkeit zu arbeiten auf eine entsprechende Einstellung der von dieser Notwendigkeit Betroffenen nur bedingt geschlossen werden: Arbeit zu haben ist nach wie vor auch unabhängig vom ökonomischen Zwang ein sozialer Wert – da läßt sich schon aus dem vehementen Engagement von Lohnarbeitern für das Leistungsprinzip als Basis der Lohndifferenzierung ableiten[22]. So scheint die Grundqualifikation zur Lohnarbeit doppelt gesichert, materiell durch den im Falle der Arbeitslosigkeit erfahrbaren Zwang zur Arbeit, ideologisch durch die normative Kraft der Orientierung am Leistungsprinzip.

Einstellungen zur Arbeit können mehr umfassen als bloß die Identifikation mit dem Prinzip, daß Lohn nur durch geleistete Arbeit zu rechtfertigen ist, dieses ‚mehr' besteht aus Bindungen des Lohnarbeiters an die konkreten Umstände seiner Arbeit oder die Arbeit selber, stellt also eine Beziehung zwischen Persönlichkeit und Rolle her, die auf etwas anderem gründet als bloß dem Lohn.

Zum ersten kann der Arbeiter Handwerker geblieben sein, also von der Nützlichkeit seiner Tätigkeit gemessen am Nutzen des von ihm hergestellten Produktes überzeugt sein, sich mit dem Gebrauchswert seiner Arbeit identifizieren. Darauf läuft im Kern die These von Beck/Brater hinaus. Zweitens kann der Arbeiter seinem Arbeitsplatz als solchem verhaftet sein, sei es aus einer Identifikation mit dem jeweiligen Produktionsbetrieb, sei es durch die reproduktive Bedeutung, die soziale und kommunikative Bindungen in der Gruppe am Arbeitsplatz für ihn tragen (Human Factor). Schließlich kann aus der Identifikation mit dem abstrakten Leistungsprinzip die Bereitschaft zur konkreten Leistung folgen, wobei es dann im einzelnen gleichgültig ist, worin diese Leistung besteht.

Diese Einstellungsmuster entsprechen Typen der gesellschaftlichen Qualifikation. Die Frage ist, ob solche Funktionalität pro Typ ein für alle Male festgestellt werden kann oder ob der Segmentierung des Arbeitsmarktes nach stofflichen, instrumentellen Qualifikationen auch eine Zuordnung der gesellschaftlichen entspricht; darauf soll hier jedoch nicht näher eingegangen werden. Hier geht es allein um den Typus gesellschaftlicher Qualifikation, der der entwickelten industriellen Arbeitsorganisation angemessen ist.

4. Zur Funktionalität der instrumentellen Arbeitsorientierung für den industriellen Produktionsprozeß

4.1 Instrumentelle Orientierung und Mobilität

Den zahlreichen Versuchen, qualifikationsspezifische Arbeitsplatztypologien zu entwickeln, wollen wir hier keinen weiteren hinzufügen, sondern auf den eingangs angesprochenen Zusammenhang von Fluktuation und Lohnorientierung zurückgreifen: Krisen erzwingen Fluktuation bei bestimmten Gruppen von Lohnabhängigen („sekundäres Arbeitssegment") und vergrößern bei diesen die Lohnorientierung, was, so lautet der zweite Teil der These, die Funktionalität solcher Arbeitskraft für den Produktionsprozeß erhöhe. Ökonomische Krisen betreffen zunächst die Gruppen nicht, deren Beschäftigung aus technischen Gründen nicht von dem Grad der Kapazitätsauslastung betroffen sind, die also über relativ spezifische instrumentelle Qualifikationen verfügen – Fluktuation entspricht hier weder dem Interesse des Kapital- noch dem des Arbeitskraftbesitzers, beide sind aufeinander angewiesen – im Modell der segmentierten Arbeitsmärkte des Münchner Instituts für Sozialforschung entspricht das weitgehend dem, was dort als Markt für ‚betriebsspezifische Qualifikationen' genannt wird.[23]

Ob die Bindung an den Einzelbetrieb bei dieser Gruppe von Arbeitskraftbesitzern einer hohen Loyalität zum Betrieb entspricht, wie in den Studien des ISF vermutet wird und wohl auch plausibel ist, mag dahinstehen – eine Rolle in dem hier kritischen Zusammenhang spielt sie ja nur, wenn auch solche Lohnabhängigen freigesetzt werden, was nur im Falle der Vernichtung des entsprechenden fixen Kapitals passieren kann.

Die Veränderungen der Struktur der gesellschaftlichen Qualifikation vollziehen sich vielmehr da, wo Qualifikationen substituierbar sind entweder durch andere oder durch Maschinen – also auf den Märkten für unspezifische oder fachliche Qualifikationen.

Auf diesen Märkten spielt sich die Beschäftigungskrise im wesentlichen ab. Bindungen an den Arbeitsplatz oder die Arbeit selbst verhindern hier Mobilität, hemmen also den nötigen und möglichen Fluß des variablen Kapitals. Freiburghaus und Schmid zählen als „empirische Evidenzen" dieser Märkten auf: Orientierung weniger an der Lohnhöhe als an der Sicherheit des Arbeitsplatzes, Unkenntnis von Mobilitätschancen, geringe, mit steigendem Alter noch abnehmende berufliche Elastizität[24]. Daß auf der Ebene des Gesamtkapitals Mobilitätsbarrieren dysfunktional sind, ist weiter nicht erklärungsbedürftig: Die Rationalität des Kapitalismus funktioniert am besten, wo möglichst vollkommene Märkte gegeben sind – vollkommen sind sie immer dann, wenn die Konkurrenz im Warenangebot wie in der -nachfrage durch nichts beeinträchtigt wird. Jedes Interesse eines Besitzers von Arbeitskraft an einem bestimmten Arbeitsplatz aber beeinträchtigt seine Konkurrenzfähigkeit; das nutzt denjenigen Einzelkapitalien, die in der Lage sind, solche Orientierungen in verminderte Lohnzahlungen umzusetzen, sei es, daß Arbeitskräfte vergleichweise schlechte Arbeitsbedingungen in Kauf nehmen, nur um im Betrieb bleiben zu können, sei es, daß Kurzarbeit und Entlassungen verfügt werden können, ohne daß damit eventuelle Schwierigkeiten bei späterem Ankauf von Arbeitskraft riskiert werden müssen, weil selbst Entlassene sich in diesem Falle wieder bewerben. Auf gesamtwirtschaftlicher Ebene heben sich jedoch diese Vorteile auf, weil sie die Flüssigkeit des variablen Kapitals für alle anderen Betriebe einschränken. Makroökonomisch ist Abbau von Bindungen von Arbeitskraft ein Vorteil, die pure Lohnorientierung für beide Seiten am vorteilhaftesten, wobei Arbeitsplatzsicherheit als Kriterium der Lohnorientierung mitgelten kann, sobald die Zeitperspektive nicht zu eng gefaßt wird.

4.2 Instrumentelle Orientierung und Arbeitsorganisation

Das Mobilitätsargument klärt aber nur den makroökonomischen Aspekt der Funktionalität der gesellschaftlichen Qualifikation Lohnorientierung, mikroökonomisch bleibt zu klären, wie auf solcher Orientierung der für den reibungslosen Ablauf der Produktion notwendige Fleiß erwachsen soll. Wobei die Frage ist, was eigentlich ‚notwendiger Fleiß' oder auch Leistungsmotivation sein soll, wenn richtig ist, was C. Offe schon 1970 feststellte, daß in komplexen Arbeitsorganisationen der individuelle Beitrag zur Produktion nur schwer oder gar nicht auszumachen sei[25]. In der Diskussion um die „Grenzen der abstrakten Arbeit" hatten wir bereits festgestellt, daß eine Gebrauchswertorientierung des Produzenten für die Produktion eher hinderlich als förderlich sei und durch etwas ersetzt werden müßte, was Prozeßorientierung genannt werden könnte. Prototyp solcher Orientierung ist die durch das Akkordsystem erzwungene Arbeitsmoral – Parameter von Arbeitsqualität ist dort nicht das Produkt, sondern die Prozeßgeschwindigkeit, Steuerungsfaktor unmittelbar die Lohnhöhe. Wie nicht weiter belegt werden muß, stellt in der gesamten Entwicklung des Kapitalismus nach anfänglichen Zeitlohnkonzepten im frühen 19. Jahrhundert das Leistungslohnsystem den „zentralen Hebel für die unabdingbare Leistunspolitik des Kapitals"[26] dar.

Gegenüber den Zweifeln an der vollständigen Normierbarkeit von Arbeitsplatzanforderungen und dem entsprechenden Hinweis auf die Notwendigkeit von Gebrauchswertbewußtsein[27] ist einzuwenden, daß die Arbeitswissenschaften inzwischen umfassende Indikatorensysteme zur Bestimmung aller erforderlichen Leistungsmerkmale entwickelt haben, die mit dem Lohninteresse verkoppelt sind[28]. Sogar auf das Leistungsverhalten bezogene extrafunktionale Leistungsmerkmale wie Einordnungsbereitschaft, prozeßtechnisch notwendige Sorgfalt etc. können auf diese Weise mit innerbetrieblichen Karrieren (wo diese vorgesehen sind) verbunden werden[29]. Mit steigendem Mechanisierungsgrad wird die Möglichkeit für den einzelnen Beschäftigten, das Produktionsergebnis durch individuelles Verhalten mengenmäßig zu beeinflussen zwar geringer, das heißt aber nicht, daß das Prinzip des Leistungslohnes als solches zurückgedrängt wird. Einerseits breitet sich das Leistungslohnsystem in bislang noch zeitlohnbestimmten Bereichen (Wartung und Reparatur, Büroarbeit) weiter aus; andererseits ist in mechanisierten Sektoren der reine Mengenakkord nur durch die Prämie als leistungsabhängiger Lohnbestandteil ersetzt worden. Schließlich bietet die Perfektionierung der analytischen Arbeitsbewertung Möglichkeiten der Arbeitsintensivierung, die dem ursprünglichen Mengenakkord nicht nur gleichwertig, sondern überlegen sind[30]. Die so erreichte Zergliederung der Arbeitsprozesse in ihren Zusammenhang mit der Lohnpolitik rückt das Produkt immer weiter aus dem Blickfeld des Beschäftigten; eine eventuelle auf das Produkt bezogene Gebrauchswertorientierung kann dann für den Produktionsprozeß ebenso überflüssig wie als Bewußtseinszustand des Produzenten unwahrscheinlich werden. Das einzige Produkt, das er noch herstellt und beeinflussen kann, ist sein Lohn.

Mit den skizzierten Lohnsystemen ist umfassende und zunehmende Fremdbestimmung für das arbeitende Individuum *auch* als zunehmender Bewußtseinszustand impliziert, was den etwa von Kern/Schumann ermittelten Autonomiebedürfnissen in der Gestaltung der Arbeit zu widersprechen scheint. Unberücksichtigt bleibt in dieser These, mit welchem der oben aufgeführten Bezugspunkte gesellschaftlicher Arbeitsqualifikation das Autonomiebedürfnis verknüpft ist: Es kann (noch) auf das Produkt bezogen sein und würde dann Restbeständen eines Homo Faber-Bewußtseins entsprechen, das zwar in einer empirischen Moment- und Lokalaufnahme festgestellt werden kann, aber von der kapitalistischen Vergesellschaftung allmählich verdrängt wird[31]; es kann sich, was wahrscheinlicher ist, um den Wunsch nach fehlender unmittelbarer Kontrolle im Arbeitsprozeß handeln, ungeachtet der fremdbestimmten Festlegung des Arbeitsergebnisses. Soweit sich hinter diesem Autonomiebedürfnis der Widerstand gegen totale Vernutzung der Produktivkraft in der Produktion verbirgt, widerspricht es der Mehrwertrationalität des kapitalistischen Produktionsprozesses, muß aber als dessen Bedingung berücksichtigt werden. Dieser sich in der Entwicklung der Arbeitswissenschaften widerspiegelnde ständige Widerspruch zwischen ‚freier' Lohnarbeit und detailliert geregeltem Produktionsprozeß ist unter Voraussetzungen der kapitalistischen Produktionsweise nicht aufhebbar. Dieser Widerspruch bezeichnet zwar die Grenzen der Arbeitsintensivierung auf der Basis des Lohninteresses, setzt aber die Dominanz dieses Instrumentes keineswegs außer Kraft.

Literatur

Beck, U. und M. Brater, Grenzen abstrakter Arbeit, Leviathan 1976, 2.

–, Wider den Papier-Horn, Leviathan 1976, 4.

Bierbaum, C., Bischoff u. a., Ende der Illusion. Bewußtseinsveränderungen in der Wirtschaftskrise, Frankfurt/Köln 1977.

Braun, S. und S. Fuhrmann, Angestelltenmentalität, Neuwied/Berlin 1970.

Brinkmann, C., Finanzielle und psychosoziale Belastungen während der Arbeitslosigkeit, Mitteilungen aus der Arbeitsmarkt- und Berufsforschung, 1976. 4.

Brock, D. und H.-R. Vetter, Kapital – sonst nichts?, Leviathan 1976.

Deppe, F., Das Bewußtsein der Arbeiter. Studien zur politischen Soziologie des Arbeiterbewußtseins, Köln 1971.

– und H. Lange, Soziologie des Arbeiter- und Klassenbewußtseins, Das Argument 1970, 9 und 10.

Dombois, R., Massenentlassungen bei VW: Individualisierung der Krise, Leviathan 1976, 4.

Freiburghaus, D. und G. Schmidt, Theorie der Segmentierung von Arbeitsmärkten, Leviathan 1975, 4.

Gottschalch, H. und L. Ohm, Kritische Bemerkungen zur Polarisierungsthese bei Kern und Schumann, Soziale Welt 1977, 3.

v. Henniges, H., Chaberny A., Jelitto R., Neue Daten zum Wandel der beruflichen Aufgabenstruktur in der Bundesrepublik Deutschland, Mitteilungen für Arbeitsmarkt- und Berufsforschung 1977, 4.

Hildebrand, E., Entwicklung der Beschäftigungsstruktur und der Arbeitslosigkeit in der Bundesrepublik, Probleme des Klassenkampfes 19, 20, 21/1975.

Hörning, K. (Hrsg.), Der ‚neue' Arbeiter. Zum Wandel sozialer Schichtstrukturen, Frankfurt 1971.

Horn, K., Wie man eine interessante Frage der Lächerlichkeit preisgeben kann, Leviathan 1976, 390.

Huisken, F., Zur Kritik bürgerlicher Didaktik und Bildungsökonomie, München 1972.

Kern, H. und M. Schumann, Industriearbeit und Arbeiterbewußtsein, Teil I und II, Frankfurt 1970.

Kommission für wirtschaftlichen und sozialen Wandel, Wirtschaftlicher und sozialer Wandel in der Bundesrepublik Deutschland, (Bonn 1944).

Lenhardt, G., Berufliches Engagement und Lohnarbeit, Leviathan 1976, 216.

Offe, C., Leistungsprinzip und industrielle Arbeit, Frankfurt 1970.

–, Bildungssystem, Beschäftigungssystem und Bildungspolitik. Ansätze zu einer gesamtgesellschaftlichen Funktionsbestimmung des Bildungswesens, in: Deutscher Bildungsrat, Gutachten und Studien der Bildungskommission 50, Bildungsforschung, Stuttgart 1975.

Popitz, H., H. P. Bahrdt, E. A. Jüres und H. Kesting, Das Gesellschaftsbild des Arbeiters, Tübingen 1957.

Projekt Klassenanalyse, Klassenbewußtsein und Partei, Westberlin 1972.

–, Materialien zur Klassenstruktur der BRD, Westberlin.

Schmiede, R. und E. Schudlich, Die Entwicklung der Leistungsentlohnung in Deutschland, Frankfurt 1976.

Tjaden-Steinhauer, M., Gesellschaftsbewußtsein der Arbeiter, Köln 1975.

Wacker, A., Arbeitslosigkeit, Frankfurt/Köln 1976.

Wagner, W., Verelendungstheorie – die hilflose Kapitalismuskritik, Frankfurt 1976.

Anmerkungen

1 Vgl. A. Wacker, Arbeitslosigkeit, Frankfurt/Köln 1976, S. 62 ff. oder auch C. Brinkmann, Finanzielle und psychosoziale Belastungen während der Arbeitslosigkeit, Mitteilungen aus der Arbeitsmarkt- und Berufsforschung 1976, 4.

2 Vgl. C. Offe, Bildungssystem, Beschäftigungssystem und Bildungspolitik, in: Deutscher Bildungsrat, Gutachten und Studien der Bildungskommission 50, Bildungsforschung, Teil 1, S. 225, 233 ff.

3 Einmal in den schon klassischen Studien wie: H. Popitz, H. P. Bahrdt, E. A. Jüres und H. Kesting, Das Gesellschaftsbild des Arbeiters, Tübingen 1957, H. Kern und M. Schumann, Industriearbeit und Arbeiterbewußtsein, Teil I und II, Frankfurt 1970, entsprechend für die Angestellten in: S. Braun und J. Fuhrmann, Angestelltenmentalität, Neuwied/Berlin 1970, dann bei F. Deppe und H. Lange, Soziologie des Arbeiterbewußtseins, in: Das Argument 1970, 9 und 10, F. Deppe, Das Bewußtsein der Arbeiter, Köln 1971, sowie in den Schriften des Projekts Klassenanalysen, Klassenbewußtsein und Partei, Westberlin 1972 und Materialien zur Klassenstruktur in der BRD, Westberlin 1972 – eine theoretische Zusammenfassung dieser Studien findet sich bei M. Tjaden-Steinhauer, Gesellschaftsbewußtsein der Arbeiter, Köln 1975, die Auswirkungen der ‚Krise' auf das Bewußtsein von Arbeitern wird theoretisch bei W. Wagner, Verelendungstheorie – die hilflose Kapitalismuskritik, Frankfurt 1976, diskutiert und ist empirisch untersucht in C. Bierbaum u. a., Ende der Illusion, Frankfurt/Köln 1977.

4 H. Kern und M. Schumann, a. a. O., S. 271.

5 Zu den Thesen von J. H. Goldthorpe vgl. die Zusammenfassung bei K. Hörning, Der ‚neue' Arbeiter, Frankfurt 1971.

6 K. Hörning, a. a. O., S. 14.

7 Vgl. Projekt Klassenanalyse, Materialien, a. a. O., S. 224 bzw. S. 228 oder auch M. Tjaden-Steinhauer, a. a. O., S. 71 f.

8 C. Bierbaum u. a., a. a. O., S. 189.

9 M. Tjaden-Steinhauer, a. a. O., S. 79: „Gleichgültigkeit gegenüber konkreter, nützlicher Verwendung der Arbeitskraft koinzidiert ebensowenig notwendig mit Einsicht in die Grundstruktur der Gesellschaft wie die Identifikation mit solcher Verwendung der Arbeitskraft mit der Befangenheit in Illusionen und Täuschungen zusammenfällt."

10 U. Beck und M. Brater, Grenzen abstrakter Arbeit, Leviathan 1976, 2, S. 186, dazu und zu folgenden vgl. auch: dieselben, Wider den Papier-Horn, Leviathan 1976, 4, G. Lehnhardt, Berufliches Engagement und Lohnarbeit, Leviathan 1976, 2, K. Horn, Wie man eine interessante Frage der Lächerlichkeit preisgeben kann, Leviathan 1976, 4, D. Brock und H. R. Vetter, Kapital – sonst nichts?, Leviathan 1976, 4.

11 Z. B. bei C. Offe, a. a. O., S. 226.

12 Zu dieser Diskussion vgl. u. a. F. Huisken, Zur Kritik bürgerlicher Didaktik und Bildungsökonomie, München 1972.

13 C. Offe, a. a. O., S. 225 f., 233 f.

14 Vgl. H. von Henniges u. a., Neue Daten zum Wandel der beruflichen Aufgabenstruktur in der Bundesrepublik Deutschland, Mitteilungen aus der Arbeitsmarkt- und Berufsforschung 1971, 1.

15 C. Offe, a. a. O., S. 225 oder auch E. Hildebrandt, Entwicklung der Beschäftigungsstruktur und der Arbeitslosigkeit in der Bundesrepublik, Probleme des Klassenkampfes 1975, 19, 20, 21, S. 48 ff.

16 K. Marx, Das Kapital I, Berlin 1973 (MEW 23), S. 742.

17 Zitiert nach W. Hofmann, Sozialökonomische Studientexte Bd. 2, Berlin 1965, S. 31 f.

18 Gutachten der Kommission für wirtschaftlichen und sozialen Wandel, Wirtschaftlicher und sozialer Wandel in der Bundesrepublik Deutschland, (Bonn 1977), S. 853.

19 Nach C. Brinkmann, a. a. O., S. 403.

20 Ebd., S. 400, Tabelle 1.

21 Vgl. Bild der Wissenschaft 1977, S. 104.

22 S. C. Bierbaum u. a., a. a. O., S. 74 f., 120 f.

23 D. Freiburghaus und G. Schmid, Theorie der Segmentierung von Arbeitsmärkten, Leviathan 1975, S. 423 ff.

24 Ebd., S. 423.

25 C. Offe, Leistungsprinzip und industrielle Arbeit, Frankfurt 1970, S. 165.

26 R. Schmiede und E. Schudlich, Die Entwicklung der Leistungsentlohnung in Deutschland, Frankfurt 1976, S. 209.

27 U. Beck und M. Brater, Grenzen . . ., a. a. O., S. 182.

28 G. Lehnhardt, a. a. O., S. 220.

29 R. Schmiede und E. Schudlich, a. a. O., S. 416, E. Dombois, Massenentlassungen bei VW: Individualisierung in der Krise, Leviathan 1976, 4, S. 452 ff.

30 Zum ganzen s. R. Schmiede und E. Schudlich, a. a. O., 6. Kapitel.

31 H. Gottschalch und L. Ohm, Kritische Bemerkungen zur Polarisierungsthese bei Kern und Schumann, Soziale Welt 1977, 3, S. 349 f.

*Helga Milz u. a.**

Forschungsprojekt DRUPA. Gewerkschaftliche Strategie als Antwort auf die Rationalisierungsmaßnahmen der Druckindustrie

> **Hier übernimmt der Mensch die schöpferischen Aufgaben und die Überwachung, der Computer die schematische Arbeit. Es ist ein Beitrag zur Humanisierung der Arbeitswelt".**
> **Herstellerzitat zur Fachmesse „DRUPA '77" in Düsseldorf.[1]**

1. Einleitende Überlegungen

1.1 Kooperation zwischen Gewerkschaften und Hochschulen

Seit dem Arbeitskampf in der Druckindustrie 1976, dessen hervorstehendes Merkmal die offensiv gegen das politische Lohndiktat gerichtete Wahrnehmung der Tarifautonomie durch eine kleine DGB-Gewerkschaft war, haben die branchenspezifischen Rationalisierungsformen, ihre sozialen Folgewirkungen und die in diesem Rahmen aufgestellten Forderungen der IG Druck und Papier zur Tarifierung neuer Techniken Publizität bis in den Bereich der wissenschaftlichen Diskussion hinein erreicht.
Im Rahmen eines Projektes an der Universität Bielefeld, das die Kooperationsmöglichkeiten von Hochschulen und Gewerkschaften untersucht[2], wurde so zum Beispiel nach einer Umfrage an den Universitäten ein starkes Interesse an der wissenschaftlichen Arbeit über Probleme im Organisationsbereich der IG Druck und Papier ermittelt: Studienschwerpunkte und Examensthemen befassen sich zur Zeit überdurchschnittlich häufig mit der Rationalisierungsproblematik in der Druckindustrie.[3] Diese Kooperationsversuche und -ansätze werden von dem Projekt nicht nur registriert und aufmerksam verfolgt, sondern auch hilfreich unterstützt. Im nächsten Jahr soll eine Tagung aller „DruPa"-Forscher im norddeutschen Raum stattfinden und zur inhaltlichen Koordination der Arbeiten sowie zum gegenseitigen Erfahrungsaustausch über die Kooperationsansätze beitragen.
Zu den in gesellschaftspolitischer wie gewerkschaftsorganisatorischer Hinsicht relevanten ökonomischen, technischen und sozialen Strukturveränderungen in der Zeitungs- und Zeitschriftenherstellung, die etwa 40 % aller Betriebe und Unternehmen der Druckindustrie ausmachen, führen die Autoren dieses Beitrags an der Forschungsstelle der HWP eine empirische Untersuchung durch. Sie befindet sich zum gegenwärtigen Zeitpunkt im Stadium des Pretests. Das Hamburger „DruPa"-

Projekt wird vom DGB und der IG Druck und Papier unterstützt.[4] Es soll vor allem dazu beitragen, das quantitative Ausmaß und die qualitative Struktur der bisher abgelaufenen technischen und arbeitsorganisatorischen Umstrukturierungen in der Zeitungsindustrie auszuleuchten, so daß systematisch Rückschlüsse auf die anstehenden Rationalisierungsprozesse und ihre Folgen abgeleitet werden können. Zentral wird nach dem Wandel des gewerkschaftlichen Handlungspotentials gefragt, der durch diese Entwicklungen hervorgerufen wird. Im Ergebnis sollen die Untersuchungen das Problem der gewerkschaftlichen Handlungsfelder und Zielgruppen klären helfen, die nach den technischen Umwälzungen der Branche und den Veränderungen in der Beschäftigten- und Mitgliederstruktur neu zu definieren sind.

Die empirischen Material- und Datenerhebungen werden mit verschiedenen vorwiegend qualitativen Methoden durchgeführt. Sie zielen insbesondere auf die Geschichte der inner- und überbetrieblichen Auseinandersetzungen bei Umstrukturierungen sowie deren konkrete Folgen für die betriebliche Arbeitsplatzorganisation und die neuen Qualifikationsanforderungen. Arbeitsplatzbeobachtungen und -gespräche sind erforderlich, um die Frage der veränderten Handlungsstrukturen an neuen Arbeitsplätzen zu klären und langfristige Tendenzen sowie Branchenspezifika der Technikanwendung von seiten des Druckkapitals herauszuarbeiten.

Die Organisation der Arbeitsplatzbeobachtungen wirft allerdings unvermutet große Schwierigkeiten auf, weil die Geschäftsleitungen der anvisierten Betriebe, – das sind in der Regel Zeitungsbetriebe, die in den vergangenen Jahren Umstrukturierungen vorgenommen haben – unterschiedliche, aber kaum einleuchtend begründete Ablehnungen erteilen.

Neuerdings wird unter Hinweis darauf, „daß in der jetzigen Zeit zusätzlich besondere Sicherheitsaspekte für uns zu gelten haben", (aus dem Brief des Vorstandsmitglieds eines großen Presseunternehmens im norddeutschen Raum vom 1. Nov. 1977) jeglicher Zugang zu den Betriebsstätten verweigert. Nur durch den zum Teil massiven Einsatz der Gewerkschaftskollegen aus dem Betriebsrat wird uns hier und da dennoch die zeitlich und örtlich begrenzte Möglichkeit der innerbetrieblichen Untersuchung verschafft. Ein unter derartig restringierten Bedingungen erhobenes Material leidet natürlich an Vollständigkeit. Es muß durch Intensivgespräche mit Kollegen, die übrigens generell eine erstaunlich große Bereitschaft zeigen, die Schwierigkeiten auszugleichen, ergänzt werden. Das beeinträchtigt wiederum die Vergleichbarkeit der erhobenen Daten. Mit diesen Hindernissen hat aber vermutlich jede Forschungsarbeit zu tun, die sich im unmittelbaren Herrschaftsbereich der „freien" Wirtschaft bewegt und der Klärung gewerkschaftlich interessierender Fragen verpflichtet fühlt. Daraus erwachsen für den kooperationsbereiten Forscher im sozialwissenschaftlichen Bereich vor allem methodische Probleme. Sie sollten offen dargelegt und ganz bewußt in die ohnehin schon lebhafte Infragestellung und Diskussion streng normierter und standardisierter empirischer Methoden zur Erfassung prozessierender gesellschaftlicher Tatbestände und Kräfteverhältnisse eingebracht werden. So kann diese um die divergierenden praktischen Erfahrungen mit der in der Gewerkschaftsforschung verbreiteten Anwendung qualitativer Methoden ergänzt werden.[5]

Aus diesem Problem- und Arbeitszusammenhang heraus formulieren wir den vorliegenden Beitrag, in den die bisherigen theoretischen Überlegungen der beiden Zwischenberichte ebenso eingehen wie die Auswertung der ersten empirischen Erhebungen. Hierbei handelt es sich vor allem um eine schriftliche Umfrage zu stattgefundenen Umstrukturierungen im Frühjahr 1977, um mehrere Betriebsbegehungen mit anschließenden Expertengesprächen zum Konfliktverlauf bei Umstrukturierungen und eine Reihe von Arbeitsplatzbeobachtungen und -befragungen.

1.2 Fragestellung und Vorgehensweise

Vor einigen Jahren fanden Arbeitskampf und Tarifabschluß der IG Metall in Nordbaden-Nordwürttemberg starke Beachtung, weil hier ein wesentlicher Schritt der Umsetzung gewerkschaftlicher Forderungen zur Humanisierung der Arbeit in Vereinbarungen über bestimmte Regeln und Grenzen kapital-orientierter Arbeitsgestaltung getan wurde. Der Ausweitung dieser tariflichen Auseinandersetzung auf den Bereich der vertraglichen Fixierung von Arbeitsbedingungen wurden damals wegweisende Bedeutung für die Tarifpolitik zugeschrieben. Aus heutiger Sicht stellt sie eher eine punktuelle Bewegung dar, weil die tatsächliche Anwendung und Wirksamkeit durch das blockierende Verhalten der Unternehmerseite behindert wird.
Trotz dieser entmutigenden Erfahrung, trotz Konjunkturabschwung und intensiv veröffentlichter Meinung, die Gewinne von heute seien die Investitionen von morgen und die Arbeitsplätze von übermorgen, tritt die IG Druck und Papier seit Anfang 1976 zur Offensive an. Sie kann sich dabei auf eine in der Mitgliedschaft verbreitete Kritik an diesen und ähnlichen Formeln stützen. Das besondere Merkmal dieser Gewerkschaft und ihrer Mitgliedschaft ist, daß es ihr traditionell nicht nur um die Erhaltung des erreichten Lohnniveaus, sondern mindestens gleichgewichtig auch um die Besitzstandswahrung des bedrohten Arbeitsplatz- und Qualifikationsbestands geht. Ein Indikator dafür ist zum Beispiel folgendes Resümee zum Arbeitskampf'76: „In der Druckindustrie wurde die Arbeitsplatzunsicherheit zu einem wichtigen Faktor der Streikmotivation."[6] Die Rationalisierungsmaßnahmen wurden in kontinuierlicher „Verbindung zwischen den Erfahrungen in den Betrieben und Interpretation dieser Erfahrungen durch die gewerkschaftliche Informationsarbeit"[7] als Arbeitsplatzvernichtung aufgefaßt, die nicht zwingend die Folge technischer Innovationen, sondern das interessenbewußte Kalkül kapitalorientierter Anwendung neuer Technologien ist. Fortschrittsgläubigen Technikvorstellungen wird damit eine klare Absage erteilt und konsequent für Erweiterung und Absicherung des sozialen Besitzstandes gestritten. Auch die im Arbeitskampf und bei den aktuellen Verhandlungen um die Tarifierung neuer Techniken sichtbar entfaltete Qualität der praktizierten „straffen Zentralisierung der gesamten tarifpolitischen Aktivitäten der Unternehmerverbände"[8] bewirkt in der Organisation, soweit dies aus den Diskussionen auf dem Gewerkschaftstag 1977 und unseren

Gesprächen mit Arbeitern aus der Druckindustrie erkennbar ist, keine Verstärkung resignativer und zurückweichender Tendenzen. Im Gegenteil: Der politische Charakter des bundesweit zentralisierten und durch die Spitzenverbände determinierten Verhaltens des Bundesverbandes Druck bei der Beratung des Entwurfs für einen Raster-Tarifvertrag wird herausgearbeitet und zum Motor der gewerkschaftlichen Anstrengungen.[9]

Für die Beschäftigten in ihrem Vertretungsbereich orientiert die IG Druck und Papier auf den Kampf um die Erhaltung der Arbeitsplätze. Sie betreibt dies sowie die Tarifverhandlungen über die Arbeitsorganisation an neuen technischen Anlagen mit einer Konsequenz, die in der gegenwärtigen Zeit für die Gewerkschaftsbewegung in der BRD nicht typisch ist. Wesentlicher Motor für die nachdrückliche Vertretung dieser Politik dürfte auch sein, daß die IG Druck und Papier als Gewerkschaft mit einem besonders hohen Organisationsgrad und -anteil von Facharbeitern durch die Bedrohung von Arbeitsplatz und Qualifikation klassischer Berufssparten in ihrem Kern tangiert wird. Die Auflösung und Veränderung zum Beispiel des Setzerberufs betrifft das traditionell aktive und die Organisation wesentlich tragende Potential.

Nach dieser vorläufigen Charakterisierung wollen wir im Folgenden versuchen, die Rahmenbedingungen zu analysieren, in denen sich die konfliktbereite Strategie und Taktik der IG Druck und Papier entfaltet. Im Anschluß daran soll näher auf ihre aktuell relevanten programmatischen Äußerungen und praktischen Anstrengungen eingegangen werden.

2. Rahmenbedingungen gewerkschaftlichen Verhaltens

2.1 *Die wirtschaftliche Entwicklung der Druckindustrie*

Bis weit in die sechziger Jahre hinein entsprach die wirtschaftliche Entwicklung der Druckindustrie ungefähr der der Gesamtindustrie. Ein Vergleich der jährlichen Zuwachsraten der Produktion verweist auf die in der Tendenz parallel verlaufenden Wachstumsbewegungen von Druckindustrie und gesamter Industrie in der BRD. Unterschiede sind vor allem in Aufschwungs- wie Rezessionsphasen zu beobachten: Die Schwankungen der Wachstumsraten in der Druckindustrie sind flacher und führen in den sechziger Jahren noch zu einer relativ ausgewogenen Expansion, die an der kontinuierlichen Erweiterung der Investitions- und Beschäftigungsmaßnahmen der Betriebe abzulesen ist.[10]

Das ändert sich zum Ende der sechziger Jahre, als für den Durchschnitt der BRD-Industrie die Grenzen des Wachstums erreicht sind. Für die Druckindustrie ist diese Entwicklung vor allem durch den Rückgang bzw. die Stagnation von Aufträgen spürbar. Die besondere Abhängigkeit von größeren Industrien und den Staatseinnahmen bzw. -ausgaben ergibt sich aus ihrer Funktion als Zulieferer dieser Wirtschaftsbereiche. Während in anderen Bereichen das durchschnittlich gegebene Produktionsniveau bei Absatzschwankungen durch kurz- und mittelfristige

Erhöhung der Lagerbestände zu halten versucht wird, können die Druckbetriebe so nicht agieren. Die besonderen Produkteigenschaften ihrer Erzeugnisse (kurzzeitige Aktualität der Zeitungen, kleine Serien) lassen nur Kapazitätsausschöpfungen im Rahmen der Auftragsproduktion zu.[11] Der Markt der Druckerzeugnisse ist von dieser strukturellen Schwäche der Anbieter gekennzeichnet. Der hohe Anteil zum Beispiel von Werbematerialien am Gesamtumsatz der Druckindustrie stellt sie in direkte Abhängigkeit zu ihren wichtigsten Auftraggebern, den größeren Firmen anderer Produktionszweige. Zeitungen und Zeitschriften bilden hierbei eine Ausnahme. Ihr Absatz ist einerseits durch den Abonnementbetrieb an die Privathaushalte, deren Kaufverhalten sich nicht prozyklisch bewegt, relativ konstant. Andererseits ist die Haupteinnahmequelle aller Presseeigner, der Umfang des verkauften Anzeigenraums, zum Beispiel der Stellenanzeigen, durch die konjunkturelle Bewegung erheblichen Schwankungen ausgesetzt.

Die Produktions- und Absatzstruktur, die mit mehr als 40 % der Erzeugnisse und Hauptabnehmergruppen an den Staat und die relevanten Wirtschaftsbranchen gekoppelt ist, vermittelt über das ab 1969 im Durchschnitt sinkende Auftragsvolumen an Geschäftspapieren, Werbematerialien und Anzeigen nachhaltige Verwertungsschwierigkeiten auch für das in der Druckindustrie gebundene Kapital.

Die Konkurrenzbeziehungen zwischen den Unternehmen der Branche verschärfen sich infolgedessen zusehends. Die Investitionstätigkeit der Druckindustrie nimmt zu und führt zu einem enormen Ausbau der Kapazitäten, die im krassen Gegensatz zur rückläufigen Auftragslage stehen.[12] Bis 1973 wird ein maschinelles Produktionspotential geschaffen, das „Bereinigungskrisen" der Branche und einen durchgreifenden Strukturwandel der Arbeitsorganisation und -methoden in Gang setzt. Hat die Branche aufgrund der Besonderheiten ihrer Erzeugnisse generell mit stark schwankenden Kapazitätsauslastungen zu kämpfen, so nehmen diese infolge des steigenden Wettbewerbs um Aufträge und Absatzmärkte zu und führen zum Ruin vieler Betriebe. Betroffen sind vor allem jene, die sich aufgrund ihrer Kapitalschwäche zur Beibehaltung traditioneller Herstellungsweisen gezwungen sehen. Die großen und investitionsfähigen Betriebe und Unternehmen vollziehen dagegen in ihrem Bereich die konsequente technische und arbeitsorganisatorische Umstellung des Druckgewerbes zur Druckindustrie, in der die hohe Arbeits- und Lohnintensität erfolgreich gedrückt werden kann.[13] Deutlich wird das an der bis dahin konstanten Lohn- und Gehaltsquote am Umsatz, die im Branchendurchschnitt von 37.5 % im Jahr 1973 auf 34 % im Jahre 1976 sinkt.[14] Durch regional übergreifende Fusionierungen, durch Betriebsstillegungen sowie Schließungen von Abteilungen wirken sich diese Maßnahmen, – die teilweise über Nacht vollzogen werden können, weil es sich um tendenzgeschützte Betriebe handelt, – für die Beschäftigten als verunsichernde „Repulsion und Attraktion" von Arbeitskraft aus. Das Beschäftigungspotential der Druckindustrie wird in diesen Jahren hin- und hergeschoben, wächst zunächst und nimmt dann wieder rapide ab.[15]

Aus der Diskussion um die Pressekonzentration ist bekannt, daß im Verlauf dieser Entwicklung die wenigen größeren Unternehmen dieser Branche durch weitere Expansion in dieser Phase ihre ohnehin schon starke Monopolisierung stabilisieren können. Abgesehen von diesen zur Zeit „12 Riesen" ist aber der in mehrfacher Hinsicht heterogene Charakter der Druckindustrie auffällig. Auf die 6 000 Betriebe verteilen sich 190 000 Beschäftigte, die zwar ein Vierzigstel aller Industriebeschäftigten ausmachen, aber nur den fünfundfünzigsten Teil des gesamten Industrieumsatzes erzeugen.[16] Schon Betriebe mit mehr als 200 Beschäftigten gelten in dieser Branche als Großbetriebe.

Ein Vergleich der Umsatzanteile von 1969 und 1973 zeigt, daß sich der Gesamtumsatz der Branche auf einen kleinen Teil der Betriebe konzentriert hat. 3 % aller Betriebe, das sind 199 Großbetriebe ab 200 Beschäftigte, teilen sich 1973 einen Umsatzanteil von 46,4 %. 3 347 Kleinbetriebe mit weniger als 10 Beschäftigten, die 50 % aller Betriebe ausmachen, erwirtschaften 1973 nur 5,2 % des Gesamtumsatzes, während die übrigen 47 % der Betriebe, das sind 3 156 mittlere mit 10–200 Beschäftigten, im gleichen Jahr 48,4 % des Umsatzes auf sich vereinigen.[17] Die erwähnten 12 größten Betriebe beschäftigen dagegen allein 10 % aller Arbeiter und Angestellten der Druckindustrie und erwirtschaften mit diesen 14,4 % des Umsatzes.[18] Konzentration der Produktion auf der einen, breit gefächerte Heterogenität auf der anderen kennzeichnen auch Herstellungsverfahren und Betriebsgrößenstruktur der Branche. Diese Eigenschaften, die auf den potentiellen wirtschaftlichen Maßnahmekatalog zur Beseitigung von Verwertungsschwierigkeiten Einfluß haben, erklären sich u.a. aus den spezifischen Merkmalen der hier erzeugten Produkte.

Die heterogene und noch immer stark durch differenzierte Herstellungsarten sowie Produktdifferenzierung in den mittleren Betrieben geprägte Struktur der Branche ergibt sich aus der regionalen Gebundenheit der Herstellung von Akzidenzien[19] sowie Lokal-Zeitungen. Kurze Transport- und Kommunikationswege sind erforderlich, um einen schnellen Zugang zu den spezifischen und in der Regel eiligen Wünschen der Kunden aufrechtzuerhalten. Auch die Existenz der außerordentlich großen Zahl von Kleinbetrieben erklärt sich u.a. aus dieser Besonderheit der zu erzeugenden Produkte. Das die Zeitungsherstellung tangierende Anzeigengeschäft weist ebenfalls eine deutliche regionale Anbindung, hohe Differenziertheit und Kleinserienfertigung aus.

Konzentration von Produktionsanlagen fand bisher vor allem im Bereich der Herstellung von überregionalen Zeitschriften und Zeitungen statt. In den industriellen Ballungszentren der BRD hat jeweils einer dieser großen Verlage auch regional eine „absolut vorherrschende Marktstellung."[20] Umsatzziffer, Beschäftigtenumfang und Auflagenhöhe konzentrieren sich hier in der Folge rascher Investitions- und Rationalisierungsanstrengungen. Hier sind die bisherigen Rationalisierungsschübe, von denen die in der Druckindustrie Beschäftigten betroffen sind, zu verorten.

Die Fachmesse der Druckindustrie „DruPa'77" läßt erkennen, daß die Hersteller der Druck-Produktionstechnik diese Rationalisierungserfahrungen der Vergangenheit verarbeitet haben und die modernsten Anlagen zu erschwinglichen Preisen auch für die Maße der mittleren Betriebe zugeschnitten haben. Nach der Fachmesse, die für die Herstellerfirmen eine wahrhaftig "very happy drupa" war, wie ihr Titel verhieß, sieht das Handelsblatt „eine Investitionswelle" heranrollen[21], die wesentlich von den Mittelbetrieben getragen werden dürfte.

Der Hauptvorstand der IG Druck und Papier charakterisiert die von 1972 bis einschließlich 1976 mit jährlich 800 Millionen DM getätigten Investitionen als überwiegend „produktivitätssteigernde und arbeitsplatzvernichtende Rationalisierungen."[22] Weiter heißt es hier: „Die Investitionen richten sich in der Hauptsache auf Modernisierungs- und Verarbeitungssysteme, Bildschirmgeräte, Satzrechner und Belichtungsmaschinen für den Fotosatz. Die integrierten Fotosatz- und Textsysteme werden damit nicht nur für Großunternehmen und Zeitungsbetriebe einsetzbar; auch Mittelbetriebe werden von der Rationalisierungswelle erfaßt."[23]
Geht man davon aus, daß bisher im wesentlichen die Beschäftigten der Großbetriebe von den technischen und sozialen Veränderungen tangiert waren, heißt das konkret, daß bisher etwa 10 % aller Abhängigarbeitenden in der Druckindustrie von diesen Maßnahmen direkt betroffen sind, weitere 30 % erleben etwa zur Zeit derartige Veränderungen.[24]
Auf die ca. 50 % der Beschäftigten in den mittleren Betrieben kommen ähnliche Entwicklungen in den folgenden Jahren zu.[25] Auf die Eigenarten und Implikationen der stattfindenden technischen und arbeitsorganisatorischen Umstrukturierungen soll im Folgenden eingegangen werden.

2.2 Branchenspezifische Merkmale der Umstrukturierungen

Bis in den Beginn der siebziger Jahre hinein zeichnete sich die Druckindustrie, früher „graphisches Gewerbe" genannt, durch eine weitgehend handwerkliche Produktionsstruktur aus. Einem relativ hohen Grad der Mechanisierung im Druckbereich stand die hauptsächlich handwerkliche Produktionsweise in den Bereichen Satz und Reproduktion gegenüber.
Diese Heterogenität unterschiedlich entwickelter Mechanisierungsstufen gilt für die einzelnen am Gesamtprodukt beteiligten Abteilungen. Sie trifft aber ebenso für die Großbetriebe auf der einen und die Klein- und Mittelbetriebe auf der anderen Seite zu. Jahrzehntelang war die Druckindustrie eine arbeits- bzw. lohnintensive Branche. Zwar waren Verfahren wie der Lichtsatz schon länger bekannt, ihre – im kapitalistischen Sinne – wirtschaftlichen Anwendung setzte jedoch erst mit der Nutzbarmachung der elektronischen Datenverarbeitung für Produktionsabläufe ein. Das wirkte sich insbesondere im Verlags- und Pressewesen, also in der Zeitungs- und Zeitschriftenproduktion aus, denn gerade in diesem Bereich stellte die arbeits- und damit lohnintensive Satzherstellung ein wichtiges Hemmnis zunehmender Profiterzeugung dar.[26] Traditionell mußte hier das Manuskript erstellt werden, das am Perforator getastet, an der Gießmaschine in Zeilen gegossen, abgezogen, korrigiert, sodann umbrochen und wieder korrigiert wurde.
Die Entwicklung der EDV und ihre Anwendung im Bereich der Informationsverarbeitung, also der Texterfassung und -verarbeitung, in der öffentlichen Verwaltung, in Handel und Dienstleistung sowie in der Industrie verschaffte den Herstellern von EDV-Anlagen und -systemen Absatzchancen in der Druckindustrie und damit den Presseunternehmen gewinnbringende Anwendungsmöglichkeiten.

Durch die Verknüpfung immer leistungsfähigerer Lichtsatzanlagen mit hochentwickelten EDV-Anlagen (Datenspeicher, Satzrechner) wird es möglich, das Textaufkommen der Redaktionen und Anzeigenabteilungen in reproduktionsfähige Spalten auf Film oder Papier zu bannen. Die Übertragung in den Bleisatz entfällt ebenso wie die aufwendigen Speicherungsverfahren durch Einsatz von Magnetbändern und -platten sowie Mikrofilm etc. Texteingabe sowie Textkorrektur und -manipulation erfolgen an Bildschirmgeräten. Durch die Integration bisher von Menschen verrichteter Tätigkeiten – insbesondere auch der gedanklichen und Problemlösungsarbeit – als "Software" in die Maschinen werden Stenotypistinnen, Fernschreiber und insbesondere Hand- und Maschinensetzer weitgehend überflüssig. Nur ein Teil der genannten Berufsgruppen wird vermutlich an den Geräten weiterbeschäftigt werden.[27]
Die Zusammenlegung der Tätigkeiten geht potentiell soweit, daß die in der Redaktion und der Anzeigenaufnahme einer Zeitung Beschäftigten den gesamten Produktionsprozeß bis hin zur Druckformherstellung steuern können. In fast allen Bereichen erfolgt heute eine mehr oder weniger industrielle Fertigung. Am deutlichsten gilt das für den Druck und die Satzherstellung, während in der Reproduktion die konventionelle und industrielle Fertigung zur Zeit noch nebeneinander existieren. Auch hier setzt sich jedoch die Elektronisierung der Produktionsabläufe durch. Im Bereich Druck scheinen heute die Grenzen einer weiteren Mechanisierung erreicht zu sein. Größere und schnellere Maschinen, Verkürzung der Rüstzeiten durch elektronische Regelung und variierbare Druckwerke sorgten bislang in diesem Sektor für die weitestgehende Ausschöpfung der Rationalisierungsreserven. Da die anstehenden oder schon durchgeführten technischen Innovationen mit einem enormen Kapitalaufwand verbunden sind, der in der Regel nur von den Großbetrieben erbracht werden kann, sind die mittleren Unternehmen zur Fusionierung gezwungen. Parallel dazu zeichnet sich ein allgemeiner Trend zur Spezialisierung ab. Beispiele dafür sind in der Entstehung von Satz- und Druckzentren zu sehen.
Im einzelnen sieht die Entwicklung in den Produktionsbereichen folgendermaßen aus:

Die Satzherstellung

Die Einführung des TTS-Systems leitete den Übergang von handwerklichen zu industriemäßigen Formen der Satzherstellung und damit eine Periode permanenter Veränderungen ein, die mit der Anwendung elektronischer und automatischer Anlagen und Systeme ihren Höhepunkt gefunden hat. Heute sind zwei Trends zu erkennen: Zum einen werden Satzsysteme angeboten und angewandt, deren Einzelgeräte baukastengleich je nach den Belangen der Anwender zusammengestellt und erweitert werden können. In diesem Rahmen zeichnet sich auch die Realisierung des großformatigen Ganzseitenumbruchs ab. Zum anderen werden kleinere EDV-Anlagen und schon vorhandene Fotosatzgeräte für Klein- und Mittelbetriebe weiterentwickelt, die in der Regel Akzidenzsatz verarbeiten. Der Bleisatz ist weitestgehend durch den Fotosatz abgelöst, das gilt insbesondere für die Großbetriebe und die Verarbeitung von Mengensatz. Den Herstellern von EDV-Anlagen geht es jetzt darum, auch den Markt der Klein- und Mittelbetriebe voll in den Griff zu bekommen.

Die Reproduktion

„Alles, was zwischen der Satzherstellung und dem Druck liegt, wird als Reproduktion bezeichnet. Gemeint sind damit die Bereiche Druckvorlagen- und Druckformherstellung. Unter Druckvorlagenherstellung versteht man die Reproduktion von Text und Abbildung auf Film oder anderes Material und dessen Verarbeitung. Es gibt dafür zwei Verfahrenswege. Das fotomechanische Verfahren arbeitet mit der Reprokamera und das elektronische Verfahren mit dem Scanner. Die Druckformherstellung umfaßt die Montage, die Kopie, die Druckplattenherstellung und -entwicklung."[28] Zur Zeit halten sich konventionelle und elektronische Verfahren die Waage, jedoch dringt die elektronische Prozeßsteuerung bei fotomechanischen Verfahren weiter vor.
In der Druckformherstellung wird, um Fertigungsprozesse mehr und mehr zu standardisieren, Elektronik zur Steuerung und Regelung der Produktionsabläufe eingesetzt. Bei der Tiefdruckzylinderätzung und den fotopolymeren Platten für den Hochdruck handelt es sich um chemische Verfahren, dagegen ist Tiefdruckzylindergravur schon weitgehend elektronisiert. Darüberhinaus wird mit Hilfe der Lasertechnik die Direktbelichtung der Druckplatte unter Ausschaltung des bisher verwendeten Films, also der gesamten Arbeitsschritte der konventionellen Reproduktionstechnik angestrebt.
Es ist also möglich, daß in absehbarer Zeit die Reproabteilung aufhört, eine selbstständige Betriebsabteilung zu sein und zusammen mit der Satzherstellung integrierter Bestandteil des EDV-Systems wird.

Der Druck

Im Gegensatz zu den vorgenannten Bereichen kann man hier noch von einem klassischen mechanischen Produktionsbereich sprechen. Selbst wenn zunehmend elektronische Meß-, Steuer- und Regeltechnik angewandt wird, greift die Elektronik in den eigentlichen Druckvorgang noch nicht ein.
Diese Automatisierungsgrenze ist offenkundig die Ursache dafür, daß bei der Entwicklung und Konstruktion der Maschinen eindeutig quantitative Aspekte, also die Steigerung der Leistungsfähigkeit und der Ökonomisierung des Drucks im Vordergrund stehen. Gegenwärtig zeichnen sich folgende Tendenzen ab:

– Höhere Druckgeschwindigkeiten
– Entwicklung leistungsfähigerer Mehrfarbenmaschinen

- Verminderung der Maschinenstillstandszeiten beim Einrichten, Plattenwechseln und Auswechseln der Papierrollen
- Größere technische Variationsmöglichkeiten zur maximalen Auslastung der Maschinen
- Automatisierung der Transport- und Verpackungszeiten beim Zeitungs- und Zeitschriftendruck.

Im Bogendruck hat der Offsetdruck inzwischen Dominanz. Er dringt auch weiter in den Bereich des Rollendrucks vor, wo er in Konkurrenz tritt mit dem Tiefdruck und dem Hochdruck, der jedoch durch verbesserte Druckplatten zumindest im Bereich des Zeitungsdrucks seine Position stabilisiert hat. In der Rückschau betrachtet, hat der Tiefdruck seine Position über Jahre hinaus konstant gehalten. Er dominiert dort, wo qualitativ hochwertige Produkte in hoher Auflage (zum Beispiel Zeitschriften) verlangt werden. Der Hochdruck hat seine ehemals dominierende Position mit Ausnahme des Bereiches Zeitungsdruck an den Offsetdruck verloren, denn hier sind die Einrichtungszeiten kürzer und es können wegen des Konstruktionsprinzips höhere Laufgeschwindigkeiten erreicht werden.

Wir können abschließend festhalten, daß die Elektronisierung der Produktionsabläufe alle Bereiche der Druckindustrie erfaßt. Welche vielfältigen sozialen Konsequenzen das hat, soll im folgenden Kapitel beschrieben werden. An dieser Stelle ist jedoch noch auf eine andere Seite der neuen Produktionstechnik einzugehen: die Arbeitsorganisation.

Gerade im Bereich der Texterfassung und -verarbeitung wird die Strategie der Hersteller von EDV-Anlagen deutlich, die Maschinen durch sogenannte Software so zu gestalten, daß die Eingriffs- und Gestaltungsmöglichkeiten der mit diesen Systemen Arbeitenden auf ein Minimum beschränkt bleiben. Und das ist nicht der einzige Bereich. So werden zum Beispiel auch die Maschinenbesatzungen an den Druckmaschinen bei immer höherer Druckleistung geringer.

Von diesen Maßnahmen sind tendenziell alle Arbeitsplätze in der Druckindustrie betroffen, wenngleich auch graduell unterschiedlich. Durchgehend sind in allen Produktionsbereichen Veränderungen hinsichtlich der quantitativen Besetzung und qualitativen Anforderungsstruktur zu erwarten.

Welche wichtige Bedeutung in der Gewerkschaftspolitik gerade diesen beiden Momenten zukommt, zeigen Beispiele aus der Zeit der Einführung des TTS-Systems.[29] Damals wie heute versuchten Unternehmer, die Arbeitsorganisation so zu gestalten, daß die Maschinen mit Hilfskräften gefahren werden konnten. In den Fällen, wo sich Belegschaft und Gewerkschaft im gemeinsamen Kampf diesen Versuchen widersetzten, gelang es, Besetzungsordnungen im Sinne der betroffenen Facharbeiter durchzusetzen.

Zwar stellt die Einflußnahme auf die konkrete Gestaltung der Arbeitsorganisation kein Allheilmittel gewerkschaftlicher Politik dar, wie einige Autoren meinen.[30] Arbeitsorganisation ist immer gebunden an eine gegebene Produktionstechnologie, insofern hat sie technologisch fixierte Ausgangsdaten, die Arbeitsverteilung und die Struktur der Arbeit in ihren Einzelheiten sind dennoch in gewissen Grenzen gestaltbar.

2.3 Die sozialen Folgen

Der Beschäftigtenstand in der Druckindustrie ist in den letzten fünf Jahren um ca. 35 000 zurückgegangen.[31] Während Arbeitsleistung und Umsatzerlöse 1975/76 wieder steigen und sich die Branche sichtlich „erholt", sinkt die Gesamtbeschäftigung weiter um durchschnittlich 500 Arbeitsplätze pro Monat.[32] Da der Anteil von Facharbeitern bei den Beschäftigten der Druckindustrie im Vergleich zur gesamten Industrie um 20 % höher liegt, treffen auch die sozialen Folgewirkungen die Facharbeitergruppen stark. Allerdings: „Der Arbeitsplatzabbau in der Druckindustrie trifft nicht überproportional oder gar ausschließlich die Facharbeiter. Die Abnahmequote der Gesamtbeschäftigten ... liegt bei 15,2 %, bei den Facharbeitern beträgt sie ... 14,7 %."[33] Die eigentlichen Veränderungen, vor die sich die Facharbeiter gestellt sehen, liegen in der Neustrukturierung der qualitativen Anforderungen. Die quantitative Reduktion der Arbeitsplätze für Hilfsarbeiter ist demgegenüber erheblich.[34]
Nach neuesten Angaben der Arbeitsämter werden in der BRD einschließlich West-Berlin fast 7 000 arbeitslose Facharbeiter und Hilfskräfte in der Druckindustrie gezählt.[35] Die Berufsgruppen der Schriftsetzer und Druckformhersteller, der Buchbinder und der Hilfskräfte gehen mit je 20 % Anteil in diese Arbeitslosenzahl ein. Ingesamt liegt die Branche mit 190 000 Beschäftigten und 7 000 Arbeitssuchenden knapp unter der durchschnittlichen Erwerbslosenquote der Gesamtindustrie.
Konfrontiert man die Zahl der abgebauten Arbeitsplätze mit der der zur Zeit Arbeitslosen, wird deutlich, daß die soziale Folge der Arbeitsplatzverluste zwar eine der härtesten, nicht aber die einzige Konsequenz des technischen Strukturwandels ist. Aus unserer schriftlichen Umfrage über Verlauf und Auswirkungen von Umstrukturierungen geht hervor, daß ein großer Teil der Betroffenen über die sogenannte „natürliche" Fluktuation abgewandert ist, bevor es zu Entlassungen kam. In der Fluktuationsrate sind wiederum die Frührentner relativ stark vertreten. Die übrigen haben durch rechtzeitigen Betriebs- oder gar Branchenwechsel in der Regel nach Umschulungen einen Arbeitsplatz gefunden.
Bis 1974 war die Bereitschaft anderer Branchen, Facharbeiter aufzunehmen, noch vorhanden. Das in ungleichzeitigen Schüben anfallende Angebot an Facharbeiterpotential aus der Druckindustrie konnte in gewissen Grenzen aufgesogen werden.[36] Dies galt vor allem für die jüngeren Kräfte. Die Arbeiter, die älter als 30 Jahre alt sind, hatten und haben diese Kompensationsmöglichkeiten nicht. Die Altersstruktur der Belegschaften in Betrieben, die technische Veränderungen vorgenommen haben, sieht entsprechend ungleichgewichtig aus: Die Älteren sind überproportional stark vertreten. Nicht zuletzt deshalb werden neuerdings in der Druckindustrie wieder Facharbeiter gesucht. Die Anzahl der angebotenen Stellen ist aber nach einer Umfrage bei Betriebsräten bei weitem nicht so hoch, wie Presseberichte behaupten.[37] Vermutet werden darf, daß der Bundesverband Durck mit der Äußerung, jede vierte Stelle müsse heute unbesetzt bleiben, die tatsächlichen Probleme des fortgesetzten Arbeitsplatzabbaus zu überspielen versucht. So ist etwa die neuerliche

Nachfrage nach Druckfacharbeitern auch als eine Folge der rapide zurückgegangenen Anzahl von Ausbildungsplätzen in der Druckindustrie anzusehen. In Hamburg haben 1972 noch 217 Auszubildende eine Facharbeiterlehre angetreten. 1976 waren es nur 27.[38]

Die eigentliche Härte der abgelaufenen und anstehenden Umstrukturierungen in der Druckindustrie liegt jedoch in der fundamentalen Infragestellung klassischer Berufe und Qualifikationen sowie der Verunsicherung des damit verbundenen sozialen Selbstbewußtseins. Der traditionelle Typ des Druckfacharbeiters hat ein ausgeprägtes kollektives Leistungsbewußtsein und ein starkes Interesse an den Arbeitsinhalten. Die avantgardistische Rolle der Setzer, Drucker u.a. in der Arbeiterbewegung auf der einen, die faktisch zentrale Position z.B. der Setzer für den Produktionsablauf auf der anderen Seite gehen als Elemente in diesen Berufsstolz ein. Man ist so wenig gleichgültig gegenüber der besonderen Tätigkeit wie gegenüber dem kollektiven Schicksal, das der Berufsstand zu tragen hat. Angst um den Arbeitsplatz existiert, steht aber weniger stark im Vordergrund der Gespräche, die wir mit Druckfacharbeiter geführt haben als die Befürchtung, entleerte Tätigkeiten verrichten zu müssen, die die erlernten Fähigkeiten brachlegen und vernichten. Als erniedrigend, unwürdig und unzumutbar werden die Arbeitsplätze empfunden, die in der Folge neuer technischer Anlagen verbleiben oder entstehen. Handlungsrelevant wird diese Enttäuschung durch die kollektive Orientierung des Facharbeiters, die nicht nur in der Druckindustrie zu finden ist.[39] Nicht der einzelne, sondern die Arbeitsgruppe ist unter herkömmlichen Bedingungen für den reibungslosen Produktionsablauf verantwortlich und kann ihn aus gegebenem Anlaß verlangsamen bzw. zum Stillstand bringen. Ein schnelles und reibungsloses Ineinandergreifen team- und gefügeartig kooperierender Arbeitsvollzüge wird im Druckbetrieb aufgrund der täglichen, wöchentlichen und saisonalen Stoßzeiten besonders gefordert. Für den Betrachter wirkt die Geschäftigkeit, die in allen Abteilungen kurz vor Anlaufen der Druckmaschinen „ausbricht", unübersichtlich und hektisch. Für Druckarbeiter ist das der „normale Streß". Die Anforderung des kollektiven Zupackens schweißt Arbeitsgruppen zusammen und fördert das Bewußtsein von der gemeinsamen Leistungsfähigkeit und -stärke. Diese Erfahrung und besondere Sozialisationsbedingung wirkt sich ebenfalls auf die Formen der Interessendurchsetzung aus.

Mit dem Abbau der Lohnintensität der Branche ist auch eine Vereinfachung der Kooperationsformen und -beziehungen beabsichtigt und bereits realisiert. Kollektive Dispositionsmöglichkeiten werden reduziert. Der Überblick über den Gesamtablauf geht mit der Zuweisung spezialisierter Arbeitsvollzüge zu bestimmten Arbeitsplätzen und ihren Inhabern verloren. Mit den Gestaltungschancen sinken die Eingriffe, die von Seiten der Abhängigarbeitenden nach ihrem Ermessen und Interesse vollzogen werden können.

Der Qualifikationswandel einzelner Berufsgruppen ist im Detail noch nicht abzusehen. Tendenziell wird mit einschneidenden Reduktionen der vertikalen Vielfalt zu rechnen sein. Die neuen Arbeitsstrukturen dürften differenzierte Spezialisierungen aufweisen, die untereinander polarisiert sind. Am stärksten betroffen sind die Setzer. Die schon häufiger zitierte SOFi-Studie schlußfolgert aus Untersuchungen in Zeitungssetzereien, „daß es einerseits zu einer beträchtlichen Verringerung des Facharbeiteranteils an der Gesamtheit der im Satzbereich beschäftigten Arbeitskräfte kommt, andererseits bei dem verbleibenden Rest an Facharbeitern ein Teil eine Reduktion der an seinen Arbeitsplatz gerichteten Qualifikationen erfährt und der andere (kleinere) Teil auf dem Niveau klassischer Facharbeitertätigkeiten verbleibt.“[40]

Solange sich die neuen technischen Anlagen in der Anlaufphase befinden, verzerrt die potentiell häufige Störsituation die Arbeitsstrukturen und Arbeitsorganisation. Die Komplikationen der Anlagen in den ersten Monaten bzw. Jahren verlangen zu ihrer Problemlösung technisch versierte Kräfte, die zudem mit geschickter Planung die Ausfallzeiten kompensieren können. Auch die Besetzung neuer Anlagen wird zunächst großzügig gehandhabt, um Engpässe zu vermeiden. Wie Untersuchungen gezeigt haben, wird mit arbeitsorganisatorischen Rationalisierungen, also Personalbestandsreduktionen und der Intensifikation der Arbeitsvollzüge erst einige Jahre nach der Inbetriebnahme neuer Anlagen nachgefaßt.[41] Derartige Prozesse sind in der Druckindustrie bislang vor allem an den neueren und großen Druckmaschinen zu beobachten, an denen die Arbeitsintensität in den letzten Jahren erheblich gestiegen ist.

Die Unternehmer spüren die existenzielle Verunsicherung der (Stamm-) Belegschaften vor allem durch eine große Unruhe in den Betrieben. Diese hat sie – in Warnstreiks aufflackernd – an den Verhandlungstisch mit der IG Druck und Papier gezwungen, wo bislang ohne Ergebnis für eine tarifierte Anwendung neuer Techniken beraten wird. Die Abhängigarbeitenden in der Druckindustrie stehen hinter diesen Bemühungen. Das Vertrauen der Beschäftigten in die IG Druck und Papier steigt. Der Organisationsgrad nimmt seit 1970 kontinuierlich zu und hat 1976 mit 51,7 % wieder die Höhe von ca. 1957 erreicht.[42] Die absolute Anzahl der Mitglieder geht zwar leicht zurück, keineswegs aber in dem Ausmaß wie die Beschäftigtenziffern. Die IG Druck und Papier hat zur Zeit 155 549 Mitglieder, davon kommen 2/3 aus der Druckindustrie und etwa 1/3 aus dem papierverarbeitenden Produktionszweig.[43] Die Organisationsstärke wird als ein wesentlicher Faktor für die Abwendung bzw. Abmilderung der beschriebenen sozialen Folgen auf betrieblicher und überbetrieblicher Ebene eingeschätzt.[44]

3. Die gewerkschaftlichen Aktivitäten

3.1 Streikerfahrungen als Ausgangsbedingung

Die Streikerfahrungen von 1976 haben sowohl in der IG Druck und Papier als auch über diese Organisation hinaus zu einer Belebung der Diskussion über Standort und Perspektive gewerkschaftlicher Handlungsmöglichkeiten unter den gegenwärtigen wirtschaftlichen Bedingungen geführt.

Die außerordentliche Schärfe dieses Arbeitskampfes, der Einsatz aller unternehmerischen Machtmittel, wie der bundesweiten Aussperrung, der zentral abgestimmten und massiven politischen Kampagne gegen die IG Druck und Papier sowie polizei-

licher Eingriffe und gerichtlicher Verfolgungen machten deutlich, daß dieser Arbeitskampf den gewohnten Rahmen tarifpolitischer Auseinandersetzung sprengte.
Die scharfe Auseinandersetzung, die die IG Druck und Papier angesichts dessen zu führen gezwungen war, mußte sie zwangsläufig in offenen Gegensatz zu den Sozialpartnerschafts-Deklarationen von Unternehmern und Bundesregierung bringen. Auch heute ist die Situation in der Druckindustrie durch die Erfahrungen dieses Arbeitskampfes geprägt, so daß die IG Druck und Papier – nicht zuletzt durch die auf ihrem Gewerkschaftstag 1977 gefaßten Beschlüsse – als „Speerspitze" des gewerkschaftlichen Kampfes angesehen wird.
Die übergreifende Bedeutung dieses Streiks sah der Vorsitzende der IG Druck und Papier, Leonard Mahlein, in der „Zerschlagung der politisch gesetzten Lohnleitlinien" und dem Kampf um die „Tarifautonomie der Einzelgewerkschaften."[45]
Zwar blieb das materielle Ergebnis des Streiks hinter den Erwartungen zurück. Aber in der Auseinandersetzung um die Forderungsinhalte und adäquaten Durchsetzungsformen wurden außerordentlich wichtige Erfahrungen gesammelt.
Nach außen wie nach innen „... besteht die spezifische Bedeutung des Druckerstreiks gerade darin, daß erstmals seit Jahren und seit Bestehen von SPD-geführten Bundesregierungen eine Gewerkschaft geschlossen um ihre Unabhängigkeit von den wirtschaftspolitischen Doktrinen und politischen Einflüssen des Großkapitals und der Regierung gekämpft und sich durchgesetzt hat."[46]
Die unternehmerische Formel: „Lohnverzicht = Gewinnwachstum = Investitionswachstum = Vollbeschäftigung" hat sich nirgends so wenig überzeugend erwiesen wie in der Druckindustrie, so daß die IG Druck und Papier dieser ihre Forderung nach Anhebung der Massenkaufkraft entgegensetzte zumal „die tatsächliche Entwicklung von anderen Faktoren viel stärker beeinflußt wird als vom Lohn. So hängt die Höhe der Gewinne nicht allein von der Höhe der Löhne ab, sondern viel wesentlicher von den übrigen allgemeinen Marktbedingungen."[47]
Gerade in der „rationalisierungsgeschüttelten" Druckindustrie könne man nicht, so Mahlein, von einem Mangel an Investitionen sprechen: „Wir haben eine wirtschaftliche Krise, weil zuviel, aber nicht, weil zuwenig investiert worden ist, wie das törichte Geschwätz von den Investitionsanreizen durch Lohnverzicht als Ausweg aus der Krise weismachen will. Wie unter solchen Umständen steigende Gewinne zu steigenden Erweiterungsinvestitionen führen sollen, bleibt unbegreiflich."[48]
Die Militanz des Streiks in der die Entschlossenheit der Drucker und Setzer zum Ausdruck kam, ihre Forderungen auch gegen harten Widerstand zu erkämpfen, kann ohne die angestaute „Rationalisierungswut" weder erklärt noch richtig eingeschätzt werden. Die massive Wegrationalisierung von Facharbeitertätigkeiten und -qualifikationen durch neue Technologien, wurde zwar als tarifpolitisches Druckmittel von den Unternehmern gegen die Facharbeiter als traditionellem Handlungspotential dieser Gewerkschaft auszuspielen versucht, „dieser Schuß ging jedoch nach hinten los."[49] Die Einschüchterungsversuche wurden zwar ernstgenommen, nicht aber in der beabsichtigten Weise. Angesichts der anstehenden Verhandlungen über die Tarifierung neuer Techniken lautete eine verbreitete Einschätzung im Vorfeld der offenen Konfliktaustragung: „Wenn wir es ihnen jetzt nicht zeigen,

machen sie im nächsten Jahr mit uns, was sie wollen."[50] Aufgrund dieser Erfahrungen hat sich im Verband eine Vorstellung von Tarifautonomie etabliert, die darunter mehr als das autonome Aushandeln und Erstreiten von Lohnforderungen subsumiert: „Unter dem Begriff der Erhaltung der Tarifautonomie muß die Sicherung des Realeinkommens wie des sozialen Besitzstandes im allgemeinen verstanden werden, und dazu hat in dieser hochindustriellen Gesellschaft im besonderen auch die Verteidigung des Qualifikations- und Tätigkeitsniveaus, die Sicherung des Arbeitsplatzes und die Herstellung menschenwürdiger Arbeitsbedingungen zu zählen."[51]

3.2 Informationspolitik

Mit diesen Schwerpunkten und ausgerüstet mit den Erfahrungen und Erfolgen des Streiks, orientiert die IG Druck und Papier nunmehr auch verstärkt auf alternative Konzepte zur Arbeitslosigkeit und auf die offensive Auseinandersetzung um die Sicherung gefährdeter Arbeitsplätze in der Druckindustrie. Sie drängt auf eine Tarifierung neuer Techniken. Auch veröffentlicht das Zentralorgan auszugsweise die „Vorschläge zur Beendigung der Massenarbeitslosigkeit."[52]

In der Diskussion zum Gewerkschaftstag 1974 ist eine Intensivierung der innergewerkschaftlichen Bildungs- und Informationspolitik über Ursachen und Konsequenzen für eine gewerkschaftliche Arbeitsmarkt- und Tarifpolitik festzustellen. Der vorherrschende Tenor bestand hier darin, zu registrieren, welche Neuerungen auf technischem Gebiet zu erwarten seien und sich den Kapitalverwertungsbedürfnissen gemäß durchsetzen würden, welche Auswirkungen elektronische Verfahren auf Bestand und Qualifikationsstruktur der Arbeitskräfte haben würden usw. An die Stelle einer noch in den sechziger Jahren typischen Faszination und Fortschrittsgläubigkeit im Zusammenhang mit technischen Neuerungen traten Skepsis und vorübergehende Ratlosigkeit.

Nach dem Streik wechselte dies insofern, als zum Beispiel im Zentralorgan vermehrt gezielte Beiträge über die Notwendigkeit und Möglichkeit von Gegenmaßnahmen der Betroffenen und ihrer Organisation erscheinen. Jetzt lautet der Tenor: So nicht und nicht mit uns! Eine arbeits- und qualifikationsvernichtende Anwendung technischer Neuerungen stößt mehr und mehr auf Widerstand.

Den endgültigen Bruch mit Illusionen über den technischen Fortschritt symbolisiert ein Artikel mit der Überschrift: „Integrierte Texterfassung – berufspolitische Neutronenbombe?, in dem eine „impertinente Ähnlichkeit von Neutronenbombe und moderner Technologie" aufgezeigt wird. Flankierend dazu verweist ein Kommentar auf die tatsächlichen Folgen der in Teilen der bundesdeutschen Presse unreflektiert als „saubere Waffe" beschriebenen Neutronenbombe.[53]

Derart zugespitzte Problematisierungen sind durchaus charakteristisch für die seit dem Streik einsetzende Auseinandersetzung über divergierende Interessen und Positionen bei der Anwendung der neuen Technologien. Zwar mögen gewisse Formulierungen gelegentlich nur als Ventil für ungelöste Probleme wirken, wesentlich ist aber, daß Tenor und Inhalt des Zentralorgans die Erfahrungen und akuten Auseinandersetzungen der Gewerkschaftsmitglieder wiedergeben und so dazu beitragen, die kollektive Interpretation und Aktivität der Betroffenen zu bekräftigen. Bei unseren zahlreichen Betriebsbegehungen im norddeutschen Raum fiel uns auf, daß durchschnittlich auf jedem zweiten Arbeitsplatz aufgeschlagene Zentralorgane auslagen. Das Zentralorgan wird in vielen Betrieben allen Mitgliedern und Sympathisanten persönlich überreicht und intensiv gelesen bzw. von „Mann und Maus gefressen."[54]

Wir haben den Eindruck, daß die von der IG Druck und Papier unternommenen informationspolitischen Anstrengungen der Aufnahme und Verarbeitung der realen Erfahrungen zu handlungsrelevanten Situationsdefinitionen gerade in den Jahren 76/77 sehr viel lebhafter und flexibler auf akute Vorgänge in der gewerkschaftlichen und betrieblichen Basis eingeht und dadurch aktuell und wirkungsvoll ist.

3.3 Programmatische Konzepte

Auf dem 8. ordentlichen Gewerkschaftstag 1968 distanzierte sich die IG Druck und Papier von der Konzertierten Aktion und verband dies mit einem Auftrag an den Geschäftsführenden Hauptvorstand, die Erarbeitung einer Analyse über „Rolle und Aufgaben der Gewerkschaften im letzten Viertel des zwanzigsten Jahrhunderts" in die Wege zu leiten. Darin sollten Standort und Perspektive der IG Druck und Papier unter den Bedingungen des entwickelten Kapitalismus der BRD charakterisiert werden und als Diskussionsgrundlage für den Verband auf einem der darauffolgenden Gewerkschaftstage vorgelegt werden. Charakteristisch für die Ausrichtung der sogenannten Roten Broschüre ist die Feststellung, „daß der Gegensatz von Kapital und Arbeit andere Erscheinungsformen entwickelt hat als vor 100 Jahren: Elend als Massenerscheinung ist überwunden. Der Staat hat dies als Verpflichtung in seinen Aufgabenkatalog übernommen. Die demokratischen Mitwirkungsrechte in der Willensbildung staatlicher Organe haben sich – verglichen mit dem vorigen Jahrhundert – für die abhängig Arbeitenden entschieden vergrößert. Dennoch ist damit der Gegensatz zwischen Kapital und Arbeit keinesweg beseitigt."[55] Im Kapitel „Arbeitsbedingungen" wird in der Broschüre festgestellt, daß die Unternehmer durch das herrschende Prinzip der Gewinnmaximierung gezwungen seien, neu entwickelte Technologien anzuwenden. Mit Blick auf die sich verschärfenden Kapitalverwertungsbedingungen geht die Broschüre davon aus, „daß die Unternehmer verstärkte Anstrengungen in Richtung auf weitergehende Arbeitsintensivierung und Arbeitsrationalisierung unternehmen werden: Der Kampf um die Marktanteile spitzt sich zu. Der Konkurrenzdruck wächst nicht zuletzt aufgrund der fortschreitenden Verknappung der Rohstoffe ... Wie die Arbeitsbelastungen später aussehen werden, welche Qualifikationen verlangt werden (bzw. umgekehrt, welche Qualifikationen später bei der Einführung der Maschinen brachliegen), diese Fragen sind, wenn sie überhaupt auftreten, bestenfalls von zweitrangiger Bedeutung."[56] Diese zutreffenden, aber insgesamt noch allgemeinen Vorstellungen über die Folgen kapitalistischer Rationalisierung für die Arbeitsbedingungen und ihre Bedeutung für den gewerkschaftlichen Kampf sind Ausdruck eines bis dahin noch fehlenden Erfahrungshintergrundes.

Wesentlich konkretere, aus den Problemen der seit 1971 anhaltenden Rationalisierungsbewegung und den Erfahrungen des Druckerstreiks gewonnene Einsichten finden sich im „Aktionsprogramm der IG Druck und Papier", das im März 1977 vom Hauptvorstand verabschiedet wurde.[57] Das Aktionsprogramm sollte eine konzeptionelle Grundlage für die Diskussion über die Neuverhandlungen zu den Spartenanhängen des Manteltarifvertrages bieten. Seit Anfang 1977 herrscht hier nämlich ein tarifloser Zustand für diese Regelungen, die im übrigen eine Besonderheit in der tarifpolitischen Landschaft der BRD darstellen:

Die ausgehandelten Anhänge zum Manteltarifvertrag regeln (seit 1925) die speziellen Arbeitsbedingungen und -aufgaben der verschiedenen Berufssparten im gewerblichen Sektor der Druckindustrie bis ins einzelne. Diese Fragen werden in der IG Druck und Papier also traditionell nicht mehr als Sachzwänge sondern als tarifpolitische Angelegenheiten aufgefaßt. Von der vorhandenen Sensibilisierung für Auseinandersetzungen um die Gestaltung der Arbeitsbedingungen wird im Aktionsprogramm ausgegangen, um die Forderungsdiskussionen voranzutreiben.

Im Mittelpunkt des Aktionsprogramms steht der Kampf um die Sicherung der Arbeitsplätze, die Wahrung des sozialen Besitzstandes und die Erhaltung der Facharbeiterqualifikationen. Es gibt den Mitgliedern und Funktionären eine Handlungsanleitung zur kombinierten gewerkschaftlichen und betrieblichen Aktivität zwecks Durchsetzung dieser Interessen.

In Thesenform trifft das Aktionsprogramm Einschätzungen über die verschiedenen Aufgaben gewerkschaftlicher Politik und zieht konkrete Schlußfolgerungen für alle Ebenen und Bereiche ihrer Arbeit: Für den Betrieb, für die Tarifpolitik, für Forderungen an den Gesetzgeber und für organisationspolitische Konsequenzen. Im Zentralorgan schloß sich nach der Herausgabe dieses Programmes auch eine Diskussion über neue und originelle Kampfformen an.

Es würde im Rahmen dieses Beitrags zu weit führen, die Programmpunkte im einzelnen zu präzisieren. Exemplarisch wird deshalb nur auf den Komplex eingegangen, in dem eine Position zu den Folgen der integrierten Texterfassung und -verarbeitung in Verlagen und Druckereien fixiert wird. Als Leitsatz für die tarifpolitischen Verhandlungen über diesen Arbeitsbereich soll gelten:

- Die Forderungen zu den Anhängen zum MTV ... müssen im Interesse der Anpassung der Arbeitsbedingungen an neue Technologien und veränderte Produktionsabläufe voll durchgesetzt und die Verhandlungen beschleunigt abgeschlossen werden;
- Die Arbeitsbedingungen an integrierten Textverarbeitungssystemen müssen über die bisherigen Tarifvertragsgrenzen hinaus geregelt werden;
- Die Arbeitsbedingungen an neuen Geräten und Anlagen, insbesondere bei integrierten Textverarbeitungssystemen, müssen unter Berücksichtigung von arbeitsmedizinischen Untersuchungen in die Manteltarifanhänge aufgenommen werden;
- Die Besetzungsvorschriften für neue Maschinen und Anlagen sind entsprechend den gesteigerten körperlichen und nervlichen Anforderungen zu gestalten;
- Sicherung des sozialen Besitzstandes für ältere Arbeitnehmer.

Dieses Programm ist in der Mitgliedschaft inzwischen sehr intensiv aufgenommen worden. Regelmäßige Diskussionen im Kollegenkreis und unter Betriebsräten, auf Schulungs- und Informationsveranstaltungen haben die Vorstellungen über die Durchsetzungsmöglichkeiten präzisiert, ebenso aber die strukturell gesetzten Grenzen gewerkschaftlicher Interessenpolitik sichtbarer gemacht. In wachsendem Maße werden deshalb wirtschafts- und gesellschaftspolitische Alternativen zu den bestehenden Machtverhältnissen erörtert, was der Gewerkschaftstag'77 deutlich machte.

3.4 Bemühungen um die Tarifierung neuer Techniken

Schon seit Jahren fordert die IG Druck und Papier die Tarifierung der Arbeitsbedingungen an den Bildschirm- und OCR-Anlagen. Dabei ist es ihr gelungen, eine Tarifgemeinschaft mit der HBV, der DAG und dem DJV zu bilden. Die essentiellen Forderungen, die die IG Druck und Papier im Kontext der Spartenanhänge zum MTV zunächst für den Produktionsbereich Druck und die hier beschäftigten gewerblichen Arbeiter und Angestellten entwickelt hat, werden von dieser Tarifgemeinschaft angesichts der Einführung und Anwendung elektronischer Systeme im Verlagsgewerbe nun auch für den gesamten Bereich des Presse- und Verlagswesens einschließlich der journalistischen Arbeitsplätze erhoben. Hier soll u.a. gewährleistet werden, daß im redaktionellen Tätigkeitsbereich keine technischen Arbeitsvollzüge wie zum Beispiel die Satzherstellung stattfinden.
Um Tendenzen der Bereichsflucht entgegenzusteuern, werden für die neuen Anlagen Besetzungsregelung gefordert.[58] Der bisherige Verhandlungsverlauf kann hier, so aufschlußreich er auch ist, nicht verfolgt werden. Zwar ist zunächst die Tatsache bemerkenswert, daß sich die Unternehmerverbände überhaupt an den Verhandlungstisch begeben. Zu vermuten ist, daß die offen und latent vorhandene Unruhe in den Betrieben hier den entsprechenden Druck ausübt. Charakteristisch für ihr Verhalten in den Verhandlungen ist aber die Taktik des passiven Abwartens. Zur dritten Verhandlungsrunde legten deshalb die Verbände der Tarifgemeinschaft einen Entwurf vor, der ein bundesweit geltendes Raster für Vereinbarungen auf betrieblicher Ebene darstellen sollte. Abzusehen war, daß die Unternehmerseite auf die in diesem Raster enthaltenen Elementarforderungen nach Besitzstandswahrung, facharbeitergemäßer Besetzungsordnung usw. kaum reagierten. Der erst wenige Tage vor der 5. Verhandlungsrunde vorliegende Unternehmerentwurf machte zwar Zugeständnisse in Fragen des sozialen Ausgleichs, der Umschulung, der medizinischen Beobachtung usw., nicht aber in den eigentlich zur Verhandlung stehenden Forderungen. Dabei handelt es sich im wesentlichen um folgende Punkte:

1. Zwingende Zuweisung aller Gestaltungsarbeiten am Bildschirm an Schriftsetzer sowie Vorrang für Schriftsetzer bei der Texterfassung;
2. Spürbare Arbeitszeitverkürzung für alle an Bildschirmgeräten Beschäftigten und zwar je Stunde eine Pause von 20 Minuten bzw. 4 Stunden Bildschirmarbeit pro Tag; Begrenzung der Wochenarbeitszeit auf 35 Stunden;

3. Festlegung von Mindestnormen für die Beschaffenheit der Geräte sowie für die Gestaltung von Arbeitsplatz und -umgebung;
4. Weitgehende Freistellung der Journalisten in den Redaktionen von der Texteingabe in Bildschirmgeräte;
5. Stärkere Einbeziehung der Betriebsräte bei der Regelung der personellen und sozialen Konsequenzen; Mitbestimmung bei der Aufstellung von Auswahlrichtlinien für die Einführung elektronischer Systeme.[59]

Mittlerweile – nach dem Ende der 7. Verhandlungsrunde – hat die Tarifgemeinschaft das Scheitern der Verhandlungen erklärt und die Schlichtungsstelle angerufen. Zur Zeit – November 77 – ist nicht abzusehen, wann und auf welcher inhaltlichen Verhandlungsgrundlage die Schlichtungsstelle zu einem Ergebnis kommen wird. Derweil haben gerade die großen Unternehmen auf den unteren Ebenen über gesonderte Betriebsvereinbarungen Fakten zu schaffen versucht. Nach dem Scheitern der Tarifverhandlungen fordert die IG Druck und Papier für ihre Mitglieder verbindlich dazu auf, „ohne vorherige Absprache mit dem Hauptvorstand keine Betriebsvereinbarungen mehr ... abzuschließen."[60] Punktuelle Vorteilsregelungen für einzelne Betriebe, die offensichtlich parallel zu den schleppenden überbetrieblichen Verhandlungen angeboten werden, haben nach diesem Konzept aus Gründen der Solidarität und Geschlossenheit, die für die Durchsetzung eines Tarifvertrages für alle erforderlich ist, zurückzustehen. Dieser Vorstoß der IG Druck und Papier, in den eigenen Reihen ein einheitliches Vorgehen durchzusetzen, ist wesentlicher Ausgangspunkt und Garant einer Übereinstimmung zwischen den die Tarifgemeinschaft tragenden Verbände.

Die Situation ist offen. Unübersehbar ist aber in den Betrieben, daß der Druckerstreik'76 eine mobilisierende und die Bereitschaft zur offensiven Auseinandersetzung fördernde Wirkung gehabt hat, die auch im Tarifstreit über die Anwendung neuer Techniken zum Tragen kommen dürfte!

Anmerkungen

* Autoren sind die Mitglieder des in Anmerkung 4 erläuterten Forschungsprojekts.

1 IG Druck und Papier/Hauptvorstand, DRUPA'77 – Schnellinformation, Stuttgart im Juli 1977, S. 4.

2 Projekt 3140 des Bundesministeriums für Bildung und Wissenschaft, Titel: Arbeits- und Lebensbedingungen der Arbeitnehmer als Gegenstand der Hochschulforschung, Projektleiter: Katterle, Krahn.

3 Diese Tendenz wird auch an anderer Stelle festgestellt: „Rapide gestiegen sind die Wünsche nach Auskünften und Informationen, die aus dem Bereich der Hochschulen an uns herangetragen werden". IG Druck und Papier/Hauptvorstand, Geschäftsbericht 1974–77 zum 11. ordentlichen Gewerkschaftstag, Tübingen 1977, S. 368, im folgenden zitiert als „Geschäftsbericht'77".

4 Projekt 112 der Hans-Böckler-Stiftung, Titel: Auswirkungen von Rationalisierungsmaßnahmen in der Druckindustrie auf Struktur und Handlungsmöglichkeiten der IG Druck und Papier; Mitglieder sind ehemalige HWP-Studenten, von denen fünf aus dem graphischen Gewerbe kommen: G. Finke, W.-P. Hiemstra, R. Martin, P.-G. Möller, H. Obens, H.-J. Ruthenberg, W. Vahle; Projektleitung: Helga Milz, wissenschaftl. Mitarb. für Industrie-Soziologie an der HWP seit 1973. Das Projekt wird an der Forschungsstelle der HWP durchgeführt, Berichtsstand: November '77.

5 Vgl. Christoph Lau, Zugänge zur Wirklichkeit: Methodeninnovation im DFG-Forschungsschwerpunkt Industrie- und Betriebssoziologie. In: Soziale Welt, Heft 1 und 2/1977, S. 144 ff. – Ergänzungsbedürftig sind diese Überlegungen, weil sie die Kritik an konventionellen Methoden und die alternative Entscheidung für den Einsatz qualitativer und verschiedener kombinierter Erhebungstechniken nur beiläufig auf „antizipierte Zugangsrestriktionen" (S. 156) zurückführen und zentral auf den immanenten sozialwissenschaftlichen Reflexionsprozeß als Ausgangspunkt der beobachtbaren Methodeninnovation abstellen. Dadurch verbleibt auch die Kritik – zum Beispiel am „Arbeiterkorrespondenten", der anstelle der Forscher neben seiner Tätigkeit systematisch Konfliktverläufe beobachtet, forschungsethisch abstrakt und dem akademischen Raum verhaftet.

6 Geschäftsbericht'77, S. 88.

7 Ebenda, S. 89.

8 Ebenda. – Streik und Aussperrung'76 werden in den bis heute vorliegenden Untersuchungen durchweg als politischer Machtkampf um die Tarifautonomie gewertet. Vgl. dazu die Streikauswertung, die 1977 vom Hauptvorstand der IG Druck und Papier herausgegeben wurde sowie die Streikanalysen von Güther/Pickshaus, (IMSF), Ffm 1976 und Gross/Steinbrücke u.a., (ISO), Köln 1976.

9 Vgl. Detlef Hensche, Aus Erfahrungen lernen. In: Druck und Papier (Zentralorgan der IG Druck und Papier), Heft 20/1977, S. 18 f., im folgenden zitiert als „Druck und Papier".

10 Vgl. Klaus Grefermann, Struktur und Wachstum, Papierverarbeitung und Druckereiindustrie aus der Sicht der siebziger Jahre. Reihe Industrie, Heft 22, Berlin/München 1972, S. 64.

11 Die qualitative Struktur und quantitative Entwicklung der wichtigsten Erzeugnisgruppen der Druckereiindustrie wird beschrieben in: Gerstenberger u.a., Produktion und Qualifikation, SOFI – Göttingen 1974, S. 92 ff.

12 Vgl. Gerstenberger u.a., a.a.O., Tabellenanhang B. II. 1.–8.

13 Die hohe Arbeitsintensität der Druckindustrie zeigt sich z.B. am Umsatz pro Beschäftigten, der 1970 nur 2/3 vom entsprechenden Wert des Industriedurchschnitts erreichte.

14 Nach Angaben der Abt. Tarifpolitik beim Hauptvorstand der IG Druck und Papier vom 13.9.77. – In der gesamten Industrie liegt die Lohn- und Gehaltsquote um ca. 10 % niedriger.

15 Vgl. Stat. Bundesamt (Hrsg.), Statistisches Jahrbuch 1976, Stuttgart und Mainz 1976, S. 236 und Presseinformation der Abt. Tarifpolitik beim Hauptvorstand der IG Druck und Papier vom Juni 1976.

16 Diverse Statistische Jahrbücher von 1971 bis 1976 und eigene Berechnung auf dieser Grundlage.

17 Vgl. Gerstenberger u.a., a.a.O., Tabellenanhang B. I. 4: Betriebe, Beschäftigte und Umsatz der Druck- und Vervielfältigungsindustrie nach Betriebsgrößenklassen. – Vgl. auch Menze/Schmid/Wohlfahrt, Konzentrationsprozeß und Strukturwandel in der Druckindustrie, (Manuskript), Akademie der Arbeit, Ffm, o. J., S. 5.

18 IG Druck und Papier/Hauptvorstand, Geschäftsbericht zum Zehnten Ordentlichen Gewerkschaftstag, o. O., o. J., S. 124, im folgenden zitiert als Geschäftsbericht'74.

19 Fachausdruck für alle Druckerzeugnisse, die nicht Bücher und Zeitungen oder Zeitschriften sind.

20 Vgl. Gerstenberger u.a., a.a.O., S. 120, vgl. auch S. 97.

21 Handelsblatt vom 20.6.1977, zitiert nach Presseinformationen, hrsg. vom Hauptvorstand der IG Druck und Papier zu den Tarifverhandlungen über die Einführung und Anwendung der neuen Technik in Druckereien und Verlagen, Stuttgart, Juli'77.

22 Ebenda.

23 Ebenda

24 Vgl. Gerstenberger u.a., a.a.O., Tabellenanhang B. I. 4.

25 Vgl. ebenda und eigene Schätzungen, in die die Ergebnisse der Umfrage zu den stattgefundenen Umstrukturierungen eingehen.

26 Vgl. Gerstenberger u.a., a.a.O., S. 414 ff.

27 Während es bis 1974 noch 24 Ausbildungsberufe in der Druckindustrie gab, sind es seitdem nur noch 10. Die Ausbildungsplanung antizipiert also bereits die qualitativen Verschiebungen der Anforderungsstrukturen.

28 DruPa-Vorschau: Reproduktion, In: Druck und Papier, Heft 11/1977, S. 18.

29 Vgl. Gerstenberger u.a., a.a.O., S. 325.

30 Vgl. den Ansatz von Werner Fricke, Arbeitsorganisation und Qualifikation. Ein industriesoziologischer Beitrag zur Humanisierung der Arbeit, Bonn-Bad Godesberg 1975. Vgl. auch Wolfgang Lempert, Industriearbeit als Lernprozeß? Eine Auseinandersetzung mit dem dynamischen Konzept von Werner Fricke. In: Soziale Welt, Heft 3/1977, S. 306 ff.
31 Nach Angaben der offiziellen Verdienststatistik des Statistichen Bundesamtes, Fachserie M, zitiert und aufbereitet in: IG Druck und Papier/Hauptvorstand – Abt. Tarifpolitik, Referentenmaterial, Nr. 76, zur Beschäftigungsstruktur in der Druckindustrie, März 1977.
32 Vgl. Joachim Müller, Zur Lage der Druckindustrie. In: Druck und Papier 5/1977, S. 6 f.
33 Referentenmaterial Nr. 76, a.a.O., S. 2.
34 Ebenda, S. 3 ff.
35 Vgl. den Beitrag: Freie Arbeitsplätze – Ein Täuschungsmanöver. In: Druck und Papier, Heft 22/1977, S. 8.
36 Vgl. Ursula Schaile, Der Arbeitskampf der Druckarbeiter in der Tarifrunde 1976. In: „Prokla" – Zeitschrift für politische Ökonomie und sozialistische Politik, Heft 24/1977, S. 9.
37 Vgl. Anmerkung 35
38 Nach Angaben in einem Expertengespräch mit einem Vertreter der graphischen Jugend im Ortsverein Hamburg im Oktober 1977.
39 Vgl. Popitz/Bahrdt u.a., Das Gesellschaftsbild des Arbeiters, Tübingen 1957, S. 251 ff.
40 Vgl. Gerstenberger u.a., a.a.O., S. 413.
41 Vgl. Mickler u.a., Technik, Arbeitsorganisation und Arbeit (SOFI), Göttingen 1975, S. 455 ff.
42 Geschäftsbericht, a.a.O., S. 283.
43 Ebenda, S. 284.
44 Von einem bedrohlichen Rückgang der Mitgliederzahlen kann nicht die Rede sein. Zwar verlor die IG Druck und Papier 1975 im Vergleich zum Vorjahr 7 000 Mitglieder, 1976 waren es aber im Vergleich zum Vorjahr nur noch knapp 1 000. Vgl. dazu auch U. Schaile, a.a.O., S. 11.
45 Zitiert bei Güther/Pickshaus, Der Arbeitskampf in der Druckindustrie im Frühjahr 1976, (Nachrichten-Reihe 5), Ffm 1976, S. 58.
46 Ebenda.
47 Leonard Mahlein, Irrtümer 76/77. In: Druck und Papier, Heft 1/1977, S. 6.
48 Ebenda.
49 Aus einem Gespräch über den Streikverlauf und auf die Frage nach den Streikursachen. Im übrigen ist das ein Ausdruck, der in verschiedenen Gesprächen mit Arbeitern unterschiedlicher Betriebe benutzt wurde.
50 Aus einem Expertengespräch über den Streikverlauf und auf die Frage nach den Ursachen für die Streikbereitschaft.
51 Ebenda.
52 Vgl. Druck und Papier, Heft 10/1977, S. 8–11.
53 Druck und Papier, Heft 16/1977, S. 3 u. 5.
54 Aussage eines Vertrauensmannes in einem großen norddeutschen Druckbetrieb.
55 Rolle und Aufgaben der Gewerkschaften im letzten Viertel des zwanzigsten Jahrhunderts – unter Berücksichtigung der wirtschaftlichen, technischen und gesellschaftlichen Entwicklung, hrsg. von Hauptvorstand der IG Druck und Papier, Stuttgart 1974, S. 18. – Die Veröffentlichung erschien als rot gebundene Broschüre.
56 Ebenda, S. 35.
57 Aktionsprogramm zur aktuellen Situation in der Druckindustrie, hrsg. vom Hauptvorstand der IG Druck und Papier. In: Druck und Papier, Heft 7/1977.
58 Abdruck und Kommentar des Forderungskatalogs. In: Druck und Papier, Heft 21/1975, S. 7.
59 Vgl. Detlef Hensche, Nur wenig Annäherung. In; Druck und Papier, Heft 15/1977, S. 4.
60 Ders., Jetzt keine Betriebsvereinbarungen. In: Druck und Papier, Heft 22/1977, S. 3.

Jan Priewe

Beschäftigungspolitik durch Arbeitszeitverkürzungen?

Ein Literaturbericht

1

Obwohl das Ringen um Arbeitszeitverkürzungen über 150 Jahre alt ist, hat es in den Wirtschaftswissenschaften schon traditionell wenig Aufmerksamkeit gefunden. Wurde die frühere Diskussion überwiegend aus der Perspektive der Humanisierung der Arbeit geführt, so sind die wenigen Untersuchungen über Arbeitszeitpolitik als Instrument der Beschäftigungspolitik nur wenige Jahre alt; sie setzten mit der Erkenntnis ein, daß die gegenwärtige Arbeitslosigkeit eher von Dauer als kurzfristiger Natur sein wird. Dabei begann diese Diskussion zunächst mit quantitativ orientierten Modellrechnungen über Entlastungs- und Beschäftigungseffekte einzelner Maßnahmen, ohne daß sie sozial- oder beschäftigungspolitische Dimension von Arbeitszeitverkürzungen (AZV) immer hinreichend berücksichtigt wurde. Überdies wurde die spezifische ökonomische Problematik von einfachen, fast naiven Zahlenspielereien verdeckt: unter welchen gesamtwirtschaftlichen und betrieblichen Bedingungen können Beschäftigungseffekte erwartet werden? Sind diese in Größe und Struktur beeinflußbar? Entspricht die durch AZV induzierte Nachfrage nach Arbeitskräften dem Angebotsprofil der Arbeitslosen? Welche Finanzierungsalternativen sind möglich?
Nur selten waren die AZV der vergangenen 25 Jahre Gegenstand wissenschaftlicher Untersuchungen[1], so daß kaum auf ausgewertete Erfahrungen, zudem unter gänzlich anderen gesamtwirtschaftlichen Bedingungen, zurückgegriffen werden kann. Mit Recht können M. Bolle u.a. feststellen, daß es bis heute keine Untersuchungen über den Gesamtzusammenhang der AZV der 60er und 70er Jahre in der Bundesrepublik Deutschland (aus betriebswirtschaftlicher, volkswirtschaftlicher, soziologischer und arbeitsmarktpolitischer Perspektive) vorliegen.[2]

2

In einer Zusammenfassung der gewerkschaftlichen Ansätze zur Veränderung der Arbeitszeit berichtet P. Raane[3], daß seit dem 1.10.1974 für 87 v.H. der Arbeiter und 81 v.H. der Angestellten in der Bundesrepublik die tarifliche 40-Stunden-Woche erreicht ist – letztlich Resultat der 1956/57 mit dem sog. „Bremer Abkommen" zwischen der IG Metall und den Metallarbeitgebern begonnenen Offensive zur AZV. Dabei konnte im Zeitraum 1956–74 der durchschnittliche Urlaubsanspruch nahezu verdoppelt werden. Noch immer weicht indessen die effektive Arbeitszeit nicht unbeträchtlich von der tariflichen ab: 1972 war der 8-Stunden-Tag nur für 1/4 der Berufstätigen Realität, 1/3 der Erwerbstätigen arbeitete noch länger als 48 Stunden in der Woche. Ungelernte Arbeiter leisten weniger Überstunden als Facharbeiter, Männer mehr als Frauen, namentlich in der Altersgruppe der 35- bis 50jährigen. Die durchschnittliche Zahl der Überstunden schwankt zwar deutlich im Konjunkturverlauf, jedoch zeigt sich ein Sockel von ca. 2 Überstunden, die im Durchschnitt auch in depressiven Phasen abgeleistet werden.[4] In der Tendenz ist die Zahl der durchschnittlichen Überstunden von 1960 bis 1970 bedenklich gestiegen, erst 1975 ist sie auf 2,76 Überstunden pro Woche pro beschäftigten Arbeitnehmer zurückgefallen. Berücksichtigt man zudem, daß zur Arbeitszeit die gesetzlich vorgeschriebenen Pausen von 30 oder 45 Minuten am Tag sowie die Wegezeiten von durchschnittlich täglich zweimal 25 bis 30 Minuten hinzugerechnet werden müssen, dann „ist es nicht verwunderlich, daß die durchschnittliche tägliche Freizeit nach der Selbsteinschätzung der Bevölkerung nur ungefähr 4 Stunden beträgt. 38 v.H. haben weniger als 3 Stunden tägliche Freizeit, während 25 v.H. mehr als 5 Stunden Freizeit pro Tag angeben. Den geringsten Freizeitumfang weisen erwartungsgemäß Berufstätige und Hausfrauen mit Kleinkindern auf."[5]

Daß die Wochenendarbeit immer noch einen beträchtlichen Umfang umfaßt, wird durch die Tatsache belegt, daß noch 21 v.H. der berufstätigen Männer und 28 v.H. der berufstätigen Frauen am Wochenende arbeiten. Freilich arbeitete 1972 immerhin schon 1/3 der weiblichen Erwerbstätigen weniger als 40 Stunden in der Woche. Dagegen nimmt die Schicht- und Nachtarbeit zu, obwohl exakte Daten über den Umfang und die Struktur der Schichtarbeit fehlen.

Die gewerkschaftliche Arbeitszeitpolitik hat bislang die Urlaubsverlängerung gegenüber der Verkürzung der wöchentlichen Arbeitszeit favorisiert; so orientiert das DGB-Aktionsprogramm auf die Durchsetzung des 6-wöchigen Jahresurlaubs. Währenddessen votieren einige Einzelgewerkschaften, verschiedentlich auch weibliche Arbeitnehmer-Vertretungen, für die 35-Stunden-Woche: so haben die Deutsche Postgewerkschaft, die Gewerkschaft der Eisenbahner Deutschlands und die IG Chemie-Papier-Keramik in den letzten Jahren die 35-Stunden-Woche gefordert, die IG-Bergbau und Energie die Einführung der 4-Tage-Woche bei vollem Lohnausgleich. Erst seit der verstärkten Diskussion um die Humanisierung der Arbeit werden verstärkt zusätzliche Pausen, Mindesterholungszeiten, Regelungen der Arbeitsintensität etc. von den Gewerkschaften gefordert.

3

Nach L. Reyhers ersten Modellrechnungen über die Entlastungswirkungen und Kosten von AZV[6] wurde eine offensive gewerkschaftliche Arbeitszeitpolitik, die auf mehr Beschäftigung zielt, insbesondere von F. Vilmar propagiert.[7] Ausgehend von der Einsicht, daß zukünftig mit niedrigeren Wachstumsraten, hohen Produktivitätssteigerungen und einem hohen Arbeitslosensockel zu rechnen ist, schlägt er eine Doppelstrategie der staatlichen Arbeitsbeschaffungspolitik im Infrastruktur- und Sozialbereich sowie eine forcierte AZV in allen Varianten (Verkürzung der Lebens-, Jahres- und Wochenarbeitszeit) vor. Ohne vorgängige Analyse der Krisenursachen wird die Doppelstrategie, die der Autor ausschließlich hinsichtlich arbeitszeitverkürzender Maßnahmen erläutert, eingebettet in eine „ökologisch verantwortliche Gesamtstrategie", die mit dem vorherrschenden Wachstumsfestischismus bricht. „Eine Arbeitsmarktpolitik der systematischen Verknappung des Gesamtangebots an Arbeitszeit würde den – heute nahezu unsere gesamte Wirtschafts- und Finanzpolitik lahmlegenden – Zwang zum Wirtschaftswachstum-um-jeden-Preis und die damit gegebene gesellschaftspolitische Schlüsselposition des privaten Unternehmertums aufheben."[8] Solche spekulativen Schlußfolgerungen resultieren wohl aus fehlender Krisenanalyse; denn ist es nicht die Krise der kapitalistischen Akkumulation selbst, die zu verlangsamten Wachstumsraten führt und so das Desaster auf dem Arbeitsmarkt produziert – und nicht eine Arbeitszeitpolitik, die das Wachstum verlangsamt, sondern sich lediglich dem verlangsamten Wachstum anpaßt? Im übrigen ist doch gerade zu problematisieren, ob bzw. in welchem Ausmaß AZV wachstumshemmend wirken, denn gerade von Gegnern von AZV wird diese These, meist wenig abgesichert, in die Debatte geworfen. Unerfindlich bleibt auch, warum eine „Politik der systematischen Arbeitszeitverkürzung eine unerläßliche, m. E. die entscheidene Bedingung für die Abwendung der schleichenden ökologischen Katastrophe"[9] sein soll. Ebenso spekulativ und unbegründet ist die Einschätzung Vilmars, daß der Hauptwiderstand gegen AZV von seiten der Unternehmer darin begründet sei, daß diese im Rahmen von AZV „nicht länger nahezu unbegrenzt Pressionen auf die staatliche Steuer- und Subventionspolitik zur Gewährleistung profitabler Kapitalverwertungsbedingungen" ausüben können.[10]

Vilmar optiert für kostenneutrale AZV, die im Rahmen von Tarifpolitik ausgehandelt werden, wenngleich er staatliche Maßnahmen zur Vorverlegung des 10. Schuljahres, Erschwerung der Überstunden etc. auch nicht ablehnt. Die Kostenneutralität solle bei „vollem Lohnausgleich" erfolgen, d.h. das bisherige Realeinkommen soll abgesichert werden. Im Unterschied zu anderen Autoren versteht Vilmar unter „vollem Lohnausgleich" bei AZV zunächst eine absolute Lohn- bzw. Gehaltsreduktion nach Maßgabe der Arbeitszeitverminderung, die jedoch durch Tariflohnsteigerungen mindestens so weit kompensiert werden soll, daß die Reallöhne bzw. -gehälter mindestens gehalten werden können. Die Kostenbelastung der Unternehmen solle jedoch nicht ansteigen, vielmehr müsse das gewerkschaftliche „Forderungspaket" nur anders geschnürt werden; die Gewerkschaften dürften nicht länger nur „Lohnmaschinen" sein. Mögliche negative Kreislaufwirkungen aufgrund des Fortfalls der Lohnersatzzahlungen an die Arbeitslosen als Bestandteil des privaten Konsums werden nicht untersucht; ebenso bleiben auch die gesamtwirtschaftlichen Folgen einer längeren Reallohnstagnation während der Dauer der AZV unberücksichtigt. Ein Verzicht auf eine Reallohnsteigerung, die ohne AZV möglich wäre,

sei insofern zumutbar, als Umfrageergebnissen zufolge die Arbeitsplatzsicherung im Zentrum wirtschafts- und sozialpolitischer Wünsche der Arbeitnehmer stehen. Bei Kostenneutralität sei überdies keine Beeinträchtigung der westdeutschen Wettbewerbsfähigkeit zu erwarten. Bei einem Beschäftigungseffekt von 50 v.H. der Arbeitszeitverkürzung infolge wachsender Rationalisierung, Intensivierung der Arbeit etc. könne bei einer AZV von einer Wochenstunde, einer zusätzlichen Woche Jahresurlaub, Einführung des 10. Schuljahres, Vorverlegung des Rentenalters um 2 Jahre sowie durch einen geringfügigen Überstundenabbau eine Mehrbeschäftigung von ca. 850.000 Erwerbstätigen erreicht werden. Bei gleichzeitiger beschäftigungsorientierter Finanzpolitik und einem Wirtschaftswachstum von 2–3 v.H. könne Vollbeschäftigung in den nächsten Jahren wieder hergestellt werden. Die Kehrseite der AZV seien verschärfte Verteilungskonflikte, da die absoluten Lohnzuwächse geringer würden.
Tatsächlich würde bei dem von Vilmar vorgeschlagenen kostenneutralen Lohnausgleich bei einer andauernden AZV eine erhebliche Einkommensumverteilung zugunsten der Einkommen aus Unternehmertätigkeit und Vermögen erfolgen, denn während die Produktivitätszuwächse auf seiten der Selbständigen zu Einkommenszuwächsen führen, ermöglichen sie für die abhängig Beschäftigen mehr Freizeit. Je nach Tempo der AZV würde die Lohnquote sinken. Bei Vilmar wie bei den meisten anderen Verfechtern der AZV bleibt übrigens unberücksichtigt, daß bei einem Beschäftigungseffekt von 50 v.H. infolge von AZV eine erhebliche Steigerung der Arbeitsproduktivität (im statistischen Produktivitätskonzept) erfolgt (sofern nicht die Nettoproduktion gekürzt wird), die bei dem hier vorgeschlagenen Lohnausgleich der Unternehmerseite zugeschwemmt würde; statt dessen könnte sie zur Finanzierung der AZV verwendet werden: aus dieser Sicht würden sich AZV zur Hälfte selbst finanzieren. Allerdings ist wohl empirisch unklar, ob nicht der durch AZV induzierte Produktivitätsschub lediglich die Vorwegnahme zukünftiger, bereits geplanter Produktivitätssteigerungen ist. Indes spricht viel für die These Krengels, daß AZV unter wachstumspolitischen Gesichtspunkten ein gezieltes Instrument zur Steigerung der Produktivität und des Wirtschaftswachstums sind[11] – eine These, die deutlich mit Vilmars Auffassung kontrastiert.

4

J. Hughes, ein britischer Verfechter von energischen AZV, fordert für Großbritannien einen stufenweisen Übergang zur 35-Stunden-Woche, wodurch mehr zum Abbau der Arbeitslosigkeit beigetragen werden könne als durch andere Maßnahmen.[12] Die vergangenen, recht beträchtlichen britischen AZV haben, Hughes zufolge, weder zu mehr Inflation, zu weniger Beschäftigung oder zur Beeinträchtigung der britischen Wettbewerbsfähigkeit geführt. Letzteres könne ohnehin am besten dadurch vermieden werden, wenn über den Europäischen Gewerkschaftsbund konzertierte Aktivitäten in Richtung auf die 35-Stunden-Woche erfolgen. Schließlich war die Zielsetzung der 40-Stunden-Woche schon 1935 auch von der IAO aufgestellt worden.

Die tariflichen Arbeitszeiten wurden in Großbritannien in dem kurzen, keineswegs gesamtwirtschaftlich immer günstigen Zeitraum 1959–66 von ca. 44 auf 40 Stunden gesenkt, während die tatsächlichen Arbeitszeiten bei stärkerer Anpassung an den Krisenzyklus im Trend den tariflichen Arbeitszeiten folgten. Charakteristisch für die britischen Erfahrungen mit AZV ist die Tatsache, daß die gestiegenen Arbeitskosten nur in geringem Maße durch mäßige Produktivitätssteigerungen aufgefangen wurden. Die Lohnstückkosten stiegen in Perioden ohne AZV kaum stärker als in Perioden mit AZV. Vielfach, so Hughes, würden die Kostenwirkungen von AZV überschätzt. Anders als in der BRD ist die britische Struktur der Arbeitszeitverteilung: während männliche Arbeiter, namentlich Facharbeiter, im Durchschnitt 1976 noch effektiv 45,3 Stunden pro Woche arbeiteten, waren es bei männlichen Angestellten nur effektiv 38,5 Stunden pro Woche. Rund 30 v.H. der weiblichen Angestellten, 20 v.H. der männlichen Angestellten und ein Sechstel der gewerblichen Arbeitnehmerinnen arbeiten bereits weniger als 35 Stunden. Am prekärsten ist die Lage bei Schichtarbeitern, die in hohem Umfang Mehrarbeit leisten.

Hughes Vorschlag besteht darin, bis 1980 in zwei Phasen die 35-Stunden-Woche mit nach den Beschäftigungsgruppen differenzierten Forderungen einzuführen. Dabei wird damit gerechnet, daß 60 v.H. der tariflichen Arbeitszeitverminderung verpuffen in Überstunden, Produktionsverminderung oder Produktivitätssteigerung. Gleichwohl sei ein Beschäftigungseffekt von 750.000 Erwerbstätigen zu erwarten. Die um ca. 7 v.H. steigenden Arbeitskosten würden sich auf einen Zeitraum von 2–3 Jahren verteilen, überdies zu ca. 30 v.H. durch „verbesserte Verfahrensweisen und insgesamte erhöhte Effizienz" aufgefangen werden. Flankierend werden Maßnahmen für Ausbildungs- und Personalanwerbeprogramme, vor allem für jüngere Arbeitslose, Kontrollen der Überstunden und staatliche Subventionen für neue Arbeitsplätze (als finanzieller Anreiz zur Reduktion der Überstunden) vorgeschlagen.

Unklar bleibt, ob und in welchem Umfang die Tariflohnsteigerungen reduziert werden sollen. Offenbar bleibt dies den Tarifauseinandersetzungen vorbehalten; dies ist insofern nicht unrealistisch, als die aufgrund von AZV zu erwartenden Produktivitätszuwächse vorab nicht feststellbar sind. Wenig konkret sind auch die Vorstellungen Hughes zur Kontrolle der Überstunden, die gerade in Großbritannien ein größeres Ausmaß als in der Bundesrepublik erreichen. Schließlich bleibt in Hughes Strategie noch ungeklärt, ob die britische Unterbeschäftigung allein durch AZV aufgefangen werden kann oder ob nicht auch andere nachfragesteuernde Instrumente einzusetzen wären.

5

Freiburghaus/Schmid[13] arbeiten heraus, daß AZV lediglich beschäftigungspolitisch wirksame Maßnahmen gegen dauerhaft hohe, häufig „strukturell" genannte Arbeitslosigkeit sind, nicht aber gegen zyklisch bedingte Arbeitslosigkeit. Da entscheidende Voraussetzungen für tatsächlich eintretende Beschäftigungseffekte totale Mobilität und Substituierbarkeit der Arbeitskräfte seien, werden Verkürzungen der Wochenarbeitszeit aus beschäftigungspolitischer Sicht eher ablehnend betrachtet. Skeptisch beurteilen die Autoren auch den Abbau der Alterserwerbstätigkeit durch verstärkten Übergang zur Frühverrentung, da dies sozialpolitisch nur erstrebenswert sei, wenn in hinreichendem Umfang „Alternativrollen" zur Erwerbstätigkeit vorhanden seien. Tatsächlich dürfte das Argument der ungenügenden Flexibilität des Arbeitsmarktes hinsichtlich der Absorption der Arbeitslosen im Gefolge genereller Verkürzungen der Wochenarbeitszeiten einer der schwerwiegendsten Einwände gegen AZV sein. Freilich hat der Einwand bei den einzelnen Formen der AZV unterschiedliches Gewicht. Seifert, der diesen Einwänden entgegnet[14], gesteht zu, daß AZV lediglich als Instrument gegen längerfristig anhaltende hohe Arbeitslosigkeit bei geringen Wachstumsraten geeignet sei, der Arbeitsmarkt jedoch hinreichend flexibel sei, um die Arbeitslosen zu absorbieren. Trotz der Diskrepanz in den Qualifikationsprofilen der Arbeitslosen und der durch AZV induzierten Arbeitskräftenachfrage sei ein Umschichtungs- und Qualifikationsprozeß möglich, der zum Abbau der Diskrepanzen hinreicht, so daß „Engpässe und Produktionsausfälle", die etwa der Sachverständigenrat zur Begutachtung der gesamtwirtschaftlichen Entwicklung befürchtet, auszuklammern wären. Mit Recht kann Seifert darauf verweisen, daß die – im Vergleich zur Arbeitslosigkeit 1967 – relativ nivellierte berufliche und regionale Struktur der Arbeitslosen eine günstige Voraussetzung ihrer Absorption darstellen. Denn die Diskrepanzen des Angebots-Nachfrage-Verhältnisses stammen primär aus dem insgesamt zu niedrigen Arbeitskräftebedarf. Wenn es gleichwohl auf den einzelnen Teilarbeitsmärkten Engpässe gebe, z.B. bei qualifizierten Bauhandwerkern, dann seien die Ursachen am ehesten in der aus der Sicht der Beschäftigten kaum akzeptablen Beschäftigungsunsicherheit zu sehen. Mögliche Fachkräfteengpässe ließen sich durch informales "training on the job", Umschulungs- und Fortbildungsprogramme beseitigen, zumal das Substitutionspotential zwischen den einzelnen Berufen bekanntlich sehr groß ist. Indessen laufen die personalpolitischen Anpassungsstrategien der Unternehmen angesichts einer für sie günstigen Arbeitsmarktlage auf die Erhöhung der Einstellungsstandards, Anwendung restriktiver Auswahlkriterien, Einschränkung der Zutrittschancen für Frauen etc. hinaus, die den vollbeschäftigungspolitischen Anforderungen frontal zuwiderlaufen. Statt dessen müsse die Konzessionsbereitschaft der Unternehmen erhöht, die Bereitschaft zur innerbetrieblichen Personalumsetzung, zur Einarbeitung ungelernter Kräfte verstärkt werden. Schließlich beweise die Eingliederung von 1,5 Mio ausländischer Beschäftigten das hohe Flexibilitätspotential des Arbeitsmarktes. Diese Argumentation wird gestützt durch Hinweise von Mertens/Reyher: „Dies ergibt zusammengenommen ein jährliches Flexibilitätspotential von 10 Mio. Arbeitsplatzwechselfällen horizontaler wie vertikaler Richtung, das die Absorption zusätzlicher Potentiale in nahezu beliebiger Struktur und Dimension ermöglicht. Zumindest das historische Beispiel der Integration von 1,5 Mio. Ausländern in das Beschäftigungssystem der Bundesrepublik Deutschland – als Ausgleich für eine Arbeitszeitreduktion entpsrechender Größenordnung – nach 1967 belegt diese Einschätzung eindeutig."[15]

Nun muß vermutet werden, daß das Flexibilitätspotential in der Krise kleiner ist als in Zeiten genereller Arbeitskräfteknappheit; denn die Notwendigkeit zur Eingliederung neuer Arbeitskräfte, auch mit unzureichender Qualifikation, resultierte in Zeiten guter Konjunktur aus ökonomischen Zwängen. Von der Konkurrenz angetrieben, wurde sie durch Profit „entlohnt". In der Depression dagegen müßte sie aus beschäftigungspolitischen, d.h. gesamtwirtschaftlichen Erwägungen heraus gegen das einzelwirtschaftliche Kalkül der Unternehmen durchgesetzt werden. Berücksichtigt werden müßte überdies, daß sich mit zunehmender Dauer der Arbeitslosigkeit das Qualifikationsprofil der Arbeitslosen verschlechtert, mithin die Wiedereingliederungschancen sinken, so daß erhöhte Eingliederungsaktivitäten erforderlich werden. Denn gerade die sog. „Problemgruppen"[16] der Arbeitslosen zeichnen sich durch überdurchschnittliche Inflexibilität und Immobilität aus. Ohne Zweifel erfordern Verkürzungen der Wochenarbeitszeit, insbesondere dann, wenn sie ein kräftiges Ausmaß annehmen und nur schwer dauerhaft durch Überstunden kompensiert werden können, einen höheren „Flexibilitätsbedarf" als Urlaubsverlängerungen, Vorverlegungen der flexiblen Altersgrenze oder die Einführung des 10. Schuljahres. Während insbesondere bei letzterer arbeitszeitpolitischen Maßnahme unmittelbar Entlastungswirkungen bei einer der „Problemgruppen" erzielt werden können, ohne Anpassungsprobleme bei den Unternehmen zu provozieren, ist bei der flexiblen Altersgrenze eher mit innerbetrieblichen Umsetzungen zu rechnen: häufig sind die „Nachrücker" auf die freiwerdenden Arbeitsplätze schon designiert, so daß eine zusätzliche Arbeitskräftenachfrage eher bei der Eintrittsphase zu erwarten ist.
Die Flexibilitätsprobleme bei der Wiedereingliederung der Arbeitslosen infolge AZV werfen ein Schlaglicht auf die mit beschäftigungsorientierten AZV verbundenen Durchsetzungsprobleme sowie die notwendigen flankierenden Maßnahmen. Mit gesetzlichen Maßnahmen oder Tarifabschlüssen wären zwar die ersten Schritte getan; aber die nachfolgenden Schritte der Induktion von mehr Beschäftigung sind die schwierigeren.

6

Zu den wenigen empirischen Untersuchungen über die Möglichkeiten und Auswirkungen von AZV gehören zwei vom Ifo-Institut (z.T. zusammen mit dem Institut für Arbeitsmarkt- und Berufsforschung) durchgeführte Befragungen (November 1976 und April/Mai 1977) von 2 700 Industrieunternehmen (ohne eisenschaffende Industrie), 450 Bauunternehmen, 650 Einzelhandels- und 800 Großhandelsunternehmen sowie ausgewählte Banken und Versicherungen.[17] Die Autoren betonen, daß AZV nur als „letztes Mittel" zur Anwendung kommen sollten, wenn ein hinreichend hohes Wirtschaftswachstum nicht gesichert werden kann. Dabei seien die Auswirkungen von AZV insofern unsicher, als Erfahrungen mit AZV aus gänzlich anderen konjunkturellen Konstellationen stammen. Die Befragung konzentrierte sich auf die Reaktion der Unternehmen auf Verkürzungen der wöchentlichen Ar-

beitszeiten sowie Urlaubsveränderungen in Höhe von 5 v.H. der Arbeitszeit – die AZV sollten anstelle entsprechender Barlohnerhöhung erfolgen.
Grundsätzlich werden Verkürzungen der wöchentlichen Arbeitszeit und Urlaubsverlängerungen von den Industrieunternehmen arbeitstechnisch gleich eingestuft, wenngleich sich zwischen den Branchen durchaus Unterschiede zeigen. Kleinere Unternehmen würden die Verkürzung der Wochenarbeitszeit bevorzugen, größere hingegen Urlaubsverlängerungen. Der Beschäftigungseffekt beider Formen der AZV ist etwa gleich und wird im Durchschnitt mit 50 v.H. eingeschätzt; während er im Produktionsbereich bei ca. 60 v.H. liegt, ist er im Verwaltungsbereich wesentlich geringer. Kleine und mittlere Unternehmen werden mehr Probleme beim „Auffangen" von AZV durch Rationalisierungen haben als größere. Daß der Beschäftigungseffekt mit 50 v.H. geringer ist als in den 50er Jahren (Schätzwert: 2/3), wird auf eine trotz andauernder Arbeitslosigkeit immer noch vorhandene "underemployment on the job" zurückgeführt.
Die kurzfristige Reaktion der meisten Unternehmen auf AZV besteht in einer Erhöhung der Überstunden, mittelfristig werden dann die Überstunden durch Rationalisierungsanstrengungen wieder abgebaut. Insbesondere produzierende und verwaltende Arbeitsbereiche, aber auch die verschiedenen Industriezweige reagieren z.T. höchst unterschiedlich auf AZV: auf mittlere Sicht würde rund ein Drittel der Industrieunternehmen im Produktionsbereich zusätzliche Vollzeitkräfte einstellen, ein weiteres Siebtel Teilzeitarbeitskräfte bzw. Arbeitskräfte mit kurzfristigen Verträgen. Dagegen würde im Verwaltungsbereich der Industrie nur jedes 7. Unternehmen Vollzeitkräfte, nur jedes 5. Teilzeitkräfte einstellen. Zur personellen Anpassung an AZV würde ein mehrjähriger Umschichtungs- und Umsetzungsprozeß erforderlich werden. Im Bauhauptgewerbe ist ein größerer Beschäftigungseffekt als in der Industrie zu erwarten, weil die Rationalisierungsmöglichkeiten geringer eingeschätzt werden. Indessen würde nur knapp ein Zehntel der Einzelhandelsunternehmen zusätzliche Vollzeitkräfte einstellen, und zwar fast ausschließlich die größeren Betriebe. Im Einzelhandel würden verstärkt Änderungen der Arbeitszeitregelungen, der Pausenregelungen sowie Verkürzungen der Ladenöffnungszeiten einsetzen. Auch im Bereich der Banken und Versicherungen wären unterdurchschnittliche Beschäftigungseffekte zu erwarten, weil ohnehin geplante Rationalisierungsmaßnahmen beschleunigt oder vorgezogen würden.
Über diese ernüchternden Berichte über Reaktionsmuster der Unternehmen auf AZV hinaus wurde in der Umfrage zusätzlich ermittelt, daß im Frühjahr 1977 noch in 40 v.H. der Industrieunternehmen regelmäßig Überstunden gefahren werden – pro Arbeiter meist 2–3 Überstunden in der Woche; etwas geringer ist die Zahl der Überstunden im Bauhauptgewerbe. Während dagegen im Einzelhandel nur selten Überstunden geleistet werden, wird in 50 v.H. der Unternehmen im Bankenbereich wöchentlich eine Überstunde gearbeitet. Diese Angaben bestätigen, daß zwar die Mehrarbeit gegenüber konjunkturell besseren Phasen abgenommen hat (1969 und 1970 wurden z.B. in 2/3 aller Industrieunternehmen Überstunden gefahren), jedoch noch ein erheblicher Überstunden-„Sockel" besteht.

Die größten Diskrepanzen zwischen den Beschäftigungseffekten, die durch AZV induziert werden können, und dem Profil der Arbeitslosen ergeben sich wohl in der Bauwirtschaft, denn hier fehlen wegen der starken Abwanderung aus dem Baugewerbe qualifizierte Facharbeiter. Insgesamt werden zwar Arbeitskräfte seltener als sonst gesucht, aber dennoch sind Facharbeiter vornehmlich für Arbeiten unter schwierigen Umweltverhältnissen wie Lärm, Feuchtigkeit, Schmutz etc. knapp. Von einem generellen Facharbeitermangel kann aber wohl kaum die Rede sein. Der Einwand des Facharbeiter-Mangels infolge von AZV dürfte bei genauerer Prüfung wesentlich größeres Gewicht bei den AZV der 50er und 60er Jahre gehabt haben, da damals bei einem relativ hohen Beschäftigungsstand ein relativ niedriges Ausbildungsniveau vorlag. Mindestens die gleiche Aufmerksamkeit sollte aber dem Problem zukommen, ob die induzierte Arbeitskräftenachfrage infolge von AZV zur Absorption der Angestelltenarbeitslosigkeit ausreicht. Denn gerade bei Angestellten sind die unternehmerischen Kompensationsmechanismen am wirksamsten. Obwohl die Befragungsergebnisse nur subjektive Problembewertungen der Unternehmensleitungen widerspiegeln, die durchaus von den praktischen Umsetzungen aufgrund von Lern- und Anpassungsprozessen abweichen können, machen sie doch eine fast unverhohlene Abneigung der Unternehmer gegen AZV deutlich – obwohl ausdrücklich kein Lohnausgleich vorgesehen ist. Die von den Unternehmen geforderte arbeitsorganisatorische und personalpolitische Flexibilität wird auf Widerstand stoßen, der sich vermutlich auch auf die Befürchtung höherer Kosten infolge von Anlernen, Einarbeiten, Umsetzen etc. stützt. Daß darin aus einzelwirtschaftlicher Sicht auch Rationalisierungschancen liegen können, wird von den Unternehmen kaum wahrgenommen.

7

Adam/Buchheit[18] lehnen rundweg beschäftigungspolitisch motivierte AZV ab, weil die erforderliche Mobilität der Arbeitnehmer und die arbeitsorganisatorische Flexibilität der Unternehmen unzureichend seien, ferner weil realistische, d.h. durchsetzbare AZV mit einer Verschlechterung der Einkommensverteilung einhergingen. Daher sei Arbeitszeitpolitik als Beschäftigungspolitik ungeeignet, vielmehr seien Maßnahmen der direkten Nachfragesteuerung vorzuziehen; diese jedoch werden nicht näher erörtert – ob sie leichter durchsetzbar sind, dürfte durchaus fragwürdig sein. Zunächst argumentieren die Autoren, daß AZV allenfalls gegen Arbeitslosigkeit eingesetzt werden könne, die durch fehlende Nachfrage nach Arbeitskräften bedingt sei („konjunkturelle Arbeitslosigkeit"), während „strukturelle Arbeitslosigkeit" aufgrund von Profildiskrepanzen zwischen Arbeitslosen und offenen Stellen im Sinne der IAB-Definition überhaupt nicht durch AZV bekämpfbar sei. Indessen ist entgegenzuhalten, daß „fehlende Nachfrage nach Arbeitskräften" auch konjunkturzyklisch verursacht sein kann, mithin durch eine allgemeine Nachfragesteigerung zu bekämpfen wäre, nicht aber durch langfristig wirkende AZV. Wird überdies die fragwürdige IAB-Definition von struktureller Arbeitslosigkeit übernommen, dann wird a priori die Flexibilität des Arbeitsmarktes gering eingeschätzt, da eine Besetzung offener Stellen durch Arbeitslose offenbar nicht gelingen kann. Konsequenterweise werden die sog. „Strukturprobleme" des Arbeitsmarktes von Adam/Buchheit stark überzeichnet: es werden relativ starre Arbeitsabläufe, feste Faktoreinsatzverhältnisse, niedrige Mobilitäts- und Substitutionspotentiale unterstellt, so daß nur eine geringe Arbeitskräftenachfrage induziert werden könne.

Im Zentrum der Argumentation steht jedoch die Kosten- und Finanzierungsfrage: dabei wird ein „voller Lohnausgleich" angenommen, der – im Gegensatz zu F. Vilmar – definiert wird als Sicherung des bisherigen Monatslohnes (bzw. Gehaltes) zuzüglich der darauf bezogenen Nominallohnerhöhungen, so daß der durchschnittliche reale Stundenlohn gesteigert würde. Für die bislang Beschäftigten würde dieser Lohnausgleich „einkommensneutral" wirken, insgesamt würden jedoch die Lohnquote wie auch die Lohnstückkosten steigen. Hier deutet sich das schon erwähnte verteilungspolitische Dilemma der AZV an: AZV bei unveränderter Kostenbelastung der Unternehmen (im Sinne Vilmars) würden zu einer Verbesserung der pro-Kopf-Einkommensverteilung zugunsten der Einkommen aus Unternehmertätigkeit und Vermögen führen (den abhängig Beschäftigten stünde ein in der Verteilungsrechnung nicht berücksichtigtes Mehr an Freizeit gegenüber), während bei „vollem Lohnausgleich" im Sinne von Adam/Buchheit eine Erhöhung der Lohnquote die Folge wäre. „Das Dilemma der AZV ist offensichtlich: Will sie ihr gesetztes Ziel, die zusätzliche Einstellung von Arbeitskräften, erreichen, muß sie bei konstanter Lohnquote geringere Nominallohnsteigerungen und damit bezogen auf das Monatseinkommen der bisher Beschäftigten eine relative Einkommenseinbuße in Kauf nehmen oder eine Erhöhung der Lohnquote durch höhere Nominallohnforderungen mit der Folge steigender Lohnstückkosten erreichen."[19] Geringere Nominallohnforderungen würden Adam/Buchheit zufolge verteilungspolitische Erfolge der Gewerkschaften zunichte machen, zum anderen die Fronten des Verteilungskampfes zwischen Kapital und Arbeit verschieben zwischen die Beschäftigten und Arbeitslosen. Auf der anderen Seite seien Umverteilungsaktivitäten zugunsten der abhängig Beschäftigten derzeit nicht durchsetzbar, zumal die gestiegenen Arbeitskosten in die Preise überwälzt würden und die Realeinkommen sinken würden. Demzufolge seien AZV aus beschäftigungspolitischer Perspektive abzulehnen.

Auf fatale Weise ähneln diese Schlußfolgerungen von Adam/Buchheit – freilich sehr fragwürdigen – ökonometrischen Untersuchungen in Belgien, Frankreich und Holland.[20] Demnach hängen die gesamtwirtschaftlichen Wirkungen von AZV von der Höhe der induzierten Produktivitätssteigerungen, der allgemeinen Wirtschaftslage und dem Ausmaß des Lohnausgleichs ab. In der Tendenz wird infolge von AZV ein Anstieg der Preissteigerungen, eine Verringerung der Wachstumsraten und keine nennenswerte Verbesserung der Beschäftigung erwartet; bei „vollem Lohnausgleich", dessen Definition allerdings nicht angegeben wird, sei sogar mit Beschäftigungsrückgängen zu rechnen. Fast sämtliche Formen der AZV werden skeptisch bis ablehnend beurteilt. Da die Untersuchungsprämissen jedoch nicht offengelegt sind, zudem die erwarteten gesamtwirtschaftlichen Folgen kaum kausal

den AZV zuordbar wären, können die Studien nicht als hinreichender Beleg für die Fragwürdigkeit von AZV bewertet werden.
Außerordentlich differenziert und gründlich ist dagegen Weissels statistische Untersuchung der kurzfristigen Beschäftigungseffekte der AZV von 45 auf 43 Stunden in den Jahren 1969–70 in der Wiener Industrie.[21] Ähnlich wie Hughes kommt Weissel zu dem Ergebnis, daß trotz Lohnausgleich kaum Veränderungen in den Wachstumsraten von Produktivität, Sozialprodukt, Lohn- und Preisniveau eingesetzt haben. Daß der Lohnanstieg durch die AZV nur sehr geringfügig gebremst wurde, ist wegen des Lohnausgleichs vermutlich eher auf die Verminderung der Lohndrift zurückzuführen. Weissel konzentriert seine Analyse auf die unterschiedlichen Wirkungen für die einzelnen Arbeitnehmergruppen. Ging die tarifliche Arbeitszeit im Durchschnitt um 2 Stunden zurück, so reduzierte sich die effektive Arbeitszeit immerhin um 1 1/4 Stunden; allerdings wurde eine Entnivellierung der Lohnstruktur festgestellt, da die Facharbeiter als Engpaßfaktor der AZV am wenigesten von der kürzeren Arbeitszeit Gebrauch machen konnten, im Gegensatz zu männlichen Hilfsarbeitern und Arbeiterinnen. Angestellte wurden nicht untersucht; ebenso blieben die Beschäftigungseffekte – entsprechend der guten damaligen konjunkturellen Situation – unberücksichtigt.

8

Herzog[22] plädiert für eine 35-Stunden-Woche, indem er aus gewerkschaftlicher Sicht sowohl beschäftigungs- wie sozialpolitisch argumentiert. Seit dem bereits erwähnten „Bremer Abkommen" 1956 befindet sich die gewerkschaftliche Arbeitszeitpolitik in der Defensive; das Tempo der Arbeitszeitverkürzungen sei rückläufig, dagegen steige die physische und psychische Beanspruchung der Arbeitskraft bei effektiv wenig veränderten Arbeitszeiten. So sei es auch Ausdruck der Defensivposition, wenn in der gewerkschaftlichen Diskussion heute noch Forderungen nach Urlaubsverlängerungen oder nach Vorverlegung der flexiblen Altersgrenze dominierten. Herzog dagegen optiert – ähnlich wie Goldberg/Güther/Jung[23] – für eine einheitliche Strategie zur 35-Stunden-Woche, die überdies beschäftigungspolitisch ergiebiger, freilich auch teurer sei als Urlaubsverlängerungen oder andere Formen der AZV. Im Unterschied zu anderen Befürwortern der 35-Stunden-Woche wird jedoch eine „integrierte" Beschäftigungspolitik gefordert, wobei die Arbeitszeitpolitik nur ein Moment sei. Ausgehend von der besonderen Schutzwürdigkeit der Arbeit und der erforderlichen Sicherung des Rechts auf Arbeit wird die gesellschaftspolitische Dimension von AZV jenseits technokratischer Handlungsstrategien herausgestellt: „Für beide Problemstellungen gibt es im strengen Sinne keine Kompromißlösungen: Generelle Arbeitszeitverkürzungen bei vollem Lohnausgleich und der Kostenzuwachs durch Neueinstellungen werden sich kurzfristig stets negativ auf die Gewinne der Einzelunternehmen auswirken. Daüber hinaus bedeutet ihre Realisierung als Teil einer ‚integrierten' Beschäftigungspolitik einen schwerwiegenden Eingriff in die unternehmerische Verfügungsgewalt."[24]

Herzog beurteilt die bislang durchgesetzten tariflichen AZV skeptisch: vielfach seien sie durch Überstunden und Erhöhung der Arbeitsintensität kompensiert worden. Während die Wochenenden fast nur zur physischen Reproduktion der Arbeitskraft verwendet werden, ist die wirkliche Freizeit tatsächlich sehr gering. Vom Gesichtspunkt des Schutzes der Arbeitskraft aber sei der Übergang zu kürzeren Wochenarbeitszeiten wichtiger als Urlaubsverlängerungen, die die Beanspruchung der Arbeitskraft nicht vermindern, sondern nur ausgleichen. Wenn die gewerkschaftliche Arbeitszeitpolitik eine eigenständige Bedeutung gewinnen soll, dann sei eine kombinierte Strategie tariflicher und gesetzlicher Maßnahmen zur schrittweisen Durchsetzung der 35-Stunden-Woche notwendig, die vor allem eine Novellierung der Arbeitszeitordnung (AZO) von 1938 beinhalten müsse. Denn seit 1938 hat es keine gesetzlichen Veränderungen der Arbeitszeitregelungen gegeben. Dabei sei generellen AZV prinzipiell der Vorzug vor Pausenregelungen, flexiblen Arbeitszeitsystemen etc. zu geben, um so die Zeit der betrieblichen Anwesenheitspflicht zu verkürzen und eine klarere Trennung von Arbeits- und Freizeit zu erreichen. Denn positive Wirkungen von normierten Erholpausen, die auf die Arbeitszeit angerechnet werden, können zur Mobilisierung von Leistungsreserven mißbraucht werden.

Die AZO, in einer Periode gewerkschaftlicher Schwäche 1938 entstanden, ist selbst schon ein Rückfall hinter gesetzliche Arbeitszeitregelungen von 1918 bzw. 1923, in denen die Ausnahmeregelungen über die 48-Stunden-Woche hinaus restriktiver waren. Die AZO normiert lediglich die 48-Stunden-Woche (d.h. 6-Tage-Woche), so daß der 40-Stunden-Woche noch immer die gesetzliche Grundlage fehlt. Erst ab der 49.Wochenstunde besteht eine gesetzliche Pflicht zur Vergütung der Überstunden, so daß von den Gewerkschaften schon erhebliche Aktivitäten zur tariflichen Absicherung der Überstunden-Bezahlung abverlangt werden, die bei einer gesetzlichen Regelung auf andere Bereiche gelenkt werden könnten.

Mit dem Postulat einer eigenständigen gewerkschaftlichen Arbeitszeitpolitik verbunden ist die Vorstellung, Arbeitszeit- und Lohnprobleme nicht in einem einheitlichen Forderungspaket zu verhandeln – ein deutlicher Gegensatz zu Vilmars Auffassung. Hierdurch könnten die Realisierungschancen steigen.

Was bei anderen Autoren wie Adam/Buchheit eher als ökonomisches Problem betrachtet wird (Flexibilität, Lohnausgleich), erscheint Herzog als politisches Problem der Durchsetzbarkeit, das mit weitgehenden Eingriffen in den Handlungsspielraum des Kapitals verbunden werden müsse. Daher wird auch die Einbindung der AZV in eine Politik der verstärkten betrieblichen Mitbestimmung der Arbeitnehmer, namentlich bei Fragen der Personalplanung und Beschäftigung, der Humanisierung der Arbeit und der gesamtwirtschaftlichen Kontrolle als notwendige Voraussetzung ihrer beschäftigungspolitischen Wirksamkeit begriffen: „Das aber bedeutet, daß jede isolierte Forderung nach einer Verkürzung der Arbeitszeit fragwürdig ist."[25]

Noch deutlicher verweisen Goldberg/Güther/Jung aus marxistischer Sicht auf die Integration der Forderung nach Einführung der 35-Stunden-Woche bei vollem Lohnausgleich (im Sinne von Adam/Buchheit) in eine antimonopolistische, antikapitalistische Wirtschaftspolitik. Die Autoren fordern eine eigenständige Strategie des DGB und der Einzelgewerkschaften, um eine Verzettelung in arbeitszeitpolitische Teilforderungen zu verhindern. Hinsichtlich der Beschäftigungswirkungen seien bereits in der ersten Phase kräftige AZV von mehreren Wochenstunden erforderlich, um unternehmerische Kompensationsstrategien zu konterkarieren. Fragwürdig sind dagegen verschiedene, wenig fundierte Thesen, etwa daß im Dienstleistungsbereich größere Beschäftigungseffekte infolge von AZV zu erwarten seien oder daß in der Stahlindustrie aufgrund der verbreiteten Kurzarbeit AZV nicht angemessen seien.

Die gesellschaftspolitische Dimension der Forderung nach Einführung der 35-Stunden-Woche wird auch von H. Däubler-Gmelin[26] herausgehoben, die insbesondere auf den Abbau familiärer Belastungen bei berufstätigen Frauen aufgrund von AZV hinweist. Da der Beschäftigungseffekt der Einführung der 35-Stunden-Woche außerordentlich groß wäre (rechnerische Entlastungseffekt der AZV um eine Wochenstunde: 650.000 Arbeitskräfte), schlägt sie – analog zur Diskussion innerhalb der schwedischen Sozialdemokratie – vorgezogene AZV für besonders belastete Arbeitnehmergruppen, etwa Eltern von Kleinkindern, vor. Dies sei der verstärkten Einführung von Teilzeit-Arbeit insofern vorzuziehen, als Teilzeit-Arbeitsplätze i. d. R. unsicherer, wenig qualifiziert, ohne Aufstiegschancen und unterhalb der Versicherungsgrenze lägen. Die sozialpolitischen Voraussetzungen für mehr Teilzeit-Arbeit seien derzeit lediglich im öffentlichen Dienst gegeben.

Die vorgezogene Einführung der 35-Stunden-Woche für bestimmte Beschäftigungsgruppen wie auch das verstärkte Angebot von Teilzeit-Arbeit wären Schritte in Richtung auf eine höhere Flexibilität der Arbeitszeiten[27], in Richtung auf die Auflösung normierter Standardarbeitszeiten. Verfechtern der Forderung nach mehr Flexibilität der Arbeitszeit geht es dabei nicht in erster Linie um eine beschäftigungsorientierte Arbeitszeitpolitik, sondern um eine möglichst individuelle Gestaltung der Arbeitszeitsysteme, um mehr individuelle „Zeitsouveränität" (B. Teriet). Selten aber werden die notwendigen betrieblichen und gesellschaftlichen Voraussetzungen für die Einführung flexibler Arbeitszeitsysteme systematisch untersucht – häufig würden sich die unterschiedlichen Wochenarbeitszeitsysteme als wirklichkeitsfremde Modellrechnungen erweisen. Denn die Vorstellung der Differenzierung und Individualisierung von Arbeitszeiten würde der kapitalistischen Verwertung von Arbeitskraft als Lohnarbeit zuwider laufen. Wie schon die Einführung der Teilzeit-Arbeit beweist, stehen meist unterschiedlichen Arbeitszeitsystemen auch unterschiedliche Arbeitsplatzqualitäten gegenüber. Aus gewerkschaftlicher Sicht sind diese mit H. Däubler-Gmelin eher skeptisch zu beurteilen.

9

Unumstritten ist, daß AZV Regelungen des Überstundenproblems einbeziehen müssen. Denn durch Verkürzungen der Mehrarbeit lassen sich u. U. die Beschäftigungseffekte erheblich verstärken. Zudem würde eine weitere Öffnung der Schere zwischen tariflichen Arbeitszeitregelungen und effektiven Arbeitszeitbelastungen

jegliche Arbeitszeitpolitik zunichte machen. Neben der Forderung nach einer novellierten AZO mit Normierung der 40-Stunden-Woche wird die Auffassung einer ausschließlich tarifvertraglichen Regelung des Überstundenproblems ohne Änderung der AZO diskutiert. S. Streckel[28], verweist darauf, daß die AZO lediglich eine Schutzfunktion, im juristischen Status ähnlich dem Kündigungsschutzgesetz, Jugendarbeitsschutzgesetz etc., habe, nicht aber eine Gestaltungsfunktion zur Durchsetzung beschäftigungspolitischer Ziele. Eine entsprechende Neuinterpretation wird abgelehnt. Streckel plädiert für sektoral und regional angepaßte AZV, um flexible Anpassungen der Unternehmen zu ermöglichen; hierzu sei auch eine flexible Überstundenregelung erforderlich. Indessen seien bei einer Neuordnung der AZO evtl. behördliche „sachfremde" Entscheidungen über die Genehmigung von Überstunden zu erwarten, während tarifvertragliche Regelungen flexibler seien. Derzeit wird in den Manteltarifverträgen lediglich der Überstundenzuschlag geregelt, nicht aber die Zahl der Überstunden – hier seien Anknüpfungspunkte zu suchen. Ferner schlägt Streckel eine drastische, tarifvertraglich vereinbarte Erhöhung der Überstundenzuschläge vor, um Mehrarbeit im Verhältnis zu Neueinstellungen zu verteuern. Aber die Durchsetzbarkeit beurteilt er selbst skeptisch. Wenn schon eine Änderung der AZO umgangen werden soll, dann wäre schon eher eine gesetzlich geregelte Überstundenabgabe erwägenswert. Aber leichter kontrollierbar, weniger kostenbelastend und wesentlich zielgerichteter wären tarifliche AZV im Verein mit einer Novellierung der AZO. Die Grenzen ausschließlich tarifvertraglicher Regelbarkeit sind zwar derzeit nicht ausgeschöpft, aber doch eng.
Unrealistisch optimistisch beurteilt Streckel die betriebsverfassungsrechtlichen Möglichkeiten der Betriebsräte zur Drosselung der Überstunden. Zwar besitzen Betriebsräte ein Mitbestimmungsrecht bei der Festlegung der Überstunden, aber falls kein Konsens erzielt werden kann, wird eine unabhängige Einigungsstelle für die Schlichtung zuständig, die die Belange der Arbeitnehmer und des Unternehmens zu berücksichtigen hat. Die praktischen Erfahrungen mit Einigungsstellen, die Streckel allerdings nicht auswertet, dürften wohl eher pessimistisch stimmen.

10

Die Diskussion über beschäftigungspolitisch motivierte Arbeitszeitpolitik krankt bislang noch an der zu schwachen Integration beschäftigungs- und sozialpolitischer Fragestellungen. Die systematische Erforschung der Bedingungen und Folgen von AZV unter den gegenwärtigen ökonomischen Bedingungen ist noch lückenhaft. Weder ist erschöpfend geklärt, wie der beschäftigungspolitische „Bedarf" an Arbeitszeitverkürzung ermittelt werden kann noch ist die Favorisierung bestimmter Formen der AZV hinreichend eindeutig. Doch manche fehlenden Antworten dürften wohl auch in den Schwierigkeiten politischen Handelns selbst liegen: denn wie kann z.B. ein vollbeschäftigungskonformer Bedarf an AZV ermittelt werden, wenn die Kenntnisse selbst über kurzfristige Entwicklungen von Wachstum, Produktivität und Beschäftigung so beschränkt sind wie unter den gegebenen Bedingungen der kapitalistischen Krise? Post festum läßt sich treffend feststellen, daß die nachlassenden Arbeitszeitverkürzungen seit Anfang der 70er Jahre beschäftigungspolitisch unerwünscht waren.

Gleichwohl kann trotz des Forschungsdefizites als gut begründet gelten, daß AZV beschäftigungspolitisch gezielt eingesetzt werden können, wenn sie in eine umfassende Beschäftigungspolitik integriert werden. Aber die Durchsetzungs- und Folgeprobleme sind gravierend. Ist diese Auffassung richtig, dann könnte die Arbeitszeitpolitik dazu beitragen, Beschäftigungspolitik nicht länger als Anhängsel allgemeiner Konjunkturpolitik zu betreiben. Dann wären die Arbeitszeiten im Rahmen einer langfristig angelegten Wirtschaftspolitik eine wichtige Steuergröße, der bislang weder im Rahmen keynesianischer noch neoklassisch ausgerichteter Wirtschaftspolitik größere Bedeutung zukam.

Unbefriedigend gelöst bleiben vor allem folgende Fragenkomplexe:

- Gesamtwirtschaftliche, insbesondere verteilungspolitische Folgen einer stetigen AZV
- das Verhältnis von AZV und Produktivitätsentwicklung
- das Gewicht des Finanzierungsproblems; sollte dabei die Arbeitszeitpolitik der Gewerkschaften nicht selbständiger begriffen werden und somit die Forderung nach AZV stärker von den kurzfristigen Verteilungskämpfen abgetrennt werden (Auflösung des Forderungspakets)?
- stärkere Ausrichtung der AZV auf die Wiedereingliederung der arbeitsmarktpolitischen „Problemgruppen".

Anmerkungen

1 Vgl. Arbeitszeit und Produktivität, Untersuchungsergebnisse wissenschaftlicher Forschungsinstitute, Berlin 1958–62, 4 Bände, insbes. Band 4: Volkswirtschaftliche Untersuchungen, DIW, Berlin 1962.
2 M. Bolle, U. Fischer, G. Jungnickel, G. Lodzwick, Arbeitszeitverkürzungen – Aspekte, Daten, Probleme. In: H. G. Zinn (Hrsg.), Strategien gegen die Arbeitslosigkeit, Frankfurt/M., 1977, S. 276.
3 P. Raane, Gewerkschaftliche Ansätze zur Veränderung der Arbeitszeit, in: Gewerkschaftliche Monatshefte, Heft 7/1974, S. 433 ff.
4 Statistische Daten über Arbeitszeiten sind meist nur in hochaggregierter Form vorhanden. Zu den neuesten Daten vgl. H.-U. Bach, H. Kohler, L. Reyher, B. Teriet, Arbeitszeit und Arbeitsvolumen in der Bundesrepublik Deutschland 1960–75. Struktur, Entwicklung und Auslastung. In: IAB-Mitteilungen, Heft 1/1977, S. 19–37.
5 P. Raane, Gewerkschaftliche Ansätze ..., a.a.O., S. 435.
6 L. Reyher, Beschäftigungspolitische Alternativen zu hoher Arbeitslosigkeit, in: WSI-Mitteilungen, Heft 2/1975, S. 63 ff.
7 Vgl. verschiedene, häufig wortgleiche Beiträge von F. Vilmar: Systematische Verknappung des Arbeitskraft-Angebots: unverzichtbare Strategie erfolgreicher Vollbeschäftigungspolitik. In: H. G. Zinn (Hrsg.), Strategien gegen die Arbeitslosigkeit, a.a.O.; ferner in M. Bolle (Hrsg.), Arbeitsmarkttheorie und Arbeitsmarktpolitik, Berlin 1976, sowie in: Gewerkschaftliche Monatshefte, Heft 1/1977, S. 23 ff.
8 F. Vilmar, Systematische Verknappung des Arbeitszeit-Angebots: unverzichtbare Strategie erfolgreicher Vollbeschäftigungspolitik, a.a.O., S. 165.
9 Ebenda, S. 183.
10 Ebenda, S. 165.

11 Vgl. Arbeitszeit und Produktivität, a.a.O., Bd. 1, Teil B, S. 62. Besonders aktuell ist folgende Schlußfolgerung aus dem Jahre 1962: „Es wäre bedauerlich, wenn die Arbeitszeitverkürzung auf halbem Wege steckenbliebe ... Jedoch ist zu erwarten, daß auch nach 1970 weitere Arbeitszeitverkürzungen sich durchsetzen werden, da alles dafür spricht, daß in einer politisch unruhigen Welt das ökonomische Wachstum in jungen und alten Industrieländern groß sein wird und in den alten Industrieländern ohne weitere Arbeitszeitverkürzung wirtschaftliche Disproportionalitäten zu entstehen drohen, die zu technologischer Arbeitslosigkeit führen könnten". Band 4, Berlin 1962, S. 80.

12 J. Hughes, Jetzt ist es Zeit für die 35-Stunden-Woche, in: WSI-Mitteilungen, Heft 9/1977, S. 564 ff.

13 G. Schmid, D. Freiburghaus, Beschäftigungspolitische Möglichkeiten zur Bekämpfung hoher Arbeitslosigkeit bei Inflation. In: Aus Politik und Zeitgeschichte, Beilage zur Wochenzeitung „Das Parlament" vom 17.4.1976.

14 H. Seifert, Zur Kontroverse um die Arbeitszeitverkürzung, in: WSI-Mitteilungen, Heft 4/1977, S. 247 ff.

15 D. Mertens, L. Reyher, Zum Beschäftigungsproblem in den nächsten Jahren. In: Gewerkschaftliche Monatshefte, Heft 1/1977, S. 11.

16 Der Ausdruck kann insofern nur mit Vorbehalten verwendet werden, als er einerseits ein Selbstverschulden von Arbeitslosigkeit aufgrund persönlicher Merkmale suggerieren könnte, zum anderen weil der Tatbestand eines allgemeinen Arbeitsplatzrisikos evtl. verdunkelt werden könnte.

17 G. Nerb, L. Reyher, E. Spitznagel, Struktur, Entwicklung und Bestimmungsgrößen der Beschäftigung in Industrie und Bauwirtschaft auf mittlere Sicht, in: Ifo-Schnelldienst, Jg. 30, Nr. 18/1977, S. 7 ff. G. Nerb, Mittel zum Abbau der Arbeitslosigkeit. In: Ifo-Schnelldienst, Jg. 30, Nr. 26/1977, S. 10 ff.

18 H. Adam, B. Buchheit, Reduktion der Arbeitslosigkeit durch Arbeitszeitverkürzungen? In: Aus Politik und Zeitgeschichte, Beilage zur Wochenzeitung „Das Parlament" vom 19.3.1977, S. 3–14.

19 Ebenda, S. 10.

20 Vgl. Arbeitsumverteilung als Alternative zur Arbeitslosigkeit – Ergebnisse einer Untersuchung der EG-Kommission, hektogr. Manuskript. Vgl. hierzu: U. Engelen-Kefer, Arbeitszeitverkürzungen im internationalen Vergleich, in: WSI-Mitteilungen, Heft 4/1977, S. 245.

21 E. Weissel, Kurzfristige Effekte der Arbeitszeitverkürzung, Wien 1976. – Bei fast gleichem Wochenlohn blieb es der Entscheidung der Beschäftigten überlassen, die Verkürzungen der Wochenarbeitszeit in Anspruch zu nehmen.

22 H.-H. Herzog, Arbeitszeitverkürzungen als Elemente einer integrierten Beschäftigungspolitik. In: Blätter für deutsche und internationale Politik, Heft 6/1977, S. 711 ff.

23 J. Goldberg, B. Güther, H. Jung, Arbeitslosigkeit – Ursachen, Entwicklung, Alternativen, Frankfurt/M. 1977.

24 H.-H. Herzog, Arbeitszeitverkürzungen ..., a.a.O., S. 715.

25 Ebenda, S. 725.

26 H. Däubler-Gmelin, Frauenarbeitslosigkeit – oder Reserve zurück an den Herd! Reinbek b. Hamburg 1977, S. 182 ff.

27 B. Teriet, Neue Strukturen der Arbeitszeitverteilung, Göttingen 1976. – Ders., Wochenarbeitszeit und Wochenarbeitszeitflexibilität, in: WSI-Mitteilungen, Heft 2/1976. – Eine eingehende Erörterung der Flexibilisierungsvorschläge ginge weit über den Rahmen beschäftigungsorientierter Arbeitszeitpolitik hinaus.

28 S. Streckel, Zur Arbeitszeitverkürzung: Einige (arbeitsrechtliche) Gedanken. In: Wirtschafts- und sozialwissenschaftlicher Arbeitskreis, Osnabrück (Hrsg.), Arbeitsmarkt – Strukturwandel und Politik, Frankfurt/M. 1977, S. 160–179.

GPSR Compliance

The European Union's (EU) General Product Safety Regulation (GPSR) is a set of rules that requires consumer products to be safe and our obligations to ensure this.

If you have any concerns about our products, you can contact us on ProductSafety@springernature.com

In case Publisher is established outside the EU, the EU authorized representative is:

Springer Nature Customer Service Center GmbH
Europaplatz 3
69115 Heidelberg, Germany

Batch number: 10809468

Printed by Printforce, the Netherlands